세브란스 독립운동사

HISTORY OF SEVERANCE INDEPENDENCE MOVEMENT

세브란스 독립운동사

HISTORY OF SEVERANCE INDEPENDENCE MOVEMENT

연세대학교 의과대학 의사학과 엮음

발간사

3·1운동 100주년을 맞아 한국독립운동의 의의를 새롭게 조명하는 다양한 사업들이 진행되고 있습니다. 그런 사회적 분위기 속에서 세브란스의 독립운동을 종합적으로 정리하는 작업의 필요성을 느끼고 약 2년 전부터 연세대학교 의사학과에서는 의과대학의 지원을 받아 『세브란스 독립운동사』 편찬 작업을 진행했습니다. 이 작업을 통해 독립운동에 헌신한 세브란스인들은 김필순·박서양·이태준 등 잘 알려진 일부 졸업생에 그치는 것이 아니라 세브란스의 교수·학생·직원·간호사 등 다양한 구성원들에 모두 걸쳐 있음이 드러났습니다.

누구나 아는 바와 같이 세브란스는 이 땅에 근대의료를 도입하고 발전시키는 데 중심적 역할을 한 의료기관입니다. 그런데 정치단체도 아니고 의료기관인 세브란스의 구성원들이 이처럼 광범위하게 독립운동에 참여한 것을 의아하게 여기는 분도 있을 것입니다. 그러나 치료란 단순히 개인을 육체적 차원뿐만이 아니라 그가 속한 사회적 차원에서 수행될 때 더욱 전인적인 치료에 가까워진다고 할 수 있습니다. 그런 점에서 세브란스인들이 이처럼 독립운동에 적극적으로 참여한 것은 의료인으로서의 소명에 보다 충실하기 위한 또 다른 차원의 실천이자, 불의에 항거하고 인간의 구원을 목표로 하는 기독교 정신을 실현하려는 뜻깊은 노력이기도 하다고 생각합니다.

세브란스 독립운동에 관해 그동안 알려지지 않은 사실들을 새롭게 발굴해낸 의사학과 학과원들에게 깊은 감사를 드립니다. 학과장인 여인석 교수를 비롯하여, 신규환 교수, 김영수 교수, 박승만 조교, 백선례 조교 등이 지난 2년 동안 국내외의 독립운동 현장을 답사하고 알려지지 않은 자료를 발굴, 정리하느라 많은 수고를 했습니다. 더욱이 이번에 의사학과가 고병간·송영록·정종명 등 세브란스의 독립운동 유공자를 새롭게 발굴하여 국가보훈처로부터 포상을 받은 것은 의사학과의 역할과 가치를 더욱 높여준 일이라 하겠습니다.

아무쪼록 이번에 펴내는 『세브란스 독립운동사』가 단순히 독립운동에 기여한 한 기관의 역사를 정리하는 차원을 넘어, 오늘날 이 땅에서 의료인의 참된 소명을 고민하는 많은 의료인들에게 자신을 비추어보는 거울이 되기를 기대합니다.

2019년 2월

연세대학교 의과대학 학장 장 양 수

축사

『세브란스 독립운동사』 발간을 진심으로 축하드립니다. 많은 분들이 아시는 것처럼, 세브란스인은 언제나 질병으로 고통받는 환자들과 함께했으며, 전쟁과 혼란 속에서도 국민과 늘 함께해왔습니다. 올해는 제중원 창립 134주년과 3·1운동 100주년을 맞이하는 뜻깊은 해입니다. 그동안 세브란스병원의학교 제1회 졸업생 등 몇몇 분들을 제외하면, 독립운동에 참여한 많은 세브란스인들이 실제로 어디에서, 어떠한 활동을 했는지 잘 알려지지 않았습니다. 이번 단행본에서는 세브란스에 몸담았던 교수·학생·직원·간호사 등 33명의 독립운동 유공자를 비롯하여 60여 명의 세브란스인이 국내외 각지에서 활동한 내역을 상세히 조명하고 있습니다. 질병을 치료하는 의료기관에서 이렇게 많은 독립운동가들이 배출되고 다양한 독립운동에 참여했다는 것은 정말로 놀랍고 자랑스러운 일이 아닐 수 없습니다.

『세브란스 독립운동사』가 3·1운동 100주년을 기념하여 출간되어 더욱 뜻깊게 느껴집니다. 세브란스는 민족대표들이 3·1운동을 준비하고 전국으로 확산하는 중요한 거점이었으며, 독립선언문을 제작하는 역할을 수행했습니다. 그뿐만 아니라 세브란스는 만세시위 과정에서 다친 시민을 정성껏 보살피는 등 독립운동의 한 중심에 있었습니다. 또한 학생뿐만 아니라 교직원, 간호사 등 세브란스의 모든 구성원들이 일심동체로 독립운동에 적극 참여했습니다. 3·1운동으로 세워진 상하이 대한민국임시정부에서도 세브란스 출신은 임시정부 요원, 임시의정원 의원, 적십자회간호원양성소 교수 등으로 다양한 활동을 하며 독립운동을 지속해나갔습니다. 또한 이역만리 타지에서 척박한 땅을 개척하며 독립운동을 전개한 세브란스인도 있었습니다.

우리는 이 땅의 선구자이자 지식인으로서 편안한 삶을 유지할 수 있었음에도 조국의 독립을 위해 굳이 어려운 길을 택하여 헌신한 세브란스인들이 있었다는 점을 기억해야 할 것입니다. 현재를 사는 세브란스인들은 이 책을 통해서 선배들의 숭고한 나라사랑 정신과 국민에 대한 헌신을 배우고, 세브란스의 역사에 관심과 자긍심을 갖는 계기가 되기를 기대합니다.

세브란스인에 대한 방대한 자료 조사를 진행해온 의사학과의 노고에 감사드리면서, 앞으로도 세브란스인의 역사적 사명과 역할을 조명하고, 이들의 구체적인 행보를 추적하는 뜻깊은 작업을 지속해주시기를 부탁드립니다. 세브란스가 우리나라 독립운동사의 한 축이었음을 밝혀준 『세브란스 독립운동사』 발간을 다시 한번 축하드립니다.

2019년 2월

연세대학교 의료원장 겸 의무부총장 윤 도 흠

차례

1885년 4월, 한국 최초의 서양식 근대병원인 제중원이 개원하고, 1년 후인 1886년에는 제중원의학당에서 한국 최초의 서양식 근대 의학교육이 첫걸음을 내딛었다. 제중원의학당 시기 의학교육은 크게 호러스 알렌Horace N. Allen·安連(1858-1932), 존 헤론John W. Heron·蕙論(1856-1890), 호러스 언더우드Horace G. Underwood·元杜尤(1859-1916) 등이 주도했던 시기(1886-1893), 올리버 에비슨Oliver R. Avison·魚丕信(1860-1956)이 내한하여 제중원의학당을 맡아 의학교육을 재개한 시기(1893-1900), 미국에서 안식년을 보내고 돌아온 에비슨이 의학교육을 재정비하여 본격적으로 의학교육을 시작한 시기(1900-1908)로 구분할 수 있다.[1]

---

1 이하 세브란스의전체제의 성립 과정은 신규환, 「일제시기 '의전체제'로의 전환과 의학교육」, 『연세의사학』 20-1, 2017; 여인석, 「제중원과 세브란스의전의 기초의학 교육과 연구」, 『연세의사학』 12-1, 2009를 참고하여 작성했다.

1886년 제중원의학당이 설립되었지만, 1887년 알렌은 선교사직을 사임한 후 미국으로 떠났고, 헤론은 진료에 집중하느라 의학교육에 신경 쓸 여력이 없었다. 1891년 찰스 빈턴Charles C. Vinton·賓頓(1856-1936)이 추가로 파견되었지만 제중원 운영과 관련하여 조선정부와 마찰을 빚느라 의학교육은 물론 병원 진료에도 어려움을 겪었다. 제중원의학당의 졸업이 불투명한 상황에서 학생들은 점차 학교를 떠났고, 끝내 졸업생을 배출하지 못했다.

이렇게 의학교육이 파행을 겪으며 제대로 돌아가지 못하는 상황에서 1893년 11월 1일 에비슨이 제중원에 부임했다. 의학교육에 대한 능력과 열정이 남달랐던 에비슨은 부임 직후 제중원 운영권을 둘러싼 갈등이 해소되자 자신의 일을 도와줄 학생 조수를 뽑아 의학교육을 시작했다. 에비슨은 무엇보다 학생들을 효율적으로 교육할 수 있는 한국어 교과서가 필요하다고 보고 교과서 번역에 힘을 쏟았으나 번역원고를 소실하는 등 불운이 뒤따랐다.

1899년 미국에서 안식년을 보내고 1900년 다시 돌아온 에비슨은 제중원의 의학교육체계를 재정비하며 본격적인 의학교육에 착수했다. 1900년 9월부터 8년 과정의 정규반이 최초로 운영되었으며, 1901년에는 학생들에게 학년이 부여되었다. 1905년부터 그동안 에비슨이 공들였던 한국어 의학교과서가 출판되기 시작했고, 1908년 5월말 대한제국 내부內部는 졸업생들에게 의술개업인허장을 부여하기로 결정했다. 그리하여 1908년 6월 3일 세브란스병원의학교 제1회 졸업생 7명(김필순·김희영·박서양·신창희·주현측·홍석후·홍종은)이 배출되었다. 세브란스병원의학교는 8년제 의학교로서 졸업생들에게는 의학박사학위가 수여되었다. 그리고 이들은 한국 최초의 의사면허 소지자가 되었다. 제1회 졸업생들 대다수가 학교에 남아 후배들의 교육에 힘을 다하면서 세브란스병원의학교의 의학교육은 더욱 체계화되었다. 김필순이 해부학을, 박서양이 화학을, 홍석후가 현미경 사용법과 물리학·동물학 등을 가르쳤다. 1910년부터는 4년제가 정착되었고, 학년별 교과과정이 확정되었다.

세브란스병원의학교에서 졸업생이 배출된 이후 각 교파의 선교부는 연합의학교 설립의 필요성을 인식했으며, 세브란스병원의학교에 매년 일정 기간 파견 선교사를 보내기로 결의했다. 1912년부터 각 교파에서 세브란스병원의학교에 선교사를 파견하여, 미국 남장로회의 오긍선, 호주 장로회의 휴 커렐Hugh Currel과 찰스 맥라렌Charles I. McLaren, 미국북장로회의 제시 허스트Jesse W. Hirst, 미국남감리회의 클래런스 리드Clarence F. Reid, 감리회의 더글러스 폴웰Douglas Follwell과 아서 노튼Arthur H. Norton, 성공회의 웨어 등이 합류했다.

1913년 6월에는 새로 지은 의학교의 봉헌식을 치렀으며, 세브란스연합의학교로 개칭했다. 1913년 11월 반포된 「의사규칙」에 따라 의학교 졸업생들은 의술개업인허장이 아닌 의사면허를 부여받게 되었다. 1914년 7월 「의사시험규칙」이 제정됨에 따라 이제 졸업생들은 의사시험에 통과해야만 의학득업사라는 학위를 받을 수 있었다. 세브란스연합의학교가 조선총독이 지정한 의학교가 아니라는 이유로 졸업생들에게 정식 의학교육 수료자가 아닌 5년 경력자와 동등한 자격만 부여된 것이었다.

1915년 3월 조선총독부는 「전문학교규칙」과 「사립학교규칙」

을 반포했으며 이에 따라 사립 전문학교 개설 조건은 더욱 까다로워졌다. 「사립학교규칙」에 따르면, 사립학교는 반드시 조선총독의 인가를 받아야 설립할 수 있고, 재단법인의 자산을 보유해야 했으며, 교원의 자격, 교과과정, 교수 용어 등도 조선총독의 인가를 얻어야 했다. 이 중에서 가장 긴요한 문제는 재단법인을 설립하는 일이었다. 1916년 4월 세브란스연합의학교는 에비슨을 이사장, 제임스 반버스커크James D. VanBurskirk를 부이사장으로 하는 이사회를 구성했다. 미국 북장로회 선교부는 재단법인의 자산으로 20만 달러를 기부했고, 다른 교파들도 세브란스 운영에 필요한 각종 자금을 공동으로 분담했다. 1917년 3월에는 「조선교육령」에 의거하여 사립 세브란스연합의학전문학교 재단법인과 사립 세브란스연합의학전문학교 설립 청원서를 제출했다. 두 달 후인 5월 14일 조선총독부가 재단법인을 승인함에 따라 전문학교로서 학교 설립이 허가되었으며, 세브란스연합의학교는 '사립 세브란스연합의학전문학교'로 개칭되었다.

이렇게 제중원의학당에서 출발한 의학교가 세브란스연합의학전문학교(이하 세브란스의전)로 자리 잡는 동안 한반도의 사정은 급변했다. 청일전쟁에 이어 러일전쟁에서도 승리한 일본은 한반도 침략에 대한 야심을 노골적으로 드러내면서 1905년 을사조약을 늑결한 뒤 한국의 외교권을 박탈하고 통감부를 설치했다. 1907년에는 정미7조약과 함께 대한제국 군대를 강제해산시켰으며, 1910년 8월 22일 병합조약을 강행하며 조선을 일본의 식민지로 만들었다.

조선의 식민지화가 진행되는 과정에서 세브란스도 그 소용돌이 속에 휘말렸다. 1907년 대한제국 군대 강제해산 당시 이에 반발한 군인들이 서울 시내에서 일본군과 시가전을 벌였다. 남대문에서도 치열한 전투가 일어났고, 부상당한 군인들은 그 근처에 있던 세브란스병원으로 옮겨졌다. 병원의 모든 의료진들이 부상병 치료에 매달렸으며, 당시 졸업반이었던 김필순 역시 이에 동참했다. 일손이 부족하자 김필순은 여동생과 조카들까지 불러내어 부상병 간호에 힘을 보탰다. 군대 강제해산은 간호에 대한 인식을 전환시킨 중요한 계기가 되었는데, 그뿐만 아니라 세브란스 출신들이 국권회복의 필요성을 각인시킨 사건이기도 했다.

한편 1911년 7월 일본은 데라우치 마사타케寺内正毅 총독 암살사건을 꾸며내어 신민회 회원과 독립운동가들을 대거 검거했고, 이러한 검거 선풍에 세브란스병원의학교 졸업생들이 연루되었다. 주현측은 검거되었으며, 김필순과 이태준(제2회 졸업생)은 1911년 말 중국으로 망명했다. 김필순과 이태준의 갑작스러운 망명은 이제 막 자리를 잡아가고 있던 세브란스병원의학교에 적지 않은 타격을 주었다. 두 사람의 공백을 채우며 강의와 진료를 병행하던 박서양마저 1917년 학교를 사직하고 간도로 망명했다. 이렇게 의학교 초기 졸업생들이 국내 사정 때문에 중국 방면으로 망명하면서 세브란스병원과 의학교 운영에는 막대한 지장이 있었지만, 제1회 졸업생 7명 중 4명(김필순·박서양·신창희·주현측)과 제2회 졸업생 이태준, 제3회 졸업생 곽병규 등이 국외에서 독립운동에 참여하면서 이후 세브란스 출신들의 독립운동 참여에 적지 않은 영향을 끼쳤다. 특히 1919년 3·1운동과 3·1운동의 여파로 수립되었던 대한민국임시정부가 성립하는 과정에 세브란스 출신들이 대거 활약하는 계기가 되었다.

제1차 세계대전이 종전하면서 달라진 국제정세에 발맞춰 전 세계에 한국의 독립 의지를 천명하고 1910년대 무단통치에 대한 저항으로 일어난 3·1운동은 3월 1일 독립선언을 시작으로 국내외에서 그 열기가 지속되었다. 3월 5일 서울 남대문역 근처에서는 학생들 주도의 독립만세시위가 일어났는데, 세브란스 재학생들도 다수 참여했을 뿐 아니라 시위 진압 과정에서 발생한 부상자들을 치료하기 위해 간호사들도 현장으로 출동했다. 또한 만세시위 과정에서 발생한 수많은 부상자들 역시 제대로 된 치료를 받기 위해 전국에서 세브란스병원으로 몰려들었다. 또한 세브란스병원의 직원과 선교사들이 3·1운동의 전개 상황과 폭력적 진압 사태를 알리기 위한 노력을 전개해나가자, 일본 경찰은 세브란스병원에 강제 압수수색을 시행하기도 했다.

에비슨 교장과 스코필드 교수 등 교수진들은 3·1운동의 전면에 나설 수는 없었지만, 3·1운동의 진상과 일제의 잔학상을 전 세계에 알리는 중요한 역할을 담당했다. 특히 스코필드 교수는 3·1운동 현장을 촬영하여 만세시위에 대한 폭력적 진압 실태를 알리고, 이후 일제가 자행한 수촌리와 제암리 학살사건을 전 세계에 알려 '34번째 민족대표'라는 칭호를 얻기도 했다.

세브란스병원의 약제사였던 이갑성의 주도로 세브란스의전 학생들이 조직적으로 3·1운동에 참여할 수 있었고, 김병수·배동석과 같은 이들이 각 지역까지 만세시위 소식 및 독립선언서를 전달했다. 또한 국내 각 지역에서 일어났던 만세시위에는 세브란스 졸업생들 및 이후 세브란스와 인연을 맺게 되는 많은 인물들이 참여하고 있었다.

국내외로 퍼져간 3·1운동의 열기에 고무되어 수립된 대한민국임시정부에서도 세브란스 출신들의 활약은 계속되었다. 특히 임시정부의 전시 위생의료를 담당하기 위해 조직된 대한적십자회에 김창세·곽병규·정영준·주현측·신현창 등이 참여했다. 대한적십자회 산하에 만들어졌던 적십자간호원양성소에서도 이들은 주요 교수진으로 참여했다. 이들은 임시정부 내에서 다양한 직책을 맡아 활동하기도 했다. 그러나 임시정부는 출범 이후 얼마 지나지 않아 국민대표회의 소집을 둘러싸고 갈등을 빚었으며, 1923년 1월 소집된 국민대표회의도 창조파와 개조파의 대립 끝에 결렬되었다. 이 과정에서 임시정부에 참여했던 세브란스인들 대부분은 1923년을 전후하여 상하이를 떠났다.

한편, 국내에서 임시정부의 활동을 지원하기 위해 조직된 대한민국청년외교단과 대한민국애국부인회에도 세브란스 직원과 간호사들이 참여했다. 특히 대한민국애국부인회는 간호사 이정숙이 주도해서 조직된 단체였으며, 이정숙은 세브란스 간호사 28명이 애국부인회에 참여하도록 독려했다. 대한민국임시정부가 있던 상하이 외에 1910년대 말부터 1920년대 초까지 중국과 러시아의 다른 지역에서도 세브란스 출신들의 독립운동은 계속되었다. 김필순과 박서양은 1910년대 서북간도에 독립운동기지가 건설되는 과정에 참여하여 의료활동을 하는 동시에 독립운동을 지원했으며, 이태준은 몽골 지역까지 가서 독립운동가들을 지원하고 독립운동자금을 전달하기도 했다. 그 외에도 세브란스 출신들은 톈진·장자커우張家口·하얼빈 등에서 독립운동단체에 직접 참여하거나 측면에서 지원했으며, 블라디보스토크·니콜리스크 등 러시아 지역에서도 활동했다.

1920년대 중반 이후 최대의 독립운동단체였던 신간회에서도 세브란스 출신들은 각자가 자리 잡고 있던 지역의 신간회 지부 창설 및 활동에 적극적으로 참여했다. 이후 1930년대 국내에서는 조선공산당 검거 대선풍이 벌어진 이후 독립운동이 다소 주춤해지고 만주 지역을 중심으로 항일무장투쟁이 전개되었다.

그러나 1937년 중일전쟁을 계기로 본격적인 전시체제에 접어들면서 국내에서 독립운동을 전개하는 것은 거의 불가능해졌다. 이후 1941년 12월 진주만 공습으로 태평양전쟁이 시작되면서 조선 내 인적·물적 자원을 총동원하기 위한 총동원체제가 시작되었다. 전시체제기 사상통제를 위한 신사참배를 강요하면서 기독교와 선교사에 대한 압박이 점차 거세지는 가운데, 1942년 6월 세브란스의전 역시 아사히의학전문학교으로 강제 개칭당하는 운명에 처했다. 많은 선교사들이 추방되었으며, 세브란스 역시 해방 전까지 학교와 병원을 운영하는 데 많은 어려움을 겪었다.

이렇게 기독교 선교사가 세운 의학교로 출범한 세브란스의전은 식민지 시기에는 총독부의 차별적인 정책 시행으로 어려움을 겪었으나 식민지 조선의 몇 안 되는 의학전문학교로서 많은 졸업생을 배출했다. 1908년 제1회 졸업생들 대다수가 독립운동에 뛰어들었고, 이를 시작으로 1919년 3·1운동 당시에도, 또 대한민국임시정부 설립 초창기에도 많은 졸업생들이 크게 활약했다. 이들의 활동 영역은 국내외를 가리지 않았고, 의전 졸업생들뿐만 아니라 병원의 직원과 간호부들도 다양한 분야의 독립운동에 뛰어들었다. 독립운동 영역에서 세브란스인들의 활약은 인술에 기반한 지식을 의학 분야에만 한정하지 않고 사회적 참여로까지 확장하는 실천적인 의료인의 삶을 보여주었다.

1부

1910년대 독립운동과 초기 졸업생들의 참여

1

신민회와 105인 사건

1905년 을사조약 이후 국권회복운동은 의병전쟁과 자강운동이라는 두 방향에서 전개되었다. '자강운동'은 실력을 길러 훗날 국권을 회복하자는 것으로, 대중계몽을 주된 방법으로 택하고 애국심을 강조했기 때문에 흔히 '애국계몽운동'이라고 불렸다. 1910년대 국내에서 활동했던 비밀결사 가운데는 자강운동 계열의 단체도 존재했는데, 대표적으로 신민회新民會·달성친목회·조선국권회복단 등이다.

신민회는 1907년 2월 미국에서 귀국한 안창호가 서울에서 양기탁·유동열 등과 상의하고 서북지방에 순회강연을 할 때 이승훈과 상담하여 비밀리에 창립했으며, 창립 시기는 정확히 알 수 없다. 신민회의 지방 조직은 주로 평북과 평남에서 만들어졌다. 이는 안창호(평남 강서)를 비롯하여 양기탁(평남 강서)·유동열(평북 박천)·이승훈(평북 정주) 등이 평안도 출신인 것과 관련이 있다.

신민회는 교육과 실업 진흥과 같은 실력양성을 통한 국권회복을 목표로 한 비밀결사였으며, 청년들의 인격수양을 표방하는 '청년학우회'를 표면단체로 조직하여 활동했다. 또한 신민회는 교육운동, 계몽강연, 서적·잡지 출판, 산업진흥운동, 독립군기지 창건 등의 활동에도 주력했다. 교육운동의 일환으로 학교를 설립하는 데 노력했으며, 이에 따라 정주의 오산학교, 평양의 대성학교를 비롯하여 서북지방과 중부지방에 수십 개의 학교가 설립되었다. 또 회원들은 각지에서 계몽강연을 통해 애국주의·민족의식·민권사상·구습타파의식 등을 고취하고자 했다. 이를 위해 『대한매일신보』를 사실상의 기관지로 활용했고, 평양·서울·대구에 각각 태극서관을 두어 출판물을 보급했다. 산업진흥을 위해서 평양에 자기제조주식회사를 세웠으며, 성동사·상무동사·조선실업회사 등의 회사도 설립했다.

그러나 신민회의 활동은 1909년 안중근安重根(1879-1910)이 이토히로부미伊藤博文(1841-1909)를 저격하는 사건을 계기로 위기를 맞이했다. 일본 군경의 감시가 심해지자 안창호를 비롯한 신민회 주요 인사들은 더 이상 국내에서 활동하기 어렵다고 판단하고 점차 미국과 러시아령 연해주, 서·북간도 등지로 망명하기 시작했다. 이들은 서·북간도에 새로운 독립군기지를 개척하고자 했다.

신민회의 국내 활동에 결정적인 타격을 주었던 것은 1911년에 있었던 '데라우치 총독 암살미수사건'이었다. 1911년 7월 경찰은 평북 정주에서 강도사건에 연루되었던 이재윤을 체포하여 그의 허위자백을 토대로 데라우치 마사타케寺内正毅(1852-1919) 총독 암살미수사건을 꾸며냈다. 1910년 8월 이후 서울 신민회 본부의 지휘 아래 다섯 차례에 걸쳐 총독 모살 계획이 서북지방 기독교도들을 중심으로 추진되었고, 평양·선천·정주 등 9개 도시에서 이 계획에 필요한 자금을 모으

군대의 호위를 받으며 부임하는 데라우치 마사타케 통감

고 무기를 구입하는 등 총독 암살을 준비했다는 것이었다. 이에 따라 관서지방 일대는 검거 선풍에 휘말렸고, 600여 명의 민족운동가들이 체포되었다. 이 가운데 123명이 기소되어 재판에 넘겨졌다. 1912년 6월 1심 공판이 진행되는 과정에서 피의자들에게 온갖 고문이 자행되었으며, 피의자들은 고문에 의해 허위로 진술했다는 사실이 드러났다. 그럼에도 1912년 9월 28일 경성지방법원에서는 105인에게 유죄판결을 내렸다. 그러나 1913년 3월 20일 경성복심법원에서는 105인 가운데 99인에게 무죄판결을 내렸고 최종적으로 1913년 10월 9일에

105인 사건으로 끌려가는 신민회 관련 인사들

열린 고등법원에서 무죄가 확정되면서 이 사건이 일본 경찰이 날조한 사건이라는 것이 명백해졌다. 일본 경찰은 서북지방의 반일 민족 인사와 신민회, 그리고 이 지역에 확산된 반일 기독교 세력을 제거하기 위하여 거짓으로 사건을 꾸며냈던 것이다. 사건은 피의자들이 무죄를 받고 풀려난 것으로 일단락되었으나, 이 사건으로 타격을 입은 신민회 조직은 와해되고 말았다.

신민회에서 활동하다가 105인 사건에 연루되었던 인물로는 주현측이 있다.[1] 주현측朱賢則(1882-1942)은 평안북도 삭주군에서 태어났으

1 주현측의 생애와 활동과 관련해서는 홍정완·박형우, 「주현측의 생애와 활동」, 『의사학』 17-1, 2008과 연세대학교 의과대학, 『제중원·세브란스인의 사회공헌: 연세의대 졸업생을 중심으로』, 역사공간, 2016, 20-22쪽을 참고하여 작성했다.

며, 유년 시절을 삭주에서 보내면서 한문을 익혔다. 상당히 부유한 지주가였던 주현측의 집안이 언제 기독교로 개종했는지는 확실하지 않지만 1901년 그의 집안이 선천으로 이주했으며, 아버지와 주현측은 선천에 최초로 세워졌던 선천북교회의 초대 장로가 되었다. 또한 주현측은 평안북도 최초의 선교의료기관이었던 선천 미동병원美東病院·In His Name Hospital에서 일하면서 서양의 근대의학을 접하게 되었다. 미동병원은 1901년 미국 북장로회 의료선교사 알프레드 샤록스Alfred M. Sharrocks·謝樂秀(1872-1919)가 설립하여 운영하던 곳으로 주현측은 이곳에서 4년 동안 의술을 익혔다. 그 후 그는 더욱 체계적인 의학교육을 받기 위해 서울로 가서 1905년 제중원의학교에 입학했고 1908년 제1회 졸업생 7명 중 한 명으로 졸업했다.

졸업 후 주현측은 대부분 학교에 남았던 다른 졸업생들과는 달리 선천으로 귀향하여 1909년 1월경 선천 읍내에 인제의원仁濟醫院을 개업했다. 그의 병원은 입원 환자 10명에 진찰받으러 오는 환자가 매일 50-60명이 될 정도로 번창했다.[2] 그는 병원을 운영하면서 신민회에 가입하여 평안북도지회에서 활동했다. 그러다가 그는 105인 사건으로 1912년 3월 선천에서 50-60명가량의 독립운동가들과 함께 체포되었고 심한 고문을 받았다.[3] 1912년 9월 28일 경성지방법원에서

---

2 「주현측 신문조서」(1912.4.1), 『한민족독립운동사자료집』 4; 이하 『한민족독립운동사자료집』에서 인용된 신문조서 및 공판시말서는 한국사데이터베이스(db.history.go.kr)를 통해 공개된 자료를 참고했으며, 쪽수 및 발행연도는 따로 적지 않는다.

3 「제15회 공판시말서」(1912.12.12), 『한민족독립운동사자료집』 1.

열린 1심 재판에서 주현측은 모살미수 혐의로 징역 6년을 선고받았으나, 이후의 공판에서는 고문을 받아 담당자들이 묻는 대로 대답했다는 것을 자백하면서,[4] 1913년 3월 20일 경성복심법원에서 열린 2심에서 무죄를 선고받았다. 그러나 1912년 3월 체포 이후 1913년 3월까지 1년에 걸친 재판 과정에서 그가 밝혔듯이 모진 고문에 시달리며 옥고를 치른 셈이었다. 석방된 주현측은 다시 선천으로 돌아와 병원에서 환자를 진료했다. 1919년 3·1운동이 일어나기 전까지 선천에서 병원을 운영했으나, 3·1운동 이후 성립한 대한민국임시정부와 접촉하면서 선천을 떠나게 되었다.

또 한명의 신민회 회원으로는 김필순이 있다.[5] 김필순金弼淳·金弼順(1878-1919)은 황해도 장연에서 아버지 김성첨과 어머니 김몽은 사이에서 3남 3녀 중 셋째 아들로 태어났다. 본래 그의 집안은 조부 때까지도 서울의 명문 양반가였으나 그의 조부가 부패한 정치에 싫증을

---

4 앞의 자료(1912.12.12).

5 김필순의 생애와 독립운동에 관해서는 김주용, 『역사를 따라 걷다 1-내몽고·흑룡강성』, 선인, 2013; 박형우, 『세브란스와 한국의료의 여명』, 청년의사, 2006; 박형우, 『한국근대서양의학 교육사』, 청년의사, 2008; 신규환·박윤재, 『제중원 세브란스 이야기』, 역사공간, 2015; 연세대학교 의과대학, 『제중원 세브란스인의 사회공헌-연세의대 졸업생을 중심으로』, 역사공간, 2016; 연세의료원 120년사 편찬위원회, 『인술, 봉사, 그리고 개척과 도전의 120년』, 연세의료원, 2005; 연세의발전과한국사회 편찬위원회, 『(창립120주년 기념)연세의 발전과 한국사회』, 연세대학교 출판부, 2005; 올리버 R. 에비슨 지음, 박형우 편역, 『올리버 R. 에비슨이 지켜본 근대 한국 42년 1893-1935 上, 下』, 청년의사, 2010; 원동오·김은경, 『열사가 된 의사들』, 한국의사100년기념재단, 2017; 유승흠 외, 『(우리나라) 의학의 선구자, 제1집』, 한국의학원, 2007; 한동관 외, 『한국 현대의료의 발자취: 근대 의료건축물을 중심으로』, KMA의료정책연구소, 2012; 김주용, 「의사 김필순의 생애와 독립운동」, 『연세의사학』 21-1, 2018 등의 연구를 참고했다.

느끼고 낙향하여 정착한 곳이 황해도였다. 황해도로 이주한 후, 그의 집안은 송천리 일대의 임야와 토지를 개간하여 그 지역의 유지로 자리 잡았다. 송천리에는 서상륜이라는 기독교 신자가 들어와 일찍부터 김필순의 형들과 친분을 맺고 있었는데, 서상륜은 만주에서 성경을 최초로 한글로 번역한 사람 가운데 하나였다. 이러한 친분을 계기로 그의 가문은 일찍부터 기독교로 개종하여 서상륜·서경조 형제가 장연에 한국 최초의 소래교회를 세울 때, 이를 물심양면으로 지원하기도 했다.

호러스 언더우드

1887년 가을 언더우드가 소래를 처음 방문한 이후, 김필순의 집안에서는 서양 선교사들에게 사랑방을 제공하는 등 적극적으로 선교사들을 지원했다. 일찍부터 선교사들과 자유롭게 접촉할 기회가 있었던 김필순은 1894년 기독교 신자가 되어 1895년에 소래교회에서 언더우드에게서 세례를 받았다. 김필순은 고향에서 한학을 교육받았지만, 언더우드의 권유로 1895년 서울에서 신식교육을 받는 기회를 가질 수 있었다.

1895년 김필순은 서울로 가서 언더우드의 집에 머물면서 배재학당에서 영어를 공부했다. 당시 배재학당에는 이승만·신흥우·주시경·남궁혁 등 쟁쟁한 인물들이 많았다. 김필순은 특히 영어 공부에 열심이었는데, 이때의 공부로 이후 에비슨의 통역을 담당하고, 의학교과서 번역에 참가할 수 있었던 것으로 보인다. 1896년 11월 30일, 배재

올리버 에비슨

학당 학생들이 중심이 되어 조직한 협성회는 대중계몽을 목적으로 하는 학생운동단체인데 김필순이 여기에 동참하면서 본격적으로 독립운동가들과의 친분이 시작되었다. 이 당시에 만난 사람들 중 특히 중요한 인물이 안창호로, 김필순과 안창호는 의형제를 맺을 정도로 친밀한 사이가 되었다. 1902년 안창호가 구리개 제중원교회에서 결혼식을 올렸을 때, 김필순은 친구 대표로 이를 주재하기도 했다. 두 사람의 교류가 정확히 언제부터 시작되었는지 확실하지는 않지만, 1898년 1월 김필순과 안창호 모두 『협성회회보』에 이름을 올리고 있어, 적어도 1898년경에는 친교를 맺기 시작한 것으로 추측할 수 있다.

이후 김필순과 안창호는 신민회와 서북학회 활동을 같이했으며, 일 때문에 서울에 오는 일이 있으면 안창호는 세브란스병원 내에 있는 김필순의 집에서 머무는 경우가 많았다. 이후 김필순이 서간도로 망명했을 때에도 안창호와 편지를 주고받으며 망명 생활의 고충을 토로했고, 일본 경찰의 압박을 피해 다시 몽고의 치치하얼로 이주했을 때도 안창호의 의견을 참고한 것으로 보인다.

4년 만에 배재학당을 마친 그는 1899년 제중원에서 샤록스의 통역·조수로 일하다가 1900년부터 에비슨의 통역·조수로 활동하면서 인연을 맺었다. 그는 의학교에 재학하면서 탁월한 영어실력으로 선교사들이 진행하는 강의의 통역을 맡았고, 당시 에비슨이 진행하고 있던 의학교과서의 번역에도 참여했다. 처음에는 에비슨을 도와 김필순이 『그레이 해부학』 교과서를 번역했는데, 첫 번째 번역본은 에비슨이 안식년으로 떠날 때, 원고를 맡겼던 사람이 사망하면서 원고를 찾을 수 없었다. 안식년에서 돌아온 에비슨은 김필순과 두 번째 번역본을 준비했는데, 화재로 소실되었다.[6] 이후 다시 번역에 착수하여 제중원 명의로 『약물학 상권 무기질』(1905), 『해부학』(1906) 3권 등이 출간되었다.

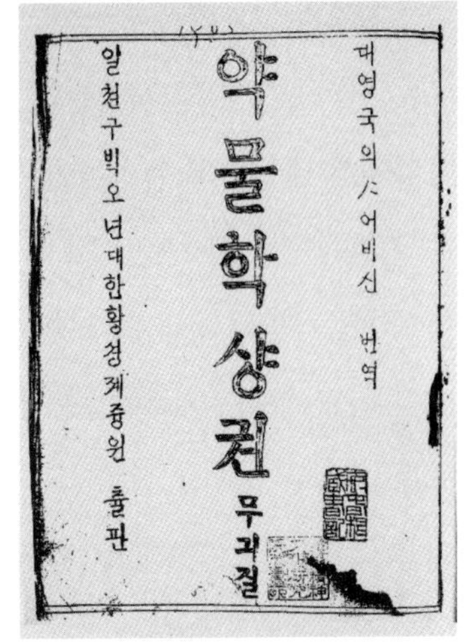

『약물학 상권 무기질』 표지

본방 방언에 약명과 병명과 및 의학상에 특히 쓰는 말 중에 없는 것이 많음으로써 필순의 옅은 학식과 용렬한 재주로 일본서 번역한 말을 빌려 쓰매 혹 새말도 지어 쓰매 그 문리가 바다를 건너는 돼지의 거동이며 발을 그린 뱀의 모양과 같이 순치 못하여 보시는 이의 정신을 괴롭게 할 염려가 적지 않으나 공부하시는 여러 학도들은 구절의 흠을 찾지 마시고 그 뜻을 상고하여 아름답게 받으시면 다행이 총명의 발달이 만분지 일이라도 될까 하나이다.[7]

---

6 김성수·신규환, 『몸으로 세계를 보다: 동아시아 해부학의 성립과 발전』, 서울대학교출판문화원, 2017, 283-284쪽.

7 어비신 번역, 『약물학 상권 무긔질』 제중원, 1905; 박형우, 『한국근대서양의학 교육사』,

김필순은 서문에서 낯선 의학용어들을 한국어로 번역하는 데 따르는 어려움을 밝히고 있는데, 아직 서양의학이 채 자리 잡지도 않은 상황에서 대부분의 용어들이 정리되지 않았으니 그가 겪었을 어려움은 충분히 짐작할 수 있다. 이 밖에도 김필순은 『외과총론』·『유기화학, 신편 화학교과서 유기질』·『내과학』·『화학』 등을 번역했다. 그가 번역한 교과서는 세브란스는 물론이고 국내의 많은 선교병원에도 무료로 배포되어 교과서로 이용되었다. 이렇게 의학교 학생이자 에비슨의 통역·조수로 활약했던 김필순은 졸업 전부터 저학년 학생들의 강의를 담당하기도 했다.

세브란스병원의학교에서 바쁘게 생활하는 와중에 김필순은 외부 활동도 소홀히 하지 않았다. 제중원 재학 시절부터 황성기독교 청년회와 상동교회에서 활동했던 김필순은 1907년 3월 16일 상하이에서 열린 기독교청년회 동양연합회에 윤치호·김규식 등과 함께 대표로 파견되었다. 또한 이즈음 서북학회 발기인으로 활동했던 형 김윤오의 영향으로 서북학회에 가입하여 회관 건축회원으로 활동했으며, 1908년 1월 11일 서북학회의 개교식에서는 노래를 부르기도 했다. 마지막으로 이 시기에 김필순은 형 김윤오와 함께 세브란스병원 건너편에서 운영하고 있던 김형제상회를 통해 『공립신보』의 국내 대리점을 맡고 있기도 했다.

1908년 6월, 드디어 의학교에서 7명의 1회 졸업생이 배출되었고,

청년의사, 2008, 477쪽에서 재인용.

한국 최초의 면허의사가 등장했다. 김필순도 그중 한 명이었다. 졸업 후 세브란스병원과 의학교에서 그의 역할은 더욱 중요해졌다. 병원에서는 외과 부의사로 임명되어 진료를 보았으며, 1911년에는 병원의 외래 책임자가 되었다. 세브란스병원의학교의 교수로도 임명되었으며, 1910년에는 의학교의 책임자가 되었다. 김필순은 병원 경영과 세브란스 병원 건립에도 참여했는데, 이를 보면 그에 대한 에비슨의 깊은 신뢰를 짐작할 수 있다.

김필순은 하루 평균 3-4시간을 강의했는데, 주로 해부학·생물학 등을 담당했고, 생리학은 피터스 부인, 위생학·외과학은 에비슨과 강의를 분담했다. 그는 세브란스병원뿐 아니라 보구녀관保救女館의 간호 양성소에서도 교수로 활동하면서, 자신이 번역한 해부생리학 교과서로 강의를 했다. 1911년 의학교 제2회 졸업식에서는 부원장 자격으로 참석하기도 했다.

한편, 1909년 9월 한성에 콜레라가 유행하자 김필순은 박서양·김희영 등 동기생뿐 아니라 타 의학교 졸업생 등과 함께 방역에 나서 일정한 성과를 거두기도 했다. 이처럼 김필순은 의술을 익히고 베풀면서도, 당시 시대 상황에 대한 관심도 놓치지 않는 지식인이었다.

1907년 7월 31일 대한제국 군대의 강제해산이 단행되었다. 군대의 해산이 발표되자 8월 1일 1연대 1대대장인 박승환은 항의의 표시로 자결했고, 분노한 군인들은 서울 한복판에서 일본군과 시가전을 벌였다. 당시 남대문에서도 치열한 전투가 일어났고, 부상당한 많은 군인들이 바로 근처에 있는 세브란스병원으로 옮겨졌다. 병원 의료진은 모두 부상병을 치료하는 데 매달렸으며, 당시 졸업반이었던 김필

남대문 전투

순도 동참했다. 그러고도 일손이 부족하자 김필순은 어머니를 설득하여 여동생과 조카들까지 불러내어 부상병들을 간호하게 했다. 김필순에게도, 당시 부상병을 돌보았던 김필순의 동생과 조카, 그리고 세브란스 사람들에게도 인상 깊은 순간이었다.

1907년 9월경 안창호·양기탁·신채호·이동휘 등이 비밀결사단체로 신민회를 조직하자 김필순은 신민회 일원으로 참여한 것은 물론이고 김형제상회를 신민회의 비밀 모임 장소로 제공했다. 그러나 결국 1910년 8월 일제가 한국 강제병합을 자행했고, 이에 따라 김필순의 운명도 크게 요동칠 수밖에 없었다. 독립운동가들이 수시로 드나들던 김형제상회가 일본 경찰의 요시찰 대상으로 지목되었으며, 이어서 발생한 105인 사건은 더욱 치명적이었다. 일본 경찰은 1911년 7월부터 신민회의 주요 인사를 포함하여 독립운동가들을 대대적으로 체포하기 시작했다. 이미 신민회와 깊은 관련이 있던 김필순은 일본 경찰의 검거가 멀지 않았음을 감지하고 1911년 12월 31일 "신의주에서 난산을 겪고 있는 임산부가 있어 전보로 내게 왕진을 요청하는 까닭에 외출한다"는 내용의 편지만 한 통 남기고 중국 망명길에 올랐다.

주현측과 김필순 외에도 신민회의 자매단체이자 표면단체로 내세웠던 청년학우회에서 활동했던 인물로는 이태준李泰俊(1883-1921)이 있다.[8] 1883년 11월 21일 경남 함안에서 출생한 이태준은 어린 시절 고향에서 한학을 배우다가, 1907년 24살의 나이에 기독교 선교사를 통해 알게 된 세브란스병원의학교에 입학했다. 세브란스병원의학교 재학 시절 이태준은 안창호를 알게 되었는데, 안창호의 권유로 청년학우회에 가입했다. 안창호는 1909년 안중근의 이토 히로부미 저격 이후 일본 헌병대에 체포되었다가 1910년 2월 20일경 석방된 후 세

8 이태준의 생애와 독립운동에 관해서는 신규환·박윤재, 『제중원 세브란스 이야기』, 역사공간, 2015; 연세대학교 의과대학, 『제중원 세브란스인의 사회공헌-연세의대 졸업생을 중심으로』, 역사공간, 2016; 원동오·김은경, 『열사가 된 의사들』, 한국의사100년기념재단, 2017; 유승흠 외, 『(우리나라) 의학의 선구자, 제1집』, 한국의학원, 2007; 반병률, 「의사 이태준(1883-1921)의 독립운동과 몽골」, 『한국근현대사연구』 13, 2000. 등의 연구를 참고했다.

브란스병원에 입원했다. 이를 계기로 이태준이 안창호와 알고 지내게 되었다.

1911년 제2회 졸업생으로 세브란스병원의학교를 졸업한 이태준은 세브란스병원에서 근무했는데, 1911년 10월 중국에서 일어난 신해혁명에 크게 감화되어 선배이자 선생인 김필순과 함께 중국 망명을 결심했다. 김필순 역시 신해혁명에 크게 감동하여 이 혁명운동에 위생대衛生隊로 참여하기 위해 중국행을 고려하고 있었기 때문이다. 그러나 105인 사건으로 김필순이 체포당할 위기에 처하자, 김필순이 먼저 국내를 탈출하게 되었고, 이태준은 국내에서 사태의 추이를 지켜본 후 떠나기로 했다. 1911년 12월 31일 김필순은 경의선을 타고 떠났고, 김필순을 배웅하고 돌아온 이태준은 병원 내에 이미 자신과 김필순이 중국으로 망명했다는 소문이 퍼져 있다는 사실을 알게 되었다. 이에 이태준 역시 황급히 열차를 타고 먼저 떠난 김필순의 행적지도 모르는 채로 중국으로 향했다.

2

서·북간도 지역의 독립운동기지 개척

대개 간도는 북간도와 서간도로 구분한다. 북간도는 백두산의 동북쪽 두만강 대안 지역을, 서간도는 백두산의 서남쪽 압록강 대안 지역을 지칭한다. 가장 큰 규모의 한인 사회가 형성되었던 북간도는 옌지延吉·허룽和龍·왕칭汪清·훈춘琿春 등 4개 현을 중심으로, 어무額穆·둔화敦化·둥닝東寧·융안永安·안투安圖현까지를 포함했다. 서간도는 지안集安·퉁화通化·류허柳河·화이런懷仁·콴뎬寬甸·린장臨江·창바이長白·푸숭抚松·싱징興京·하이룽海龍 등의 현이 자리 잡고 있었다. 19세기 중엽부터 조선인들은 압록강과 두만강을 넘어 서·북간도와 연해주로 이주했으며, 이주의 동기는 기아와 빈곤 등 열악한 경제 상황 때문이었다. 특히 1869년과 1871년 사이 함경도와 평안도 지방의 대흉년으로 더욱 많은 사람들이 한반도를 떠나 서·북간도로 넘어갔다.

함경도와 평안도 지방 사람들이 먹고 살기 위해 정착했던 서·북간도 지역은, 1905년 을사조약과 1907년 군대 강제해산을 거치며 민족운동가들과 의병들이 망명하기 시작하면서 독립운동기지로서 거듭

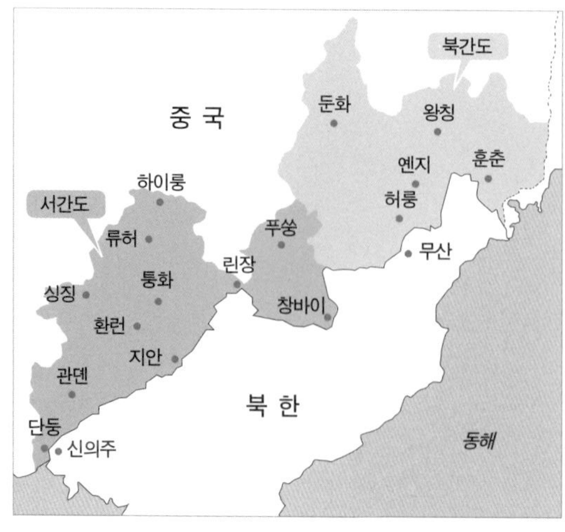

서간도와 북간도

나기 시작했다. 북간도 망명은 1908년경부터 시작되었다. 관북지방에서 활동하던 의병들은 1908년부터 북간도와 연해주로 집단 망명했고, 국내에서 자강운동에 참여했던 이들도 을사조약 이후 대거 망명길에 올랐다. 이상설·이동녕·정순만·여준 등은 1906년 북간도로 망명하여 룽징춘龍井村에 자리 잡고 민족주의 교육의 요람인 서전서숙瑞甸書塾을 건설했다.

이후 북만주의 미산密山에서는 이상설李相卨(1870-1917)이 블라디보스토크 한민회장 김학만·정순만 등과 함께 1909년 여름부터 독립운동기지 건설을 추진했다. 1910년을 전후하여 단군檀君을 교조敎祖로 하는 대종교大倧教 계열의 인물들도 북간도로 대거 망명했다. 대종교 창시자인 나철羅喆(1863-1916)을 비롯한 임원들은 북간도 지역의 옌지·하이룽·왕칭 일대로 망명하여 학교를 세웠고, 하이룽현 싼다오거우三道溝 칭포후青坡湖에 대종교 북도 본사를 세워 포교 활동을 전개

서전서숙
표석

했다.

서간도 지역의 관뎬현과 류허현 일대를 항일운동기지로서 처음 주목한 이들은 북간도와 마찬가지로 항일의병들이었다. 1896년 유인석의 제천 의병 계열의 인물들이 통화현 우다오거우五道溝에 들어와 정착한 것이 그 시작이었다. 이후 평북 의병대와 황해도 평산 의병대들도 서간도 지역으로 망명했다. 1910년 강제병합을 거치며 망명자는 더욱 늘어났다. 특히 신민회가 추진한 독립군기지 건설사업의 일환으로 서간도로의 망명이 조직적으로 이루어졌다. 이회영 일가는 선대에게서 물려받은 토지를 일시에 처분하고 가족 모두가 압록강을 건너 망명했다. 이시영 일가를 비롯하여 이동녕·이상룡·김창환 등의 선발 망명대는 1911년 초까지 환런현桓仁縣 헝다오촨橫道川과 류허현 싼위안푸三源浦 일대에서 독립운동기지 건설을 위한 토대를 닦았다.

이렇게 1910년대 초 서·북간도가 독립운동기지로서 토대를 갖추어가고 있을 때, 간도로 망명하여 그에 동참한 인물이 김필순과 박서양이었다. 먼저 105인 사건으로 신변에 위협을 느껴 망명길에 오른 김필순은 중국으로 가서 당시 중국에서 전개되고 있던 신해혁명에 동참할 계획이었다. 당시 중국은 청조가 무너지면서 황제가 퇴위했으며, 공화정체인 중화민국이 들어서고 있었다. 그러나 막상 중국 현지에서 일본의 탄압을 피해 망명한 한국인들이 겪는 어려움을 보면서 결심이 바뀌었다. 당시의 상황에 대해 김필순은 안창호에게 편지를 보내 다음과 같이 전했다.

> 작년 12월에 청국 혁명전쟁에 종사코자 건너왔더니 지금 전쟁은 정지되었으나 도망하여 온 사람이 다시 돌아갈 수도 없고 이곳 형제들이 이곳에서 일을 좀 도와달라 할뿐더러 와서 며칠 지내며 정형을 살펴본즉 이곳 건너오는 사람들은 매일 수십 명씩 남부여대하고 속히 들어오는데 교육이며 기타 여러 가지 일에 종사하는 이는 몇 명 되지 못하니 말도 못하는 사람들이 들어와서 도로에 방황하는 형상은 차마 못 보겠습니다.[9]

김필순은 경제적 혹은 정치적인 이유로 건너온 사람들이 말도 통하지 않는 상황에서 방황하는 모습을 안타깝게 여겼으며, 이들을 위한 의료시설이나 교육기관도 매우 부족하다고 느꼈다. 결국 김필순

---

9 「김필순이 안창호에게 보낸 편지」(1912.3.8); 김주용, 「의사 김필순의 생애와 독립운동」, 『연세의사학』 21-1, 2018, 14쪽에서 재인용. 말투는 현대식으로 바꾸었다.

은 서간도 지역 신흥무관학교가 설립된 류허현과 인접한 퉁화현에 정착하기로 했다. 김필순이 퉁화현 지역에 정착하게 된 이유는 우선 그 지역에 근대적 시설을 갖춘 병원이 전무했기 때문에 병원을 설립하여 이주한인과 독립운동가들에 대한 의료 지원을 하고자 했으며, 중국인들의 태도가 그다지 적대적이지 않았기 때문이었다.

병원을 개설하기 위해 김필순은 퉁화현 동관의 기독교 교회에 체류하면서 미국에 있는 안창호에게 편지를 보내 주요 의약품 목록 등을 보내줄 것을 요청했다. 동시에 6월경 가족들을 중국으로 불러들일 예정이었다. 김필순은 자신의 전공을 살려 통화에서 적십자병원을 개원했고, 여기서 발생한 수입을 독립군 군자금으로 기부하는 방식으로 독립운동을 지원했다. 김필순은 부상당한 독립운동가들을 치료했으며, 1913년 이회영의 부인 이은숙이 마적 떼의 습격을 받아 어깨 관통상을 당했을 때도 김필순은 밤새 60킬로미터가 넘는 거리를 달려가 그를 치료했다. 당시의 상황을 이은숙은 다음과 같이 회상하며, 김필순을 "동지"이자 "때를 기다리며 생활하는 분"이라고 기억했다.

> 날은 차차 밝아지고 도적들은 달아났다. 그 후에야 학교 선생들이 와서 나를 치료하는데 그때서야 비로소 총 맞아 맞구멍이 난 줄을 알고 아연해 하나 산골에서 무슨 약이 있으리오. 우선 급한 대로 응급 치료로 치약을 창구에 넣고 싸맨 후 이곳 학생 박돈서가 통화현(퉁화현-필자 주)에 가서 의사를 데리고 왔다. 이 학생은 바로 다섯째 댁 본집 동기가 되며, 의사 김필순 씨는 우리 동지로서 세브란스 병원의 의학 박사로 적십자 병원을 통화현에 와서 내고 때를 기다리며 생활을 하는 분이다. 내

왕 240리나 되는 길을 밤을 도와 21일 오후에야 의사와 함께 군대들도 와서 의사는 나를 치료하고 군대는 영석장 모시러 산으로 갔다. 의사는 치료 후에야 지혈을 하니 생혈을 이틀 밤 하루를 쏟고도 지금껏 칠십이 넘도록 살았으니 기구한 운명이로구나.[10]

김필순은 한국에 남아 있던 가족들에게 연락을 했고, 동생 김순애가 김필순의 어머니, 아내, 아들을 데리고 통화로 건너왔다. 형 김윤오는 병원의 감독을 맡았고, 어머니도 흙벽돌을 직접 만들면서 이상촌 건설에 참여했다. 이렇게 통화에서 김필순의 생활은 점차 자리를 잡아가고 있었다. 그러나 통화에서도 일본의 압박은 점차 심해졌고, 일본 경찰의 주요 감시 대상인 김필순은 만호晩湖·윤열允悅·경순鏡淳·명明 등 여러 개의 가명을 사용했다. 일본 경찰의 손이 통화를 향해 뻗어오자 결국 김필순은 간도를 떠날 수밖에 없었다.

박서양은 1917년 6월 북간도 옌지현 지역으로 망명하여 1936년 귀국하기까지 간도 지역에서 활동했다. 1910년대 후반에 망명한 그의 활동은 1920년대까지 이어지므로, 여기에서는 1910년대뿐만 아니라 1920년대의 활동까지 한꺼번에 살펴볼 것이다. 박서양朴瑞陽(1885-1940)은 백정의 아들로 태어났으나 신분에 구애받지 않고 의사로서의 삶을 개척해나간 인물로도 유명한데, 그가 북간도 지역으로 망명하기

---

10 이은숙, 『민족운동가 아내의 수기-서간도 시종기(始終記)』, 정음사, 1983, 28-29쪽; 김주용, 「의사 김필순의 생애와 독립운동」, 『연세의사학』 21-1, 2018, 16쪽에서 재인용.

이전까지의 상황을 살펴볼 필요가 있다.[11]

박서양의 삶을 이야기하기 위해서는 그의 아버지 박성춘, 그리고 박성춘과 에비슨의 인연을 빼놓을 수 없다. 1893년 한국에 갓 도착한 에비슨은 1893년 9월 새뮤얼 무어Samuel F. Moore·牟三悅(1860-1906) 목사의 요청으로 장티푸스에 걸려 사경을 헤매고 있던 한 환자를 진찰했다. 환자가 완치될 때까지 에비슨은 몇 차례 더 방문하여 그를 치료해주었다. 에비슨으로서는 의사로서의 의무를 다했을 뿐이지만, 그의 치료를 받은 환자에게는 잊을 수 없는 도움의 손길이었다. 환자의 신분이 백정이었기 때문이다. 백정이라면 조선 시대 최하층 계급인 칠천역(광대·무당·기생·갖바치·고리장·포졸·백정) 중에서도 가장 천대받던 존재였다. 사람들의 냉대와 천시에 익숙한 백정인 자신을 성실하게 치료해준 에비슨에게 그가 크게 감명받은 것은 어쩌면 당연하다.

에비슨의 치료를 계기로 그 환자는 기독교에 귀의하여 1895년 4월 정식으로 무어 목사에게서 기독교 세례를 받았다. 세례 이후 그는 '새봄을 맞아 새사람이 되었다'는 의미에서 '성춘成春'이라는 이름을 갖게 되었다. 백정 박성춘은 그렇게 새롭게 태어난 셈이다. 무어 목사는

11 박서양의 생애와 독립운동에 관해서는 박형우, 『세브란스와 한국의료의 여명』, 청년의사, 2006; 박형우, 『한국근대서양의학 교육사』, 청년의사, 2008; 신규환·박윤재, 『제중원 세브란스 이야기』, 역사공간, 2015; 연세대학교 의과대학, 『제중원 세브란스인의 사회공헌-연세의대 졸업생을 중심으로』, 역사공간, 2016; 연세의료원 120년사 편찬위원회, 『인술, 봉사, 그리고 개척과 도전의 120년』, 연세의료원, 2005; 올리버 R. 에비슨 지음, 박형우 편역, 『올리버 R. 에비슨이 지켜본 근대 한국 42년 1893-1935 上, 下』, 청년의사, 2010; 원동오·김은경, 『열사가 된 의사들』, 한국의사100년기념재단, 2017; 유승흠 외, 『(우리나라) 의학의 선구자, 제1집』, 한국의학원, 2007; 박형우, 홍정완, 「박서양의 의료활동과 독립운동」, 『의사학』 15-2, 2006 등의 연구를 참고했다.

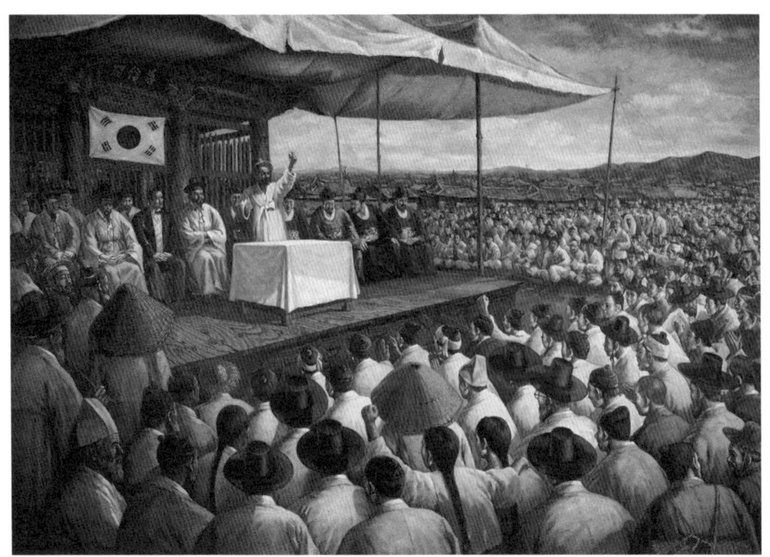

만민공동회

백정과 그 자녀를 위한 선교·교육 사업에 적극적이었는데, 박성춘은 무어와 함께 백정해방운동과 계몽운동, 전도운동에도 적극 참여했다. 그는 1898년 조직된 독립협회에 66명 총대위원의 한 사람으로 참여했으며, 1898년 10월 29일 서울 종로에서 열린 만민공동회에서 연설을 하기도 했다. 1911년 백정으로서는 최초로 교회의 장로가 되었으며, 이후 은행가로도 활약했다. 이렇듯 백정으로서 받던 천대를 더 이상 당연시하지 않고 자신의 삶을 적극적으로 개척해나갔던 박성춘의 아들로 박서양이 태어났으며, 박서양 역시 아버지와 마찬가지로 신분에 구애받지 않고 자신의 삶을 새롭게 개척해나갔다.

박서양은 1885년에 박성춘과 어머니 조씨 사이에서 태어났지만, 1897년에야 호적에 오르게 되었다. 1896년 백정들에게 면천이 허용되면서 비로소 평민들처럼 갓을 착용하고, 호적에 오를 수 있게 되었다. 그의 어렸을 때 이름은 '봉주리' 혹은 '봉출'이었지만 '상서로운 태양이 되라'는 의미에서 '서양瑞陽'으로 이름을 바꾸었다고 한다.

정확한 시기는 알 수 없지만 박성춘은 박서양의 결혼식에 에비슨을 초청했고, 에비슨은 흔쾌히 참석하여 박서양의 결혼을 축하해주었다. 결혼식 이후 박성춘은 갑자기 아들 박서양을 인간으로 만들어 달라고 에비슨에게 부탁했는데, 에비슨은 다소 당황했으나 이내 박성춘의 마음을 짐작했다.

> 그를 인간으로 만든다? 그를 인간으로 만들기 위해 필요한 모든 조치를 끝내지 않았다는 것인가? 그들은 아들의 상투를 틀고 갓을 씌웠다. 또한 배필을 얻어주지 않았던가? 박씨가 마음속에 무슨 생각을 하고 있는 것일까? 나는 생각했다. '아! 백정이 최근에 인간이 되더니 새로운 생각을 하게 되었구나. 이런 일들이 외형적으로만 사람으로 만들 뿐이라고 인식하고, 그의 아들이 내적으로 진정한 인간이 되기를 원하는구나.' 그래서 나는 기쁜 마음으로 그가 요청하는 것을 들어주겠다고 말했다.[12]

박서양을 데려온 에비슨은 처음에는 그에게 바닥 청소와 침대 정리 같은 허드렛일을 시켰는데, 그에게 이론과 실습이 병행되는 의학

---

12 올리버 R. 에비슨 지음, 박형우 편역, 『올리버 R. 에비슨이 지켜본 근대 한국 42년 1893-1935 上』, 청년의사, 2010, 332-333쪽.

교육을 성실하게 수행할 역량이 있는지 알아보기 위해서였다. 박서양은 주어진 일들을 묵묵히 해내었고, 그의 됨됨이를 알아본 에비슨이 입학을 허락하여 1900년 드디어 제중원의학교에 입학했다. 그러나 1908년 졸업을 하기까지 의학교에서의 생활은 순탄치 않았다.

1901-1902년경 아직 교육체계가 제대로 잡히지 않은 상황에서 에비슨은 상대적으로 강의에 소홀할 수밖에 없었고, 이에 같이 공부하던 학생 3명이 의학교를 떠나기도 했다. 다행히 1903년부터 강의는 점차 틀을 갖춰가기 시작했으며, 1904년 허스트 교수의 부임으로 강의는 더욱 내실을 갖추었다. 이후 주현측·홍석후·홍종은 등이 편입해 들어오면서 학생 수도 다시 증가했다. 1904년 세브란스병원이 건립되면서 박서양은 병원 조수가 되어 낮에는 진료를 돕고 밤에는 공부하는 생활을 이어나갔다. 그리하여 마침내 1908년 6월 세브란스병원의학교 제1회 졸업생의 한명으로서 박서양은 당당하게 의사면허를 수여받았다.

병원 진료를 돕고 의술을 익히며 정신없는 와중에도 박서양은 다양한 활동을 병행했다. 1906년 박서양은 동기생인 홍석후 등과 함께 1903년 10월 창설된 황성기독교청년회YMCA에서 학생 교육을 담당했고, 중앙학교·휘문학교·오성학교 등에서 화학과 생물학을 가르치기도 했다. 1906년에는 황성 기독교청년회 학생 교육 부문에서 부학감을 맡기도 했으며, 1907년 9월에는 기독교청년회가 매월 개최하는 이화공학습理化工學習에서 홍석후와 함께 약물 등에 관해 강의했다. 박서양은 음악에 관심이 많고 창가에도 능했는데, 그는 많은 조선인들, 특히 부인들에게도 음악이 좀 더 친숙해지기를 원해서 1909년 2월에는 승동학교에 음악과를 설치하여 운영하기도 했다. 그 밖에 1907년 10월에는 허스트와 함께 출장하여 진통 중인 임산부의 순산을 돕기도 했으며, 1909년 9월 콜레라가 유행하자 의학교 동기 및 다른 의학교 학생들과 함께 공동으로 적극적인 방역활동에 나서기도 했다.

졸업 후에는 1910년 세브란스병원의학교의 화학 담당 강사가 되어 2학년 화학을 한 주에 6시간씩 강의했다. 1911년 6월에 열린 2회 졸업식에서는 김필순·홍석후와 함께 후배들을 이끌고 졸업식장까지 행진했으며, 진급하는 제자들에게 진급증서를 수여했다. 그러나 제2회 졸업생 배출 후인 1911년 12월 31일에는 동기 김필순이, 곧 이어 후배 이태준도 중국으로 망명하면서 한국인 교수진에 큰 공백이 생겼다.

이러한 공백과 함께 학교 교사 신축으로 1912년 1월 잠시 폐쇄되었던 의학교는 1912년 10월 다시 문을 열었고, 김필순과 이태준이 망명한 상황에서 의학교에서 박서양의 역할은 더욱 커질 수밖에 없었다. 그는 1913년에는 세브란스연합의학교의 조교수로 임명되었고, 외과학 교실의 조교수와 부교수를 역임하면서 병원외과 환자를 진료했다. 1914-1915년도에는 2학년 학생들에게 소외과小外科를 가르쳤고, 이후 해부학을 가르치기도 했다. 이렇게 병원과 의학교에서 여러 가지 역할을 담당했던 박서양은 1917년 세브란스연합의학전문학교로 승격될 즈음 갑자기 학교를 사직했다.

박서양이 학교를 사직하고 갑자기 간도로 떠난 이유는 명확하지 않다. 간도로 떠나기 전에 박서양이 국내의 특정 독립운동 세력과 연계되어 있었다고 볼 만한 자료도 발견되지 않았다. 다만 의학교가 의학전문학교로 승격할 때 총독부 측에서 까다로운 요건을 내걸었는데, 교수진과 관련된 요구가 있었고 이에 박서양이 자진해서 떠났을 가능성이 있다.

북간도에서는 1902년 이래 캐나다 장로회 선교부를 중심으로 교회·병원·학교 등이 설립되는 가운데 적극적인 선교 활동이 이루어지고 있었으며, 이동휘·정재면 등 기독교 계열 독립운동 세력들이 진출하여 주로 장로회 계통의 민족교육운동과 독립운동기지 건설이 활발히 진행되던 지역이었다. 그렇기 때문에 박서양도 북간도 지역으로 이주한 듯하며, 북간도에서 그는 병원을 세워 의술활동을 펼치는 가운데 교육기관 설립에도 힘을 쏟았다.

박서양은 간도 옌지현 융즈샹勇智鄕 쥐쯔제局子街에 구세병원救世病院을 개업했는데, 1924년 12월 말 당시 15만 6,000여 명의 한국인들이 사는 옌지현에서 한국인 의사는 46명으로 대부분은 한의사였으며, 한국인이 경영하고 제대로 된 의료시설을 갖춘 곳은 구세병원뿐이었다. 의사로서 박서양의 역할이 막중한 가운데, 구세병원은 당시 연간 시료환자 3,315명 유료환자 6,416명을 치료하고 있었다.

1917년 6월 북간도로 이주한 첫 해에 박서양은 쥐쯔제 샤스창下市場에 숭신학교崇信學校를 건립하고 교장으로 취임했다. 세브란스병원의학교 재학할 때도 교육활동에 열심이었던 박서양은 본인도 교육을 통해 새로운 삶을 개척했으므로, 교육에 대한 관심이 높았던 것으로 보인다. 숭신학교는 장로교 계통의 초등교육기관으로, 학부형 및 기독교 신자의 갹출로 학교를 유지했고, 산술·한문·일본어·조선어 등을 가르쳤다. 1921년 당시 학교는 교사 5명에 4학급이 있었고, 남학생 25명과 여학생 15명이 재학 중이었으며, 1923년 첫 졸업생을 배출했다. 숭신학교 건립과 동시에 박서양은 지역 사립학교의 연합에도 관심을 가져 1917년 6월 말 열린 옌지현 27개 학교의 연합운동회에 적극 참여했다. 1923년 8월 21일에는 숭신학교에서 간도 지역의 한국인 학교 운영자들과 간도교육협회를 조직했다. 간도교육협회는 1924년 6월 간도 전체의 48개 학교가 참석할 정도로 규모가 증가했으며, 이에 따라 일본 경찰은 간도교육협회의 활동에 의심의 눈초리를 보내고 있었다.

일본의 간도총영사 대리영사는 숭신학교를 불령선인이 건립한 배일 성향의 학교라고 보고했고, 실제로 숭신학교는 수시로 폐교와 복교를 반복했다. 1919년 3월에는 숭신학교 학생들이 만세운동에 참여했다가 학교가 일시 폐교되었다. 이후 대한민국임시정부 대통령 이승만이 보내는 『재외동포에게』라는 제목의 소책자가 1924년 6월 숭신학교를 통해 지역의 한국인에게 배포되기도 했다. 1930년 2월에는 광주학생운동과 제2차 서울 만세운동에 호응하여 숭신학교 학생들이 옌지 시내 중심가에서 만세를 부르며 시위를 벌이다가 20여 명이 체포되어 연행되기도 했다. 1932년 6월 윤봉길 의거 직후 숭신학교는 불온사상 고취를 이유로 일본 영사관 경찰에 의해 임시 폐교되었다가 복교되었으나 1935년 결국 완전히 폐교되었다.

이렇게 교육과 의료에 힘쓰는 한편으로 박서양은 간도 지역의 독립운동세력과도 연결되어 있었다. 1921년 당시 박서양은 대한국민회 군사령부의 유일한 군의로 임명되어 군진의료를 담당하고 있었다. 대한국민회는 1919년 3·1운동의 영향으로 간도 지역에서 일어난 3월

間島崇信校를
不穩타고閉鎖
二백여학생 학로를 일허
領警分署에서命令

【간도】 국자가(局子街)시내
에잇는 숭신학교(崇信學校)에
당지 일령분서(日領分署)에서
불온사상을 고취하는 학교라는
명목으로 폐쇄를 명령하얏다
이를 [illegible]하며 창립된지 十년이
라는긴 력사를가지고 만흔영재
를교양한 동교는 [illegible] 마치엇다
는바 현재二백여명학생은 [illegible]
을 이러버리고 도로에서 방황한
다고한다

전북도(全北道)전주군(全州郡)
전주읍(全州邑)지방법원(地方
法院)등 각관계당국에 진정서
를 제출하얏다
내용은 [illegible] 골목
에서 내려오는물을 고지배수(高地排
水)공사이후에 폐구(廢溝)
된 八十六평을 정당한연고자에
게 불하하지아니햇다는 것이라는
데 진정한리씨에게 [illegible] 페구
는 五년전에되엇슴으로 공사를
마치고 [illegible]

숭신학교 폐쇄
(『동아일보』 1932년 6월 16일자)

13일 만세운동 결과 조직된 조선인 자치기구이자 독립운동단체였다. 종래 간도 지역 한인자치기구였던 간민교육회墾民敎育會와 간민회의 주도세력을 주축으로 간도 지역 옌지·왕칭·하이룽 3개 현에 10개의 지방회와 133개의 지회를 두었던 북간도 최대의 독립운동조직이었다. 대한국민회는 대한국민회 군사령부라는 군사조직도 갖추고 있었는데, 박서양은 그곳에서 군의로 활동했다. 또한 1925년 박서양은 한족노동간친회에 참여했고, 같은 해 12월 개최된 총회에서 강연부장에 선임되기도 했다. 이 단체의 성격은 명확하지 않으나, 남만청년총동맹과 연락을 꾀하고 있어 사회주의적 성향을 띠고 있었을 것이라 추정된다. 이 외에도 박서양은 1924년 2월 이후 『동아일보』 간도지국의 총무 겸 기자로 활동하기도 했다.

이후 박서양은 1936년 간도에서 돌연 귀국하여 고향인 황해도 연안에서 개인의원을 열었다. 그가 다시 한국으로 돌아온 이유는 명확하지 않으나 자신의 교육적 열의를 쏟아 부었던 숭신학교가 1935년 완전히 폐교되고, 만주사변 이후 일제가 만주를 직접적으로 지배하게 되면서, 간도 지역 전체에서 조선인 활동이 크게 위축되었던 것과 관련된 듯하다.

박서양이 고향으로 돌아오기 1년 전인 1935년, 캐나다로의 영구 귀국을 앞둔 그의 스승 에비슨은 캐나다 선교부가 있는 간도를 방문하면서 박서양과의 재회를 기대했으나, 결국 만나지는 못했다. 왕진 요청을 받은 박서양이 스승과의 마지막 만남이 될 수도 있는 기회를 뿌리치고 환자에게 갔던 것인데, 박서양이 가진 의사로서의 사명감이 얼마나 투철했는지를 잘 보여주는 일화다. 박서양은 고국으로 돌아와 지낸 지 4년여 만인 1940년 12월 15일 경기도 고양군 자택에서 55세의 나이로 세상을 떠났다.

3

몽골 지역에서의 독립운동과 의료활동

몽골 지역은 식민지 시기 국내외에서 전개된 독립운동을 살펴보는 데 있어 다소 낯선 지역이다. 그러나 1910년대 초 일본 군대와 경찰의 탄압을 피해 간도나 중국 본토로 망명했으나, 거기에서도 다시 감시망이 좁혀오자 이를 피해 더 멀리 낯선 이국의 땅 몽골 지역으로 망명할 수밖에 없었던 독립운동가들의 고난이 서린 지역이다. 또한 걸출한 의사이자 독립운동가였던 이태준과 김필순이 비극적인 죽음을 맞이한 지역이기도 하다.

먼저 간도를 떠났던 김필순부터 살펴보자. 김필순이 옛 몽골 영토에서 만주로 편입된 치치하얼로 이주한 데에는 안창호의 권유가 중요한 역할을 했던 것으로 보인다. 만주 지역에 독립운동기지를 건설하려는 계획을 가지고 있었던 안창호는 헤이룽장성黑龍江省 치치하얼 부근과 미산 지역을 후보지로 정한 후, 김필순에게 치치하얼에서 활동할 것을 권했다.

치치하얼의 용사공원龍沙公園 내 삼청전三淸殿 후면의 도관道館에 거처를 정한 김필순은 그와 인접한 융안다제永安大街에 '북쪽 제중원'이라는 의미로 '북제진료소北濟診療所'를 개원했다. 김필순은 이 병원에서 현지인들과 한인들은 물론 부상당한 독립군들을 돌봤을 뿐 아니라 이곳이 독립운동가들의 연락 거점으로 활용될 수 있도록 했다. 그는 중국군과 러시아군의 군의관으로도 활동했는데, 이를 통해 신변을 보호받았던 것으로 보인다.

병원 운영과 함께 김필순은 독립운동기지 건설을 위해 대규모 농장을 꾸렸는데, 일명 '김필순 농장'이라 불렸다. 치치하얼 일본영사관의 보고에 따르면, 김필순은 중국인 지주와 함께 토지를 개간했는데, 그중 1/3가량이 김필순의 소유였다고 한다. 그는 한국인 이광범, 중국인 조좌향과 함께 농장을 꾸렸으며, 농장 경영에 매진하기 위해 자신의 매제였던 최영욱을 불러 그에게 병원 일을 맡기고 자신은 농장에 더 많은 노력을 쏟았다.

김필순이 치치하얼로 온 지 3년이 지나 1919년 국내에서는 전국적으로 3·1운동이 일어났으며, 민족자결과 해방의 열기가 전 세계를 휩쓸고 있었다. 이때 독립운동가들은 프랑스 파리에서 열릴 강화회의에 기대를 걸고 있었다. 이에 한국대표를 선발하여 파리강화회의에 참석시키고자 했으며, 이때 대표단의 일원으로 선발된 이가 여성으로서는 한국 최초로 학사학위를 취득한 하난사河蘭史(1868-1919)였다. 하난사가 강화회의 참석을 위해 중국을 경유할 때 김필순은 그의 신변을 보호해주기도 했다. 그러나 강화회의 참석은 일본 경찰에게 탄로나 실제로 이행되지는 못했다.

1919년 4월 상하이에서는 마침내 대한민국임시정부가 수립되었

김필순 농장터가 있는 중국 헤이룽장성 치치하얼시
룽장현(龍江縣)에 위치한 쑨싱촌(順興村)

으며, 독립운동을 위한 전진기지를 준비하고 있던 김필순의 역할은 더욱 중요해졌다. 그러나 임시정부가 추진한 독립운동에 그는 결국 참여할 수 없었다. 1919년 9월 김필순은 갑자기 세상을 뜨고 말았다. 그의 사인은 콜레라로 알려졌지만, 그의 죽음이 너무 갑작스러웠기 때문에 다른 의혹이 제기되었다. 즉, 이웃의 일본인 의사가 전해준 우유를 마시고 갑자기 건강이 악화되어 숨을 거두었는데, 이 일본인 의사는 일본의 특무요원으로 추정되었다. 그의 죽음 이후 한참이 지난 지금의 시점에서 사실 여부를 확인하긴 어렵지만, 이는 이후의 독립운동에서 더 많은 역할이 기대되었던 김필순의 죽음에 대한 아쉬움이 그만큼 크다는 것을 보여주는 것이기도 하다.

한편, 김필순의 가족들 중에도 독립운동에 직·간접적으로 참여한 사람이 많았으며, 세브란스와도 인연이 깊었다. 먼저 김필순의 형인 김윤방·김윤오, 여동생인 김구례·김순애, 조카 김마리아는 모두 독립운동에 참여했다. 특히 김구례는 상하이 대한민국임시정부 내무의원을 지낸 서병호와 결혼했으며, 김순애는 상하이 대한민국애국부인회 대표로서 상하이 대한민국임시정부 초대 외무총장을 지낸 김규식과 결혼했다. 김마리아는 독립운동가이자 교육자로 활동하면서 대한민국애국부인회 회장, 상하이의 대한민국애국부인회 간부를 역임했다.

김필순의 집안과 세브란스의 인연을 살펴보면, 첫째 여동생 김구례의 시아주버니인 서광호는 세브란스병원의학교 2회 졸업생이고, 둘째 여동생 김순애의 남편 김규식의 사촌 여동생인 김은식은 김필순이 아낀 후배이자 세브란스병원의학교 2회 졸업생인 이태준과 결혼했다. 김필순의 셋째 여동생인 김필례는 한국 YMCA의 창설자이자 세브란스 6회 졸업생인 최영욱과 결혼했다. 김필순의 큰형인 김윤방의 둘째 딸 김미렴, 즉 김필순의 조카는 세브란스 6회 졸업생인 방합신과 결혼했으며, 김윤오는 3회 졸업생 고명우를 사위로 맞이했다.

김필순의 제자이자 후배였던 이태준은 한국 독립운동사에서 독특한 위치를 차지하고 있는 인물인데, 특히 몽골 내 활동과 위치 때문에 더욱 그러하다. 김필순의 뒤를 이어 황급히 망명길에 올랐던 이태준이 처음 향한 곳은 중국 난징南京이었다. 난징에서 이태준은 안창호에게 편지를 보내어 여비가 부족하고 언어가 통하지 않아 "적막한 정형"을 보내고 있으며, 간신히 중국 기독교인의 도움을 받아 기독의원基督醫院에서 일할 수 있게 되었다고 밝혔다. 그곳에서 일하는 5-6개월 동안은 특별한 의미 없이 지냈으나 1912년 7월경에는 중국의 혁명 정당 인물들과 알고 지내기 시작했으며, 한인유학생 여섯 명도 만날 수 있었다. 또한 이태준은 먼저 떠난 김필순이 "어디로 향했는지 거처를 알지 못하는데 지금에도 소식을 듣지 못하고 지나가니 심히 답답"하다고 밝히며 안창호에게 김필순과 서신하고 있는지 문의하는 등 김필순과의 연락을 고대하고 있었다.[13]

1914년 무렵 이태준은 난징을 떠나 몽골의 고륜庫倫(현 울란바토르)에 정착했다. 당시 몽골은 1911년 12월 1일 신해혁명으로 청 왕조가 붕괴되자 독립을 선언했으나, 러시아나 중국에게서 완전 독립은 승인받지 못하고, 1915년 캬흐타Kyakhta에서 러시아·중국·몽골 간에 체결된 삼국협정에 따라 자치만을 승인받은 상태였다. 이태준의 몽골행은 몽골 지방에 비밀군관학교를 설립할 계획을 갖고 있던 김규식의 권유에 따른 것으로 보인다. 김규식은 김필순과 오랜 친구였기 때문에, 이태준과 김규식도 국내에서부터 알고 지냈을 가능성이 높다. 김규식 역시 1914년경 몽골로 왔으며, 가을부터 서양인 상사들에게 피혁을 판매하는 사업을 시작했다.

이태준은 고륜에서 동의의국同義醫局을 개업했는데, 동의의국이란 같은 뜻을 가진 동지들의 병원이라는 의미다. 이후 김규식이 1918년 5월경 앤더슨 마이어Anderson Myer 회사의 지점 개설을 위해 고륜으로 왔고, 이태준은 김규식을 따라온 그의 사촌여동생 김은

---

13 「이태준이 안창호에게 보낸 편지」(1912.7.16).

식과 결혼했다. 이태준의 동의의국은 매우 번창했다. 특히 이태준은 1910년 발명된 살바르산을 사용하여 당시 몽골인의 70-80%를 괴롭히던 성병을 치료했다. 이태준의 치료로 완쾌된 몽골인들은 이태준을 '신인神人'이나 '극락세계에서 강림한 여래불如來佛'로 불렀고, 1919년 7월 몽골 국왕인 보그드 칸Bogd Khan은 이태준에게 '귀중한 금강석'이라는 의미의 '에르데니-인 오치르'라는 국가훈장을 수여하기에 이르렀다.

이렇게 몽골 지역에서 쌓은 두터운 신뢰를 바탕으로 이태준은 독립운동을 지원했다. 몽골에 있던 그의 병원은 독립운동가들의 숙박지이자 연락 거점이었다. 또한 이태준은 장자커우에 십전의원十全醫院을 개업한 김현국과 긴밀히 연락하면서 장자커우와 고륜을 오가는 애국지사들에게 온갖 편의를 제공했다. 또한 이태준은 신한청년당 대표로 파리강화회의에 파견되는 김규식에게 독립운동자금으로 2,000원을 지원했다.

이태준은 1920년 한인사회당의 주도로 소비에트 정부에게서 받은 소위 코민테른 자금 운송에 깊숙이 관여하기도 했다. 1920년 여름 모스크바의 레닌 정부는 상하이 대한민국임시정부에 200만 루블의 지원을 약속했고, 1차로 40만 루블의 금괴가 한인사회당 코민테른 파견대표 박진순과 임시정부 특사 한형권에게 지급되었다. 박진순과 한형권은 시베리아횡단열차를 이용해 밤낮으로 금괴상자를 지키며 베르흐네우진스크까지 금괴를 무사히 가져왔다. 40만 루블의 금괴를 잃어버리지 않고 무사히 운반하기 위해 2개 경로로 나누어 운반했는데, 6만 루블은 모스크바로 귀환하는 한형권에게 외교활동자금으로 주었다. 나머지 34만 루블 가운데 김립이 12만 루블을 몽골을 통해, 박진순이 22만 루블을 만주를 통해 상하이로 운반하기로 했다. 김립이 책임진 12만 루블이 고륜에 도착하자, 당시 몽골의 혼란 상황에 대비하여 이를 다시 김립 8만 루블, 이태준이 4만 루블씩 맡아 차례로 베이징으로 운송하기로 했다. 먼저 김립이 맡은 8만 루블은 이태준의 도움을 받아 고륜·장자커우·베이징을 거쳐 1920년 초겨울 상하이로 성공적으로 운반되었다. 그러나 이태준이 맡은 4만 루블은 운송되지 못하고 분실되었는데, 바로 뜻하지 않은 이태준의 죽음 때문이었다.

이태준은 김립이 운반하는 12만 루블 중 8만 루블의 운송을 도운 뒤 베이징에서 의열단 단장 김원봉을 만나 의열단에 가입했다. 당시 의열단 단원들이 사용하던 폭탄은 질이 좋지 않아 불발되거나 단원들의 목숨을 앗아가는 경우가 있었고 이에 의열단은 우수한 폭탄제조자를 찾고 있었다. 이태준은 우수한 폭탄제조 기술자인 마쟈르를 의열단에 소개하기로 하고 고륜으로 돌아갔다. 마쟈르는 제1차 세계대전 당시 포로가 된 헝가리인인데, 이태준의 자동차 운전수로 고륜에 머물고 있었기 때문이다. 마쟈르는 이태준을 도와 장자커우와 고륜을 오가던 애국지사들을 돕고 있었다. 1920년 가을 상하이의 한인공산당에서 모스크바로 파견된 김립과 계봉우 역시 장자커우에서 고륜에 이르기까지 마쟈르가 운전한 차량을 이용했다. 이태준의 피살 후 마쟈르는 홀로 베이징으로 가서 김원봉과 상봉하는데, 마쟈르가 제조한 폭탄은 이후 의열단의 항일투쟁에 효과적으로 활용되었다.

이태준이 비극적인 최후를 맞이한 것은 러시아 백위파 운게른 슈테른베르크Roman Nickolai Maximilian von Ungern-Sternber 군대의 고륜 점령이 계기가 되었다. '미친 남작'이라 불릴 정도로 악명이 높았던 운게른은 철저한 반볼셰비키적인 반유태주의자이자 열렬한 군주제 옹호자였다. 운게른의 고륜 공략은 중국에 대한 반감을 가지고 있던 보고드 칸이 이끄는 몽골 정부의 호응을 얻었다. 중국은 1919년 10월 이후 1915년 삼국협정에서 러시아와 합의한 몽골의 자치를 취소하고 1919년 10월 29일 고륜을 점령했으며, 1920년 1월에는 몽골 자치 철회 의식을 거행하여 몽골인들의 분노를 사고 있었다.

마침내 1921년 2월 운게른 부대는 보고드 칸과 몽골 봉건귀족들의 협력을 받아 고륜을 점령하고 있던 중국 군벌들을 물리쳤다. 운게른 부대는 2월 4일 중국군이 물러난 고륜을 완전 점령했으며, 대대적인 약탈과 살육을 자행했다. 유태인을 학살하고, 러시아인을 강제로 군대로 끌고 갔으며, 중국 은행을 부수고 보관된 은화와 금괴를 약탈했다. 이태준은 운게른 부대의 이러한 약탈과 살육 과정에서 살해되었는데, 이태준이 왜 살해되었는지는 명확하지 않다. 이태준이 공산주의자들과 긴밀히 협력했다는 혐의라고 하지만, 단지 이태준의 재산을 탈취하기 위해 이러한 혐의를 뒤집어 씌웠을지도 모르며, 혹은 운게른 군대 내 일본군 장교들이 주도하여 처형했다는 설도 있다.

이태준의 비극적인 죽음은 동시대의 독립운동가들 사이에도 널리 알려졌다. 1921년 이르쿠츠크에서 개최될 예정이었던 원동민족혁명단체대표회에 참석하기 위하여 러시아로 가던 여운형은 고륜에 체류하면서 이태준의 묘를 찾기도 했다. 그는 "이 땅에 있는 오직 하나의 이 조선 사람의 무덤은 이 땅의 민중을 위하여 젊은 일생을 바

이태준 기념 공원

친 한 조선 청년의 거룩한 헌신과 희생의 기념비"라고 이태준을 애도했다.[14]

2001년 7월 울란바토르에는 이태준 기념공원이 조성되었다. 기념공원을 조성하기 위해 몽골 정부는 부지 2,000평을 제공했으며, 연세대학교 의과대학에서 비용을 조달했다. 항일운동의 최전선에서 활동했던 이태준은 한·몽 친선을 상징하는 인물로 재탄생한 셈이다.

---

14 반병률, 「의사 이태준(1883-1921)의 독립운동과 몽골」, 『한국근현대사연구』 13, 2000, 173쪽.

독립운동가들과 초기 졸업생들의 인연

앞서 살펴보았듯이 안창호·김규식 등 걸출한 독립운동가들과 세브란스인들은 친인척 관계로 얽혀 있는 경우가 적지 않다. 먼저 안창호安昌浩(1878-1938)는 1890년대 후반부터 김필순과 친분을 맺기 시작하여 의형제가 될 정도로 친밀한 관계가 되었으며, 1902년에는 김필순이 친구 대표로서 안창호의 결혼식을 주재했다. 또한 1910년 2월경 세브란스병원에 입원했던 안창호는 이태준과 알게 되었으며, 그에게 청년학우회 가입을 권했다. 김필순과 이태준이 각각 중국·몽골로 망명을 떠났을 때 이들이 꾸준히 연락을 취했던 인물 또한 안창호였다.

안창호는 5회 졸업생 김창세와는 동서지간이기도 했다. 안창호는 김창세의 손윗동서로, 두 사람은 흥사단에서부터 함께 활동하다가, 임시정부 초창기에 상하이에서도 같이 활동했다. 특히 김창세는 임시정부 산하 대한적십자회의 창립 및 간호부양성소 설립에 크게 기여했다. 상하이에서 김창세는 안창호의 주치의이기도 했다.

한편, 김필순·이태준과 밀접한 관련이 있는 또 한명의 인물은 김규식金奎植(1881-1950)이다. 김규식은 김필순의 둘째 여동생 김순애와 결혼하여 김필순의 매제妹弟가 되었으며, 김규식의 사촌여동생 김은식은 이태준과 결혼했다. 이러한 인연으로 김규식과 이태준은 1914년경 몽골로 망명했으며, 1918년 5월경에는 김규식도 고륜(현 울란바토르)으로 이동했다.

또한 김필순과 같이 졸업했던 제1회 졸업생 중 한 명인 신창희는 김구金九(1876-1949)와 친인척 관계였다. 1904년 12월 김구는 최준례崔遵禮와 결혼하는데, 최준례는 신창희 아내의 동생이었다. 즉, 신창희가 김구의 손윗동서였던 셈이다. 졸업 후 졸업 동기 홍종은과 의주에서 병원

세브란스 초기 졸업생들과 인연이 있는 독립운동가. 왼쪽 위부터 시계 방향으로 안창호·김규식·노백린·김구 순이다.

을 운영하던 신창희가 1919년 돌연 만주 안둥으로 옮겼다가 다시 상하이로 이동한 데에는 김구의 영향이 적지 않았을 것이다.

노백린盧伯麟(1875-1926) 역시 세브란스와 인연이 깊었다. 노백린의 첫째 딸 노숙경은 근우회, 3·1여성동지회, 대한애국부인회 등에서 활동했으며, 노백린의 첫째 사위는 세브란스연합의학교 4회 졸업생인 이원재李元載(1886-1950, 1914년 졸업)다. 이원재는 독립운동가인 부친 이가순李可順(1867-1943)과 장인 노백린을 지원하기 위해 하얼빈에 고려의원 등을 설립하기도 했다. 노백린의 둘째딸 노순경은 세브란스병원 견습생 시절인 1919년 12월 훈정동 대묘 앞에 가서 만세를 부르다가 체포되어 옥고를 치렀으며, 노순경의 남편은 세브란스연합의학전문학교 9회 졸업생인 박정식朴廷植(1919년 졸업)이다. 박정식은 이원재와 함께 하얼빈 고려의원에 근무했으며, 귀국 후 제천 광제의원 등을 운영하면서 독립자금을 지원했다.

이렇게 독립운동을 주도했던 주요 인물들과 세브란스 초기 졸업생들은 친인척 관계에 얽혀 있으면서 독립운동에 자연스럽게 참여했는데, 한편으로는 이들과 뜻을 같이했기에 친인척 관계를 맺고 활동을 같이 할 수 있었을 것이다. 또한 세브란스 초기 졸업생들이 독립운동가들과 인연을 맺고 독립운동 전반에서 활약하면서 이후의 세브란스 졸업생들도 독립운동에 참여하게 하는 분위기를 형성했다.

2부

3·1운동의 전개와 세브란스 인물들의 활동

1

3·1운동의 태동

1918년 1월 미국의 우드로 윌슨Thomas Woodrow Wilson(1856-1924) 대통령은 국회에 제출한 연두교서에서 새로운 전후질서의 14개조 원칙을 제시했다. 윌슨의 14개조는 1919년 1월 세계대전의 사후 수습을 위해 열린 파리강화회의에서 기본 원칙으로 수용되었는데, 여기에는 비밀외교의 폐지, 민족자결주의, 무병합 무배상, 국제연맹의 결성 등의 내용이 포함되어 있었다. 특히 "피지배민족(식민지나 점령지역)에게 자유롭고 공평하고 동등하게 자신들의 정치적 미래를 결정할 수 있는 자결권을 인정해야 한다"는 내용의 민족자결주의는 당시 식민지나 반식민지 처지에 있던 약소민족들을 크게 고무시켰다. 한국도 예외는 아니어서 많은 지식인들이 이에 관심을 가졌으며, 식민지 조선의 독립을 위한 좋은 기회로 여겼다.

중국 상하이에서는 여운형·장덕수·조동호·선우혁 등이 '신한청년당'을 만들고, 톈진에 있던 김규식에게 파리강화회의에 대표로 가줄 것을 부탁했다. 장덕수는 일본으로 건너가 유학생들과 접촉했으며 그

2·8독립선언을 발표한 조선청년독립단

파리강화회담에 참석한 김규식과 한국대표단.
앞줄 왼쪽 첫 번째가 여운홍, 오른쪽 끝이 김규식이다.

결과가 2·8독립선언이었다. 선우혁은 1919년 2월 조선에 들어와 선천·평양 등지에서 기독교계의 이승훈·양전백·길선주 등을 만나 국내의 독립운동에 대한 당부의 말을 전했다. 이에 평양의 기독교계에서는 1919년 2월 교회 신자들과 기독교계 학생 등을 동원하여 만세시위운동을 전개하기로 결정했다.

국내의 천도교계 인사들도 움직이고 있었다. 손병희·최린·권동진·오세창 등은 1918년 말부터 여러 차례 모여 독립운동 방법에 대해 논의했다. 1919년 1월에는 조선의 독립을 선언하고 선언서를 배포하여 시위운동을 일으키며, 조선총독부, 강화회의 대표자들, 미국 대통령 등에게 조선 독립에 대한 청원서를 제출하기로 결정했다. 이를 위해 먼저 대한제국 고위직이었던 인사들에게 접근하여 동참을 권유했으나 긍정적인 대답을 듣지 못했다.

이렇게 기독교와 천도교계에서 각각 독립운동 시기와 방법을 모색하는 가운데, 천도교 측에서 먼저 기독교계와의 접촉을 시도했다. 기독교계에 대한 교섭을 담당했던 최남선은 2월 7일 이승훈과의 교섭을 시도하여 그를 서울로 불러들였다. 이에 서울로 상경한 이승훈은 천도교 측 인사를 만나 그들의 계획을 듣고 동참할 뜻을 밝혔으며, 천도교계와 기독교계의 만세시위운동에 대한 논의가 본격적으로 시작되었다. 종교계에서 만세시위운동에 관한 물밑 작업이 진행되는 가운데, 2월 8일 도쿄 유학생들의 독립선언에 자극을 받은 서울의 학생들도 독자적인 운동을 준비했다. 이들은 김원벽·강기덕 등 전문학교 학생들과 학생 YMCA가 중심이 되어 3월 5일 시위를 목표로 계획을 진행했다. 기독교와 천도교계는 첫 만남 이후 여러 번의 협의를 통해 독

이승훈

립운동의 방법과 합동 여부에 대해 치열하게 논의했고, 2월 24일 최종적으로 함께하기로 결정했다. 또한 이들은 학생들과 불교계에도 동참을 권유하여 그들의 참여를 이끌어냈다.

이승훈과 함태영으로 대표되는 기독교계 지도부와 최린으로 대표되는 천도교계 지도부는 국장을 위해 수십만의 군중이 서울로 모여드는 것을 기회로 삼아, 독립선언을 거행할 시일을 국장 이틀 전인 3월 1일 오후 2시로 결정했다. 서울에서는 탑골공원에서 선언서를 낭독하여 만세시위를 전개하고, 각 지역에도 독립선언 계획 및 선언서를 미리 전달하여 전국 각지에서 거의 동시에 만세시위가 일어날 수 있도록 준비했다. 독립선언서의 작성은 최남선에게 맡겼으며, 선언서의 인쇄는 천도교 측이, 선언서의 배포는 각각 기독교계와 천도교계가 나누어 담당했다.

독립선언이 있기 하루 전인 2월 28일, 손병희의 집에 모인 서명자들은 독립선언식의 장소를 탑골공원에서 종로 태화관으로 변경했는데 이는 모여든 학생과 대중에 의해 독립선언식이 폭동으로 격화될 것을 우려했기 때문이었다. 드디어 거사 당일인 3월 1일 오후 2시 서울 종로 태화관에서는 민족대표로 서명한 33인 가운데 29인이 참석하여 독립선언식을 가졌으며, 이들은 곧바로 경찰에 체포되었다. 같은 시각 탑골공원에 모인 학생들 또한 독립선언서를 낭독하고 공원에 모인 많은 대중들과 함께 만세를 부르며 탑골공원을 빠져나가기 시작

〈표 1〉 **지역별 시위운동 전개 양상**[1]

지역별		3.1-3.14	3.15-3.28	3.29-4.11	4.12-4.30	합계
중부	서울	11	52	0	1	64
	경기	13	97	107	1	218
	충남	11	15	53	1	80
	강원	7	6	52	7	72
	충북	0	7	40	4	51
북부	평남	71	3	10	1	85
	황해	28	22	68	6	124
	평북	45	12	58	0	115
	함남	41	30	2	0	73
	함북	12	15	14	2	43
남부	경북	9	31	18	3	61
	경남	10	44	54	10	118
	전북	8	14	1	1	35
	전남	10	12	6	3	41
합계		276	360	504	40	1,180

했다. 한국독립운동사에서 기념비적인 사건인 3·1만세운동은 이렇게 시작되었다.

국내의 만세운동은 시기에 따라 그 양상이 조금씩 달라지는데 2주 단위로 4월 말까지 전국 각지에서 일어나 시위운동의 횟수를 살펴보면 위의 〈표 1〉과 같다. 3월 1일 서울에서 만세시위가 시작된 순간 평양·진남포·안주·의주·선천·원산 등의 주요 도시에서도 독립

1 국사편찬위원회, 『한국독립운동사』 2, 1968, 257-401쪽. 각 도별 운동일람; 김정인·이정은, 『국내 3·1운동 1-중부·북부』, 한국독립운동사연구소, 2009, 332쪽에서 재인용.

선언과 만세시위가 전개되고 있었다. 기독교와 천도교의 조직을 통해 서울의 만세시위계획과 선언서가 전달되었기 때문에 가능한 일이었다. 그렇기 때문에 3월 상순의 만세시위는 특히 기독교 세력이 힘이 컸던 북부 지방에서 빈번했으며, 그 외에도 부청·군청 소재지 및 교통이 편리한 지역에서 주로 발생했다. 3월 5일 서울에서는 학생들이 계획했던 대로 학생들 주도의 만세시위를 서울역 앞에서 전개했고, 많은 대중들이 다시 한번 호응했다.

3월 중순은 만세시위가 전국적으로 확산되는 시기로, 이 시기에는 청년·학생·교사 등의 지식인과 도시노동자, 상인층에 의해 만세시위가 소도시까지 전파되었다. 중부·남부 지방을 중심으로 면 단위 이하의 농촌 지역, 산간벽촌에 이르기까지 만세시위가 전개되었다. 참가 계층도 노동자·소부르주아·하급관공리·양반유생 등으로 확대되었으며, 계층 간, 종교단체 간 연대가 활발히 이루어지는 가운데 시위 자체도 조직화·지속화되었다. 3월 하순부터 4월 상순 사이의 시기는 더 많은 민중이 적극 참여하면서 시위가 다소 과격화하는 양상을 보였다. 만세시위 초기에 비해 폭력적인 시위가 늘어났는데 이때의 폭력성은 일본 경찰의 물리적 탄압에 대응하는 것이기도 했고, 한편으로는 일본의 식민지배 통치에 대한 반발을 드러내는 것이기도 했다.

운동 전개 양상을 지역별로 살펴보면, 먼저 중부지방의 경우 서울은 3월 1일과 3월 5일의 대규모 시위 이후 2주간 잠잠했으나 3월 22일 노동자와 청년, 학생들이 준비한 '노동자대회'를 계기로 노동자들이 본격적으로 합류하면서 시내 곳곳에서 다양한 규모의 시위운동이 3월 27일까지 전개되었다. 그러나 이 시기를 정점으로 서울에서는 더 이상 만세시위가 이어지지 못했다.

서울의 시위운동 열기를 이어받은 것은 서울과 맞닿아 있는 경기도 지역이었다. 경기도에서는 3월 10일에서 15일 사이에 보통학교 학생들 주도의 시위가 열리긴 했으나 파급력이 그다지 크지 않았으며 단발성으로 끝났다. 그러다가 3월 18일 강화도 읍내에서 2만여 명이 모인 만세시위를 계기로 3월 하순에서 4월 초에 걸쳐 경기도의 시위는 절정을 이루었고, 이는 〈표 1〉에서도 확인할 수 있다. 특히 수원과 안성 지역에서 시위가 격렬하게 전개되었는데, 이에 따라 수원 지역에서는 일본 군경이 참혹한 '제암리 학살'을 저지르는 등 비극적인 사건이 발생하기도 했다.

강원도는 천도교와 같은 종교 조직을 통해 3월 초 독립선언서가 전달되었으나 일본의 감시망에 걸려 차질을 빚는 경우가 적지 않았다. 철원에서 3월 10일 본격적인 시위가 일어났으며, 3월 27일부터는 강원도 여러 지역에서 시위운동이 일어났다. 그러나 대체적으로 시위의 시기가 3월 하순부터 4월 중순으로 다소 늦고, 규모나 강도도 크지 못한 것은 산간 지대가 많았기 때문이었다.

북부지방의 경우 3·1운동 초기 만세시위의 촉발과 확산에 큰 기여를 했다. 각 도의 도청 소재지나 주요 도시를 위주로, 천도교와 기독교의 조직을 활용하여 활발히 시위를 벌였는데, 일본 측의 탄압도 그만큼 강력하여 시위 현장에서 즉사하는 경우가 다수 발생했다. 3월 2일 황해도 수안에서 일어난 시위에서 13명의 피살자가 발생한 것을 비롯하여, 평안남도 선천(3월 4일), 평안남도 맹산(3월 10일), 함경남도

단천(3월 10·22일) 등 시위에서도 피살자가 다수 발생했다. 평안남도의 경우 첫 시위 이후 3월 15일까지 다른 어느 지역보다 가장 활발한 시위운동을 전개하다가 3월 15일 이후 시위 건수가 급격히 줄어 소강상태로 접어드는데, 이는 일본 군경이 강력히 탄압했기 때문이었다.

마지막으로 남부지방에서는 우선 충청도의 경우 3월 3일 대전과 예산, 3월 7일 청주 시위를 시작으로 각지에서 활발하게 시위가 전개되었다. 충청도에서는 지방 유학자나 유림, 천도교인, 학생 등 다양한 계층이 시위를 주도했지만, 참여자 대부분은 농민이었다. 충청도에서는 3월 하순부터 4월 초까지 가장 활발하게 시위가 일어났으며, 야간에 산에서 횃불을 올리고 독립만세를 부르는 횃불만세운동도 곳곳에서 등장했다. 전라도 지방에서는 천도교·기독교계의 역할이 컸으며, 3월 5일 군산, 3월 10일 광주가 그 시작이었다. 전라도는 한말 의병전쟁을 거치며 가장 큰 타격을 입은 지방으로 그 여파 때문인지 다른 지역에 비해서는 횟수나 규모 면에서 두각을 드러내지 못했다. 경상도 지방은 학생과 기독교계 인사들의 주도로 만세시위가 촉발했으며, 3월 8일 대구, 3월 11일 부산에서 시위가 시작되었다. 3월 중하순으로 접어들면서 도시지역을 벗어나 면 단위, 농촌지역까지 만세운동이 확산되어 활발하게 전개되었다. 처음에는 학생·기독교인·유생들이 시위를 주도했으나 참가자들의 다수는 농민·어민·상인·노동자들이었다. 격렬한 시위로 일본 측과 충돌한 지역이 경남의 경우 39개소, 경북은 26개소에 달했다.

국내뿐 아니라 국외에서도 만세운동은 전개되었다. 룽징龍井과 옌지를 중심으로 시위운동을 준비하던 두만강 너머 북간도에서는 3월

7일 국내의 독립선언과 만세시위 소식이 전해진 후 운동 준비에 더욱 박차를 가해 3월 13일 룽징춘의 서전瑞甸 들판에 모여 독립선언과 만세시위를 전개했다. 이를 시작으로 1919년 3월 중순부터 4월 말까지 북간도 한인 사회에서는 모두 54차례의 집회가 열려 10만여 명이 넘는 인원이 참여했다고 한다. 압록강 대안의 남만주 지역인 서간도에서는 류허현 싼위안푸에서 3월 12일 기독교도를 중심으로 서문 밖 교회에 모여 독립선언 경축대회를 열고 만세를 불렀다. 이후 3월 중순쯤에는 각 지역으로 확산되어갔으며, 압록강을 건너 국내 진입을 시도하는 등 부민단과 의병계 지도자들의 참여로 무장시위운동의 성격을 띠어 국경에 주둔하고 있던 일본군을 긴장시키기도 했다.

러시아 연해주에서는 대한국민의회의 주도로 3월 17일 오전 니콜리스크-우수리스크에서 독립선언서 발표식을 거행하고 오후에 블라디보스토크에 와서 독립선언과 만세시위를 전개했다. 미주 지역에서는 재미교포들이 4월 14일부터 16일까지 필라델피아에 집결하여 한인자유대회를 열고 독립선언식을 하고 시가를 행진했다.

이렇게 국내외로 확산되어 활발하게 전개된 3·1운동에 대한 일본의 반응을 살펴보자. 3·1운동이 일어나자 일본은 즉시 군경을 동원하여 강경한 진압을 시도했다. 당시 조선에 주둔하고 있던 일본군은 2개 사단 2만 3,000여 명이었는데, 일본은 이 병력으로도 불충분하다고 여기고 4월에 들어서는 본토에서 헌병과 보병부대를 증파했다. 시간이 흐를수록 시위 도중 군경의 발포에 따른 사상자가 늘어났고, 이에 따라 만세시위 또한 과격해졌으며, 일본의 진압 역시 강도를 높여갔다. 일본의 만세시위에 대한 강력한 탄압은 결국 4월 6일 수원군 장암면 수촌리, 4월 15일 수원군 향남면 제암리에서 마을 주민들을 학살하는 끔찍한 사건의 발생으로 이어졌다.

일본 측의 진압으로 조선 사람들이 얼마나 희생되었는지 현재로서는 정확히 파악할 수 없으나 박은식은 『한국통사』에서 3월 1일부터 5월 말까지 3개월 동안 피살자 7,500명, 부상자 1만 5,961명, 피검자 4만 6,948명에, 교회 47개소, 학교 2개교, 민가 715개가 불태워졌다고 기록했다. 일본 측의 한 통계에서도 이와 비슷하게 3월 1일부터 약 1년간 피살 7,645명, 부상 4만 5,562명, 체포 4만 9,811명, 가옥 724호, 교회당 59동, 학교 건물 3동이라는 수치를 기록하고 있다. 그러나 당시 피해 상황에 대한 파악이 제대로 이루어졌다고 보기는 어려우므로, 파악된 통계 이상의 피해가 있었으리라고 짐작할 수 있다.

2

3·1운동의 조직과 준비

기독교계의 활동

'서울 남대문 밖'이라는 지리적 위치에서 짐작할 수 있듯이 세브란스는 서울에서 일어난 3·1운동의 한복판에 자리 잡고 있었고, 따라서 만세시위가 일어났을 때 세브란스인들은 직간접적으로 활발히 참여했다. 그러나 3·1운동에서 세브란스의 역할은 만세시위 현장에서의 참여만으로 국한되지 않는다. 세브란스는 만세운동의 조직과 준비 과정에서부터 깊숙이 관여하고 있었다. 그리고 이는 이갑성과 함태영이라는 두 인물이 존재했기에 가능했다.

독립선언서에 서명을 한 민족대표 33인 중의 한 명이기도 한 이갑성李甲成(1889-1981)은 1889년 경상북도 대구에서 태어났으며 1919년 당시 세브란스연합의학전문학교(이하 세브란스의전)을 중퇴하고 세브란스병원에서 제약 주임을 맡고 있었다. 함태영咸台永(1872-1964)은 함경북도 무산 출신으로 대한제국 때 법관양성소를 나와 한성

함태영

재판소 검사로 재직하다가 1898년 독립협회 사건 때 이상재 등에게 무죄를 선고하고 석방시켰다는 이유로 파면당했다. 병합 이후 기독교에 입교하여 당시 남대문 밖 교회에서 조사助師(전도사)로 시무하고 있었다.

이갑성과 함태영은 1919년 2월 중순 이후 천도교계와 기독교계의 연합이 본격적으로 시도되고, 기독교계의 동참 여부를 결정하는 논의가 세브란스병원 내 이갑성과 함태영의 집에서 이루어지면서 3·1운동에 참여하게 되었다. 특히 이갑성의 경우 3·1운동 조직 과정에서 크게 세 가지 역할을 담당했다. 첫째로 기독교계와 천도교계의 합동 과정에 참여하면서 회의 장소를 제공했으며, 둘째는 종교계 인사들 위주로 준비되고 있던 3·1운동에 독자적인 독립운동을 준비하고 있던 학생 세력을 연결했으며, 마지막으로는 세브란스의전 학생들을 통해 각 지역, 특히 전라도와 경상도 지역에 독립선언서와 3·1운동 계획을 전달하여 그 지역에서 만세시위가 일어나는 데 기여했다.

먼저 3·1운동을 조직하는 과정에서 기독교계와 천도교계가 합동하는 과정을 살펴보자.[2] 제1차 세계대전 종전 이후 국제정세의 변

---

2 독립운동사편찬위원회, 『독립동사자료집 6: 삼일운동사자료집』, 독립유공자사업기금운용위원회, 1972 1166-1171쪽; 장규식, 「3·1운동과 세브란스」, 『연세의사학』 12-1, 2009, 34-36쪽.

화를 지켜보면서 국내에서 독립운동을 모색하고 있던 천도교계는 기독교계와의 교섭을 꾀했다. 이를 위해 최남선은 이미 알고 지내던 평북 정주 기독교 장로파의 이승훈에게 먼저 연락했고, 2월 11일 서울에서 송진우와 회견한 이승훈은 독립운동을 위해 힘을 모으는 데 동의했다. 이후 선천과 평양에서 기독교계 인사들의 동의를 얻는 데 성공한 이승훈은 다시 서울로 돌아와 송진우와 다시 만났으나 그의 태도가 조금 달라졌다고 생각하여 약간의 의혹과 불만을 품게 되었다. 한편, 당시 서울 기독교계에서는 천도교가 기획한 독립운동을 따르는 것이 아닌, 독자적인 독립운동을 일으켜야 한다는 분위기가 있었으며, 중앙기독교청년회의 간사인 박희도와 기독교 장로파 장로이자 휴직 판사인 함태영을 중심으로 독자적인 논의가 진행되고 있었다. 이러한 분위기를 파악한 이승훈은 박희도에게 연락하여 2월 20일 밤 서울 기독교계 인사들과 독립운동의 방향에 대하여 협의했다. 박희도의 집에서 기독교 남감리파의 오화영·정춘수, 동감리파 오기선·신홍식 등이 모여 협의하는 가운데, 같은 날 함태영도 자기 집에서 이갑성·안세환·현순·오상근 등을 모아 독립운동에 대해 협의하고 기독교 단독으로 거사를 치를 것을 결의했다.

이렇게 기독교인들만의 회의가 진행되자 최남선은 21일 바로 이승훈을 방문하고 천도교와의 합동을 다시 부탁했으며, 이승훈은 기독교인들과 협의해보겠노라고 대답했다. 그리하여 21일 밤 다시 기독교계 인사들이 이갑성의 집에서 모여 회의를 가졌으며, 그 자리에 참석한 사람들은 이승훈을 비롯한 이갑성·오기선·오화영·신홍식·함태영·김세환·안세환·현순 등이었다. 밤새 협의한 결과 이들은 천도교 측의 독립운동 방법을 확인한 다음 최종적으로 결정하기로 하고, 그 교섭 전체를 이승훈·함태영 두 사람에게 위임했다. 또 천도교와의 합동과 별개로 독립청원서 제출을 위한 서명을 얻기 위해 지방순회위원을 선정했는데, 이갑성이 경상남도를, 김세환은 충청남도를, 신홍식이 평안남도, 이승훈이 평안북도를 담당했다. 2월 23일, 이승훈과 함태영은 최린과 만나 천도교 측의 운동 방법을 확인했고, 오기선·박희도·안세환 등과 협의한 끝에 천도교 측과 함께 독립운동을 하기로 최종 결정했다. 다만 오기선은 이러한 독립선언 방식에 반대하여 마지막에 탈퇴했다. 24일 두 사람이 최린에게 가서 기독교계의 결정 사항을 전달했고, 비로소 기독교계와 천도교계가 3·1운동을 함께하게 되었다.

이렇게 이갑성과 함태영의 자택에서 종교를 뛰어넘어 거족적 차원으로 3·1운동 계획이 진행되고 있는 동안, 이갑성은 3·1운동의 확산에 중요한 역할을 담당할 또 다른 세력, 즉 학생들을 끌어들이고 있었다. 1919년 당시 이갑성은 33살로 다른 민족대표들에 비해 비교적 젊었으며, 세브란스병원 제약 주임으로 일하면서 학생들과의 친분도 두터웠다. 박희도朴熙道(1889-1952)는 이갑성과 동갑으로 중앙기독교청년회 간사로 있으면서, YMCA 학생사업에 관여하고 있었다. 이갑성과 박희도는 거족적인 독립운동을 일으키기 위해서는 학생들의 조직과 힘이 필요하다고 생각하여, 각각 학생들에게 접촉하여 현재 진행되고 있는 독립운동 정보를 전달해주었다. 전문학교 학생들 및 YMCA를 중심으로 진행된 학생들만의 독자적인 독립운동 준비와 3·1운동 합류 과정은 다음 장에서 자세히 살펴보기로 하고, 여기에서는 이갑성과 박희도가 종교계 인사들을 중심으로 진행되던 3·1운동에 학생들을 합류시켰던 일을 중심으로 살펴보도록 하겠다.

2월 11일, 이승훈을 통해 천도교와 기독교의 연합 움직임을 전해 들은 이갑성은 2월 12일 밤 세브란스병원 음악회가 끝난 뒤 세브란스의전의 김문진·이용설·배동석과 연희전문의 김원벽, 경성의전의 한위건·김형기, 경성전수학교의 윤자영을 병원 구내 자신의 자택으로 초청했다. 이갑성은 "이승만이 미국에서 조선인단체를 대표하여 미국대통령 및 강화회의에 조선독립의 청원을 하고, 일본에서는 조선인 유학생들이 독립선언을 했으며, 간도에서도 조선인들이 활발히 활동하고 있는데 조선 내에서도 이에 호응하는 운동이 필요하지 않겠느냐"고 학생들의 의견을 물었다.[3] 또한 지금 당장 밝힐 수는 없지만 점차 그 기회가 다가오고 있을 것이라는 언질을 주었다. 이 자리에 참석한 학생들은 YMCA에서 활동하던 사람이 대부분이었는데, 이용설은 세브란스의전 학생YMCA의 전 회장, 김문진은 현 회장이었다. 김원벽 또한 연희전문 학생YMCA회장을 지냈으며, 한위건과 김형기도 YMCA 학생사업에 관여하고 있었다.[4] 2월 12일 이갑성 집에서의 모임을 계기로 세브란스의전 학생들은 1919년 1월 말부터 진행되고 있던 서울 시내 전문학교 학생 주도의 독립운동 계획에 합류했다. 이후 2월 22-23일 박희도는 김원벽에게 천도교와 기독교가 연합하여 민족

---

3 「공판시말서 (1)」(1919.10.16), 『한민족독립운동사자료집』 18.

4 장규식, 「3·1운동과 세브란스」, 『연세의사학』 12-1, 2009, 35쪽.

운동을 추진하고 있으니 학생들도 이에 합류해줄 것을 요청했고, 각 학교 학생 대표들도 동의하면서 학생 세력이 본격적으로 3·1운동에 참여했다.

이와 같이 이갑성은 세브란스의전 학생YMCA 전임 회장 이용설, 현임 회장 김문진과 배동석 등으로 이어지는 연결고리를 통해 민족 대표들의 독립운동 소식을 전달해주는 한편, 학생들의 독립운동 움직임을 전해 들었다. 이러한 연결고리가 중요한 이유는 이갑성과 세브란스의전 학생들 덕택에 독립선언서가 각 지역으로 전달될 수 있었기 때문이다.

이갑성은 2월 25-26일쯤 세브란스의전 학생 김성국을 불러 3월 1일의 독립운동 계획을 알려주면서 독립청원서에 실릴 서명과 날인을 얻기 위해 김성국을 함남 원산으로 보냈다. 김성국은 원산의 감리교 목사 정춘수의 집에 가서 독립청원을 지지하는 사람들이 서명 날인한 종이를 받아 들고 서울로 돌아왔으며, 이를 이갑성에게 건네주었다. 2월 27일에는 이갑성과 김성국이 함께 천도교 이종일의 집에서 독립선언서 인쇄물 1,500여 장을 받아와서 이를 승동예배당에서 기다리고 있던 강기덕에게 전달했다.[5]

한편 이갑성은 2월 28일 김창준에게서 독립선언서 약 600장을 받아 4-5장을 이용설에게 주었고, 3월 1일에는 세브란스의전 학생 이굉상을 자신의 집으로 불러 그에게 선언서 400장을 주면서 그중

5 「예심결정에 대한 의견서」(1919.8.30), 『한민족독립운동사자료집』 16.

태화관

200장은 대구의 목사 이만집에게, 나머지 200장은 마산의 학교 교사 임학찬에게 전달해줄 것을 부탁했다. 이굉상은 대구와 마산으로 가서 독립선언서를 전달했고, 이렇게 전달된 선언서는 대구와 마산의 군중들에게 배부되어 그 지역의 만세시위에 널리 이용되었다. 이갑성이 가지고 있던 나머지 200장 역시 세브란스의전 학생이었던 김병수를 통해 군산의 박연세에게 전달되었고, 선언서와 함께 서울의 독립선언 계획을 알리며 군산에서도 동참해줄 것을 요청했다.[6]

---

6 「고등법원 판결문」(1920.3.22), CJA0000477.

2월 28일 밤, 손병희의 집에 모인 민족대표들은 독립선언 장소로 결정했던 탑골공원에 많은 학생들이 모일 예정이기 때문에 큰 혼란이 일어날 것을 염려하여 장소를 인사동 태화관으로 옮기기로 결정했다. 또한 3월 1일 당일 이갑성이 조선총독부에 미리 의견서를 제출하기로 했는데, 이러한 결정에 따라 3월 1일 오후 2시경 민족대표들은 태화관에 모여 독립선언식을 거행했으며, 이갑성은 의견서를 제출하러 총독부에 갔다가 체포되었다.

이러한 활동으로 이갑성은 1920년 10월 30일 경성복심법원에서 보안법 위반, 출판법 위반 혐의로 징역 2년 6개월(미결구류일수 360일)을 선고받았다.[7] 미결구류일수만 1년에 달하는 길고 긴 재판이었다. 1922년 5월 5일 이갑성은 오화영과 함께 경성감옥에서 만기 출옥했다.[8]

학생단, 세브란스의전 YMCA의 활동

학생 주도의 독립운동은 1919년 1월 27일, 당시 YMCA의 간사였던 박희도가 학생회원 모집을 명목으로 중국음식점 대관원大觀園에 서울 시내 각 전문학교 대표자들을 불러 모은 것에서 시작되었다. 이 모임에 참석했던 전문학교 학생들은 연희전문학교의 김원벽, 경성의학전

7 「경성복심법원 판결문」(1920.10.30), CJA0000401.

8 「吳李兩氏의 出獄」, 『동아일보』 1922년 5월 6일자.

문학교의 한의건·김형기, 보성법률상업학교의 강기덕, 경성전수학교의 윤자영·이공후, 경성공업전문학교의 주종의가 있었고, 이들 외에 보성법률상업 출신으로 대종교회에 근무하고 있던 주익과 연희전문을 중퇴하고 배화여학교 교사로 있던 윤화정 등이 참석했다.[9] 참석자 명단에서 알 수 있듯이 당시 서울 시내 주요 전문학교가 망라되어 있었으나, 세브란스의전만은 참석자가 없었는데, 그 이유는 명확하지 않다. 다만 배동석과 친밀한 관계였던 윤자영 등을 통해 세브란스의전에서도 관련 소식을 전해 들었을 것이다.

앞에서 언급한 것처럼 세브란스의전 학생들이 대관원 모임의 학생대표들로 합류하게 되는 것은 2월 12일 이갑성 집에서 모인 이후였다. 대관원 모임에 참석했던 김원벽·김형기·한위건·윤자영과 세브란스의전의 배동석·이용설 등이 이갑성의 초청으로 그의 집에 모였다. 2월 12일은 세브란스병원 음악회가 있던 날로 참석자였던 김원벽은 강기덕이 기독교 신자가 아니어서 음악회 통지를 받지 못했으며, 윤자영은 교남학생친목회 회장인 배동석과 친한 사이여서 참석하게 되었다고 진술한 것에서 짐작할 수 있듯이[10] 이날의 모임은 기독학생 위주의 모임이었다. 2월 12일 모임은 이갑성이 현재의 독립운동에 대해 살짝 귀띔해주는 정도에서 끝났지만, 이날 이후 학생대표들은 독립운동 추진을 본격화했다.[11]

---

9 장규식, 「YMCA학생운동과 3·1운동의 초기 조직화」, 『한국근현대사연구』 20, 2002, 124쪽.

10 「金元璧 신문조서(제2회)」(1919.7.11), 『한민족독립운동사자료집』 11.

11 이하 학생들의 독립운동 준비 과정은 장규식, 「YMCA학생운동과 3·1운동의 초기 조직화」,

학생단은 2월 20일 김원벽이 다니던 인사동 승동교회에서 제1회 간부회를 열어 각 학교의 대표를 선정했다. 그 결과 연전에서는 김원벽, 보성법률상업에서는 강기덕, 경성의전에서는 김형기, 세브란스의전에서는 김문진, 전수학교에서는 전성득, 경성공전에서는 김대우 등이 선발되었다. 세브란스의전의 경우, 김문진·이용설 중 누가 대표자가 될지 정해지지 않았다가 이날 결정되었다. 간부회에 참석한 학생들을 비롯하여 3·1운동을 준비한 학생들의 주요 면면을 살펴보면 다음 〈표 2〉와 같다. 여기에서 확인할 수 있듯이 이들은 주로 YMCA와 서북학생친목회와 교남학생친목회에서 활동했던 인물들이다.

〈표 2〉 **3·1운동 당시 학생단 주요 인물**[12]

	이름	나이	출신지	학교	비고
민족대표	박희도	31세	황해도 해주	숭실대학 졸업	중앙YMCA 간사
	이갑성	34세	경북 대구	세브란스의전 중퇴	세브란스병원 제약 주임
	김원벽	26세	황해도 안악	연희전문 3년	연전 학생YMCA 회장 역임, 경신학교 교사
학생대표	강기덕	30세	함남 덕원	보성법률상업 3년	서북학생친목회 간부
	김형기	24세	경남 양산	경성의전 4년	YMCA, 교남학생친목회
	김문진	24세	경북 대구	세브란스의전 3년	세의전 학생YMCA
	전성득	?	?	전수학교 재학	
	김대우	20세	평남 강동	경성공전 2년	서북학생친목회
배후세력	한의건	24세	함남 홍원	경성의전 2년	YMCA, 서북학생친목회 간부
	이용설	25세	평남 평양	세브란스의전 4년	세의전 학생YMCA 회장 역임
	윤자영	26세	경북 청송	전수학교 1년	교남학생친목회
	배동석	29세	경남 김해	세브란스의전 2년	교남학생친목회 회장

『한국근현대사연구』 20, 2002, 128-137쪽 및 독립운동사편찬위원회, 『독립운동사 9: 학생독립운동사』, 독립유공자사업기금운용위원회, 1977, 174-175쪽을 참고하여 작성했다.

이렇게 대표자를 뽑아 조직을 정비하고 학생들만의 독립운동을 논의하는 가운데 다소 지지부진하던 천도교계와 기독교계의 합동이 결정되면서 2월 23일경 박희도는 이 사실을 학생들에게 알리고 학생들만의 독자적인 운동을 보류하고 여기에 참여할 것을 요청했다. 이에 김원벽이 강기덕·한위건과 협의하여 합류를 결정하고 2월 25일 다시 학생단 간부회를 소집했다.

2월 25일, 정동교회 구내 이필주 목사의 집에서 열린 제2회 간부회에는 김원벽·강기덕·한의건·전성득·윤자영·이용설 등이 참석했다. 회의에서는 ① 학생 측 독립선언서는 발표하지 말 것, ② 천도교 측과 기독교 측의 제1차 거사는 중등학교 학생들이 원조할 것, ③ 이후 전문학교 대표가 주도하여 제2차 독립운동을 전개하되 거사 일시는 그때의 상황을 봐서 결정할 것, ④ 전문학교 학생들은 다음 거사에 대비해 제1차 독립운동에는 관여하지 말 것 등을 결정했다. 다음 날 같은 장소에서 다시 간부회를 개최했는데, 이 자리에서는 전문학교의 학생대표로 선출되지 않은 이용설·윤자영 등이 중심이 되어 새로운 인물들이 참여했고, 제2차 독립운동 이후에도 계속적으로 시위운동을 추진해나가는 문제를 협의했다.

2월 28일, 이갑성이 세브란스의전 학생 김성국을 통해 독립선언서 1,500장을 강기덕에게 전달하자 강기덕은 3월 1일의 거사를 최종

---

12 장규식, 「YMCA학생운동과 3·1운동의 초기 조직화」, 『한국근현대사연구』 20, 2002, 132쪽을 참고하여 재작성.

승동교회

점검하기 위하여 중등학교 대표들을 이필주 목사 집에, 전문학교 대표들을 승동교회에 모이게 했다. 승동교회에 모인 전문학교 대표들은 김원벽·전성득·김대우·한위건·윤자영·이용설 등이었다. 이들은 ① 각 전문학교 대표자와 일본 경찰의 주목을 받고 있는 사람들은 3월 1일의 독립운동에 참가하지 말도록 할 것, ② 중등학생들이 폭력적으로 나오지 않도록 주의시킬 것, ③ 독립선언서는 되도록 다수의 사람들에게 배포할 것, ④ 선언서는 강기덕과 김문진이 중등학교 학생들에게 배부할 것 등을 결정했다. 이후 강기덕과 한위건은 이필주 목사 집에 모인 중등학교 대표들에게 3월 1일 거사 계획 및 선언서 배부 장소를 지정하고 각 학교 대표들에게 선언서를 분배해주었다. 그리하여 마침내 3월 1일 오후 2시 민족대표들은 요리점 태화관에서 독립선언식을 거행했으며, 학생들은 탑골공원으로 모여들었다.

3

서울의 3·1운동

3월 1일, 탑골공원에서는 학생들을 비롯한 많은 군중들이 모여 그 자리에서 독립선언서를 읽고 독립선언식을 거행했다. 이후 거리로 쏟아져 나가서 독립만세를 부르며 행진했다. 종로통에서 출발한 시위대는 여러 방향으로 나뉘어, 한 무리는 종로, 광교, 경성부청 앞, 남대문 등을 거쳐 의주통, 프랑스공사관 방향으로, 또 한 무리는 덕수궁 대한문에서 구리개(현 을지로)로 향하기도 했다. 무리는 다시 갈라져 미국영사관으로, 또는 광화문을 지나 경복궁으로 행진하기도 했다. 이 외에도 창덕궁과 조선보병사령부로도 행진했다. 진고개(현 충무로)와 육조 앞 일대(현 세종로)에서도 만세를 부르는 군중들이 있었다. 이처럼 서울의 주요 거리가 만세시위를 부르는 군중들로 가득 찼다. 이에 총독부는 서울 중심가에 군경을 총동원하면서 용산의 일본군 보병 3개 중대와 기마병 1개 소대를 시위 해산에 투입했다.

3월 2일에도 만세시위는 계속되어 주요 시가지에 노동자와 학생을 중심으로한 군중 400여 명은 만세를 부르며 종로경찰서로 향했다.

서울에서 만세시위가
일어났던 주요 시가지

고종황제 장례행렬

덕수궁 대한문 앞 만세시위.
3월 1일 정오, 학생들은 탑골공원에 집결하기 시작했다. 오후 2시 민족대표들은 태화관에 모여 독립선언식을 갖고 경찰에 그 소식을 알렸다. 탑골공원에서도 독립선언서가 낭독되고, 시위대는 독립만세를 부르며 시가행진을 시작했다.

3월 5일은 학생단이 주도한 대규모 시위가 남대문역 앞 광장에서 시작되었다. 약 1만 명의 학생과 시민들이 모여 만세를 부르며, 3월 1일 시작된 만세시위운동을 계속해나갈 의지를 보였다. 그러나 일본 군경들의 진압은 더욱 거세졌다. 폭력적인 진압에 이어 시위 참여자들을 대규모로 구금하고 고문했으며, 서울 시내 전역을 주도면밀하게 경계했다. 수도라는 상징성 때문에 서울의 만세시위에 대한 진압과 경계에는 빈틈이 없었으며, 이에 따라 서울의 시위도 다소 잠잠해질 수밖에 없었다.

3월 22일, 노동자들이 합류한 '노동자대회'를 계기로 서울의 만세시위는 다시 불붙는 듯했으나 일본 군경의 신속한 진압이 이루어졌으며, 각 지역의 만세시위에 합류한 학생들의 공백 상황도 더해져 3월 말 이후 서울에서는 더 이상의 시위가 이어지지 못했다.

세브란스의전 재학생들의 참여

서울에서 일어났던 시위에 당시 세브란스의전에 재학 중이었던 학생들 역시 다양한 방식으로 참여했으며, 이후 체포되어 신문 과정이나 재감 기간 동안 갖은 고초를 겪어야 했다. 3·1운동 당시 세브란스의전에 재학 중이면서 서울의 만세시위에 참여한 인물은 이용설·김문진·박주풍·배동석·서영완·최동·김성국·김병수·김봉렬·김찬두·이굉상 등 약 10여 명이다. 이들의 당시 학년과 나이, 출신지와 주소지, 그리고 판결에서 받은 형량 등을 정리하면 〈표 3〉과 같다.

우선 세브란스의전 재학생으로 3·1운동에 참가했던 학생들의 학년과 나이는 비교적 다양하다. 지방 출신으로 서울에서 하숙을 하고 있는 경우가 대부분이었고, 그중에서도 무려 6명이 동숙생이었다. 또한 김문진·이용설과 같이 3·1운동 준비 과정 중 세브란스의전의 대표로 참여하면서 부각되었던 인물들은 만세운동이 시작되자 재빠르게 피신하여 직접적인 처벌은 피했던 것으로 보이며, 배동석·김병수·서영완 정도를 제외하면 나머지 학생들은 집행유예나 무죄 처분을 받고 풀려났다. 그러나 집행유예나 무죄를 받았다고 하더라도, 판결이 나기 전에 구금되어 있던 기간이 최소 90일 이상으로 집행유예나 무죄 판결을 받기까지 3개월 이상 옥고를 치렀다. 각 인물들의 3·1운동 참여 계기와 상황, 이후 판결까지의 과정을 각자

〈표 3〉 3·1**운동에 참여했던 세브란스의전 재학생**

이름	학년 및 나이	출신지	주소지	판결 내용
김병수金炳洙	세브란스의전 3학년, 22세	전북 김제	경성 죽첨정 하숙	징역 8월 (미결 180일)
박주풍朴周豊	세브란스의전 4학년, 27세	함북 명천	경성 수송동 16 최광훈 집	징역 6개월 집행유예 3년 (미결 90일)
서영완徐永琬	세브란스의전 1학년, 21세	부산	경성 통동 6	징역 6개월 (미결 90일)
최동崔棟	세브란스의전 2학년, 24세	전남 목포	경성 의주통 1정목 137	징역 7개월 집행유예 3년 (미결 120일)
이용설李容卨	세브란스의전 4학년, 24세	평북 희천	경성 견지정 119-1	
김문진金文軫	세브란스의전 3학년, 24세	경북 대구	경성 화천정 126 번지 오한영 집	
배동석裵東奭	세브란스의전 2학년, 29세	경남 김해	위와 같음	징역 1년(미결 120일)
김성국金成國	세브란스의전 3학년, 29세	부산	위와 같음	무죄
김봉렬金鳳烈	세브란스의전 1학년, 22세	평양	위와 같음	징역 6개월 집행유예 3년 (미결 90일)
김찬두金瓚斗	세브란스의전 1학년, 22세	평남 대동	위와 같음	징역 6개월 집행유예 3년 (미결 90일)
이굉상李宏祥	세브란스의전 1학년, 27세	경남 창원	위와 같음	무죄
송춘근宋春根	세브란스의전 2학년, 32세	경기 양주	경성 앵정정 2정목 155번지	징역 1년 6개월

의 신문조서와 공판시말서, 판결문 자료를 통해 자세히 살펴보겠다.

세브란스의전 YMCA 전 회장으로 3·1운동 준비 과정에서 세브란스의전의 주요 인물로 활동했던 이용설李容卨(1895-1993)은 평북 희천 출신으로 평양 숭실학교를 졸업한 후 1915년 세브란스의전에 입학했다. 1919년 당시 4학년으로 학생들 주도의 독립운동 준비에 참여했고, 학생들을 시위운동에 동원하는 역할을 맡았으며, 3월 1일의 시위운동에 참여한 것으로 보이나[13] 체포되지는 않았다. 체포를 면한 이용설은 3월 하순부터 4월 상순까지 『조선독립신문』 발간에 관여했다.

3·1운동이 진행되는 동안 서울에서는 10여 종의 『독립신문』이 발행·배포되고 있었다. 이 중 가장 먼저 나온 것이 『조선독립신문』으로 천도교 측에서 2월 27일 독립선언서를 인쇄할 때 같이 발행하여 비밀리에 시내에 유포했다. 보성법률상업학교장 윤익선尹益善의 명의로 발간되었으며, 선언서를 인쇄했던 보성사普成社에서 1만 부가량을 찍었다. 『조선독립신문』은 6월 22일까지 36호를 발간했는데, 지방에서는 이 신문을 다시 등사하여 돌려볼 정도였다. 그러나 발행자가 연달아 구속되면서 편집부도 자주 교체되었고, 연락이 원활하지 않아 때로는 같은 호수의 신문이 중첩 발간되기도 했다.[14] 이렇게 『조선독립신문』 발행이 혼란 상태에 빠지자 김유인金裕寅은 이용설과 상의하여 원고는 이용설이 담당하기로 하고, 보성고등보통학교 학생 장채극張彩極과 이철李鐵에게 원고를 받아 신문을 발간해줄 것을 제안했다. 장채극과 이철은 이러한 제안에 동의했으며, 이철은 이용설의 집으로 가서 원고를 받고 이를 장채극과 함께 인쇄·발행했다.[15] 이용설은 17호

---

13 박주풍은 3월 1일 시위 군중 속에서 김문진·이용설·서영완·김봉렬·김성국 등을 알고 있었다고 진술했다. 「박주풍 신문조서」(1919.6.20), 『한민족독립운동사자료집』 17. 이러한 진술로 보아 김문진·이용설도 당일에 참여했을 것으로 짐작된다.

14 독립운동사편찬위원회, 『독립운동사 2: 삼일운동사(상)』, 독립유공자사업기금운용위원회, 1971, 124-125쪽.

15 「공판시말서(2)」(1919.10.28), 『한민족독립운동사자료집』 18.

부터 23호까지의 원고를 담당했으며, 4월 10일부터는 더 이상 원고를 주지 않았는데, 이는 3·1운동 준비부터 『독립신문』의 발행까지 관여한 이용설을 향해 점점 좁혀오는 일본 경찰의 검거망을 피해 중국으로 망명했기 때문인 것으로 보인다.

이후 이용설은 1920년 베이징협화의학원北京協和醫學院에 진학하여 수련 생활을 했다. 1921년 경무총감과 담판을 하여 수배자인 이용설의 무사귀환을 보장받은 에비슨 교장은 이용설에게 귀국을 제안했고, 한국으로 돌아온 이용설은 1922년 8월부터 1924년 8월까지 세브란스병원 외과에서 근무했다. 1924년 9월 시카고 노스웨스턴의대에 편입하여 MD학위를 취득했으며 1926년 9월에는 세브란스의전 외과 교수로 임용되었다. 1937년 7월 경성제국대학 의학부 약리학 교실에서 의학박사학위를 받았으나 같은 해 수양동우회 사건에 연루되면서 1940년 1월 교수직을 사임했다.[16]

김병수金炳洙(1898-1951)는 전북 김제 출신으로 옥구군 구암리의 영명학교永明學校를 졸업하고 세브란스의전에 입학하여 1919년 당시 죽첨정竹添町(현재 충정로)에서 하숙하고 있었다. 김병수는 일본 유학생들이 주도했던 2·8독립선언 이후 2월 중순경부터는 학생들 사이에서 국내의 만세시위운동에 대한 소문이 떠돌았다고 했는데,[17] 2월 중순

---

16 신규환, 「해방 이후 남북 의학교육체계의 성립과 발전」, 『인문논총』 74-1, 2017, 220쪽.

17 「김병수 신문조서」(1919.4.21), 『한민족독립운동사자료집』 15; 「김병수 신문조서」(1919.6.25), 『한민족독립운동사자료집』 16. 이하 김병수의 3·1운동 참여 내용은 두 신문조서를 참고했다.

경에는 이미 세브란스 내에서 3·1운동 계획에 대한 내용이 학생들 사이에 퍼져 있었다는 사실을 알 수 있다. 이렇게 이미 계획을 알고 있었기 때문인지 김병수는 2월 25일 이갑성이 군산으로 가서 독립청원서에 서명을 받아와달라고 요청했을 때 이를 순순히 수락했다. 2월 25일 저녁 서울을 출발하여 26일 아침에 군산에 도착한 김병수는 자신의 모교인 영명학교의 교사 박연세를 만나 이야기를 전달하고 서명을 요청했고, 27일 아침에 다시 서울로 돌아왔다. 28일에는 다시 이갑성에게서 독립선언서 100장을 받아 군산으로 갔으며 다시 박연세를 만나 이를 전달하고 3월 2일 오전에야 서울로 돌아왔다. 김병수는 독립선언서를 전달하느라 3월 1일 당일에는 서울에 없었으므로 3월 1일의 만세시위에는 참가하지 못했으나, 3월 5일 남대문 정거장 앞에서 열린 시위에 참가하여 만세를 불렀다. 3월 5일 만세시위 참여 이후 김병수는 다시 이리로 내려가서 4월 4일 이리 시장에서 있었던 이리의 만세시위에도 참여했다.

박주풍朴周豊은 함북 명천 출신으로 경신학교敬信學校 특별과를 졸업한 후, 세브란스의전에 입학했다. 1919년 당시 그는 4학년생이었으며, 수송동壽松洞의 최광훈崔光勳 집에서 하숙하고 있었다. 박주풍은 학교 안팎에서 2월 말경 손병희 외 30여 명이 독립선언을 할 것이라는 소문이 돌아 알고 있었으며, 3월 1일 당일 학생 참가 계획에 대해서는 이용설·김문진 등을 통해 들었다고 밝혔다.[18] 한편, 3·1운동 계획에

---

18 「박주풍 신문조서」(1919.3.11), 『한민족독립운동사자료집』 14; 「박주풍 신문조서」(1919.6.

참여한 학생 측의 주요 인물인 강기덕과 이미 알고 있던 사이였는데, 그래서 2월 말 세브란스병원에 입원 중이었던 강기덕을 만났으며, 그가 지금이 독립을 할 수 있는 호기이므로 독립운동을 같이하지 않겠느냐고 권유했을 때 박주풍은 같이 해보겠다고 대답했다.

3월 1일 오후 2시경, 탑골공원에 간 박주풍은 군중과 함께 만세를 부르며 남대문을 지나 의주로까지 갔다가 돌아왔다. 그는 3월 1일 만세시위에 자신이 아는 얼굴이 많이 보였으며, 세브란스의전 학생들의 대다수가 참가했을 것이라고 진술했다. 3월 5일에는 세브란스병원 밖, 즉 남대문 앞에서 들리는 소리를 듣고 나갔다가 수백 명의 군중이 모여 만세를 부르는 것을 보고 이에 동참했다. 박주풍은 군중과 함께 남대문 바로 앞까지 갔다가 경관에게 가로막혀 돌아왔는데 그날 밤 하숙집에 있다가 바로 체포되었다. 이후 박주풍은 출판법 위반, 보안법 위반으로 1919년 8월 30일 경성지방법원공판에 넘겨졌으며, 1919년 11월 6일 경성지방법원에서 징역 6개월(미결구류일수 90일)에 집행유예 3년을 언도받고 풀려났다.[19] 재판을 받는 과정에서 처음에는 총독정치에 대한 불평을 표현하고 향후에도 기회가 있으면 독립운동을 하겠다고 밝혔던 박주풍은 다음과 같이 심경 변화를 드러냈다.

---

20), 『한민족독립운동사자료집』 17; 「공판시말서」(1919.10.29), 『한민족독립운동사자료집』 18. 이하 박주풍의 3·1운동 참여 내용은 이 자료들을 참고했다.

19 「경성지방법원 판결문」(1919.8.30), CJA0000401; 「경성지방법원 판결문」(1919.11.6), CJA0000401.

「**박주풍 신문조서**」(1919.6.20)

문 총독정치에 불평이 있어서 독립을 희망한 것이 아닌가?

답 불평이 있으니까 독립할 생각이 난 것이다. 그런 불평이 있을 때 앞에 말한 것을 신문에서 보았으므로 더욱 독립하겠다는 생각을 갖게 된 것인데, 그 불평의 한 가지를 들면 교육제도의 불완전한 것, 일선인의 대우에 차별이 있는 것, 일본인과 함께 경쟁해 갈 수 없는 것 등이다.

「**공판시말서**」(1919.10.29)

문 그대는 예심에서 기회가 있으면 다시 소요하겠다고 했는데 그런가?

답 그렇게 말했으나 갖은 고통을 겪고 보석이 되어 출감한 뒤에는 생각이 달라져서 금후에는 독립운동에 가담할 생각은 없다. 따라서 장래에는 내 직무에만 성실히 종사하고 정치에는 관계하지 않겠다.

물론 신문 과정에서 진술이 일관적이지 않은 것은 박주풍만의 사례는 아니지만, 그의 경우 직접적으로 '갖은 고통'을 언급하고 있어, 3월 5일 체포 후 재판 결과가 나온 11월까지 약 8개월의 기간 동안 경찰서, 서대문감옥, 법원 등을 전전하면서 겪는 재판 과정이 주는 괴로움을 짐작할 수 있다. 또한 조국의 독립과 그를 실현하기 위한 독립운동에 대한 뚜렷한 주관을 가지고 있었으나, 지난한 신문과 재판을 통해 이제까지 겪어보지 못한 고초를 경험하면서 조금이라도 형량을 줄이기 위해서라도 처음과는 다른 진술을 할 수밖에 없었던 수많은 사례 중 하나다.

1919년 이미 4학년이었던 박주풍은 재판이 있었던 그해 졸업을 하는데, 3월 5일 체포 후 최종 선고는 11월 6일에 나왔으므로 실제로 자신의 졸업에 신경 쓸 여력은 많지 않았을 것이다. 졸업 후 1923년 5월까지는 모교인 세브란스병원에서 근무했으며[20] 이후에는 출생지인 명천군으로 돌아가 혜창의원惠蒼醫院을 개업했으며, 명천군 공의로도 활동했다.[21]

서영완徐永琬(1898-?)은 1919년 당시 막 세브란스의전에 입학한 1학년 학생이었다. 부산 출신인 그는 세브란스 입학 전 중앙학교를 졸업하고 1916년경 어머니, 누이동생, 남동생과 서울에 가서 경성부 통동通洞(현 종로구 통인동)에서 살고 있었다.[22] 서영완은 3월 1일 학교에서 돌아오는 길에 몇 사람이 오후 2시에 탑골공원에서 있는 독립선언에 참가하러 간다는 이야기를 듣고 본인도 탑골공원으로 갔다고 한다. 그의 신문조서의 다른 내용을 살펴보아도 3·1운동 계획을 준비했거나 미리 알고 있었던 학생들과의 연결고리가 뚜렷이 보이지 않아 당일 날에 알았을 가능성이 높다. 탑골공원에 간 서영완은 군중들과 함께 독립만세를 부르며 대한문 방향으로 향했으며, 미국영사관까지 갔다가 돌아왔다. 3월 4일 서소문 거리에서 5일 오전 남대문 역전에서 독립만세를 부른다는 소식을 들었으며, 이에 서영완은 다시 3월 5일의 만세시위에 참가했다. 서영완은 독립만세를 부르며 종로 부근까지 갔으며, 거기서 이화학당 여학생을 만나 위험을 피하기 위해 함

---

20 『세브란스연합의학전문학교일람』, 1923, 42쪽.

21 *Catalogue Severance Union Medical College*, 1925-26, p.88; 『세브란스교우회보』 6호(1926.3. 3), 28쪽; 『세브란스연합의학전문학교일람』 1940, 125쪽.

22 「서영완 신문조서」(1919.6.21), 『한민족독립운동사자료집』 17. 이하 이 신문조서와 「공판시말서」(1919.10.24), 『한민족독립운동사자료집』 18의 두 자료를 참고했다.

께 돌아가는 도중 경관에게 체포되었다.

체포된 서영완은 출판법 위반, 보안법 위반으로 1919년 8월 30일 경성지방법원 공판에 넘겨졌으며, 1919년 11월 6일 경성지방법원에서 징역 6개월(미결구류일수 90일)을 선고받았다. 특기할 만한 것은 우선 집행유예가 아닌 징역형이 선고되었다는 것이다. 서영완은 다른 학생들과 달리 3·1운동 준비에 참여했거나 그 계획을 미리 알았던 것이 아닌데도 징역형이 선고되었다. 아마도 두 차례의 만세시위에 모두 참여했으며, 자신이 자발적으로 독립의 뜻에 동참하여 참여했다는 사실을 적극적으로 부인하지 않았기 때문인 것으로 보인다. 또한 징역형이 선고된 후 상고하지 않았다는 것도 특기할 만한데 서영완과 같이 징역형을 선고받았던(표 3 참고) 배동수와 김병수는 상고했으나 복심에서 기각되었고, 김성국과 이굉상은 복심법원에서 무죄를 받은 것과는 또 다른 사례이다. 특히 김성국과 이굉상은 3·1운동 이전에 이갑성·김문진·이용설과의 인연으로 계획을 미리 알았던 정황이 있었던 만큼, 서영완보다도 오히려 더 무거운 형이 내려졌는데도(각각 징역 1년과 8개월) 상고한 결과 무죄가 나왔던 것으로 보아 서영완 역시 상고하면 다른 결과가 나올 수 있는 상황이었지만 상고하지 않았다. 이는 그가 형량을 줄이고자 진술을 바꾸는 일 없이 마지막까지 독립의지를 꺾지 않은 것과도 연관이 있으며,[23] 더 나아가 서영완의 삶의 궤적이 3·1운동 이후 달라진 것과 관련 있을 듯하다.

---

23 문: 누구의 권유로 위와 같이 독립시위운동에 참가했는가.

출옥 이후 서영완은 세브란스의전을 졸업하지 않은 상태로 1922년 4월 난징 진링대학金陵大學(현 난징대학) 유학을 명목으로 도항했다.[24] 도항 후 고려공산당에 가입하고 임시정부 헌법개정위원으로 참여하는 등 본격적인 독립운동의 길에 들어섰다. 의학을 공부하기 위해 세브란스의전에 입학했던 한 학생이 3·1운동을 계기로 민족의 독립에 눈을 뜨고 독립운동에 본격적으로 뛰어들었던 것이다.

법의학자이자 역사학자로 세브란스의전 교수로 재직했고 광복 후에 교장까지 지낸 최동崔棟(1896-1973) 역시 3·1운동에 참가했다. 최동은 아버지를 따라 일본으로 건너가 교세이학교曉星學校에 입학했고, 1914년 졸업했다. 그 사이 아버지가 둘째 아들 최량만 데리고 샌프란시스코로 건너갔으며 교세이학교를 졸업한 최동도 미국으로 건너가 1915년 캘리포니아주립대학에 입학했다.

1916년 안식년으로 미국에 와 있던 세브란스의전의 에비슨 교장의 강연을 들은 최동은 크게 감동받아 의사가 되기로 결심하고 1917년 세브란스의전에 입학했다.[25] 재학 중이던 1919년 3월 1일 최동은 탑골공원에서 쏟아져 나온 군중들과 함께 만세를 부르며 행진

답: 자발적으로 참가했고 권유에 의한 것이 아니었다.
문: 장래의 생각은 어떤가.
답: 독립에는 찬성이지만 소요하는 것은 나쁘다고 생각한다.
「공판시말서」(1919.10.24), 『한민족독립운동사자료집』 18권.

24 한국사데이터베이스 한국근현대인물자료.

25 이하 최동의 생애는 신동환, 「세브란스 인물사 3: 한국 최초의 외과병리 및 임상병리학자 최동 박사」, 『연세의사학』 2-1, 1998과 『제중원 세브란스인의 사회공헌』, 역사공간, 2016, 35, 36쪽을 참고했다.

하다가 체포되었다. 출판법 위반, 보안법 위반으로 1919년 8월 30일 경성지방법원 공판에 넘겨졌으며, 1919년 11월 6일 징역 7개월(미결구류일수 120일)에 집행유예 3년을 언도받았다.[26] 집행유예를 받았기 때문에 선고 이후 바로 풀려났을 것이나 미결구류일수가 120일로, 선고가 있기까지 적어도 4개월간 옥고를 치렀다.

1921년 세브란스의전을 졸업한 최동은 중국 베이징협화의학원에서 기생충학을 연구했으며, 캐나다 토론토대학 병리학 연구실에서도 2년간 연구했다. 1929년부터 세브란스의전 교수로 재직했고, 1934년에는 일본 도호쿠제국대학東北帝國大學 법의학교실에서 연구하여 1936년 의학박사학위를 받았다. 1945년 해방 직후에는 제4대 세브란스의전 교장에 취임하여 대학 승격에 힘을 쏟았으며, 1948년에는 학장직을 사임하고 교수로 돌아가 1955년까지 재직했다. 이렇게 의학자로서 이름을 날리면서도 역사에도 꾸준히 관심을 두었는데, 최동은 1966년 『조선상고민족사』라는 방대한 분량의 역사서를 저술했으며, 이를 계기로 1968년 연세대학교에서 명예문학박사학위를 받기도 했다.

한편 '경성부 화천정和泉町(현 중구 순화동) 126번지 오한영의 집'에는 1919년 당시 3·1운동에 참가했던 세브란스의전 학생 6명이 하숙하고 있었다. 하숙집 주인이었던 오한영이 세브란스의전 교수였던 오

---

26 「경성지방법원 판결문」(1919.8.30), CJA0000401; 「경성지방법원 판결문」(1919.11.6), CJA0000401.

긍선의 장남이자 세브란스의전을 1923년 졸업한 오한영과 동일인물인지는 확인하기 어렵다. 이 하숙집에 사는 사람들이 3·1운동에 많이 참여하게 된 데에는 김문진과 배동석이라는 두 인물, 특히 3·1운동 준비 과정에서 세브란스의전 대표로 참여했던 김문진의 영향이 컸다고 할 수 있다. 김봉렬·김찬두·이굉상은 1919년 당시 세브란스의전 1년생이란 공통점이 있었으며, 김찬두의 경우 1학년 1반의 급장을 맡고 있었다. 또한 이들은 신문 과정에서 하숙집과 관련된 내용을 거짓으로 진술하기도 했는데, 김봉렬은 신문 과정에서 김문진의 이름을 대는 것을 피하기 위해 거짓말을 했으며,[27] 김봉렬과 김찬두는 다른 하숙집 주소를 말하기도 했다.[28] 이러한 사실들로 보아 이들은 재판 과정에서는 부인하고 있었지만, 같은 하숙집에서 생활하면서 3·1운동 계획에 대한 정보를 교류했고 참여에 뜻을 같이했다고 짐작해볼 수 있다.

배동석裵東奭(1891-1924)은 경남 김해 출신으로 대구 계성중학교 재학 시절부터 배일혐의로 체포되어 3개월의 옥고를 치렀고, 목포에서의 교직생활 중에도 배일혐의로 체포된 전적이 있을 만큼 세브란스의전 입학 전부터 항일사상이 투철한 인물이었다.[29] 1917년 세브란스

---

27 「김봉렬 신문조서」(1919.6.21),『한민족독립운동사자료집』 17.

28 김봉렬은 적선동 75번지 정숙경(鄭淑卿)의 집에서 하숙한다고 답했으며, 김찬두는 죽첨정(竹添町) 164번지 김유순(金裕淳)의 집에서 하숙했다고 답했다. 그러나 이후 공판시말서에서는 두 사람의 주소지가 화천정 126번지로 정정되었다. 「김봉렬 신문조서」(1919.6.21), 『한민족독립운동사자료집』 17; 「김찬두 신문조서」(1919.6.20), 『한민족독립운동사자료집』 17; 「공판시말서」(1919.10.24), 『한민족독립운동사자료집』 18.

29 국가보훈처 공훈전자사료관 배동석 공훈록 참고, 다만 세브란스의전 입학 전의 항일활동에

의전에 입학할 당시, 배동석은 김성국과 더불어 28세로 적지 않은 나이였으며, 33세였던 이갑성과는 경신학교 동문이었다. 그는 경상남북도 출신의 학생모임인 교남학생친목회 회장을 맡았다. 특히 그 회원인 윤자영尹滋瑛(1894-1938)과의 관계는 다른 사람을 통해 언급될 정도로 친밀했으며,[30] 이갑성에게 윤자영을 소개해준 사람도 배동석이었다.[31]

배동석은 2월 12일 이갑성의 집에서 있던 모임에 윤자영과 함께 참석하면서 이갑성에게서 당시의 정세와 독립운동 움직임에 관한 이야기를 들었고, 2월 24일에는 이갑성의 부탁으로 마산까지 다녀왔으므로, 3월 1일 이전에 만세시위에 대해 알고 있었을 가능성이 높다. 3월 1일, 배동석은 탑골공원에서 만세를 부르며 군중들과 함께 종로경찰서 앞까지 행진했다. 또한 3월 5일, 학생들 주도의 만세시위는 그 전날인 3월 4일 김문진에게서 들었다고는 하지만, 학생단에서 경성의전의 대표를 맡았던 김형기와 학생단의 주요 인물이었던 윤자영과 친분이 있었던 만큼, 이날의 시위도 그전에 알고 있었을 가능성이 높다. 3월 5일의 만세시위에 참가한 배동석은 남대문 정거장 앞에서 군중들과 함께 만세를 불렀다. 이 두 번의 시위 참가 이후 배동석은 다행히 체포를 면했으며, 자신의 고향인 김해로 내려가 김해에서 만세시위가

관한 부분은 해방 후의 편찬물에 기록된 것이 대부분으로, 직접적인 자료는 찾을 수 없다.

30 「김원벽 신문조서(제2회)」(1919.7.11), 『한민족독립운동사자료집』 11.

31 「공판시말서(제3회의 1)」(1919.9.30), 『한민족독립운동사자료집』 18. 이하 배동석의 서울 3·1운동 참여 내용은 이 공판의 내용을 참고했다.

일어나는 데 큰 역할을 했다.

김문진金文軫珍(1895-1925)은 경북 대구 출신으로 앞서 살펴보았듯이 세브란스 YMCA의 회장이자 학생단 내 세브란스의전 대표로 3·1운동 준비 과정에 참여하고 있었다. 같은 하숙집 학생들 외에 김병수·박주풍 등도 같은 학교 학생으로 김문진을 알고 있었으며, 김문진을 통해 2월 28일 혹은 3월 1일 당일에 만세시위가 있을 것이라는 소식을 전해 들었다고 할 만큼[32] 세브란스의전 학생들에게 3·1운동 계획을 미리 알리고 참여를 독려하는 데 큰 역할을 했다고 할 수 있다. 이갑성에게 이굉상을 소개해준 사람도 김문진이었다. 김문진은 3월 1일에 있었던 만세시위에 참여했던 것으로 보이지만 이후의 행적은 명확하지 않은데, 신문조서나 판결문이 없는 것으로 보아 시위 참여 후에 체포는 면했던 듯하다. 이후 그는 고향인 대구에 내려가 있다가 1920년 6월경 자수했던 것으로 추측된다.[33] 1921년, 김문진은 세브란스의전을 졸업하고 대구에서 의원을 개업했고, 성진의 제동병원에서도 잠시 근무했으나,[34] 불행히도 십이지장궤양으로 1925년 11월 7일 급작스럽게 사망했다.[35]

---

32 「김병수 신문조서」(1919.6.25), 『한민족독립운동사자료집』 16; 「공판시말서」(1919.10.29), 『한민족독립운동사』 18.

33 「김문진 형사사건부」, CJA0017405. 1920년 6월 23일부로 대구서에서 경성지방검사국으로 사건을 이송한다고 기재되어 있으며, 발각 이유에 자수라고 기재되어 있다.

34 「대구 김의사의 미거」, 『동아일보』 1922년 3월 13일자; 「濟東병원의사교체」, 『동아일보』 1924년 1월 18일자.

35 「故김문진추도」, 『동아일보』 1925년 11월 11일자.

경남 창원 출신인 이굉상李宏祥(1892-1934)은 3월 1일 전날인 2월 28일에야 김문진과 하숙집에서 점심을 같이 먹으며 3·1운동 계획을 들었다고 진술했으나, 이미 학교 내에서도 2월 중순경에 독립운동 계획에 대한 소문이 퍼지고 있었기 때문에 그 이전에 알고 있었을 가능성이 높다. 3월 1일 이른 아침, 김문진은 이번엔 이굉상에게 독립선언서를 마산으로 전달해줄 것을 부탁했고, 이에 이굉상은 김문진과 함께 이갑성을 찾아갔다. 이갑성은 이굉상에게 마산으로 가서 임학찬林學賛에게 선언문을 건네줄 것을 부탁하면서 독립선언서를 넘겨주었다. 이에 이굉상은 아침 8시가 조금 넘은 시간에 기차를 타고 마산으로 갔으며, 임학찬에게 독립선언서를 건네주면서 서울의 3·1운동 계획도 전달했다. 이후 임학찬의 집에서 자고 다음 날 2일 서울로 돌아왔으며, 3월 1일에는 마산에 있었기 때문에 서울의 3·1운동에는 참가할 수 없었다고 한다. 서울에 돌아온 뒤 학생들이 다수 체포되었다는 말을 듣고 3월 5일 남대문에서 있었던 만세시위에는 참여하지 않았다.[36]

1919년 4월 이굉상은 하숙집에서 은신 중 체포되었으며,[37] 출판법 위반, 보안법 위반 혐의로 1919년 8월 30일 경성지방법원의 공판

---

36 독립운동사편찬위원회, 『독립운동사자료집 5: 삼일운동 재판기록』, 독립유공자사업기금운용위원회, 1972, 104-108쪽, 111-114쪽, 156-184쪽; 독립운동사편찬위원회, 『독립운동사자료집 13, 학생독립운동사자료집』, 독립유공자사업기금운용위원회, 1977, 121-125쪽; 「이굉상 신문조서」(1919.5.2), 『한민족독립운동사자료집』 13; 「이굉상 신문조서」(1919.5.5), 『한민족독립운동사자료집』 15; 「공판시말서(제3회의 1)」(1919.9.30), 『한민족독립운동사』 18.

37 「이굉상에 관한 수사보고」(1919.4.26), 『한민족독립운동사자료집』 13.

에 넘겨졌다. 1919년 11월 6일, 이굉상은 경성지방법원에서 징역 8개월(미결구류일수 120일)을 언도받았으나, 1920년 2월 27일, 경성복심법원에서 증거 불충분으로 무죄를 선고받았다.[38] 이굉상은 복심법원까지 가서 무죄를 선고받았으나, 원심에서 징역 8월, 미결구류일수 120일을 인정해준 것을 보면 적어도 최종적으로 무죄 선고를 받기까지 적어도 감옥에서 4개월 이상을 지낸 것을 알 수 있다. 이후 이굉상은 학업을 계속하여 1924년 세브란스의전을 졸업했으며, 졸업 후 평양연합기독병원의 내과 주임으로 있다가,[39] 1928년부터는 정읍중앙의원을 개업하여 1932년 5월경까지는 운영을 계속했다.[40] 그는 정읍으로 자리를 옮긴 후, 정읍유치원후원회의 이사로 활동했고, 정읍체육협회의 고문을 담당하는 등의 활동을 보였지만, 그의 이러한 활동은 오래가지 못했다.[41] 이굉상은 1934년 사망한 사실이 확인되는데, 안타깝게도 정확한 사망 시기와 원인에 대해서는 알려진 바가 없다.[42]

김찬두金瓚斗(1897-?)는 평남 대동 출신으로, 배재고보를 졸업하고, 연희전문학교 1학년을 다니다가 세브란스의전에 진학했으며, 1학

---

38 「경성지방법원 판결문」(1919.8.30), CJA0000401; 「경성지방법원 판결문」(1919.11.6), CJA0000401; 「경성복심법원 판결문」(1920.2.27), CJA0000150.

39 *Catalogue Severance Union Medical College*, 1925-26, p.40; 『세브란스교우회보』 6호(1926.3.3), 29쪽.

40 『세브란스연합의학전문학교일람』 1928, 47쪽; 『세브란스연합의학전문학교일람』 1931, 73쪽; 『세브란스교우회보』 13호(1930.10.13), 51쪽; 『세브란스교우회보』 15호(1931.11.18), 18쪽; 『세브란스교우회보』 16호(1932.5.16), 21쪽.

41 「정읍유치원 24일 개원」, 『중외일보』 1927년 6월 23일자; 「정읍군 체협 임원개선」, 『매일신보』 1931년 5월 16일자.

42 『세브란스연합의학전문학교일람』 1934, 116쪽.

년 1반의 급장을 맡고 있었다.[43] 김찬두는 1919년 6월 20일의 신문조서에서 이용설·김문진을 아는지 물어보는 질문에 대해 같은 학교 선배이므로 알고 있다고 대답했으며, 다른 하숙집 주소를 대기도 했다. 또한 미리 독립운동에 대해 듣고 참가한 것은 절대로 아니라고 대답하기도 했으나, 한 학년의 급장이자 김문진과 같은 집에서 하숙하고 있었기 때문에 실제로는 독립운동 계획을 미리 알고 있었다고 짐작할 수 있다. 김찬두는 1919년 3월 1일 오후 3시경 종로 1정목(현재 종로 1가)에서 대한독립만세를 외치는 군중들과 합류하여 우미관 앞까지 행진했다가, 우미관 앞에서 체포되어서 3월 5일의 시위에는 참여하지 못했다. 이후 김찬두는 출판법 위반, 보안법 위반으로 1919년 8월 30일 경성지방법원의 공판에 넘겨져 1919년 11월 6일 경성지방법원에서 징역 6개월에 집행유예 3년(미결구류일수 90일) 선고를 받았으며, 집행유예를 선고받았기 때문에 바로 풀려났을 것으로 보인다.[44] 미결구류일수 90일이 인정된 것에서 김찬두 역시 판결이 나오기까지 적어도 3개월간 감옥에서 보냈다는 것을 알 수 있다.

이후 1920년 5월 9일 서울 시내의 학생을 중심으로 전국 각 지방 출신의 재경在京학생 800여 명이 모여 ① 조선 학생의 친목과 단결, ② 조선 물산의 장려, ③ 지방분열 타파를 내세우고 '조선학생대회'를

---

43 「김찬두 신문조서」(1919.6.20), 『한민족독립운동사자료집』 17. 당시 세브란스의전의 1학년생은 20여 명 정도로 결석자가 있어 항상 출석하는 학생은 15-16명 정도였다고 한다.

44 「경성지방법원 판결문」(1919.8.30), CJA0000401; 「경성지방법원 판결문」(1919.11.6), CJA0000401.

조직했을 때, 김찬두는 김성국과 함께 참가하여 부회장으로 당선되었다.[45] 1922년 그는 세브란스의전을 졸업하고 같은 해 10월에 거행된 의사시험에 합격했으며, 합격 후 황해도 서흥군 신막新幕 지역에 자리 잡았는데 경의선 신막역新幕驛 앞에 순천의원順天醫院을 개업했다.[46] 신막역 앞에 순천의원을 개업한 이후 김찬두는 의사로서 의술을 펼치는 동시에 신막과 서흥 지역의 각종 교육활동과 사회활동에 적극 참여하면서 신막 지역의 명망가로 이름을 날렸다. 김찬두는 민립대학을 설립하고 신막청년회에서 주요 요직을 맡았으며, 교육에도 열성적이어서 1923년부터 1933년까지 10년간 신막역 부근에 있던 사립 덕성학원을 경영했다.[47] 김찬두는 순천의원을 운영하면서 서흥 지역의 검시관으로도 활동했으며, 그의 검시로 타살이 밝혀지기도 했다.[48] 그는 의사로서도 좋은 평판을 얻고 있었는데 "원근과 빈부를 물론하고 환자만 있다면 출장하여 친절히 치료해주며 극빈자를 무료로 치료"해준다는 것이었다.[49] 지역에서 김찬두의 활동과 평판에 대해서는 다음 기사를 통해서도 충분히 짐작할 수 있다.

---

45 독립운동사편찬위원회, 『독립운동사 9: 학생독립운동사』, 독립유공자사업기금운용위원회, 1977, 328-329쪽; 「학생대회의 성황」, 『동아일보』 1920년 5월 10일자.

46 『세브란스연합의학전문학교일람』 1923, 44쪽.

47 「민대서흥군부 대회결의로 설립」, 『동아일보』 1923년 5월 26일자; 「신막청년회 거9일에 창립」, 『동아일보』 1926년 12월 16일자; 「신막덕성학원 여자야학일주년기념」, 『동아일보』 1932년 6월 20일자; 「15년 역사 가진 덕성학원 폐쇄」, 『동아일보』 1933년 12월 13일자.

48 「檢事檢視로 他殺로 判明」, 『동아일보』 1929년 10월 19일자.

49 「창립기념할인」, 『동아일보』 1932년 8월 2일자.

씨는 배재고보를 우등으로 졸업하고 경성세의전을 역시 우등으로 졸업한 후 당지에서 개업한지 17개성상(17년 전이면 1920년이므로 이때는 아직 세브란스의전을 졸업하기도 전이다. 때문에 17년 전은 오류로 보인다-인용자 주)에 빈부의 차별이 없이 일반 환자에게 친절히 시료하여 왔음은 물론이오 … 산부인과, 내외과에 무비無非 명의이므로 금세편작今世扁鵲이란 칭호가 적절하다. 사회사업으로는 신막청년회장, 교풍회위원, 독서회회장, 덕성학원장 등을 역임하고 현에는 학무위원, 신막번영회회장, 예수교회장로 등등의 중직을 쌍견雙肩에 부負하고 사회사업이라면 솔선하는 중진인물이다.[50]

김봉렬金鳳烈(1897-?)은 김찬두와 같은 평남 출신이자, 나이와 학년이 같고, 하숙집도 같은 친구였다. 그는 세브란스의전에 들어오기 전 연희전문학교에 다녔다고 하는데, 김찬두 역시 세브란스의전에 들어오기 전 연희전문학교에 다녔으므로 두 사람은 이미 그때부터 알고 지냈을 가능성도 있다. 김봉렬은 정동에 사는 미국인 노블에게 하루 한두 시간씩 영어 번역을 해주고 월 10원씩 받아 학비를 충당하고 있었다.[51]

---

50 「刀圭界의 巨擘, 순천의원장 김찬두씨」, 『동아일보』 1937년 6월 25일자.

51 「김봉렬 신문조서」(1919.6.21), 『한민족독립운동사자료집』 17; 「김봉렬 신문조서」(1919.10.24), 『한민족독립운동사자료집』 18, 이하 김봉렬의 3·1운동 참여 과정은 모두 두 신문조서 내용을 참고했다.

김봉렬은 2월 28일 학교에서 김문진을 만났는데, 김문진이 지금은 조선이 독립할 호기로 독립운동을 할 것인데 이에 찬성하는지를 물었고, 김봉렬이 어떤 방법으로 독립운동을 할 것인지 되물으니 김문진은 지금을 말해줄 수 없으나, 각자 해야 할 역할이 있다고 대답했다고 한다.

그러다 3월 1일, 아침 기도 후 김문진이 오후 2시 탑골공원에서 독립선언을 하기로 했다는 사실을 알려주어 그제야 독립운동 계획을 알게 되었다고 진술하지만, 역시 미리 알고 있었을 가능성이 높다. 2시 15분 전에 공원에 도착한 김봉렬은 이미 공원에 모여 있던 많은 사람들과 함께 독립선언서 낭독을 보고, 낭독이 끝난 후는 만세를 부르며 대한문과 미국영사관 쪽으로 향했다가 돌아왔다.

이후 3월 4일 남산공원에서 한 남자에게서 3월 5일의 만세운동 계획을 들었으며, 3월 5일 아침 남대문 부근으로 나가 그곳에서 시작된 만세운동에 참가했다. 김봉렬은 군중에 가담하여 독립만세를 부르며 대한문 앞까지 행진했다가 그곳에서 체포되었다. 이렇게 독립운동에 참여하게 된 계기에 대하여 다음과 같이 진술했다.

> 불평이 많이 있으므로 독립을 희망하는 것이다. 그 불평의 두세 가지 예를 든다면, 교육제도가 불완전한 것, 즉 조선은 2,000만의 인구를 가졌는데도 불구하고 대학의 설비가 없고 전문학교가 겨우 세 학교 있는데 불과하며 … 정치 방면에서는 총독정치는 조선을 마치 식민지와 같이 취급하고 있다. 또 동양척식회사와 같은 것은 좋은 토지를 매점한 까닭으로 일부 조선인은 드디어 타국으로 이주하지 않으면 안 되는 상태

이다. 특히 이주 문제는 내가 항상 목격하고 있는 바이다. 이 같은 불평이 있으므로 독립을 희망하는 것이다.[52]

이후 김봉렬은 출판법 위반, 보안법 위반으로 1919년 8월 30일 경성지방법원의 공판에 넘겨져 1919년 11월 6일 경성지방법원에서 징역 6개월에 집행유예 3년(미결구류일수 90일)을 선고받았다.[53] 이는 앞서의 김찬두와 같은 판결 내용이며, 김봉렬 역시 선고 이후 바로 풀려났지만 판결까지 적어도 3개월의 옥고를 치렀다고 볼 수 있다. 1922년 세브란스의전을 졸업한 이후 김봉렬은 평양연합기독병원에서 일하다가, 본인의 본적지와 가까운 평남선平南線 진지역眞池驛(진남포) 부근에 개업했으며,[54] 이후 강서군, 평양 등으로 옮겨 다니며 의술을 펼쳤다.[55]

또 다른 하숙생 김성국金成國(1890-?)은 이갑성과의 친분으로 3월 1일 이전부터 3·1운동 준비에 관여하고 있었다. 김성국은 1919년 2월 26일 이갑성의 부탁을 받고 원산으로 가서 목사 정춘수鄭春洙를 만나 독립운동 청원서에 첨부하기 위한 서명을 받아서 돌아왔다. 2월 28일 오후 8시, 김성국은 다시 이갑성을 만나 그와 함께 이종일李鍾一

52 「김봉렬 신문조서」(1919.6.21), 『한민족독립운동사자료집』 17.

53 「경성지방법원 판결문」(1919.8.30), CJA0000401; 「경성지방법원 판결문」(1919.11.6), CJA0000401.

54 *Catalogue Severance Union Medical College*, 1925-26, p.40; 『세브란스교우회보』 13호(1930.10.13), 51쪽.

55 「소식」, 『동아일보』 1933년 5월 6일자; 『세브란스연합의학전문학교일람』, 1934, 115쪽; 『세브란스연합의학전문학교일람』, 1939, 122쪽; 『세브란스연합의학적문학교일람』, 1940, 127쪽.

의 집에 가서 조선독립선언서 약 1,000장를 받고 승동예배당으로 가서 강기덕에게 전달했다. 3월 1일 당일, 김성국은 오후 4-5시경 남대문 밖에서 만세운동에 참가하여 독립만세를 외치며 화천정까지 행진했다.[56]

김성국 역시 출판법 위반, 보안법 위반 혐의로 1919년 8월 30일 경성지방법원 공판으로 넘겨졌으며, 1919년 11월 6일 징역 1년(미결구류일수 120일)을 선고받았다. 집행유예로 풀려난 김찬두·김봉렬과 달리 징역형이 선고되었으며, 이는 징역 8월을 받은 이굉상보다도 높은 형량이었다. 이갑성을 통해 3·1운동 이전부터 그 계획을 알고 도움을 주었다는 점이 인정된 결과로 보인다. 그러나 1920년 2월 27일 경성복심법원에서는 이러한 사실을 입증할 만한 증빙이 충분하지 않다는 이유로 무죄를 선고했다.[57] 무죄로 풀려난 김성국은 1920년 5월 9일 서울 정동예배당에서 열린 조선학생대회 창립총회에 김찬두金燦斗와 함께 참석했으며, 1921년 6월 22일 세브란스병원 구내 예배당에서 열린 졸업식에서 졸업생 대표로 졸업증서를 받았다.[58]

졸업 후 김성국은 본적지인 부산 영주동에서 자신의 이름을 내걸고 김성국의원을 개업하여 가난한 사람이나 노동자에게는 무료로 시

---

56 「공판시말서」(1919.9.30), 『한민족독립운동사자료집』 18; 「공판시말서(제2회)」(1920.1.28), 『한민족독립운동사자료집』 19.

57 「경성지방법원 판결문」(1919.8.30), CJA0000401; 「경성지방법원 판결문」(1919.11.6), CJA0000401; 「경성복심법원 판결문」(1920.2.27), CJA0000150.

58 「의교졸업식 급 씨명」, 『동아일보』 1921년 6월 22일자; 「세전의 졸업식, 졸업생 십사명」, 『동아일보』 1921년 6월 24일자.

료하는 등 좋은 평판을 얻었으나,[59] 1926년 2월 대구로 자리를 옮겨 순천당의원을 개업하고 대구에 정착했다. 김성국은 1927년 7월 대구 신간지회 설치준비회에 참여했고, 1932년 제4회 전조선축구대회가 대구에서 열리자, 대구축구대회협회의 회장을 맡는 등 지역사회 활동에 열심히 참여했다.[60] 무엇보다 본업에 충실하며 극빈자를 무료로 치료해주는 모습으로 지역 내 좋은 평판이 자자했다.

> 병원신축 기념과 빈민구제의 의미로 지난 연말까지 진료비 급 약대 등 850명에 2만여 원의 미수금을 전부 포기하고 채권 전부를 불살러 버리였다는데 김씨의 장거를 칭양치 않는 사람이 없다고 하며 씨는 원래 환자 중 극빈자에게는 치료비와 약대는커녕 물질의 동정을 적지 않게 하여 일반 인사의 찬양이 날로 높다고 한다.[61]

1920년 5월 조선학생대회 창립에 세브란스의전 학생 대표로 참여했던 김성국과 김찬두 두 사람은 각각 자리 잡았던 지역은 달랐지

---

59 "세브란스의학사 김성국 씨는 개업한 이래 4-5년 동안 영주동 663번지에 있을 때부터 부내 적빈자 및 노동자에게 일선인 물론하고 무료시료를 하여 많은 편의를 주어왔으므로 일반은 칭송치 않은 이 없었으나 의원의 위치가 너무 궁벽하여 병자의 교통상 불편을 유감으로 생각하든바 요사이에 전기 장소로 이전하고 업무를 일층 확장하는 동시에 이전 기념으로 일반부면에게 일주일간 무료시료를 했으므로 일반은 씨의 성의와 자선을 칭송 분분한다더라." 「각지 독지가, 김의사의 성의」, 『매일신보』 1925년 11월 17일자.

60 「대구에도 신간지회창설, 준비에 분망」, 『매일신보』 1927년 7월 25일자; 「신간대구지회, 설치준비회, 준비위원회」, 『중외일보』 1927년 7월 26일자; 「참가 9단체, 전조선축구개회, 22일 오전 10시부터 개시」, 『동아일보』 1932년 11월 23일자.

61 「순천당 김성국씨 장거」, 『조선중앙일보』 1936년 1월 1일자.

만, 김성국은 대구에서, 김찬두는 서흥에서 같은 이름의 병원(순천(당)의원)을 운영하면서, 각각의 지역 활동에 적극 참여하는 한편 극빈자에 대한 무료 치료 등으로 명망이 높았다. 이렇듯 같은 하숙집에서 동숙했던 6명의 세브란스의전 인물들은 다양하게 얽혀 있으면서 서로에게 영향을 주고받던 동료들이었다.

한편, 1919년 당시에는 세브란스 재학생이 아니었으나 서울의 3·1운동에 참가했던 인물로 안상철安尙哲(1898~1982)이 있다. 안상철은 함남 함흥 출신으로 함흥에서 영생학교를 졸업하고 1917년 11월 경성으로 왔으며, 1918년 경성공업전문학교 건축과에 입학했다. 경성부 돈의동 37번지에서 하숙하고 있던 안상철은 같은 하숙집 학생이었던 박동진朴東鎭에게서 3월 5일 남대문역 앞에서 학생들의 만세시위가 있을 것이라는 이야기를 전해 듣고, 그날 만세시위에 참여하게 되었다고 진술했다.[62] 그는 오전 8시경 집을 나와 남대문 근처 전차정류장으로 가서 남대문 쪽에서 만세를 부르며 다가오는 군중들에 가담했다가 바로 근처에 있던 경찰에게 체포되었다. 안상철은 신문 과정에서 학생단의 경성공업전문학교의 대표였던 김대우도 알지 못하고, 자신은 오로지 3월 5일 아침 박동진에게서 시위에 대해 전해 들었을 뿐이라고 주장했으며, 시위에도 자기 혼자 자신의 의지로 갔다고 진술했는데, 때문에 그가 사전에 시위계획을 인지했는지, 알았다면 어

62 「안상철 신문조서」(1919.4.12), 『한민족독립운동사자료집』 15; 「공판시말서(제5회의 1)」(1919.10.24), 『한민족독립운동사자료집』 18권. 이하 안상철의 3·1운동 관련 내용은 두 신문조서 내용을 참고했다.

떤 경로를 통해 알게 되었는지는 추측하기 어렵다. 다만 그는 일찍부터 조선이 독립이 되어야 한다고 생각하고 있었으며, 조선의 독립을 위해 만세를 불렀고, 체포된 지금도 독립을 희망하며 앞으로도 독립운동을 실행할 의지가 있다는 것을 분명히 했다.[63]

안상철은 출판법 위반, 보안법 위반으로 1919년 8월 30일 경성지방법원 공판에 넘겨졌으며, 8월 16일 보석으로 풀려나 함흥에 돌아가 있었다. 1919년 11월 6일 경성지방법원에서 징역 6개월(미결구류일수 90일)을 선고받았다. 앞서 서영완의 사례처럼 3·1운동 준비에 참여하거나 미리 알았던 정황을 찾지 못했는데도 징역형이 선고된 것은 3·1운동과 그 이후의 독립운동에도 참여할 의지를 분명히했기 때문인 것으로 보이며, 이러한 판결에 대해 그는 상고하지 않았다.[64]

이후 안상철이 경성공업전문학과를 졸업했는지는 확실하지 않다. 1921년 9월, 안상철은 함흥 제혜병원으로 온 선교사 플로렌스 머레이Florence J. Murray·募禮里(1894-1975)의 조선어 교사였던 것으로 확인되는데,[65] 때문에 1921년경에는 고향인 함흥으로 돌아가 있었던

---

63 문: 지금도 독립을 희망하는가.
답: 희망하고 있다.
문: 출감 後에도 독립을 실행할 의사인가.
답: 일신을 돌보지 않고 내 힘이 있는 한 실행할 생각이다.
「안상철 신문조서」(1919.4.12), 『한민족독립운동사자료집』 15.

문: 장래에도 또 소요할 생각인가.
답: 장래에도 소요하겠다.
「공판시말서(제5회의 1)」(1919.10.24), 『한민족독립운동사자료집』 18권.

64 「상소포기신청서」(1919.11.7), 『한민족독립운동사자료집』 18.

65 플로렌스 J. 머레이, 『내가 사랑한 조선』, 두란노, 2009, 26쪽. 머레이는 안상철에 대해서

것을 알 수 있다. 안상철은 1922년 머레이가 룽징 제창병원으로 갔을 때도 조선어 교사로 따라갔는데,[66] 머레이가 1923년 다시 제혜병원으로 돌아올 때 같이 돌아온 후 세브란스의전에 입학한 듯하다. 안상철이 머레이에게 조선어를 가르치고 있을 때, 제혜병원에 근무하고 있던 조선인 의사로 박성호朴聖浩가 있었는데,[67] 박성호는 안상철과 같은 함흥 출신이자 세브란스의전 졸업생(1918년 졸업)이었다. 따라서 경성공업전문학교 건축과를 다녔던 안상철이 세브란스의전에 입학하게 된 데에는 머레이와 박성호의 영향이 컸을 것이라고 짐작해볼 수 있다. 졸업 후에는 다시 제혜병원으로 돌아가서 내과와 소아과를 전담했는데, 이미 그 명성이 자자하여 함흥 지역의 명의로 소개되기도 했다.[68] 또한 의술뿐 아니라 인품에 대해서도 한결같이 다정하고 친절하면서 종교적으로 경건한 인물이라고 평가받았다. 1936년 봄에는 함흥부 황금정黃金町에서 자신의 이름을 건 병원(안상철의원)을 운영했다.

다음과 같이 회고했다. "우리에게 조선말을 가르쳐주는 안상철 씨는 중간 키에 겸손하고 친절한 사람이었다. 그는 짧은 흰 조끼에 통바지를 입고 발목에는 리본 같은 대님을 단정히 맸으며, 옷고름이 달린 흰 두루마기를 입었다. 그는 항상 흰 고무신을 신고 다녔는데 집에 도착하면 현관에 신발을 얌전히 벗어놓고 들어왔다."

66 위의 책(2009), 50쪽.

67 "1921년 당시 이 병원 의사로는 맥밀란 외에 근래에 창립된 의학교를 졸업한 닥터 박(朴)이라는 젊은 조선인 의사가 있었다"고 기록하여 '박'이라고만 기록되어 있지만 여러 가지 정황상 박성호가 확실하다(위의 책(2009), 26쪽). 박성호에 대해서는 함흥 지역의 3·1운동에서 자세히 다루었다.

68 「刀圭界에 重鎭 院長 安尙哲氏」, 『동아일보』 1937년 10월 31일자; 「半島醫藥界大觀」, 『삼천리』 제10권 제1호(1938.1.1). 이하의 내용 모두 이 자료를 참고로 하여 작성했다.

세브란스병원 의료진의 대응과 세브란스병원의 상황

전국 곳곳에서 잇달아 열린 만세시위는 진압 과정에서 가해진 물리적 폭력, 발포로 수많은 사상자를 발생시켰다. 특히 서울에서 전개된 시위에서 발생한 부상자들은 지리적으로 가까운 세브란스병원으로 몰려들었고, 밀려드는 부상자로 병원은 복도까지 침대와 간이침대로 가득 찰 지경이었다.[69] 다른 지역에서 발생한 부상자들도 치료를 받기 위해 세브란스병원으로 이송되기도 했는데, 주로 총상을 입은 경우가 많았다. 한국인 병원에서는 총상 치료가 여의치 않아 수술로 총알 제거가 가능한 병원으로 세브란스병원이 추천되었던 것이다.[70] 부상자 중의 많은 수는 "만세"를 외치다가 일제 경찰에게 폭행을 당했고, 머

---

69 독립운동사편찬위원회, 『독립운동사자료집 4: 삼일운동사자료집』, 독립유공자사업기금운용위원회, 1972, 356쪽.

70 이인옥. 19세, 학생, 안주 사람. 이 학생은 왼쪽 다리에 총상을 입었다. 3월 2일 이 인옥은 많은 학생들과 어울려 4,000여 명의 군중과 합류하여 독립만세를 불렀다. 만세를 부르며 헌병분견대까지 접근했을 때, 7명의 헌병이 나와서 군중에게 발포하기 시작했다. … 이 학생은 이곳 한국인 병원에 갔으나, 대충 치료를 받은 후, 서울에 있는 세브란스병원으로 가라는 말을 들었다. 거기 가면 만족할 만한 치료를 받을 수 있고 몸에 박힌 총알도 빼낼 수 있다는 것이다. 학생은 3월 5일 서울에 도착한 즉시 병원에 입원하여 레지던트들에게서 성공적으로 수술을 받았다. 그는 종교적 신앙을 전혀 가지지 않았다.
고면만. 25세, 황해도 사람. 3월 23일 군청(郡廳)에 가서 수백 명의 군중에 끼어 군청 사무소 앞에서 독립만세를 불렀다. 이를 듣고 헌병과 경찰이 곤봉·칼 및 총을 들고 나왔다. … 이 사람은 일본 병원에 가는 것을 거부하여 그곳 한국인 병원에 갔으나, 의사는 그에게 거의 치료해줄 수 없으니 세브란스병원으로 가라고 권했다. 그는 3월 24일 세브란스로 와서 곧 입원, 지금 회복 중에 있다. 그는 다리 윗부분에 총상을 입었었다. 그도 신앙이 없고 교회에 다니지 않는다.
독립운동사편찬위원회, 『독립운동사자료집 4: 삼일운동사자료집』, 독립유공자사업기금운용위원회, 1972, 371·372쪽; 「증거문서 VII 세브란스병원에 입원한 한국인 부상자들의 진술」(1919.3.29).

1919년 4월 에스텝과 간호사
3·1운동 당시 부상자들을 치료했던 에스텝(Kathlyn M. Esteb)과 간호사들이 함께 찍은 사진이다.

리와 목을 베이거나, 온몸이 난도질당한 상태로 실려 왔다. 이 외에도 다리에 총상을 입거나 손이 찢어져서 병원에 온 사람들도 많았다.

이렇게 부상자들을 병원에 수용하여 치료하는 가운데, 3월 중순에는 일본 경찰들이 세브란스병원과 의전을 수색했다. 에비슨 교장은 이러한 병원 수색에 불쾌함을 표하며 거부했으나 소용없었다.[71] 부상자들을 심문하기 위해 일본 헌병들이 병원을 찾아오기도 했다. 4월 10일, 두 차례에 걸쳐 일본 헌병들이 찾아왔는데, 이들은 다짜고짜

71 독립운동사편찬위원회, 『독립운동사자료집 6: 삼일운동사자료집』, 독립유공자사업기금운용위원회, 1973, 914쪽.

부상자 명단을 제시하고 심문이 필요하다고 했으므로, 에비슨은 병원 내에서 심문할 것을 요청했다. 심문 대상자들은 세브란스 간호부양성소 소장이자 환자 관리를 담당한 에스텝Kathlyn M. Esteb의 도움으로 심문을 마칠 수 있었다. 그러나 심문이 끝난 후에도 추가 심문을 위해 다른 부상자들을 데려가려고 했고, 에비슨과 러들로Alfred Irving Ludlow(1875-1961)가 환자의 상태 때문에 위험하다고 반대했으나 결국 데려가버린 일도 있었다.[72]

이처럼 세브란스병원에는 3·1운동 시위에 참가했다가 부상당한 사람들이 많이 몰려들었으며, 서울뿐만 아니라 전국에서 모여들었기 때문에 일본 당국 입장에서는 부상자들의 부상 상태와 3·1운동 상황이 세브란스병원을 통해 외부에 알려지는 것을 경계할 수밖에 없었다. 또한 실제로도 세브란스병원 내 외국인 사택에서 3·1운동의 상

---

72 독립운동사편찬위원회, 『독립운동사자료집 4: 삼일운동사자료집』, 독립유공자사업기금운용위원회, 1972, 379쪽; 「증거문서 X 세브란스병원으로부터의 부상자 이송에 관한 진술」(1919.4.10).
취조를 당했던 환자들과 경찰 보고가 필요했던 환자들의 이름과 부상 정도는 다음과 같다.
윤명석(Yunn Myung-suk) 복부와 팔에 총상
송영복(Song Yung-pok) 얼굴에 총상-총알 제거
이명규(Yi Myung-keui) 사타구니와 넓적다리에 총상
이개동(Yi Kai-dong) 오른쪽 넓적다리와 왼쪽 무릎에 총상
강용이(Kang Yong-ye) 넓적다리에 총상, 넓적다리의 대부분 절단
김일한(Kim Il-han) 양쪽 넓적다리와 볼에 총상
류순명(Ryoo Soon-myung) 양쪽 넓적다리와 볼에 총상
(출처: "Statement Concerning Removal of Wounded Men from Hospital by Dr. O. R. Avison, President")
세브란스병원 환자 중 취조 대상이 되었던 환자들의 부상 정도를 통해 3·1운동에 참가했던 한국인들에 대한 물리적인 폭력 행사뿐만 아니라 발포를 통한 진압작전도 상당히 이루어졌음을 확인할 수 있다.

황 및 이를 진압하는 경찰과 군대의 행동에 관한 정보를 수집하여 매일 타이프로 찍어내고 있다는 정보를 접하기도 했다.[73] 일본 경찰 측은 세브란스 병원을 "독립운동의 본거"라고 주목하고 있었으며,[74] 이런 상황에서 세브란스병원 내 인물들의 언행을 주시하고 있었다. 일본 헌병대 사령부가 작성한 「조선3·1독립소요사건朝鮮三一獨立騷擾事件」에서 세브란스병원 및 의학교 내의 반응에 대한 내용을 찾을 수 있다.[75]

의사 겸 선교사였던 미국인 반버스커크는 세브란스병원과 학교 등의 수색에 분개하면서 본국으로 돌아가 배일 여론을 환기시키면 일본의 대미외교에 타격을 줄 수 있을 것이라는 내용의 말을 했다. 에비슨 교장은 3·1운동을 기회로 미국인 선교사를 비난 공격하며 압박을 가하는 것은 일본인의 적개심을 환기시키고 미국인의 반감을 도발하려는 수단이며, 이는 미·일 간 전쟁을 원하는 자들이 있기 때문이라고 비판했다. 또한 에비슨은 선교사와 기독교에 대한 압박, 조선인들에 대한 학살 상황을 장로파 전도본부에 보고하여 전도본부에서는 실지조사를 위한 시찰원을 보내기도 했다. 에비슨은 독립선언서에 서명한 33인 중 한 명인 양한묵梁漢默(1862-1919)이 5월 26일 서대문 감옥에서 사망하고 그 유족에게 인도되자, 사체를 다시 한번 상세히 검시하고 조문객들에게 그는 죽었어도 영혼은 살아 한국을 위해 진력할

---

73 독립운동사편찬위원회, 『독립운동사자료집 6: 삼일운동사자료집』, 독립유공자사업기금운용위원회, 1973, 1011쪽.

74 「獨立運動에 관한 鮮人 및 外人의 計劃」 朝特報 第5號(1919.3.17), 조선소요사건관계서류 7.

75 독립운동사편찬위원회, 『독립운동사자료집 6: 삼일운동사자료집』, 독립유공자사업기금운용위원회, 1973, 1011-1022쪽.

것이니 그 뜻을 이어받아야 한다고 말하고 돌아가기도 했다.

또 세브란스병원 의사인 스코필드와 장로파 서기 오웬스는 조선 내의 운동보다 해외에서의 독립운동이 효과적일 수 있다고 하며 조선인 학생들에게 도항을 격려하는 발언을 했다. 특히나 스코필드는 일본 경찰과 헌병들에게는 요주의 인물이었다.

세브란스병원 직원들의 참여

병원의 직원들도 3·1운동에 직간접적으로 참여했다. 세브란스병원의 직원으로서 3·1운동 당시 활약했던 사람으로는 이갑성이 대표적이지만, 이갑성 외에도 병원 사무원(회계)으로서 3·1운동에 참가했던 인물로는 정태영鄭泰榮(1888-1959)이 있었다. 충북 충주 출신인 정태영은 9살부터 19살까지는 가숙家塾에서 한문을 배웠고, 19살에는 휘문의숙徽文義塾에 입학했으며, 1910년 졸업했다.[76] 그는 졸업 후에는 집안일을 거들다가 제천군에서 학교 교사로 근무했고, 1918년 10월부터는 세브란스병원에서 사무원으로 일했다.[77] 그는 냉동冷洞(현 냉천동) 170번지 같은 고향 출신인 이병철李秉澈의 집에서 하숙하고 있었다. 이병철은 본인도 만세시위에 참여했고, 이후 청년외교단의 조직과 활동에 크게 관여하여 징역 3년형을 받기도 한 인물로, 이러한 인물과

---

76 「정태영 신문조서」(1919.6.19), 『한민족독립운동사자료집』 16.

77 「정태영 신문조서」(1919.3.7), 『한민족독립운동사자료집』 13; 이하 3·1운동 참여 과정에 대한 부분은 1919년 3월 7일과 1919년 6월 19일 신문조서를 참고했다.

같이 살고 있던 정태영 역시 적어도 그와 뜻을 같이하고 있었으리라고 짐작할 수 있다. 또한 세브란스병원 사무원으로 일하면서 병원의 제약 주임으로 일하던 이갑성을 당연히 알고 있었으며, 그에게서 독립선언에 대한 이야기를 미리 들어 알고 있었다. 따라서 신문 과정에서는 우연히 참여했다고 부정하고 있으나 그 계획을 미리 알고 본인의 의지로 참여했다고 할 수 있다.

정태영은 3월 1일 만세를 부르는 군중들과 함께 남대문 밖에서 의주로 방향으로 나와 서대문우체국 앞까지 행진했으며, 그곳에서 군중들과 헤어지고 집으로 돌아갔다. 만세시위 이후 3일 밤 11시경 정태영은 종로 보신각 안으로 들어가 보신각종을 당목으로 세 번 쳤는데, 이는 나라의 큰 사건인 3·1운동을 널리 알리고 인심을 한층 독려하려는 목적에서였다. 또한 독립선언 이후 자유의 백성이 되었다는 의미이자, 고종의 장례를 앞두고 애도의 뜻을 나타내기 위한 것이었다. 이후 바로 체포된 정태영은 출판법 위반, 보안법 위반으로 1919년 8월 30일 경성지방법원 공판으로 넘겨졌고, 1919년 11월 6일 징역 7월(미결구류일수 120일)에 집행유예 3년을 언도받아 바로 풀려났다. 미결구류일수가 120일로 산정된 것으로 보아 판결이 확정될 때까지 적어도 4개월 이상 옥고를 치렀음을 알 수 있다. 정태영은 3년의 집행유예를 선고받고 풀려났지만 약 1달 후인 1919년 12월 초 다시 체포되는데, 이병철과의 인연으로 엮인 대한독립청년외교단과 대한적십자회 대한지부의 일 때문이었다.

1919년 당시 세브란스병원에서 방사선사로 일하고 있었던 이일선李日宣(1896-1971)은 민족대표 33인의 독립선언 소식을 듣고 이를 널

3월 5일 만세시위

리 선전하기 위하여 4월 중순부터 8월 하순까지 자신의 집이나 근무처인 세브란스병원에서 『국민신보』를 발행했다. 특히 8월 29일에는 「국치기념특별호」를 발행하여 "10년 전 8월 29일은 우리 조선 민족이 국치를 받은 날이다. 이후 우리 민족은 공권 자유를 빼앗기고 천만의 동포는 유리, 유랑하며 몸 둘 바를 모르고 고통을 더했다. 8월 29일은 그 국치를 기념해야 하는 날이니 이 치욕을 회복해야 할 날도 8월 29일"이라는 내용을 한 번에 약 300여 장씩 등사기로 인쇄하여 종로와 동대문 부근의 민가에 배포했다.[78] 『국민신보』의 배포 과정에서 이일선은 이병철의 도움을 빌리기도 했는데, 정태영과 같이 이병철은

78 「경성복심법원 판결문」(1920.1.21), CJA0000147.

이후 이일선이 대한적십자회 대한지부에 가입하게 된 연결고리가 되었다. 일본 경찰은 『국민신보』와 「국치기념호」를 발행 배포한 자의 행적을 뒤쫓았으나 이일선은 이미 도주한 상태였다.[79] 그러나 얼마 지나지 않아 이일선은 10월 19일 춘천에서 검거되었으며, 1919년 12월 11일 경성지방법원에서 보안법 위반으로 징역 1년 6개월을 선고받았으며, 이에 공소했으나 1920년 1월 21일 경성복심법원에서 징역 1년 6개월이 확정되었다.[80] 한편, 이일선은 1919년 7월 중국 상하이로 임시 피신했다가 임시정부 인물들과 접촉했으며, 귀국 후에는 대한적십자회 서울총지부 회원으로도 가입하여 활동하기도 했다.

세브란스병원 간호사들의 활약

3·1운동 참여와 지원 활동

세브란스병원의 간호사들 역시 3·1운동에 적극적으로 참여했다. 이들은 특히 3월 5일의 시위가 남대문정거장 앞에서 일어났기 때문에 세브란스병원 간호부양성소에서 교육을 받던 견습생들은 바로 시위 현장으로 달려나갈 수 있었다. 이들은 붕대를 가지고 나와, 필요하면 적십자사 활동을 할 준비가 되어 있었다. 이 중 15명이 체포되어, 오

79 독립운동사편찬위원회, 『독립운동사자료집 9: 임시정부사자료집』, 독립유공자사업기금운용위원회, 1975, 351-353쪽.

80 「경성지방법원 판결문」(1919.12.11), CJA0000409; 「경성복심법원 판결문」(1920.1.21), CJA0000147.

후까지 경찰서에 붙들려 있었다. 이들은 간호학교 '우두머리(선교사)'들이 밖으로 뛰쳐나가라고 명령했는지에 대한 여부를 추궁받았다.[81]

3·1운동의 준비 과정에서부터 이갑성·함태영을 비롯하여 세브란스 인물들이 깊이 간여했기 때문에, 일본 헌병 측에서는 간호사들이 이렇게 바로 현장에 뛰어들 수 있었던 것도 이들이 미리 만세운동 시위가 일어날 것을 알고 있었기 때문이라고 주장했다.[82] 실제로 당시 세브란스병원 간호부양성소에 재학 중이었던 정종명은 이갑성의 "중대 모서류를 간호사인 내가 맡아두었다는 혐의로 경찰서에 잡히어 단단히 고생"을 했다고 당시를 회고했다. 또한 정종명은 1919년 2월 학생 대표 중 한 사람인 강기덕이 세브란스 병원에 입원했을 때 외부와의 연락을 도와주기도 했다.[83] 다행히 정종명은 경찰의 신문을 받는 정도에서 그쳤고 이 일로 재판에 기소되지는 않았다. 정종명 외에도 세브란스병원 간호사 출신으로 경찰에 체포되었던 인물이 10여 명 있었지만, 그 명단은 확인할 수 없다. 다만 많은 세브란스 간호사들이 3월 5일 만세시위에 참여했고, 또 부상자들을 돌봤다는 것만은 확실하다.

한편, 당시에 세브란스병원 간호사는 아니었으나 세브란스 간호

---

81 독립운동사편찬위원회, 『독립운동사자료집 4: 삼일운동사자료집』, 독립유공자사업기금운용위원회, 1972, 348쪽; 「증거 문서 Ⅰ」(1919.3.21), 미국기독교교회총연합회 동양관계위원회.

82 "군중 속에 전기 병원 선인 간호부 11명은 붕대를 휴대하고 끼어 있었는데, 이 역시 동 병원에서 당일의 소요를 알고 간호부를 파견한 것은 명약관화하며…." 독립운동사편찬위원회, 『독립운동사자료집 6: 삼일운동사자료집』, 독립유공자사업기금운용위원회, 1973, 914쪽.

83 이꽃메, 「일제강점기 산파 정종명의 삶과 대중운동」, 『의사학』 21-3, 2012, 558쪽.

부양성소 출신으로 3월 5일 만세시위에 참여했다가 체포되었던 인물로 탁명숙卓明淑·탁마리아(1900-1972)이 있었다. 탁명숙은 함남 함흥 출신으로 함흥에서 영생여학교를 졸업하고 서울로 와서 세브란스 간호부양성소에 입학했다.[84] 1917년 졸업 후, 탁명숙은 곧 원산의 구세병원救世病院에서 간호사로 일했지만,[85] 1919년 3월 5일 남대문 앞 만세시위에 참여했던 것이다. 탁명숙은 신문 과정에서 도염동都染洞(현 도렴동) 오화영吳華英(1880-1960) 집에 숙소를 잡고 그곳으로 가는 도중 군중들을 만나 함께 만세를 부르게 되었다고 진술했다.[86] 그런데 중요한 사실은 오화영이 3월 1일 태화관에서 독립선언식을 한 민족대표 33인 중 한 명이었고 당시에 이미 체포된 상황이었다는 것이다. 이런 상황에서도 오화영의 집을 숙소로 잡고 서울로 왔다는 것은 이미 만세시위 사실을 알고 참여했을 가능성이 크다. 군중들과 함께 종로 4거리까지 행진했다가 경찰에게 체포된 탁명숙은 출판법 위반, 보안법 위반으로 1919년 8월 30일 경성지방법원의 공판에 넘겨졌으며, 예심이 있기 전 보석으로 풀려났다.[87]

그러나 탁명숙은 얼마 지나지 않아 다른 사건에 연루되어 다시 체포되는데, 1919년 9월 2일 남대문역에서 강우규姜宇奎(1855-1920)가

---

84 국가보훈처 공훈전자사료관 탁명숙 공훈록; 「탁여사의 열성에 유지자가 감동되어 동명녀학교를 세워」, 『동아일보』 1920년 5월 7일자.

85 *Catalogue Severance Union Medical College Training School for Nurses*, 1918, p.9; 「공판시말서」(1919.10.18), 『한민족독립운동사자료집』 18.

86 「공판시말서」(1919.10.18), 『한민족독립운동사자료집』 18.

87 「경성지방법원 판결문」(1919.8.30), CJA0000401.

강우규

새로 부임하는 총독 사이토 마코토齋藤實의 마차에 폭탄을 던진 사건이었다. 거사 현장에서 빠져나온 강우규는 동지 허형許炯을 만나 거사를 다시 계획하면서 9월 17일 김태석金泰錫에게 체포되기 전까지 도피 생활을 했다.[88] 이 과정에서 탁명숙은 아직 재판 결과도 나오지 않은 보석 상태임에도 강우규의 도피를 도와 9월 13일 강우규가 경성부 누하동樓下洞 임재화林在和의 집에서 묵을 수 있도록 했다. 탁명숙은 공범 혐의로 체포되었고, 이때는 오화영의 집을 떠나 세브란스병원 내에서 머물고 있었다.[89]

1919년 11월 6일, 경성지방법원에서 판결이 선고되었는데, 탁명숙은 징역 6개월 집행유예 3년(미결구류일수 90일)이 언도되었으며, 특별히 강우규 사건과 관련하여 가중 처벌되거나 따로 재판이 진행되지는 않았다. 판결 후 다시 고향인 함흥으로 돌아간 탁명숙은 여성 교육을 위한 활동에 매진했으며, 이러한 활동의 결과 함흥에 사립 동명여학교가 설립되기도 했다.[90]

---

88 국가보훈처 홈페이지 강우규 공훈록.

89 독립운동사편찬위원회, 『독립운동사자료집 9: 임시정부사자료집』, 독립유공자사업기금운용위원회, 1975, 345-349쪽; 독립운동사편찬위원회, 『독립운동사자료집 11: 의열투쟁사자료집』, 독립유공자사업기금운용위원회, 1976, 81-84쪽; 「사이토 폭발탄사건의 후문」, 『신한민보』 1919년 10월 28일자.

90 「탁여사의 열성에 유지자가 감동되어 동명녀학교를 세워」, 『동아일보』 1920년 5월 7일자. 그러나 얼마 지나지 않아 1921년 4월 당국에서 인가되지 않았다는 이유로 폐교 명령을

12월 2일 만세시위 참여

시기적으로는 좀 떨어져 있지만 1919년 12월 2일 서울 훈정동 대묘 앞에서 만세시위가 일어났다. 이날 만세시위의 주도세력은 누구인지 어떠한 계기로 거행되었는지는 확실하지 않다. 1919년 9월 2일 강우규 거사의 영향이었을 수도 있고, 10월 31일 일왕 다이쇼의 탄생일을 맞아 서울에서 있었던 '제2차 독립시위'의 여파였을 수도 있다. 직접적인 계기가 무엇이었든 1919년 3월 1일의 만세시위를 시작으로 형성되었던 독립을 염원하는 분위기 속에서 12월 2일의 만세시위도 시작되었다. 무엇보다 이날의 시위에는 세브란스병원의 간호사 넷이 주도적으로 참여했다. 박덕혜朴德惠(1899-?), 노순경盧順敬(1902-1979), 이도신李道信(1902-1925), 김효순金孝順(1902-?)은 당시 세브란스병원에서 근무하던 간호사들이었으며, 박덕혜는 함경남도 이원, 노순경은 황해도 송화, 이도신은 평안도 강계, 김효순은 황해도 재령이 본적지이므로, 모두 이북 출신이다.

당시 가장 나이가 많았던 박덕혜도 고작 20살이었으며, 나머지 3명은 18-19세로 아직 어린 나이였음에도 이들은 12월 2일 훈정동 대묘에서 독립운동이 있다는 소식을 듣자 곧바로 이에 합류했다. 노순경은 태극기를, 김효순은 붉은 글씨로 '조선독립만세'라고 쓴 깃발을 들고 가서 만세를 불렀는데, 이들이 적극적인 의지를 가지고 시위

내렸고, 공립여자보통학교로 대체되었다. 「東明女校公立變更」, 『동아일보』 1921년 4월 22일자.

에 참여했다는 사실을 알 수 있다. 1919년 당시 대한민국임시정부 군무총장을 맡고 이후 블라디보스토크를 중심으로 항일운동을 전개했던 노백린의 둘째 딸이 바로 노순경이다. 또한 당시 세브란스의전 세균학 교수로 있던 프랭크 스코필드는 이 사건으로 감옥에 수감된 노순경을 찾아와 위로해주었으며, 이후 죄수에 대한 대우와 감옥 내 생활 조건의 개선을 촉구하는 글을 기고하기도 했다.[91]

이들은 현장에서 체포된 듯하며 얼마 지나지 않은 1919년 12월 18일 경성지방법원에서 제령 제7호 위반으로 징역 6개월을 선고받았다.[92] 12월 2일 만세시위 이후 18일 판결이 있기까지 불과 2주 정도밖에 걸리지 않았는데, 이러한 판결에 대해 박덕혜만이 공소를 제기했다가 기각되었고, 다시 상고했으나 이 역시 기각되었다.[93] 박덕혜를 제외한 나머지 세 사람은 '일제감시대상 인물카드'가 남아 있어 서대문감옥에서 옥고를 치르고 1920년 4월 28일 출옥한 사실이 확인되지만, 박덕혜의 경우 공소 기각 후 언제 출옥했는지는 확인할 수 없다. 이후 박덕혜는 세브란스병원 간호사들이 대거 참여했던 대한애국부인회에 관계자로 이름을 올리기도 하고, 김효순은 1929년 근우회 재령지회 집행위원장으로 활동한 사실 등을 확인할 수 있으나 비교적 이른 나이에 사망한 이도신을 비롯해 이후 이들의 행적을 확인할 수

---

91 김승태·유진·이항 엮음, 『강한 자에는 호랑이처럼 약한 자에는 비둘기처럼: 스코필드 박사 자료집』, 서울대학교출판문화원, 2012, 413-414쪽.

92 「경성지방법원판결문」(1919.12.18), CJA0000417.

93 「경성복심법원 판결문」(1920.1.16), CJA0000148; 「고등법원 판결문」(1920.2.14), CJA0000476.

있는 자료는 많이 남아 있지 않다. 여전히 여성의 사회활동이 활발하지 않았던 당시의 시대 상황이 반영된 것이라 생각된다.

3·1운동에서 에비슨 교장의 역할

에비슨 교장, 3·1운동의 상황을 해외에 알리다

에비슨Oliver R. Avison, 魚丕信(1860-1956)은 제중원의 제4대 원장이자, 원장에 취임하고 나서 제중원 운영을 선교부로 이관시켜 기능을 잃어가던 제중원의 기능을 정상화한 인물이다. 이후 1904년에는 새로운 세브란스병원을 개원하고, 1908년에는 세브란스병원의학교의 제1회 졸업생을 배출해 병원 기능의 정상화뿐만 아니라 의학교육의 정상화에도 기여했다. 이후 그는 세브란스가 식민지 기간 동안 사립 의료기관 및 의학교육기관의 중심에 자리할 수 있도록 병원장으로서, 교장으로서의 역할을 수행했다.

1919년 3·1독립만세운동이 일어났을 당시, 일제는 선교사에 대한 이중적인 태도를 취했다. 언론을 동원하여 선교사들을 만세운동의 선동자로 매도하면서도, 한편으로는 선교사들을 회유하여 한국교회에 영향력을 행사하며 시위 중단을 요구했다.

세브란스의전 교장이었던 에비슨은 종교계와 학생계의 대표들이 다수 참여한 3·1독립만세운동이 일어나자 대책 마련에 부심했다. 먼저 그가 취한 행동은 선교사들에 대해 매도와 회유책을 행하던 총독부의 관계자에게 한국인 지도자들이 일제 지배에 대해 갖고 있는 생각을 전하는 것이었다. 에비슨은 총독부 내무부장관인 우사미 가쓰오

宇佐美勝夫에게 1. 두 민족 간의 독특한 민족적인 다른 점에 대한 충분한 배려, 2. 한국어 교육의 특권, 3. 언론의 자유, 4. 출판의 자유, 5. 공공 집회의 자유, 6. 여행의 자유, 7. 사회 정화- 일본 정부가 매춘 조직을 한국인을 상대로 강제함. 한국인은 이에 대하여 자구책이 없음, 8. 한국인 차별 철폐 등을 언급하며 한국인들이 이러한 내용을 요구할 수 없는 현실과 이에 대한 청원을 허용할 것인지 여부를 묻고, 만세운동이 일어나게 된 배경과 앞으로의 해결 방안에 대한 선교사의 입장과 생각을 전달했다.[94]

또한 그는 해외선교부 임원이 직접 3·1운동의 상황을 목격하고 해외에 그 상황을 알릴 수 있도록 조치했다. 캐나다장로회 해외선교부 총무 암스트롱A. E. Amstrong은 극동지역 선교 현장을 돌아보고 일본을 거쳐 귀국하기 위해 일본 요코하마에 머물고 있었는데, 1919년 3월 13일 에비슨은 그에게 전보를 보내 즉시 서울로 와줄 것을 요청하는 전보를 보냈다. 이에 암스트롱은 서울로 와서 선교사 대책회의에 참가하고, 3·1운동 상황을 직접 목격할 수 있었고, 귀국하자마자 1919년 4월 5일에 「한국 독립 봉기(3·1운동)에 대한 비망록」을 미국장로회, 감리회를 비롯한 각 교단 해외선교부와 교회 지도자들에게 보

---

94 "Interview with Mr. Usami and Me. Heda [Hishida], Seoul, March 9, 1919," 이 자료는 미국북장로회 선교부 문서 가운에 들어 있었던 것으로, 두 쪽으로 타이핑된 이 자료의 상단에 "Given Dr. Brown on April 15, 1919 by Rev. A. E. Amstrong of Toronto, Canada"로 메모되어 있다. 김승태, 「3·1운동 시기 세브란스 외국인 선교사들의 대응-스코필드와 애비슨을 중심으로」, 『제중원 창립 134주년 및 3·1운동 100주년 기념 학술 심포지엄 자료집』, 2019년 2월 21일, 119쪽.

내 대책 마련을 촉구했다. 이 자료는 3·1운동을 직접 목격한 선교사가 해외에서 처음으로 공식 보고를 했다는 점에서 큰 의의가 있다.[95]

세브란스병원과 세브란스연합의학전문학교에 대한 대대적 수색

이 비망록과 선교사들이 주고받은 서신에 따르면 일제 경찰은 3·1운동의 근거지가 되었던 세브란스병원과 세브란스연합의학전문학교를 대대적으로 수색했다.[96] 3월 17일에는 검사가 지휘하는 경찰대가 세브란스의전에 들어와 모든 문에 보초를 세우고 간격을 두고 구내 전체를 돌아보며 학교 건물을 수색했다. 의대 내의 사무실 모두를 샅샅이 수색했고, 사무상의 서신, 개인적인 서신, 통신문, 보고서, 진술서 등 온갖 기록을 조사했다. 50여 명이 되는 경찰들이 주변 지대를 에워쌌고, 경찰·형사·검사 등 도합 70여 명의 사람들이 대학건물, 병원, 한국인 간호사 숙소, 외국인 간호사 숙소를 뒤졌다. 에비슨은 수색영장 없이 수색을 진행하는 경찰에 대해 영국 총영사, 미국 총영사의 이름으로 항의하면서, 일제의 행동을 비판했다.[97]

일제 경찰의 강제진압과 한국인들의 자유에 대해 논하다

조선총독부는 3·1운동의 해결을 위해 재한 선교사들과 수차례 회합

95 김승태, 「3·1운동 시기 세브란스 외국인 선교사들의 대응-스코필드와 애비슨을 중심으로」, 119쪽.

96 H. T. Owens to Dr. A. J. Brown, March 24, 1919.

97 John F. Genso to Dr. A. J. Brown, April 5, 1919.

을 가졌다. 3월에만 다섯 차례 회합이 이루어졌다.[98] 선교사들의 대부분은 영미권 선교사들로, 제1차 세계대전에서 일본과 한편이 되어 전쟁에 참여했던 연합국 출신이었기 때문에 조선총독부의 관료들은 그들에게 적극적으로 3·1운동의 책임을 묻지 못하고, 의견을 듣는 형식으로 진행했다.

회합에서 조선총독부는 선교사들에게 총독부의 방침에 협력해줄 것을 요구했지만, 선교사들은 식민지 통치 방식에 대한 문제를 지적하고, 개선을 요구했다. 네 번째 회합으로 알려진 1919년 3월 29일의 회합에서 에비슨은 웰치Herbert Welch 감독과 함께 세키야 데이자부로關玉貞三郞 학무국장에게 면담을 요청하여 일본 경찰과 헌병의 한국인들에 대한 과잉 진압에 대해 추궁했다. 총독부 측은 이에 한국인이 먼저 일본인에게 무력을 행사했다고 주장하며, 일본 경찰은 필요 이상의 무력을 행사하지 않았으며, 합법적인 권한을 행사한 것이라고 주장하며 책임을 회피하고 진압의 정당성을 반복했다.

그 과정에서 에비슨은 현재 시위 상황이 일어나게 된 원인을 일본의 잘못된 통치 방식에 돌리고, 이를 해결하기 위해서는 한국인들에게 언론의 자유, 집회의 자유, 출판의 자유를 부여하고 자유로운 만남을 가져 상호 의견을 교환하고, 그들의 의견을 글로 표현할 수 있도록 하고, 그들의 의견을 수렴하여 정부에 요청할 수 있는 기회를 주어

---

98 김승태, 「3·1운동 시기 세브란스 외국인 선교사들의 대응-스코필드와 애비슨을 중심으로」, 124쪽.

야 한다고 주장했다. 즉, 원인 제공은 일제의 잘못된 시정방침에 있음을 강조하며 한국인의 요구는 정당하고, 일본의 탄압은 중단되어야 하며, 일본의 시정은 개선되어야 한다는 인식을 뚜렷이 밝혔다.

일본의 식민정책을 비판하는 에비슨

에비슨은 1919년 브라운Winthrop G. Brown 미국대사에게 한국의 상황을 알리는 편지 한 통을 보냈다. 이는 한국의 상황을 알리고 국제연맹 총회에서 한국 문제를 다룰 것이라는 정보를 확인하고, 일본의 조선 문제에 대한 불만을 토로하는 내용을 담고 있었다. 일본에서 하라 다카시原敬 총리가 부임하면서 법령을 개정하여 민간인 총독을 임명할 것이라고 한 것과는 달리, 조선의 신임총독으로 해군출신의 사이토 마코토가 임명될 것이라는 보도 소식을 듣고 불만을 토로한 것이었다. 또한 조선총독부의 어용신문이자 영자신문이었던 『서울프레스Seoul Press』에서 헌병경찰제를 폐지하고 보통경찰제를 시행한다고 발표했지만, 편지를 보내는 8월까지도 아무런 변화의 움직임을 감지할 수 없음에 대해서도 언급하면서 이 문제를 해결할 수 있도록 도움을 요청하는 내용도 포함되어 있었다. 에비슨은 지속적으로 일제의 식민통치의 부당성을 주장하였고, 이것이 한국인들의 입장에 얼마나 반하는 방향으로 움직이는지에 대해서 설명하며 한국인들의 입장을 대변했다.[99]

---

99 O. R. Avison to Dr. A. J. Brown, Sorai Beach, August 15, 1919.

또한 에비슨은 3·1운동 과정에서 태형을 받은 자와 그들 중에서 병원으로 실려 온 다수의 환자를 목격[100]하면서 처벌의 한 방식으로 태형을 실시하는 행태를 비판하고, 조선총독부에 태형을 중단할 것을 요구하기도 하였다.

선교사들의 일제 관헌 규탄 행동

1919년 당시 한국에는 선교사 연합단체인 재한선교사연합공의회 The Federal Council of Protestant Evangelical Missions in Korea가 있었다. 조선총독부의 신임총독인 사이토 마코토가 부임하기 전부터 연합공의회에서는 위원회를 구성하고 진정서를 작성하여 공표했다. 진정서는 1919년 9월 서울에서 열린 제8회 선교사연합공의회 연례회의에서 법률위원회의 수정을 거쳐 전체 회의에서 채택되었고, 1,000부가 인쇄되어 여러 선교지부에도 보내졌다. 그 내용은 기독교계가 가지고 있던 불만사항을 적은 것이었는데, 실제로는 3·1운동 과정에서 드러난 일제의 만행을 규탄하고, 시정개선을 요구한 공개성명서에 가까운 것이었다.[101]

이 진정서가 작성될 무렵, 에비슨 등 10여 명의 선교사가 노블 William Arthur Noble 선교사 집에서 비밀회합을 개최하여 몇 가지 사항에 대해 합의했다. 그 내용에는 일본 관헌의 의심을 피하면서 선교사

---

100 O. R. Avison to Dr. A. J. Brown, Sorai Beach, September 10, 1919.

101 SS to R. S. Miller, Dec. 26, 1919, 미국국무성문서 895.00/667.; 김승태, 「3·1운동 시기 세브란스 외국인 선교사들의 대응-스코필드와 애비슨을 중심으로」, 130쪽.

들을 보호하고, 동시에 조선의 교도를 보호하기 위한 다양한 조치가 포함되어 있었다. 합의된 주요 내용은 다음과 같다.

> 첫째, 재선 기독교파에 대한 일본 관헌의 이유 없는 경계와 이면의 압박을 면하게 할 것, 이에 대해 위원을 도쿄에 파견하거나 혹은 도쿄에 있는 미국대사관에 서면을 제출할 것.
>
> 둘째, 일본, 중국 및 조선에서 포교 경비에 대한 포교 성적의 비교를 조사함으로써 조선과 같이 포교가 곤란한 지방에서의 우량한 성과를 외국 기독교 교도에게 소개하고, 조선인에 대한 대우를 종래보다 한층 양호하게 하는 한편 정치적 관계를 피함으로써 교도에 대한 세상의 혐의와 오해를 제거하기에 노력할 것.
>
> 셋째, 선교사가 일본 관헌으로부터 의심을 받게 되면 그 여파는 곧바로 조선인 교도에게 전화轉化되므로 표면으로 당국과 친선을 가장할 것.
>
> 넷째, 이상 이외의 사변과 선교사와 관계된 상황을 각 교파마다 자기 본부에 보고하고 이를 신문에 게재하며, 다시 이를 일괄 편집하여 다음 회의 결의를 거쳐 선교사회의 이름으로 미국 각 교파에 송부할 것.[102]

이 내용을 통해 선교사들은 선교사들의 포교활동과 한국인 교도

---

102 「秘 京城民情彙報-宣教師 秘密會의 內容」(大正 8년 10월 9일 高警 제28677호), hhttp://jacar.go.jp/DAS/meta/image_C06031113000; 김승태, 「3·1운동 시기 세브란스 외국인 선교사들의 대응-스코필드와 애비슨을 중심으로」, 130쪽.

들을 보호하기 위하여 되도록 정치적인 관계를 피하는 조치를 취했음을 확인할 수 있다. 그 한 방법으로 조선총독부 관헌과 친선하는 모습을 보이면서 조선에서의 선교활동을 지속하고, 교인들을 보호했다.

이후 미국기독교연합회의 동양관계위원회에서도 일제의 한국에 대한 시정개혁을 감시하고 촉구하기 위해 현지 선교사들의 보고서와 회의 결과를 토대로 1920년 5월에 *The Korean Situation*이라는 소책자를 발간했다. 소책자는 3·1운동의 원인과 결과를 분석하고, 선교사들이 요구했던 시정개혁의 실현 정도, 과제 등을 종합적으로 평가하고 있다. 소책자 작성에 필요한 정보는 에비슨과 한국에 있는 일본인들을 대상으로 선교사업을 하던 스미스F. H. Smith가 제공했다.[103] 이 소책자에서도 이전에 행한 결의와 마찬가지로 정치적인 면에서의 중립은 지키되, 일제의 종교적·인도주의적인 면에서의 적극적인 개혁을 요구했다. 일견 조선총독부의 정책에 크게 반대하지 않는 입장을 취하면서 선교사와 포교활동을 지속해가는 방향을 취한 것처럼 보이나, 연합공의회의 회의, 그리고 비밀회합에서의 결의사항, 그리고 1920년에 한국의 상황을 주시하며 발행한 책자들의 내용은 3·1운동 진압에 대한 일제의 폭력성과 이를 해결하기 위한 조선총독부의 시정개혁을 강력하게 요구하는 것이었다.

---

103 1919년 11월에 S. L. Gulick이 에비슨과 스미스에게 자료를 요청하였고, 이들은 1920년 전후에 자료를 제공하였다. O. R. Avison to S. L. Gulick, Dec. 30, 1919; F. H. Smith to S. L. Gulick, Jan. 10, 1920.

이 과정에서 에비슨은 당시 조선의 상황, 그리고 3·1운동에 참가한 한국인, 기독교인들의 안위를 살피고, 향후 그들을 보호하는 데에 힘썼을 뿐만 아니라, 동양관계위원회의 위원의 한 사람으로서 조선의 상황을 알리기 위해 중요한 자료를 제공해주고, 독립운동을 지지하는 역할을 수행했다.

한국인에 대한 에비슨의 회상

에비슨은 오랫동안 세브란스연합의학전문학교와 연희전문학교의 교장직을 맡아 한국인의 고등교육 향상에 힘썼다. 아울러 1919년 독립운동이 일어났을 때에도 학생들, 그리고 한국인들의 안위를 걱정하며, 성명서와 진정서를 선교부 본부와 지부에 전달하여 3·1운동의 실상과 일제의 강압적이고 폭력적인 사태 진압의 상황을 대내외로 알렸다. 또한 총독부 총독 및 관계자들과 대면하며 일제의 시정정책 개혁을 촉구하기도 했다. 이러한 적극적인 행보에는 한국인의 가능성에 대한 그의 무한한 신뢰가 바탕이 되어 있었다. 그가 은퇴한 후 작성한 회고록의 자서自序에는 다음과 같은 내용이 실려 있다.

> 어느 민족보다 천부적 재능을 많이 가진 조선 백성들이 일본의 지배에서 벗어나 자유민으로 그 능력을 마음껏 발휘하여 다시 한번 인류 발전에 크게 기여할 수 있도록 하기 위해서는 무엇보다도 열강의 도움이 절실하다는 사실을 널리 알리고, 이에 대한 그들의 관심을 촉구하는 일에 이 책이 기여하는 바가 있다면, 이는 조선 백성들뿐 아니라 온 인류를

위해서도 결코 작지 않은 은택이라 하지 않을 수 없다.[104]

이후 그는 명예교장에 추대되었고, 1935년 미국으로 돌아간 이후에도 1942-1943년에 기독교인친한회The Christian Friends of Korea의 재무를 맡아 대한민국임시정부의 승인과 독립운동을 지원할 것을 호소하는 활동을 지속했다. 해방 후 대한민국정부는 한국을 위해 힘쓴 그의 활동을 인정하며 1952년 독립장을 수여했다. 세브란스 출신으로 가장 먼저 서훈을 받았다.

34번째 민족대표, 스코필드의 활약

3·1운동에서 활약한 인물 중 빠뜨릴 수 없는 인물이 바로 프랭크 W. 스코필드Frank William Schofield·石虎弼(1889-1970)다.[105] 그는 3·1운동의 역사적 현장을 사진으로 남긴 유일한 사람이며, 평화적으로 시작한 시위를 일본군과 경찰이 어떻게 폭력적으로 진압했는지 세계에 알린 장본인이자, 3·1운동으로 수감된 조선인들의 감옥 내 인권에 가장 많은 관심을 쏟은 사람이다. 선교사들은 어떠한 정치적 상황에서도 중

---

104 1940년 6월 30일 작성. 올리버 에비슨 지음, 황용수 옮김, 『구한말 40년의 풍경』(대구: 대구대학교출판부, 2006), 589쪽.

105 스코필드의 생애와 활동에 관해서는 김승태·유진·이항 엮음, 『강한 자에는 호랑이처럼 약한 자에는 비둘기처럼: 스코필드 박사 자료집』, 서울대학교출판문화원, 2012; 연세대학교 의학사연구소 엮음, 『세브란스인의 스승, 스코필드』, 역사공간, 2016; 도레사 E.모티모어, 양성현·전경미 번역, 『프랭크 스코필드 박사와 한국』, KIATS, 2016; 이장락, 『(민족대표 34인) 석호필』, KIATS, 2016을 참고하여 작성했다.

립을 지키는 것이 원칙이었지만 스코필드는 자신의 신념에 따라 한국인들의 독립운동을 적극 지원했다. 그리하여 스코필드는 일본 당국에게는 '선동가'이자 '가장 위험한 인물'이었지만 한국인들에게는 '34번째 민족대표'였다. 3·1운동 과정 중 스코필드의 활약상을 살펴보기에 앞서, 그가 낯선 땅 한국에서 세브란스와 인연을 맺기 전까지 어떻게 살아왔는지 간단히 살펴보자.

캐나다의 수의학박사

프랭크 스코필드는 1889년 3월 15일 영국 워릭셔주 럭비에서 프랜시스 W. 스코필드와 미니 호크스푸드 스코필드 사이에서 태어났다. 그를 낳고 얼마 지나지 않아 그의 어머니는 산욕열로 사망했고, 1891년 아버지의 재혼으로 스코필드는 새어머니 밑에서 학창시절을 보냈다. 선교사 양성 대학에서 강의를 했던 그의 부친은 스코필드를 대학에 보낼 여력이 없었기 때문에 대학을 가기 위해서 스코필드는 스스로 돈을 벌어야만 했다. 그는 체셔의 한 농장에서 일을 시작했지만, 자신의 생활비 정도는 벌 수 있었어도 저축할 만큼의 돈은 아니었다. 이대로는 대학 진학이 어렵다고 판단한 스코필드는 아무도 아는 사람이 없던 캐나다로의 이민을 결심했고 아버지의 허락을 받았다.

혈혈단신으로 캐나다로 건너갔을 때 스코필드의 나이는 겨우 17살로, 그는 이민국의 중개로 농장에서 일을 시작했다. 다행히 캐나다의 임금은 영국보다 높았기 때문에 스코필드는 농장에서 일한 지 6개월 만에 대학에 진학할 수 있을 만큼의 돈을 모을 수 있었으며, 농장에서 일하던 중 다친 말을 능숙하게 치료하는 수의사를 보고 자신의 진로도 결정할 수 있었다. 토론토의 온타리오 수의과대학에 입학한 스코필드는 대학생활 내내 경제적 곤궁에 시달렸다. 그러나 궁핍한 생활 속에서도 그의 학문에 대한 열정은 끊이지 않아 매일 밤 자정을 넘겨가며 공부했으며, 병에 걸렸을 때를 제외하고는 수업에도 빠진 적이 없었다. 스코필드는 온타리오 수의과대학에 입학한 첫해에는 과에서 2등을 차지했으나, 둘째, 셋째 해에는 수석을 차지했다. 이처럼 경제적 곤란에도 학구열을 불태우던 스코필드였으나, 소아마비 증상이 나타났을 때 제때 치료하지 않아 평생 왼팔과 오른쪽 다리가 마비되는 불운을 겪기도 했다.

1910년 학교를 졸업한 스코필드는 온타리오 보건국의 조수로 임용되었으며, 그곳 지역에서 공급되는 우유에 있는 박테리아를 연구했다. 그 결과로 1911년 「토론토 시내에서 판매되고 있는 우유의 세균학적 검토The Bacteriological Analysis of Milk Being Sold in Toronto」라는 제목의 논문을 발표하여 수의학박사학위를 받았다. 이후 1912년부터는 모교의 수의과대학 강사가 되어 1916년까지 강의했으며, 1913년 9월 친구를 통해서 만나게 된 피아니스트 앨리스와 결혼했다.

세브란스와의 인연

1916년 세브란스연합의학교의 에비슨 교장은 세브란스에서 세균학과 위생학 강의를 담당할 인물을 찾고 있었다. 에비슨은 1893년 한국으로 건너오기 전까지 토론토대학 의대 교수로 재직했으며 이러한 인연으로 토론토대학 수의과 강사로 있는 스코필드에 대해서는 어느 정도 파악하고 있었다. 세균학자로서의 자질과 선교사로서의 품성 등을 고려했을 때 에비슨은 스코필드가 적임자라고 생각했고, 스코필드에게 선교 업무를 하면서 세브란스에서 세균학과 위생학을 강의해줄 것을 요청했다. 스코필드는 한국에 대해 아는 것이 전혀 없었으며, 어린 시절 아버지의 집으로 찾아온 여병헌이라는 한국인 신사를 만났던 기억만이 한국에 대한 인상의 전부였다. 스코필드에게 들어온 제안에 대해 그의 지인과 동료들은 스코필드의 몸이 성하지 못한 것이 그의 활동에 지장이 될까 염려하여 모두 반대했다. 그러나 스코필드는 오히려 낯선 땅에서의 새로운 생활을 자신에게 주어진 기회로 생각하며 받아들였고, 이로써 한국과 스코필드, 세브란스와 스코필드의 인연이 시작되었다.

1916년 8월, 스코필드는 아내와 함께 한국으로 향했으며, 출발한 지 거의 두 달 만에 한국에 도착했다. 세브란스의전에서 스코필드는 세균학과 위생학에 대한 강의를 배정받았으며, 처음에는 통역을 통해 강의를 해야 했다. 그러나 이러한 방식이 비효율적이라고 생각한 스코필드는 한국어 공부를 시작했고 목원홍에게서 한국어를 배웠다. 그 결과 1년 만에 '선교사자격획득 한국어 시험'에 합격했고, 2년쯤 뒤에는 한국어 강의도 가능하게 되었다. 또한 스코필드는 '석호필石虎弼'이라는 한글 이름도 지었다. '돌 석'자는 자신의 철석같이 굳은 의지를 나타내고, '범 호'자는 자신이 호랑이같이 무서운 사람이라는 것을 보여주며, '도울 필'은 영어의 'pill'과 발음이 같아 자신이 의학을 공부하고 있다는 것을 나타낸다고 하여 스코필드는 그의 한국식 이름을 무척 마음에 들어 했다.

스코필드는 2학년 1학기에 매주 5시간, 2학기에 6시간, 3학기에

3시간씩 배정된 위생학 교육을 담당했다. 스코필드 강의의 주요 내용은 개인위생, 음식, 대기, 수질 등에 관한 것이었으며, 4학년에게는 전염병 백신이나 혈청을 만들 수 있는 심화 과정을 강의했다. 그러나 스코필드의 교육 내용은 세균학과 위생학 분야의 지식에만 한정되지 않았다. 그는 지식인으로서 의학도가 지녀야 할 비판정신과 사회적 실천을 강조했다. 그에게서 수업을 들었던 세브란스의 많은 학생들이 국내외의 독립운동에 참여했던 것은 결코 우연이 아니었다.

스코필드는 학생들과 동료들에게 좋은 평판을 얻으며 한국에 자리를 잡아가고 있었지만, 그의 아내는 이국 생활에 적응하지 못했다. 아내는 심각한 히스테리를 일으킬 정도로 정서적으로 불안해했고, 결국 의사들은 두 사람이 당분간 떨어져 지내는 것이 좋겠다고 충고했다. 그리하여 1917년 12월 한국에 온 지 1년이 조금 지나 앨리스는 캐나다로 돌아갔는데, 도착할 무렵 임신 사실을 알게 되었다. 그러나 스코필드는 한국에서 과업을 지속하고 계약을 이행해나갔다. 앨리스는 캐나다에서 홀로 출산을 해야 했고, 이후 그녀의 정신 상태는 더욱 악화되어 시설의 보호를 받게 되었다.

스코필드는 학생들을 가르치면서 한국의 역사에도 관심을 가지기 시작했고, 한국이 일본의 식민지가 되어버린 상황에 대해서도 동정하는 마음을 가지게 되었다. 더 나아가 한국인들의 독립투쟁을 돕는 데에도 관심을 쏟았고 학생들에게도 민족으로서의 책임감을 이야기하기 시작했다. 그는 학생들에게 시민으로서의 의무에 대해서 가르쳤으며, 학생들이 독립을 추진하도록 열성적으로 독려했고 국제 문제에 대한 시야도 넓혀주었다. 그는 전도에도 힘을 쏟아 서울 근교의 마을들을 돌아다니며, 저명인사들과 교류도 시작했다. 그중에서도 독립협회의 부회장이자 YMCA의 전임 회장이었던 이상재李商在와 개성에 정화여학교를 세운 김정혜金貞蕙를 크게 존경했고, 특히 한국 여성의 교육에 모든 노력과 재산을 아끼지 않았던 김정혜를 수양어머니로 모시기도 했다. 스코필드는 학교 밖에서 한국 젊은이들과 접촉하는 일에도 적극적이어서 승동교회당 근처의 인사동에서 영어성경반을 열어 젊은이들을 만났다. 당시 캐나다 해외선교부에서는 스코필드의 활동에 대하여 다음과 같이 평했다.

> 스코필드는 1916년 한국에 도착한 후 세브란스의학교에서 캐나다 대표로서, 세균학자로서 연구와 강의에 바쁜 나날을 보냈다. 그의 전문성에 입각한 명성은 높아갔고 젊은이 성경공부반에 대한 열심은 복음전파의 사역을 대신하고 있다.[106]

이와 같은 활동으로 학교 안팎에서 많은 한국인들 사이에서 신망을 얻고 있는 가운데, 1919년 3월 1일이 다가왔다.

---

106 REMA, ARPCC for 1918, p.125, 김승태·유진·이항 엮음, 『강한 자에는 호랑이처럼 약한 자에는 비둘기처럼: 스코필드 박사 자료집』, 서울대학교출판문화원, 2012, 491쪽 재인용.

3·1운동과 스코필드

스코필드는 3월 1일 이전에 3·1운동 계획을 미리 알고 있었던 유일한 외국인이었다. 3월 1일 전날인 2월 28일 저녁, 한 학생이 찾아와 그에게 면담을 요청했다. 학생은 품에 지니고 있던 종이 한 장을 꺼내 보여주면서 내일 이 독립선언서를 낭독하고 시위를 할 계획이라고 밝혔다. 스코필드는 학생에게 그러한 일이 얼마나 무모한 것인지를 설득시키려고 했으나 학생은 "선생님은 영국인입니다. 그러니 제국주의자처럼 생각하시는 것이겠지요. 그렇지만 우리는 선생님을 믿습니다. 독립선언서의 사본이 최대한 빨리 백악관에 보내질 수 있도록 해주십시오"라고 대답했다.[107] 스코필드는 염려를 표현하면서도 그 전달을 약속했다. 또한 3월 1일 당일 오전에는 세브란스병원의 약제사이자 독립선언서에 서명한 민족대표 33인 중 한 사람인 이갑성이 그를 찾아왔다. 이갑성은 탑골공원에서 오후 2시부터 시작될 시위 소식을 알리며 이를 사진으로 찍어달라고 부탁했다. 중요한 문서 전달과 시위 사진을 남기는 쉽지 않은 임무를 부탁받을 만큼 스코필드는 신뢰받고 있었다.

스코필드는 시간에 맞춰 공원으로 향했고, 현장의 모습을 좀 더 좋은 구도로 담기 위해 노력했다. 공원에서 쏟아져 나와 사방에 빽빽이 들어찬 군중의 모습을 찍기 위해 그는 무작정 길 건너편에 일본인

---

107 김승태·유진·이항 엮음, 『강한 자에는 호랑이처럼 약한 자에는 비둘기처럼: 스코필드 박사 자료집』, 서울대학교출판문화원, 2012, 241쪽.

스코필드가 촬영한 3·1운동 사진

이 운영하는 케이크점 2층에 올라갔으며, 침실로 통하는 문이 열려 있는 것을 보자 신을 벗을 사이도 없이 베란다로 나가 셔터를 눌러댔다. 사진을 찍고 나오는 중 일본인 주인과 마주쳐 곤혹스럽기도 했지만 그렇게 찍은 사진이 잘 나왔기 때문에 스코필드는 만족했다.

그는 탑골공원을 비롯하여 대한문·왜성대·남대문·서울역 등을 돌아다니며 시위 현장을 담고자 했고, 평화적 시위에도 폭력을 동원해 진압하는 일본 경찰들의 행동에 분개했다. 그는 이 모든 것을 지켜보면서 일본의 비인도적 처사와 한국의 상황을 세계에 알리기로 결심했다. 그는 학생을 잡아가는 경찰에게 연고자인 것처럼 나서서 그들을 빼내거나, 경찰국장 등 고위층과 주고받은 명함을 활용하여 한국인들을 도왔다.

스코필드는 서울 시내뿐만 아니라 서울 근교에도 나가 군경의 진압으로 부상을 입은 사람들을 도왔다. 1919년 4월 6일, 스코필드는 경기도 고양군 녹번현에 가서 이 지방에서는 독립운동을 하지 않았는지, 부상자는 없는지, 헌병이 진압할 때 무기를 사용하지 않았는지 등을 물어보고 다녔다. 4월 7일에는 언더우드와 함께 한국인 한 사람을 데리고 고양군 신도면 진관내리에 가서 보안법 위반으로 태형을 받은 두 사람에게 세브란스 병원에 입원하도록 권유했다.

그러나 3·1운동과 관련하여 스코필드의 역할 중 빼놓을 수 없는 것은 바로 수원 제암리와 수촌리에서 일어났던 일본군의 만행을 실제로 답사하고 기록하여 폭로했다는 사실이다. 제암리 사건이 세상에 알려진 것은 스코필드를 비롯한 외국인 선교사들의 현장 방문 때문이었으며, 제암리 사건이 세계에 알려지면서 한국독립운동에 대한 관심도 역시 높아졌다. 3월 중순부터 시작된 수원 지방의 만세시위는 인근 지역으로 확산되면서 점차 과격한 양상을 띠었는데, 시위대에 권총을 발사한 일본인 순사가 살해되는 일이 발생했고, 주재소·면사무소 등 관공서와 일본인 상점과 가옥 등이 습격받았다. 이에 일본군 헌병대는 더욱 강력한 검거와 폭력 진압으로 맞섰고, 일본군의 무력 진압에 맞서 시위 역시 더욱 폭력성을 띠었다. 이러한 상황에서 일어난 것이 바로 수촌리와 제암리 사건이었다.

4월 6일, 일본군은 주민들이 잠을 자고 있는 시간에 수촌리의 가옥 지붕에 불을 질렀다. 밤중에 화를 당한 주민들이 불을 끄려고 하자 이들에게도 총을 쏘았다. 이 사건 이후 4월 15일 제암리에서도 일본군이 방화·학살사건을 자행했다. 이번에는 집회가 있다는 명목으로

제암리교회 방화 후 현장

마을 남성들을 교회로 불러 모은 뒤 산 채로 불태웠다. 탈출하려고 시도했던 사람들은 총에 맞거나 총검에 찔렸고, 이들을 구하려던 사람들 역시 마찬가지로 살해되었다. 4월 17일, 제암리 소식을 접한 스코필드는 다음 날 자전거를 타고 제암리로 향했다. 그는 그곳에서 파괴된 가옥의 잔해를 사진에 담았다. 이어서 오후 4시경 이번에는 수촌리로 가서 역시 불타버린 마을을 목격하고 아직 충격에서 벗어나지 못한 채 공포에 떨고 있는 마을 주민들과 이야기를 나누었다. 수촌리는 가옥 42채 중 8채를 제외하고는 모두 잿더미가 된 상태였다. 4월 19일에도 스코필드는 수촌리를 재차 방문하여 크게 다친 환자를 관영병원에서 치료받을 수 있도록 조치했다. 두 차례에 걸친 방문 이후 스코필드는 수촌리와 제암리에서 있었던 잔학 행위 및 만행에 대한 보고서

LES ATROCITÉS JAPONAISES

PHOTOGRAPHIE VI

UNE MAISON CORÉENNE BRULÉE PAR LES JAPONAIS

PHOTOGRAPHIE VII

LES HABITANTS DU VILLAGE CHAIAM-MI BRULÉ PAR LES JAPONAIS

PHOTOGRAPHIE VIII

UN TÉMOIN AMÉRICAIN EXAMINE LES RUINES DU VILLAGE BRULÉ

PHOTOGRAPHIE IX

UN CORRESPONDANT DE L' "ASSOCIATED PRESS" CAUSE AVEC UN POLICIER JAPONAIS DANS UN VILLAGE DÉTRUIT

PHOTOGRAPHIE X

LE CORPS D'UN ENFANT BRULÉ VIF ET LES ORPHELINS CORÉENS

aux soldats et leur capitaine s'excusa disant qu'ils accomplissaient ces brutalités par ordre supérieur.

Outrages récents. Un des exemples les plus frappants des cruautés les plus barbares est apporté par un télégramme daté de Shanghaï, 37 mai (retardé dans la transmission) et reçu par la Délégation Coréenne le 23 juin courant ; « La terreur règne à l'intérieur. Les actes barbares deviennent de plus en plus atroces et inexprimables Le 15 avril à Chaiammi, village du District de Suwon (35 kilomètres de Séoul), trente-neuf maisons furent cernées par les soldats Japonais en armes et incendiées. (Voir phot. VII.) Tous ceux qui essayèrent d'échapper au feu furent fusillés ou passés à la baïonnette. Les bâtiments sont détruits de fond en comble, une église fut brûlée avec cinquante Chrétiens. Quarante-deux maisons à Suchon et vingt-cinq à Whasuri, district de Suwan, furent détruites de la même manière. Il n'en reste que des briques et des cendres. Des étrangers témoins de ces scènes ont pris des photographies. Le 28 avril, au village Kinhuri, Kwaksan, Corée du nord, quarante maisons furent envahies par les soldats Japonais à minuit. Tous les habitants, hommes et femmes, furent réunis dans la rue, mis à nu et passés au fil de la baïonnette jusqu'à ce que la mort s'en suivit. Cinq jeunes filles subirent les derniers outrages. »

Une autre dépêche reçue le 30 juin courant dit : les Japonais continuent à employer les méthodes barbares. Des hommes sont torturés jusqu'à la mort, et les jeunes filles prisonnières sont atrocement violées. Dans la plupart des cas leurs poitrines sont marquées au fer.

L'investigation d'un touriste. — Dans le « Philadelphia public Ledger » du 7 juin dernier, M. Henry Wiederhold, un banquier éminent et clubman d'Atlantic City, U. S. A., qui maintenant excursionne en Extrême-Orient et a fait une enquête personnelle sur quelques-unes des atrocités ci-dessus rapportées écrit :

« Il y a trois jours des gendarmes Japonais entourèrent l'hôpital (Severance memorial Hospital, de la Mission Presbytérienne) et y entrèrent, vérifiant les noms des infirmières et les soumettant à toutes sortes d'indignes pratiques. Quand ils ordonnèrent à Miss Esteb, un exemple des plus accomplis du sacrifice de soi-même qu'offre la femme Américaine, l'ordre d'ouvrir son bureau, elle se retrancha derrière sa qualité de citoyenne Américaine. Ces chiens dégénérés se précipitèrent alors dans la pièce où se trouvaient les pauvres Coréens mortellement blessés et les arrêtèrent, leur ordonnant de se tenir prêts à être emmenés en prison.. Quoique

les médecins dirent que c'était pour
mort certaine, trois des malades furé
portés sur une charrette. »

Investigations par les Consuls
cain et Britannique. — « Le Consu
ricain à Séoul, M. Raymond-S. Curtis
au commencement de la semaine e
des rapports sur des villages du Nord,
par les Japonais, et sur les innom
personnes tuées; il avait constaté
rapports n'étaient que trop vrais. Il
que les gendarmes arrivés le matin,
aux habitants de venir à la petite é
Il y avait onze Chrétiens et vingt-sept
Dès qu'ils furent tous à l'intérieur, le
darmes fermèrent les portes et co
cèrent à faire feu sur eux à travers le
tres et ils mirent ensuite le feu au bâ
M. Curtis trouva les corps à demi-car
près de l'entrée. Il dit plus tard au
(du Severance Hôpital), qu'en allant
autres villages il trouva que, partout
Chrétiens avaient vécu, la torche était
et que quand les malheureux essayai
fuir, ils étaient passés à la baïonne
fusillés. M. Curtis a fait un rapport
à Washington et attend des instructi
« Je trouvai l'Y. M. C. A. Coréen,
ment donné par John Wanamaker,
m'aperçus que les portes en étaient
et j'appris que les Coréens craignai
les garder ouvertes à cause des Ja
Dans la soirée je rencontrai notre
M. Curtis. Il se sentait si mal après
qu'il avait vu qu'il était trop énervé p
parler avec détails, des photographies
prises des villages en ruines. (Voir P
et IX.)
« Pendant que notre train s'arrêtait
Chun, nous remarquâmes un group
moins 25 ou 30 Coréens étroitement
qu'on emmenait à quelque prison,
missionnaire qui prit notre train me
c'étaient encore là des victimes des
cutions Japonaises. Avec des larmes d
yeux, il ajouta que deux d'entre eux
reçu des grades dans les collèges
rique. »
Le « Philadelphia Inquirer » du
publia cette dépêche spéciale du Cor
dant de l' « Associated Press » à To
7 juin :
« Trente-cinq Coréens furent fus
tués à coups d'épées ou de baïonnet
les soldats Japonais dans une églis
tienne à Cheam-Mi, à quanrante m
Séoul en connexion avec le mouvemen
dépendance Coréen.
« Ceci a été confirmé par une enqu
les agents des Consulats Britannique
ricain et les leaders missionnaires o
en Corée. Ces faits sont reconnus par
torités Japonaises à Séoul, y compris
verneur général Hasegawa...

— 23 —

제암리 사건 보도기사

를 작성했다.

이렇게 작성된 보고서는 「수촌리 학살 보고서Report of the Su-chon Atrocities」라는 제목으로 미국 장로회 기관지 『프레스비테리안 위트니스Presbyterian Witness』 1919년 7월 호와 「제암리 대학살The Massacre of Chai-Amm-Ni」이라는 제목으로 상하이 영자신문 『상하이 가제트The Shanhai Gazette』 1919년 5월 27일자에 보도되면서 학살사건의 진상이

전 세계에 알려지는 데 크게 공헌했다. 또한 스코필드가 촬영한 학살 장면 등의 사진은 정환범鄭桓範이 구두 밑창에 숨겨 임시정부에 전달했으며, 세브란스의전 재학생 송춘근을 통해 미국선교회와 신문사에 보내져 일본 군경의 잔인함을 폭로하는 데 이용되었다.[108]

제암리를 다녀온 후 스코필드는 태형으로 부상을 입은 학생 18명이 입원해 있는 평북 선천의 선교병원을 찾기도 했다. 태형은 수일에 걸쳐 집행되었기 때문에 고통이 계속되었고, 괴저를 일으켜 죽음에 이르기도 하는 비인도적인 처벌 방식이었다. 스코필드는 선천에서도 일본이 자행한 태형의 실체를 증거로 남기기 위해 일본 경찰의 제지에도 사진을 찍었다. 또한 스코필드는 3·1운동으로 수감된 한국인의 처우와 고문 문제에도 깊은 관심을 가지고 활동했다. 그는 수차례 감옥을 방문하여 한국 학생들이 처한 현실에 대하여 언론에 여러 차례 기고했다. 서대문감옥을 방문한 스코필드는 노순경·유관순·어윤희·이애주 등을 만나 심한 고문과 매질이 있었음을 확인했으며, 『재팬 애드버타이저The Japan Advertiser』와 『서울 프레스Seoul Press』 등에 죄수 처우 및 고문의 실상을 폭로하고 이를 비판하는 글을 실었다.

스코필드는 1919년 9월 초 한국선교사를 대표하여, 800여 명이 모인 도쿄 '극동지구선교사회의'에 참석했는데, 이때 그는 한국을 지배하는 일본의 야만성에 대한 연설을 했으며, 하라 다카시原敬 수상을

108 국가보훈처 공훈전자사료관 정환범 공훈록 및 송춘근 공훈록.

비롯하여 가토加藤 자작, 사이토 마코토 총독 등 일본 정계의 주요 인물들을 만나기도 했다. 하라 수상을 만난 스코필드는 자신이 경험한 잔학 행위에 대해 언급했다. 하라 수상은 본인은 식민지 군 간부들의 활동에 대해서는 알지 못하며 한국에 대한 동화정책을 고수할 것이라고 밝혔다. 스코필드는 이러한 대답에 동화정책을 계속한다면 '유혈혁명'으로 치닫게 될 것이며 일본제국 차원의 조사가 필요하다고 응답했다. 캐나다 장로교 해외선교부는 1919년 스코필드의 이러한 활동에 대하여 다음과 같이 평가했다.

> 스코필드 박사는 다른 어떤 선교사보다도 한국인들의 복지에 관심을 가지고 그의 세브란스 병원의 보고서에서 독립선언에 의해서 일어난 상황을 상세히 설명하고 있다. 여름 동안에 그는 한국에서 일어난 실상을 (일본) 관리들에게 직접 설명하기 위하여 도쿄를 여행했다. 수상을 인터뷰했을 뿐 아니라 많은 지도자들을 만나고 그들과 그 상황을 충분히 토론했다. … 스코필드 박사는 '이러한 것들이 공개됨으로써 중단되기를 희망하면서' 현재 행정당국에 의하여 저질러지는 악행에 관한 일련의 신문 기사들을 간행하기도 했다. 이것들은 매우 효과적이라는 것이 입증되었으며, 박사는 고문에 관한 더 많은 정보를 주기 위하여 총독에게 불려갔다. 당연히 고문과 구타와 악행 등을 다루는 기사들을 경찰 등이 매우 싫어했고, 이것은 일본 경찰이 그 필자를 심하게 공격한 것을 설명해준다. 어떤 사람은 총독이 스코필드 박사를 '교활한 음모자요 굉장히 위험한 사람'으로 생각하고 있다고 단언했다.[109]

실제로 1919년 12월 10일 『재팬애드버타이저』에는 스코필드를 "가장 과격한 선동가Arch Agitator"라고 비난하는 기사가 실렸다. 외국 언론들에도 보도된 그 기사는 사이토 총독의 다음과 같은 성명으로 시작되었다.

> 한국의 소요 배후에 기독교 선교사들이 있다는 것은 부인할 수 없는 사실이며, 서울 세브란스병원 소속의 스코필드라는 자는 이러한 선동가 중에 가장 눈에 띄는 유형이다. 나는 한국에 오기 전 도쿄에서 스코필드를 만났다. 그는 그때와 마찬가지로 지금도 가장 극단적인 견해를 밝히고 있으며, 일본 정부에 대한 한국의 저항을 계속해서 부추기고 있다. … 한국 내에서 독립을 위한 선동을 끈질기게 이어가고 있는 스코필드 박사는 아주 위험한 인물이며, 선교사 중에도 그의 격렬한 방법을 미심쩍게 보는 이들이 많다.[110]

이렇게 일본 당국에게 '주동자 혹은 선동가'라고 공개적으로 지목된 와중에도 스코필드의 신념은 흔들리지 않았다. 1919년 12월 15일자 암스트롱 목사에게 보낸 편지에서 스코필드는 현재 자신이 처한

---

109 Report of the Board of Foreign Missions of the Presbyterian Church in Canada for the Year Ending December 31th, 1919, p.141; 김승태·유진·이항 엮음, 『강한 자에는 호랑이처럼 약한 자에는 비둘기처럼: 스코필드 박사 자료집』, 서울대학교출판문화원, 2012, 41쪽 재인용.

110 도레사 E.모티모어, 양성현·전경미 번역, 『프랭크 스코필드 박사와 한국』, KIATS, 2016, 190쪽.

상황과 그럼에도 자신의 소신이 변함없다는 것을 밝혔다.

> 최근 저에 대해 걱정을 하는 사람이 많습니다. … 폭력배들이 저를 쫓아다니며 일본 경찰은 지독한 중상모략을 하고 있습니다. 저는 바로 일본 총독에게 전화했지만 그는 모든 것을 부인했습니다. 총독은 제게 가장 친절합니다. 저는 누가 배후에 있는지 짐작이 갑니다. 바로 경찰입니다. 그들은 최근 제가 그들의 고문 행위에 대하여 폭로했기 때문에 저를 죄악처럼 바라보고 있습니다. … 그자들은 저를 끝장냈다고 생각합니다. 저는 세브란스에서 하고 있는 모든 일을 그만두고 죄악에 반대하는 운동을 조직하고 싶습니다.[111]

그러나 세브란스병원과 에비슨 원장에게는 스코필드의 귀국을 독촉하는 압력이 가해지고 있었다. 에비슨은 스코필드의 활동에 대해 잘 알고 있었으며, 이해하는 측면이 있었지만, 점점 거세지는 압력 때문에 결국 스코필드의 거취 문제를 협의하기 위하여 전체 교직원 회의를 소집했다. 회의에서는 여러 가지 의견이 제시되었으나, 선교사들의 주된 책임은 신앙과 교육사업에 있으므로 정치 문제에 개입하는 것은 정당화할 수 없다는 것이 공통된 견해였다. 더 나아가 세브란스 의전의 존재 자체가 위협받고 있기 때문에 스코필드가 활동을 중단해

---

111 Korea Mission Correspondence, Box 4, 도레사 E.모티모어, 양성현·전경미 번역, 『프랭크 스코필드 박사와 한국』, KIATS, 2016, 420쪽 재인용.

야 한다는 의견이 대다수였다. 회의가 끝나갈 무렵 스코필드는 자신을 변호하기 위해 일어섰고 다음과 같이 발언했다.

> 우리가 하는 육영사업과 선교사업은 한국 사람을 위해서 하는 것이라고 나는 믿고 있습니다. … 악을 물리치고 약한 자를 도와야 한다고 교실에서 교회에서 밤낮으로 가르치는 우리가 경찰과 헌병이 무서워서 나라를 찾으려고 피 흘리면서 아우성치는 이 사람들을 그냥 모른 척해야 옳습니까? 이미 나라를 잃은 이 민족에게 한 가닥 남은 '민족의 얼'마저 사라진다면 우리는 도대체 누구를 위해 무엇을 위해서 여기 머물러 있단 말입니까?[112]

스코필드는 그가 학교와 동료들에게 끼친 곤란함에 대해서는 사과하면서 필요하다면 스스로 세브란스를 떠나겠으나, 곤경에 처한 한국인들을 돕는 활동은 계속하겠다는 의지를 드러내었다. 결국 이 회의는 어떠한 결정도 내리지 못한 채 끝났다. 스코필드는 이후에도 수감된 한국인들을 방문하고 『서울프레스』에 기고하는 활동을 계속했다. 1919년 11월 말 '대한민국애국부인회' 사건으로 회장 김마리아를 비롯하여 이혜경·장선희·이정숙 등이 대구 감옥에 수감되는 일이 발생했다. 이들과 가까운 사이였던 스코필드는 대구 감옥을 찾아 위로했으며, 고문으로 다친 사람들을 돌봐주었다. 또한 계속 일본 관료

---

112 이장락, 『(민족대표 34인) 석호필』, KIATS, 2016, 81·82쪽.

들을 방문하여 교도소에서의 가혹한 처우와 형편없는 환경에 대한 불만을 제기했다.

1920년에 들어 스코필드를 둘러싼 여러 가지 사정은 그가 더 이상 한국에 머무를 수 없도록 만들었다. 아내 앨리스는 상태가 더욱 악화되어가고 있었다. 그녀는 조선에서 귀환한 직후 아들을 낳았고, 토론토의 하숙집에서 생활하고 있었다. 경제적인 우려와 아이를 홀로 키워야 하는 부담으로 앨리스의 절망과 분노는 더욱 심해졌고, 이를 표출하는 일도 더욱 잦아졌다. 또한 1920년 초가 되면서 스코필드의 한국인들에 대한 지원활동은 선교 위원회에서도 심각한 문제로 인식되고 있었다. 때문에 악화되는 앨리스의 건강은 스코필드를 소환할 수 있는 좋은 명분을 제공해주었다.

3·1운동 1주년을 맞이하여 스코필드는 서대문형무소에 수감된 친구들을 방문했으며, 조선을 떠나기 전 선천의 한 고등보통학교에 들러 마지막 강연을 하기도 했다. 이윽고 1920년 4월 초 스코필드는 동료와 한국인들에게 작별 인사를 전한 뒤 캐나다로 향하는 몽테글Montegle호를 타고 한국을 떠났다.

한편, 한국에 있는 동안 스코필드는 「정복할 수 없는 조선Korean Uncouqurered」과 나중에는 「꺼지지 않는 불꽃The Unquenchable Fire」이라는 289쪽 분량의 원고를 작성했다. 이 원고는 선동적인 성격 때문에 영국의 한 출판사에서 출판을 거부당했으며, 이에 다시 뉴욕의 출판사에 맡겼지만 출판사는 원고를 분실하고 말았다. 스코필드가 두고 갔던 사본이 1947년 세브란스의과대학의 마룻바닥에서 발견되었다고 하지만 결국에는 출간되지 못했다.

캐나다 귀환 이후

캐나다로 돌아간 스코필드는 토론토 종합병원에서 세균학자로 근무했으며 1921년에는 다시 온타리오 수의과대학으로 돌아가 1955년까지 세균학과 병리학 교수로 재직했다. 캐나다로 돌아간 뒤에도 스코필드는 한국에 대한 관심을 거두지 않았으며, 급료를 모아 1926년 6월 한국을 방문하기도 했다. 그는 오랜 친구들과 제자들을 만난 후 짧은 한국 방문을 끝내고 8월 다시 캐나다로 돌아갔다.

스코필드는 정년을 앞둔 1955년 퇴직했으며, 한때 시력에 심각한 문제가 생기기도 했으나 다행히 무사히 회복했다. 그의 건강이 다시 좋아진 후 1958년 대한민국 정부는 국빈 자격으로 스코필드를 초청했다. 이미 스코필드의 나이가 적지 않았지만 그는 아직도 한국에서 자신이 할 일이 많이 있을 거라고 생각하고 그 초청을 받아들였으며, 한국에 와서는 서울대학교 수의과대학에서 일을 하겠다고 제안했다. 그리하여 1958년 8월 21일 69세의 나이로 스코필드는 수의병리학 교수가 되었으며, 서울대학교 외에도 연세대학교와 중앙대학교에도 출강했다.

스코필드는 장학사업과 보육원에 꾸준히 관심을 보여 일부 생활비를 제외한 급여를 모두 장학금과 보육원 활동비용으로 기부했으며, 세계 각지의 친구와 지인들에게서도 후원을 받았다. 그는 3·1운동 당시 감옥에 면회를 가서 알게 된 어윤희가 운영하는 유린보육원과 자신이 유학비용을 모금해주었던 이경자가 운영하는 봉은보육원을 후원했으며, 가끔씩 보육원을 방문해 오랜 시간을 보내기도 했다.

그는 1965년 경북대학교에서 명예 수의학박사 학위를, 고려대

훈장을 받는 스코필드

학교에서는 명예 법학박사학위를 수여받았으며, 1966년 경희대학교에서는 대학장을 수여받았다. 이후 1968년에는 대한민국 정부로부터 건국공로훈장이라는 최고의 예우를 받았다. 1969년 초 스코필드는 3·1운동 50주년 기념식에 귀빈으로 공식 초청을 받았으며, 건강 상태가 좋지 않은 상태에서 기념식에 참석했는데 이후 건강은 더욱 악화되었다. 그리하여 1970년 4월 12일, 스코필드는 국립의료원 별관에서 마지막 숨을 거두었다. 그의 장례는 성대하게 치러졌으며, 외국인으로서는 처음으로 대한민국 국립묘지에 안장되었다.

스코필드가 한국과 세브란스에 남긴 가장 큰 유산은 지식인으로서 어떻게 살아가야 하는지에 대한 해답을 제시했다는 점이다. 그의 교실에서 세균학과 위생학을 배웠던 학생들은 단순한 의학지식뿐만 아니라 지식인으로서 수행해야 할 시대적 소명에 대해서 고민했고, 스코필드 교수가 남긴 경험과 교훈은 세브란스인들이 사회운동과 독립운동에 적극적으로 나서게 된 큰 계기가 되었다.[113]

---

113 신규환, 「세브란스의 독립운동과 스코필드 교수」, 『세브란스인의 스승, 스코필드』, 역사공간, 2016, 150쪽.

4

각 지역의 3·1운동

경기도 개성[114]

경기도 지역에서는 서울의 만세시위에 호응하여 3월 3일 개성에서 가장 먼저 만세운동이 일어났으며,[115] 송도고등보통학교와 호수돈여학교의 두 학교 학생들이 주도적으로 만세시위를 조직했다. 두 학교 모두 미국감리교계열의 학교로 송도고등보통학교(이하 송도고보)는 1906년 윤치호가 미국남감리교의 지원을 받아 세운 한영서원韓英書院

---

114 개성은 1914년 경기도 개성군, 1930년 개성부를 거쳐 1949년 개성시가 되었다. 1953년 7월 휴전협정에 따라 북한 지역이 되었으며, 현재는 황해북도에 속하지만 이 글에서는 당시의 행정체계에 따라 경기도 개성으로 서술했다.

115 개성의 만세시위는 김정인, 『국내 3·1운동 1-중부·북부』, 한국독립운동사연구소, 2009, 18-20쪽; 독립운동사편찬위원회, 『독립운동사 9: 학생독립운동사』, 독립유공자사업기금운용위원회, 1977, 223쪽; 독립운동사편찬위원회, 『독립운동사자료집 5: 삼일운동 재판기록』, 독립유공자사업기금운용위원회, 1972, 518-520쪽; 「경성지방법원 판결문」(1919.5.6), CJA0000416 등을 참고하여 작성했다.

송도고등보통학교

을 전신으로, 호수돈여학교는 1899년 미국남감리교 여성 선교사 캐롤Carroll이 세운 호수돈여숙을 전신으로 하는 학교였다.

개성은 서울의 운동세력과의 연계는 약했지만, 경기도 내에서는 3월 1일 이전 독립선언서가 배포된 유일한 곳이었다. 민족대표 33인 중 한 사람이었던 오화영이 목사 강조원에게 독립선언서 200장을 개성에 배포하도록 하여 강조원은 호수돈여학교의 서기 신공량에게 이를 전달했으며, 호수돈여학교의 학생들이 적극적으로 동참했다. 이를 계기로 개성에서는 서울에서 벌어진 운동 소식이 신속히 알려질 수 있었고, 학생들을 중심으로 일찍부터 만세운동 분위기가 형성될 수 있었다.

세브란스 출신으로 개성에서의 만세운동 조직과 시위에 참여했던 인물로는 송영록宋榮錄(1901-1932)이 있다. 송도고보에서는 3월 2일 부터 만세시위를 본격적으로 추진했는데, 4학년이었던 김익중金翊重을 중심으로 여러 재학생들이 합류했다. 당시 송도고보 2학년이었던 송영록도 이에 동참하여 일장기를 이용해 태극기를 만들었다. 준비를 마친 후 3월 3일 저녁에 송도고보생 200여 명이 태극기를 들고 거리로 나갔으며, 거리에는 이미 호수돈여학교 학생들을 비롯한 군중들이 모여 만세시위를 시작하고 있었다. 송도고보생들도 여기에 합류하여 태극기를 흔들며 만세를 외쳤다. 다음 날 3월 4일에도 송도고보와 호수돈여학교의 학생들을 중심으로 만세시위가 일어났다. 시민들이 합세하여 시위대는 밤에는 시가행진과 투석전을 전개하며 경찰의 저지선을 돌파하기도 했다. 송영록은 이러한 만세시위에 참여했다가 체포되어 1919년 5월 6일 경성지방법원에서 보안법 위반 혐의로 징역 8개월을 언도받았다.

강원도 이천 출신인 송영록은 송도고보를 졸업한 이후 1922년 세브란스의전에 입학하여 1927년 졸업했다. 1926년 10월, 송영록이 세브란스의전 4학년에 재학 중일 때 종로 중앙기독교청년회관에서 열린 강연회에서 강연 후 군중들이 청년회관을 빠져나오는 중에 층계의 널빤지가 떨어지며 1명이 즉사하고 7명이 중경상을 입는 사고가 발생했는데, 그때 그도 부상을 입어 세브란스병원에서 입원 치료를 받기도 했다.[116] 다음 해 무사히 졸업할 수 있었지만, 그의 건강은 오래가

---

116 「살길찻든 靑年會講演에서 風波쑛헤 即死 一人 負傷 七人」, 『매일신보』 1926년 10월 18일자.

지 못했다. 졸업 후 평양 기홀병원紀笏病院에서 근무하다가 건강악화로 1930년경 수술을 받았고, 이후에도 건강을 완전히 회복하지 못하여 1931년부터는 영등포쪽에서 휴양하다가 송영록은 1932년 9월 5일 32세의 젊은 나이로 목숨을 거두었다.[117]

충청남도 공주

공주에서는 기독교 계통의 학교인 영명학교를 중심으로 만세운동이 조직되었다.[118] 영명학교 교사였던 김관회金寬會는 3월 24일 동료 교사와 영명학교 졸업생·재학생들과 협의하여 조선 각 지방에서 일어나는 독립만세시위 흐름을 따라 공주에서도 4월 1일 장날에 독립만세를 부를 것을 결정했다. 영명학교 학생들을 포섭하는 역할을 담당했던 김관회는 학교 조수 김수철金洙喆에게 만세시위의 취지를 알리고 학생 동원과 독립선언서 인쇄를 부탁했다. 이에 김수철은 3월 30일 자택에서 영명학교 학생인 유준석·노명우·강연·윤봉균 등을 모아 만세시위 계획을 전달했으며, 모두 그 계획에 동의했다. 3월 31일 이들은 영명학교 기숙사에서 독립선언서 약 1,000장을 인쇄했다.

---

117 『세브란스교우회보』 제9호(1928.3.15), 23쪽; 『세브란스연합의학전문학교일람』, 1928, 49쪽; 『세브란스교우회보』 제13호(1930.10.13), 46쪽; 『세브란스교우회보』 제15호(1931.11.18), 19쪽; 『세브란스교우회보』 제16호(1932.5.16), 22쪽; 「人事」, 『매일신보』 1932년 9월 7일자.

118 공주의 만세시위는 「공주지방법원 판결문」(1919.8.29), CJA0000973; 독립운동사편찬위원회, 『독립운동사 3: 삼일운동사(상)』, 독립유공자사업기금운용위원회, 1971, 107-108쪽; 독립운동사편찬위원회, 『독립운동사 9: 학생독립운동사』, 독립유공자사업기금운용위원회, 1977, 255-256쪽을 참고하여 작성했다.

공주 영명학교

마침내 4월 1일 오후 2시경 선언서와 태극기를 가지고 공주시장에 가서 이들은 시장에 온 군중들에게 선언서를 배포하고 태극기를 흔들며 조선독립만세를 외쳤다. 당시 영명학교 3학년에 재학 중이었던 양재순梁載淳(1901-1998)도 4월 1일 공주의 만세시위에 참여했다. 양재순은 3월 30일 김수철에게서 만세시위 계획을 듣고 동참할 뜻을 밝혔으며, 4월 1일 강연에게서 독립선언서 100장을 건네받아 오후 2시경 공주시장에서 다른 이들과 함께 배포하면서 만세를 불렀다. 이후 체포된 양재순은 1919년 7월 28일 공판에 넘겨졌으며, 1919년 8월 29일 공주지방법원에서 보안법 위반, 출판법 위반으로 징역 6개월 집행유예 2년을 선고받았다.[119]

---

119 「공주지방법원 판결문」(1919.7.28), CJA0000976; 「공주지방법원 판결문」(1919.8.29),

이후 영명학교를 졸업한 양재순은 1922년 연희전문학교 문리과에 입학했다가 진로를 변경하여 세브란스의전에 입학했으며, 1925년 졸업했다. 졸업 후 함흥 제혜병원을 거쳐, 1926년 군산 구암병원龜岩病院[120]에서 근무했으며, 1927년 3월 출생지인 공주에서 공제의원公濟醫院을 개업하면서 공주 지역에 정착했다.[121] 그는 공주 지역 기독교청년회에서 활동하면서 무산아동교육기관으로 공주 금정錦町에 있던 공금公錦야학원의 원장을 맡아 교육에도 힘썼다. 그의 노력으로 공금야학원의 입학 아동 수는 점점 늘어났으며, 1937년에는 신교사를 건축하기도 했다.[122] 1938년 『동아일보』 공주 특집호에서 공주의 주요 인사 중 한 명으로 소개되기도 했다.

> 본래 천품이 온후 인자한 중 가정의 훈육이 많아 독실한 신앙생활은 물론이고 씨의 선고유훈을 엄수하는 자선사업가이다. 읍내 공사설의원이 많으나 씨의 진찰실에는 항상 화기 충일하고 상쾌의 기분으로써 차

CJA0000973.

120 1897년 전라북도 군산시 구암동에 있었던 병원. 미국 남장로교파 선교의사 다니엘스(Daniels, T.H.)가 설립했으며, 구암병원, 구암야소병원, 또는 궁멀병원 등으로 불렸다. 2차 세계대전 말기까지 지역주민에게 많은 의료혜택을 주었고, 영명학교, 메리볼당여학교 등 병설 교육기관을 통하여 서구문명을 도입하고, 기독교적 신앙을 바탕으로 한 항일애국청년을 배양하는 데 있어 호남지역에서 중추적인 구실을 했다(한국민족문화대백과, 한국학중앙연구원).

121 『세브란스교우회보』 제6호(1926.3.3), 29쪽; 『세브란스교우회보』 제7호(1926.6.27), 25쪽; 「기호지방-梁載淳氏 開院」, 『동아일보』 1927년 3월 20일자.

122 「공주基靑강연회」, 『동아일보』 1929년 2월 18일자; 「柴炭費 얻고저 歌劇大會開催」, 『동아일보』 1935년 11월 21일자; 「公錦夜學院舍改築」, 『동아일보』 1937년 7월 4일자.

있다. 이러므로 업무는 날로 융창하여지고 인망은 때로 높아간다. 다망 중임도 불구하고 육영사업에 투신하여 공금학원원장으로 다년 활약하는바 근경에서는 무산아동의 향학열이 고입鼓叺함을 보고 학원을 확장할 목적으로 동서 활동 중으로 앞날이 기대된다.[123]

해방 이후 양재순은 1946년 잠시 충청남도 보건후생국장을 지내기도 했으며, 모교인 영명학교의 복교추진위원장으로 위촉되기도 했다.[124] 이처럼 오랜 기간 동안 공주 지역에서 공제의원을 지키며 묵묵히 본업에 충실했던 양재순은 1988년 은퇴하기까지 거의 60년 넘는 세월 동안 의업에 종사했다.

전라북도 군산·익산(이리)

군산의 만세시위는 옥구군 개정면에 있던 구암교회와 그 부속병원, 영명학교의 교사, 학생들이 주도했다. 구암교회는 미국 남장로교의 선교사 윌리엄 전킨William M. Junkin·全緯廉과 알렉산더 드루Alexander D. Drew가 1896년 7월 군산에서 선교를 시작하면서 조직한 것이었다. 또한 1902년 전킨의 부인 메리 레이번 전킨Mary Leyburn Junkin에 의해 시작된 군산남학교가 영명학교의 전신이었다.[125]

---

123 「杏林界의 巨星 公濟醫院長 梁載淳씨」, 『동아일보』 1938년 5월 22일자.

124 「공주의 얼굴 – 자랑스런 공주인 양재순」, 『공주문화소식』 195(1998.11).

125 송현강, 「한말·일제강점기 군산 영명학교·멜본딘여학교의 설립과 발전」, 『역사학연구』 59, 2015.

군산 구암교회

전북 지역에서 가장 빨리 군산에서 만세시위가 일어났던 데에는 세브란스의전에 재학 중이던 김병수의 역할이 컸다. 1919년 2월 25일 이갑성은 김병수를 불러 독립운동 계획을 알려주고 지방의 동지들을 모으기 위해 군산으로 가달라고 부탁했다. 김병수는 이에 바로 오후 7시 40분 서울을 출발하여 그날은 대전에서 자고, 26일 아침 8시 군산에 도착했다. 그는 자신의 모교인 영명학교를 찾아가 학교 은사인 박연세朴淵世를 방문했으며, 서울의 독립운동 계획을 알렸다. 27일 다시 서울로 돌아온 김병수는 2월 28일에는 이갑성에게서 독립선언서 100여 장을 건네받아 이를 전달하기 위해 다시 군산을 찾았다. 28일 저녁 7시 반 남대문역을 출발한 김병수는 3월 1일 오전 10시 반에야 군산에 도착했으며, 다시 박연세를 방문하고 이갑성의 이야기와 독립

군산 영명학교

선언서를 전달해주었다.[126]

김병수가 박연세를 방문했을 때 박연세의 집에는 이미 다른 영명학교 교사인 이두열·김수영·고석주 등이 모여 있었다. 이들은 3월 6일 군산 장날을 거사일로 결정하고 만세시위를 준비하고 있었다. 이들은 멜본딘여학교의 교사들과 군산예수병원의 사무원인 양기준·유한종·이준명 등도 거사에 끌어들였다. 이두열·김수영 등은 김병수에게서 건네받은 선언서를 학생들에게 전달하여 등사하도록 했으며, 3월 1일부터 4일까지 영명학교에서 독립선언서 약 7,000장이 등사되었다. 그러나 3월 5일 일본 경찰에 발각되어 박연세를 비롯한 영명학

126 「김병수 신문조서」(1919.6.25), 『한민족독립운동사자료집』 16.

교 교사들이 경찰서로 연행되었다. 다행히 체포를 면한 양기준·유한종과 같은 군산병원 사무원들은 거사일을 하루 앞당기기로 하고, 5일 오후 구암리에서 바로 만세시위를 전개했다. 양기준·유한종 등은 태극기를 흔들며 독립만세를 외쳤고, 군중들에게 선언서를 배포했다. 이들은 군산 방향으로 행진하면서 곳곳에서 만세시위를 전개했으며, 시위의 지도부들은 출동한 경찰에게 대부분 체포되었다.[127]

한편, 3월 5일 서울의 남대문역 앞에서 열린 만세시위에 참여했던 김병수는 전북 지역으로 내려와 이번에는 이리에서 열린 만세시위에 참여했다. 이리의 시위는 4월 4일 인접한 지역인 오산면에서 문용기·박도현·장경춘 등의 기독교계 인사들이 주도적인 역할을 했다. 이 기독교계 인사들은 4월 4일 이리 장날을 거사일로 결정했으며, 4월 4일 이리시장에는 기독교인들을 중심으로 약 300여 명의 군중이 시장에 모였다. 이들 중에는 서울에서 만세운동에 참가하고 귀향해 있던 중동학교 학생 김종현·김철환·이시응·김병수 등이 포함되어 있었다. 이들은 대한독립만세를 부르며 시가행진을 전개했고, 출동한 일본 경찰과 헌병대는 무력진압을 시도했다. 때문에 문용기·박도현·장경춘 등 주요 인사들은 모두 그 자리에서 순국했다.

김병수 역시 체포되어 4월 22일 광주지방법원 군산지청에서 조사를 받았으며, 이후 서울지방법원으로 넘겨져 조사를 받았다. 조사

---

127 김진호, 『국내 3·1운동 2-남부』, 한국독립운동사연구소, 2009, 160쪽; 「대구복심법원 판결문」(1919.4.30), CJA0000401.

과정에서 김병수는 조선의 독립을 희망하는 이유를 다음과 같이 밝혔다.

> 일한병합은 일본의 압박에 의한 것으로 2천만 동포의 의사가 아니므로 기회가 있으면 독립을 얻자고 하고 있는 것이다. 또 병합이라고 하면 한 나라로 되는 것이어야 하는데 병합 후의 조선인에 대해서는 참정권, 집회, 언론, 출판의 4대 자유를 주지 않고 대우에 차별을 두고 조선인을 하등으로 취급하고 있기 때문에, 그것을 분개하여 십 년간 참아왔던 것이며 이번에 민족자결이라고 하는 것이 제창되었으므로 이 기회에 독립을 도모하지 않으면 안 된다고 생각하는 것이다.[128]

김병수는 1919년 11월 6일 경성지방법원에서 출판법 위반, 보안법 위반으로 징역 1년 2개월(미결구류일수 120일)을 선고받았으나 상고하여 1920년 2월 27일 경성복심법원에서 징역 8개월(미결구류일수 180일)로 감형되었다.[129] 징역 8개월에 구류일수 6개월이 형에 산입되었기 때문에 2개월 후인 1920년 4월 28일 서대문감옥에서 출옥했다.[130]

김병수는 1921년에 세브란스의전을 졸업했고, 졸업 후 군산의 기독교병원에서 잠시 근무했으며 1922년 이리에 삼산의원을 개원

---

128 「김병수 신문조서」(1919.6.25). 『한민족독립운동사자료집』 16.

129 「경성지방법원판결문」(1919.11.6), CJA0000401; 「경성복심법원판결문」(1920.2.27), CJA0000150.

130 한국사데이터베이스 일제감시대상인물카드.

했다. 삼산의원 개업 후 김병수는 이리에 자리를 잡고 다양한 사회활동에 참여했다. 그는 1921년부터 이리유치원의 원장을 담당했으며, 1924년부터는 광희여숙의 운영 경비를 단독으로 부담했다.[131] 광희여숙은 1920년 기독교계에서 설립한 이리의 유일한 사설여자교육기관으로 학교 운영에 어려움을 겪자 김병수가 나선 것이었다. 광희여숙을 맡은 김병수는 광희여숙의 교사 신축에도 앞장서서 300원을 내놓았으며, 이리공립보통학교의 증설을 위한 학급증설기성회에서도 부회장을 맡아 활동했다. 또한 1938년에는 이리고아원의 원장으로 취임했고, 1939년에는 이리일출소학교후원회의 회장을 맡기도 했다.[132] 이렇게 이리 지역의 교육과 그 시설에 꾸준한 관심을 보이며 활동한 것은 3·1운동을 겪으며 교육의 필요성을 절실히 깨닫게 되었기 때문이었다.[133]

그는 1925년에는 이리기독청년회에서 회장을 맡았으며, 기독청년회가 1928년 기독면려청년회로 새로 탄생할 때에도 회장으로 선출

---

131 「삼산위원장독지」, 『시대일보』 1924년 5월 30일자; 「특지와 자선」, 『동아일보』 1925년 9월 26일자; 「순회탐방 14, 익산지방대관 1」. 『동아일보』 1926년 7월 15일자; 「이리광희여숙 신축낙성」, 『동아일보』 1926년 8월 9일자; 「10년 일람 현저히 발달된 찬연한 지방문화(8)」, 『동아일보』 1929년 1월 9일자; 「이리보교교사신축비」, 『동아일보』 1934년 3월 28일자.

132 「경영난에 빠진 이리고아원에 서광」, 『동아일보』 1938년 11월 18일자; 「이리일출소교후원회에서 논란」, 『동아일보』 1939년 4월 22일자.

133 "1919년부터 백의민족(白衣人)도 남과 같이 살아보겠다는 우렁찬 소리가 근역을 진동케하던 그 운동이야말로 반만년사에 가장 광채 있는 페이지를 점령한 동시에 조선교육 운동사상에 주요한 페이지가 되었다. 이 운동이 일어난 결과 누구나 물론하고 우리는 무엇보다도 먼저 알아야 되겠다는 것을 절실히 각성하게 되었다." 「교육에 대하여, 이것을 먼저 힘씁시다」, 『동아일보』 1926년 1월 3일자.

되었다. 그 밖에 그는 백정계급 해방운동 기관인 동인회의 고문, 이리 인쇄공친목회의 고문, 백구면어린이모임창립총회의 고문, 수산戍山노동회 부회장, 색복장려회色服獎勵會 부회장 등 이리에서 조직되는 각종 노동단체와 사회단체에서 그의 이름이 오르내렸다.[134] 1927년 김병수는 『동아일보』 이리지국장 배헌의 임무를 대신하여 총무 겸 기자로 이름을 올리는 등 그의 활동 범위는 한계가 없었다.

본업인 의사로서의 활동도 게을리하지 않았다. 1926년 김병수는 익산에 있는 조선인 의사들을 망라한 익산의사회를 조직하기 위해 삼산의원에서 창립총회를 열었다. 1928년 이리용공로동조합裡里傭工勞働組合의 촉탁위로 선임되자 자진해서 조합 회원에게는 약값을 할인해주었다.[135] 삼산의원은 날로 번창하여 1936년에는 2층 양옥 건물로 병원을 신축했다.[136] 이리 지역에서 김병수가 한 다방면의 활약에 대해서는 다음과 같은 기사가 나오기도 했다.

> 사계의 인기자로 만인으로부터 호감으로써 맞이하게 되는 씨는 일찍 경성세의전을 마치고 연구에 실험을 가하여 당지에 개업한 지 이미

134 「익산청년회총회」, 『동아일보』 1923년 5월 29일자; 「동인회 발기총회」, 『동아일보』 1923년 6월 3일자; 「기청임원개선」, 『동아일보』 1925년 4월 9일자; 「인쇄공친목회 이리에서 창립」, 『동아일보』 1925년 3월 17일자; 「백구면어린이창립총회」, 『동아일보』 1927년 5월 18일자; 「수산노동회임총」, 『동아일보』 1927년 10월 11일자; 「면려기청창립」, 『동아일보』 1928년 9월 19일자.

135 「익산의사회조직」, 『동아일보』 1927년 6월 6일자; 「裡里傭工勞組 囑托醫師選定」, 『중외일보』 1928년 7월 20일자.

136 『세브란스교우회보』 제25호(1936.2.1), 66-67쪽.

십유여 년 최고참자로 인근에 명성이 파고하다. 씨의 사회적 존재는 결정적이다. 인품이 고결단아한 크리스찬으로 장로의 요직에 있어 교회를 부지하고 몸과 마음을 쏟아 여숙과 유치원등을 경영하며 또 체육구락부등을 일으켜 호남운동계에 자임하는 중진을 조성했고 공직도 수회, 학교며 각 단체 등에 여간 않는 바 없어 그 다각적 진쇄는 찬언을 불요한 그 인격과 신망은 장래 대성을 명시한다.[137]

해방 이후에도 교육 문제에 대한 그의 관심은 계속되어 이리농림학교를 농림대학으로 승격시키기 위한 농림대학기성회에서도 부회장으로 활동했으며, 보모 양성을 위한 보육학원에 원장으로 취임했다.[138] 지역사회 명망가로서의 활동도 계속되었다. 1945년 익산독립촉성회 위원장으로 활동하다가, 1946년 대한독립촉성회 전북지부 부위원장이 되었으며, 1946년에는 전북의사회장이 되었다. 1947년 이리읍이 부府로 승격되면서 초대부윤으로 임명되기도 했다.[139] 대한농민총연맹 전북위원장, 대한농민총연맹 전국위원회 부위원장을 역임했으며, 1948년 민주국민당 이리지부장, 전북도당 최고위원까지 지냈다.

한국전쟁이 발발하자 그는 이리 비상시국 대책위원장으로 활동하다가 부산으로 피난하여 동래 제5육군병원에서 근무했다. 이후 다

---

137 「익산지방소개호 (1)」, 『동아일보』 1933년 2월 11일자.

138 「농림대학기성회 조직」, 『동아일보』 1946년 8월 13일자; 「보모양성학원 신 발족」, 『동아일보』 1947년 2월 1일자.

139 「이리읍이 부로 승격되어 개청식을 거행」, 『동아일보』 1947년 4월 6일자; 한국사데이터베이스 한국근현대인물자료.

시 이리로 귀향하여 구국총력연맹위원장으로 활동하다가, 건강이 나빠지면서 결핵으로 1951년 사망했다.[140]

경상북도 안동

안동 지방의 3·1운동은 3월 13–27일까지 약 15일 동안 16회에 걸쳐 일어났으며, 적게는 수십 명에서 많게는 수천 명의 군중이 모여 만세 시위를 전개했다. 안동 지방에서 일어난 3·1운동은 대체로 유림들이 주도세력으로 나섰다는 점이 특징이다. 각 지역 유림대표들로 추정되는 인사들이 서울로 가서 고종의 인산 봉도단에 배관하고, 서울의 3·1운동을 목격한 후, 독립선언서와 격문을 가지고 귀향한 것을 계기로 본격적으로 만세운동을 조직한다.[141]

3월 11일, 예안면사무소에서 면장 신상면申相冕을 비롯하여 몇몇이 모여 거사를 의논했다. 3월 13일, 안동 시장에서 기도교인 한 명이 군중을 선동하다 체포된 일이 있었다. 그 후 3월 17일, 예안 시장에 모였던 80–90명의 군중이 만세를 외치면서 안동의 첫 만세시위가 시

140 「대를 이어 봉사의 삶을 살다, 익산 삼산의원 원장 김신기」, 『연세의사학』 18–2, 134쪽.

141 안동의 3·1운동은 권녕배, 「안동유림의 3·1운동과 파리장서 운동」, 『대동문화연구』 36, 2000과 김원석, 「안동지역 3·1운동의 성격」, 『안동문화』 15, 1994을 참고하여 작성했다. 한편, 안동의 3·1운동은 세브란스의전 재학생이었던 김재명(金在明)이 서울의 독립운동 소식을 전한 것을 계기로 시작되었다고 보는 서술도 찾아볼 수 있는데(김진호, 『국내 3·1운동 2–남부』, 한국독립운동사연구소, 2009, 311쪽), 당시 세브란스에 재학 중이며 1920년에 졸업한 김재명이 확인되지만, 안동의 3·1운동에 관한 앞의 두 논문에서도 특별히 언급되지 않으며, 확인 가능한 자료를 찾지 못했다.

작되었다. 이미 시위 발생을 짐작하고 있었던 일본 경찰은 바로 경찰 4명과 보병 10명을 파견하여 군중을 해산시키고 주동자 15명을 체포했다. 그러나 오후 6시경 1,500여 명의 군중들은 다시 운집하여 구금자를 탈환하기 위하여 주재소로 몰려갔으며, 이 과정에서 다시 25명이 체포되었다. 예안 시위를 시작으로 24일까지 안동 지역 곳곳에서 시위가 계속되었으며 절정은 23일 안동면의 시위였다. 오후 8시경 안동군 각 면에서 모인 200-300명의 군중들이 독립만세를 부르며 시내로 진격하다가 길목을 지키던 수비대와 충돌했다. 3,000여 명으로 늘어난 시위 군중이 관공서를 습격하려 하자 수비대는 실탄을 발사했고, 시위군중 15명이 피살되고 다수가 부상을 입었다.

이러한 안동 지방의 3·1운동으로 실형을 받은 사람만 167명이었고, 2년 이상이 78명, 3년 이상이 22명이며, 최고형은 7년에 달했다. 당시 민족대표 33인의 최고형이 3년이었다는 사실을 보면 안동 시위의 격렬함을 짐작할 수 있다. 주로 유림들이 주도했던 안동의 만세시위에 이주섭李周燮(1901-?)은 당시 공립보통학교 학생의 신분으로 참여했다. 안동 출신인 이주섭은 예안공립보통학교 기숙사에서 생활하고 있었으며, 예안 시위 직후 바로 체포된 듯하다. 예안 시위 이후 첫 공판까지 빠르게 진행되어 거의 1주일 만인 1919년 4월 25일 대구지방법원 안동지청에서 보안법 위반으로 징역 1년에 집행유예 3년을 선고받았다.[142] 안타깝게도 예안의 만세시위 관련 판결문은 예심판결문을

---

142 「이주섭 수형인명부」, CJA0017625; 「이주섭 집행원부」, CJA0017899; 「이주섭

제외한 복심법원과 고등법원 판결문만 남아 있어 이주섭이 예안 시위에 참여한 구체적인 정황은 알 수 없으나 수형인명부·집행원부·형사사건부 등을 통해 이주섭이 시위에 참여했으며 그 이유로 형을 선고받은 것만은 분명히 확인할 수 있다. 이후 이주섭은 세브란스의전에 진학하여 1930년에 졸업했으며, 진주 배돈병원培敦病院[143]에서 근무했다.[144]

경상남도 김해·마산·함안

김해·마산·함안 등지에서 일어난 3·1운동에서는 배동석의 역할이 중요했다. 그는 김해 출신이며 마산에는 고향 친구가, 함안에는 처가가 있었기 때문에 배동석은 경남 지역의 인사들을 독립운동에 참여시키고, 경남 지역의 시위운동을 확산하는 데 중요한 역할을 할 수 있었다.

1919년 2월 23일, 이갑성은 경남 지방 민족대표 추천을 받기 위해 마산의 기독교계 학교인 창신학교 교사 임학찬과 상남장로교회 장로 이상소를 만났으나 목적을 달성하지 못하고 돌아갔다. 서울로 돌

형사사건부」, CJA0017811.

143 진주패톤병원이라고도 부른다. 오스트레일리아 장로교회파에서 파견한 커렐(Currel, H.)이 1902년 진주로 와서 의료활동과 전도를 시작했고, 1904년에 배돈병원(The Paton Memorial Hospital)이 정식으로 설립되었다(한국민족문화대백과).

144 『세브란스연합의학전문학교일람』 1934, 120쪽; 『세브란스연합의학전문학교일람』 1936, 123쪽; 『세브란스연합의학전문학교일람』 1939, 127쪽.

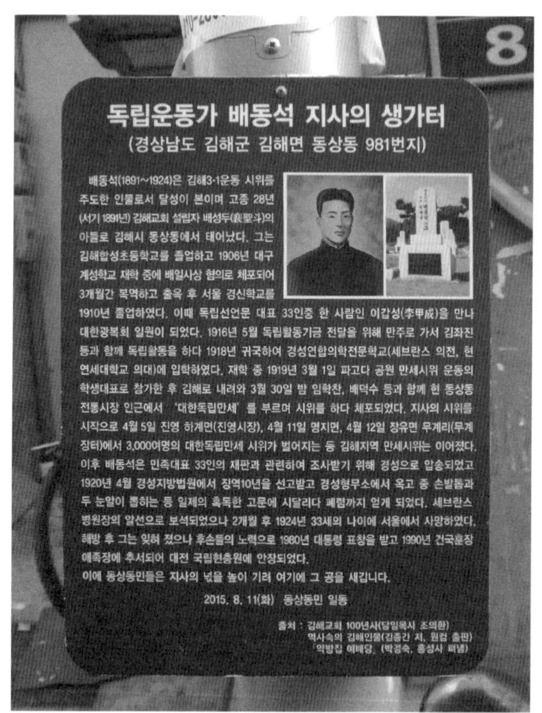

김해 배동석 생가터

아간 이갑성은 이번에는 배동석을 마산으로 보냈다. 배동석은 60세의 교회 장로인 이상소도 알고 있었고, 임학찬과는 고향 친구였기 때문이다. 배동석은 2월 25일 마산에 도착하여 임학찬이 하숙하고 있던 이상소 집으로 찾아갔으며, 2월 26일경 창신학교에서 임학찬을 만나 독립선언서 날인을 부탁했다. 독립선언서 날인은 결국 거절되었으나, 독립선언 이후 선언서를 전달해주는 것으로 결정되었다.[145]

145 이정은,「경남 함안군 3·1독립운동」,『한국독립운동사연구』27, 2006, 102쪽.

1919년 3월 1일, 이갑성은 세브란스의전의 이굉상에게 독립선언서 40-50장을 건네주며 마산으로 전달해줄 것을 부탁했고, 이굉상은 아침 8시경 마산으로 출발하여 임학찬에게 독립선언서를 건네주었다. 배동석 역시 의신학교 교사 박순천에게 독립선언서를 전달했다. 이에 창신학교에서는 한태익·이정기·이일래 등 학생 대표들을 중심으로, 의신학교에서는 교사 박순천·김필애 등과 상급반 학생들을 중심으로 만세시위를 준비하게 되었다. 시위에 앞서 3월 12일 창신학교와 의신학교 전 직원은 학교에 사표를 제출했다.

장날인 3월 21일 오후 3시, 학생들의 주도로 제1차 마산 만세시위가 일어났다. 3,000명의 군중들이 만세를 불렀고 일본 경찰은 군대와 헌병을 동원하여 만세시위를 진압했으며, 현장에서 50여 명을 검거했다. 그러나 강경한 진압에도 장날을 이용한 만세시위는 계속되었다. 3월 26일, 2차 만세시위가, 3월 31일, 3차 만세시위가 전개되었던 것이다. 장날이었기 때문에 많은 군중들이 몰려들어 호응했고, 경찰과 군은 이를 강제로 진압했으며, 주동 인물들을 체포했다.[146]

이렇게 마산 지역에 3·1운동 계획을 알리고 독립선언서를 전달하여 만세시위운동을 이끌어냈던 배동석은 이번에는 김해로 가서 김해 지역의 만세운동을 준비했다. 3월 30일 밤 10시, 일부 인사들이 김해읍 중앙 거리에서 독립만세를 고창하면서 만세시위를 전개했다. 이때 주동 인물 몇 명은 검거되었으나, 검거를 면한 인사들은 다시 4월

---

146 김상환, 「경상남도 3·1운동의 전개양상과 특징」, 『지역과 역사』 29, 2011, 340-341쪽.

연개장터 3·1운동 기념탑

2일 장날을 거사일로 정하고 만세시위를 준비했다. 4월 2일 오후 4시, 김해읍에서 태극기를 흔들고 독립만세를 외치면서 만세시위가 전개되었다. 군과 경찰, 재향군인을 비롯하여 상인, 불량배까지 총동원되어 시위를 진압했으며, 시위를 주도했던 인물 6명이 검거되었다.[147] 배동석도 이때 검거되었으며, 이갑성을 비롯한 서울 3·1운동 준비 세력과의 연계를 살펴보기 위해 서울로 압송되었다.

---

147 김진호, 『국내 3·1운동 2-남부』, 한국독립운동사연구소, 2009, 264-265쪽.

마지막으로 함안 지역의 3·1운동은 3월 8일 칠북 연개장터 시위에서 시작되었다.[148] 칠북면의 만세시위는 이령리 교회의 장로인 김세민金世民을 중심으로 준비되었는데, 배동석은 김세민의 사위다. 배동석의 아버지 배성두는 1894년 외국선교사가 김해 지역에 선교하기 전에 기독교 신앙을 받아들여 김해교회를 세웠으며, 이령리 교회는 김해교회를 통해 1897년 예배를 보기 시작했고, 1899년 정식으로 교회가 설립되었다. 이러한 인연으로 이령리 교회의 장로 김세민의 첫째 딸 김복남金福南과 김해교회 설립자의 아들 배동석이 연을 맺은 것이다.

이갑성의 부탁으로 마산으로 출발했던 배동석은 2월 25일 이령리 처가에 들러서 자고 다음 날 일찍 마산으로 갔으며, 26일은 마산의 임학찬 집에서 묵고 일을 본 후 다시 27일은 이령리 처가에서 머문 다음 28일 서울로 떠났다. 이때 장인이자 교회 지도자인 김세민에게 독립운동 계획을 전하며, 그 일대의 기독교를 통해 시위운동에 참여할 것을 권유했던 것이라 추측된다.

배동석이 이령리를 다녀간 뒤 김세민은 3월 2일 13명의 이령리 주민들과 함께 고종의 국장을 배관하기 위해 서울을 방문했고, 이들은 국장뿐 아니라 서울 시내에서 벌어지고 있었던 독립만세시위운동을 직접 목격했을 것이다. 김세민은 3월 5일 이령리로 돌아간 뒤 본격

---

148 이하 함안 칠북면 이령리 연개장터의 시위는 이정은, 「경남 함안군 3·1독립운동」, 『한국독립운동사연구』 27, 2006, 101-108쪽을 참고하여 작성했다.

적으로 만세시위를 준비했다. 김세민은 3월 6일 29명의 동리 인사들을 모아 교회에서 만세시위 준비모임을 가졌으며, 3월 9일 연개장날을 거사일로 결정했다. 3월 8일 서울에서 경성약학교를 다니는 김세민의 아들 김정오金正悟가 고향으로 돌아오자 준비 모임을 가졌으며, 이 준비 모임에는 39명이 참석했다고 한다.

3월 9일, 이령리 만세시위에 대한 문헌 근거가 남아 있지는 않지만, 1976년 주민들이 세운 3·1운동기념비를 통해서 그 내용을 알 수 있다. 3월 9일 장날을 맞아 연개장터에 많은 군중이 모였고, 김세민이 개회사를 하고, 유관도가 격려 연설을 한 후 김정오가 선언서를 낭독했다. 이후 경명학교 학생들을 선두로 태극기를 흔들고 독립만세를 외치며 동리를 행진했다는 것이다. 경찰은 뒤늦게 만세시위 소식을 접하고 조사에 착수했으며 이러한 사실에 대해서 축소 보고했을 가능성이 있다. 이렇듯 직접적인 기록에는 남아 있지 않지만 최근의 함안 지역의 3·1운동에 관한 연구에서는 이령리 시위가 실제로 전개되었을 것이라 파악하고 함안 지역 최초의 3·1운동으로 인정하고 있다.[149] 이렇게 이령리 시위의 전개 과정에서 김세민의 사위이자, 경남 지방 시위 전파를 위해 마산으로 파견되었던 배동석의 역할 역시 중요했다.

김해시위 이후 검거된 배동석은 출판법 위반, 보안법 위반으로 1919년 8월 30일 공판에 넘겨져 1919년 11월 6일 경성지방법원에서

149 이정은(2006), 앞의 논문.

징역 1년(미결구류일수 120일)을 언도받았다. 이에 공소했으나 1920년 4월 27일 경성복심법원에서는 이를 기각하여 징역 1년이 확정되었다.[150] 배동석이 감옥에서 심한 고문을 당한 것에 대해서는 몇몇 증언이 남아 있으며, 또한 경성복심법원의 공판에서 배동석은 본인이 예심과 원심에서 독립운동에 가담한 사실을 인정한 것은 "고문을 당하여 부득이 가담했다고 진술"한 것이라고 답변하기도 했다.[151] 실제로 배동석은 서대문감옥에서 복역 중 고문의 후유증으로 병보석으로 나왔으며, 결국 결핵까지 걸려 투병하다가 1924년 8월 29일 사망했다.

평안남도 평양

평양을 중심지로 하는 평안남도 지역은 근대적 종교와 교육이 빠르게 자리 잡은 지역으로 1918년 7월 당시 전국의 사립학교 총수는 809개였는데 이 중 평안남도의 사립학교는 141개교로 17.4%를 차지했으며, 이는 전국에서 가장 높은 수치였다. 취학률 역시 전국 평균 취학률인 1,000명당 22.5명보다 두 배 이상 높은 58명을 기록하고 있었다. 대성학교·숭실학교 등을 기반으로 하는 평남의 교육계는 일본의 조선인에 대한 차별에 강한 불만을 갖고 있는 신흥 상공인 및 지식인들

---

150 「경성지방법원 판결문」(1919.8.30), CJA0000401; 「경성지방법원 판결문」(1919.11.6), CJA0000401; 「경성복심법원 판결문」(1920.4.27), CJA0000150.

151 「공판시말서」(1920.4.27), 『한민족독립운동사자료집』 19.

과 인식을 공유하면서 제1차 세계대전 이후의 국제질서 재편과 2·8독립선언을 발표한 도쿄 유학생들의 동향 등을 주시하고 있었다.[152]

평양·안주·진남포를 기반으로 하는 기독교계 역시 다른 지역보다 강세를 보여, 1918년 말 평안도 지역 교회의 숫자는 장로교가 514개, 감리교가 102개로, 서울·경기보다 많았다. 또한 사무엘 모펫Samuel A. Moffett이나 모우리Ele M. Moury와 같은 평양 지역 선교사들은 교회 내 신자들의 민족주의적 성향을 지지하고 있었다.[153]

평양에서의 만세시위는 33인 민족대표 중 한 사람인 이승훈에서 시작되었다.[154] 그는 서울·평양·선천 등을 분주히 왕래하면서 평양 지역에서 펼쳐질 시위를 조직하기 위해 노력했다. 2월 12일 평양의 기독교계 인사들을 중심으로 평양 기독교 서원에서 준비 모임을 가졌으며, 이 모임 이후 서원 총무 안세환은 서울의 기독교 수뇌회의에 참석하기 위하여 상경했다. 이후, 2월 20일 기독교 서원, 2월 24일 길선주 목사 집, 25일 숭현여학교을 오가며 3차례 회담을 이어나갔고, 평양에서도 3월 1일 독립선언식을 거행하며, 평양 관후리 숭덕학교 교정에서 고종의 봉도식奉悼式을 거행할 때 독립선언식을 함께하기로 결정했다. 이에 따라 26일 시내 각 교회에 3월 1일 오후 1시부터 고종의 봉도식을 숭덕학교 교정에서 거행할 것이니 참석하라는 통지서를 발

---

152 김정인, 『국내 3·1운동 1-중부·북부』, 한국독립운동사연구소, 2009, 215쪽; 황민호, 「『매일신보』에 나타난 평양지역의 3·1운동과 기독교계 동향」, 『숭실사학』 31, 2013, 85쪽.

153 황민호(2013), 위의 논문, 86쪽.

154 이하 평양에서의 3·1운동 조직과정은 김정인, 『국내 3·1운동 1-중부·북부』, 한국독립운동사연구소, 2009, 220-221쪽 및 판결문을 참고하여 작성했다.

송했으며, 숭덕학교와 숭현학교의 학생들을 동원하여 극비리에 태극기를 제작했다. 독립선언서는 28일까지 서울에서 보내주는 것을 기다리기로 하고 2월 27일 숭현학교에 모여 최종 점검을 마쳤다.

3월 1일 오후 1시, 교회 종소리를 신호로 봉도식을 위해 숭덕학교 교정으로 1,000여 명이 넘는 사람들이 모여들었다. 봉도식은 찬송가와 기도로 간소하게 진행되었고, 봉도식이 끝난 후 바로 대형 태극기가 단상에 게양되면서 독립선언식이 시작되었다. 그 자리에서 독립선언서가 낭독되었고, 숭덕학교 교사들은 미리 준비했던 태극기를 그곳에 모인 사람들에게 나누어주었다.

봉도식을 감시하고 있던 일본 경찰들은 즉각 해산을 요구했으나 군중들은 큰 거리로 행진을 시작했고, 시민들의 호응으로 시위행렬은 점점 불어났다. 이것이 서울과 거의 동시에 거행되었던 평양의 3·1만세시위였다. 1919년 당시 숭덕학교의 교사로 재직 중이었던 곽권응郭權膺(1895-1950)도 그 자리에 있었다. 곽권응은 1919년 2월 중 안세환의 권유로 정일선·황찬영·박인관 등과 함께 평양의 만세시위 조직에 참여했다. 그리하여 1919년 3월 1일 숭덕학교에서 고종의 봉도식과 함께 독립선언식이 시작되었을 때, 정일선이 독립선언서를 낭독했고, 강규찬이 독립에 관하여 연설했으며, 곽권응은 애국가 제창을 인도했다. 또한 곽권응은 군중들에게 종이로 만든 작은 태극기를 나누어주었다.

곽권응은 바로 검거되어 1919년 8월 21일 경성지방법원에서 보안법위반으로 징역 1년(미결구류일수 120일)을 언도받았으나, 상고하여 경성복심법원에서 1919년 9월 19일 징역 8개월(미결구류일수

120일)로 감형되었다.[155] 평남 대동군 출신인 곽권응은 어느 학교에서 수학했는지 알 수 없으나 적어도 1917년부터는 숭덕학교의 교사로 재직 중이었다.[156] 평양에서 3·1운동에 참가했다가 체포된 이후 곽권응은 1929년 30대 중반이라는 다소 늦은 나이에 세브란스의전에 입학했다. 『세브란스교우회보』에는 그의 출신 학교가 도요쿠니豊國로 기재되어 있어 모지門司에 있는 도요쿠니중학을 마쳤다는 것을 알 수 있는데, 3·1운동 이후 일본으로 유학을 갔다가 학업을 마치고 세브란스에 입학한 것으로 추측된다.[157] 다만 일본에서 무엇을 공부했고 어떤 계기로 세브란스의전에 다소 늦은 나이에 입학을 결심했는지는 정확히 알 수 없다. 곽권응은 1933년 세브란스의전을 졸업하고, 회령에 중생의원衆生醫院을 개업했다가 1934년에는 무산으로 옮겨 삼산의원을 운영했으며, 1936년에는 다시 청진에서 포항의원을 운영했다.[158]

---

155 「경성지방법원 판결문」(1919.8.21), CJA0000420; 「경성복심법원 판결문」(1919.9.19), CJA0000420.

156 「숭덕학교 졸업식」, 『매일신보』 1917년 3월 21일자.

157 『세브란스 교우회보』 제11호(1929.4.26), 79쪽.

158 『세브란스 교우회보』 제19호(1933.5.5), 11쪽; 『세브란스연합의학전문학교일람』 1934, 123쪽; 『세브란스 교우회보』 제24호(1935.6.30), 54쪽; 『세브란스연합의학전문학교일람』 1936, 126쪽.

평안북도 선천

선천은 평안북도의 중심지로 기독교계 교회와 학교가 일찍부터 자리 잡은 지역이었다. 선천 읍내에서의 만세시위[159]는 신성중학교 학생들이 주도했는데, 신성중학교는 평양의 숭실학교와 함께 미국의 북장로교 선교회가 설립 경영하고 있던 학교였다. 당시 신성중학교 4학년에 재학 중이던 고병간高秉幹(1899-1966)은 만세시위에 준비 과정부터 깊이 관여했다. 평북 의주 출신인 고병간은 1915년 의주의 기독교계 학교인 신영소학교를 졸업하고 선천에 있는 신성중학교에 입학했으며, 1919년 신성중학교 재학 당시 21살이었다.[160]

33인의 민족대표 중 기독교계를 대표하는 인물이었던 이승훈은 평남에서는 평양을, 평북에서는 선천을 중심으로 3·1운동을 준비하고자 했으며, 민족대표 중 한 사람인 목사 양전백이 선천 북교회를 담임하고 있었다. 이승훈은 당시 신성중학교 성경교사였던 홍성익에게 학생을 동원하여 만세운동을 전개할 것을 지시했고, 이에 홍성익은 학교 근처에 있던 남교회의 목사 김창석과 동료 교사이던 김지웅·양준명 등과 협의하여 만세운동을 준비했다. 신성중학교 내의 준비는 김지웅이 담당했는데, 김지웅은 2월 26일경 4학년 학생인 장일현·고

---

159 선천의 3·1운동은 독립운동사편찬위원회, 『독립운동사 9: 학생독립운동사』, 독립유공자사업기금운용위원회, 1977, 233-236쪽; 김정인, 『국내 3·1운동 1-중부·북부』 한국독립운동사연구소, 2009, 255-256쪽을 참고하여 작성했다.

160 김대규, 「결핵인물열전 2, 흉부외과의개척자, 고병간」, 『보건세계』 2001, 18쪽. 고병간의 생애에 대해서는 대체로 본 연구를 참고했다.

병간, 3학년인 박찬빈·김봉성을 불러 2·8독립선언서의 등사와 만세 시위에 사용할 태극기 제작을 지시했다. 김지웅과 3~4학년 학생 네 사람은 2·8독립선언서를 500장 정도 등사했고, 그 외에 『매일신보』, 베이징 『영자보』 등의 문서를 100여 장 찍었으며, 태극기와 '대호大呼! 조선청년朝鮮青年'이라 쓴 깃발을 만들었다.[161]

3월 1일 오후 1시를 기점으로 신성학교 학생 150명과 미리 연락해두었던 보성학교 여학생 60여 명이 남교회와 북교회를 거쳐 거리로 행진했다. 학생들의 행진에 시민들이 가담하여 천남동시장에 도착했을 때는 1,000여 명에 가까운 군중이 모인 상태였다. 그 자리에서 신성학교 교사가 독립선언서를 낭독했는데, 미리 준비해둔 2·8독립선언서가 아니라 그 전날 밤 서울에서 보내온 민족대표 33인이 서명한 독립선언서였다.

군중들은 군청과 경찰서가 있는 방면으로 나아가 시위를 벌이고 시가를 돌았다. 1시간쯤 지나 선천수비대가 기마경찰대와 함께 출동하여 시위를 해산시키려 했고, 학생들이 이에 저항하자 일본군은 발포로 대응했다. 이날 현장에서 50-60명이 체포되었으며, 군과 경찰은 신성학교 기숙사와 학교 교직원 사택, 교회 목사관 등을 샅샅이 수색했다. 결국 이날 시위로 100여 명이 검거되었으며, 검거된 사람의 대부분은 신성학교 학생들과 교사들이었다.

당시 체포된 사람 중 한 명이었던 고병간은 1심에서 보안법 위

---

161 「김지웅 신문조서」(1919.3.2), 『한민족독립운동사자료집』 12.

반, 출판법 위반으로 징역 2년을 선고받았으며, 이에 공소했으나 기각되었고 다시 상고했으나 이 역시 기각되어 결국 1919년 7월 2일 2년형이 확정되었다.[162] 민족대표 중 한 사람으로 3·1운동 준비 과정에서 학생층을 끌어들이는 역할을 담당했던 이갑성에게 징역 2년 6개월이 선고된 것을 감안하면, 고병간에게 선고된 징역이 결코 가볍지 않았던 것을 알 수 있다. 그만큼 선천의 3·1운동이 격렬하게 전개되었으며, 거기에서 고병간이 중요한 역할을 담당했다는 것도 짐작 가능하다. 또한 서울의 3·1운동이 1919년 11월 6일에 가서야 형량이 결정되었고, 대부분의 사람에게 미결구류일수만 3개월가량 인정될 정도로 오래 걸린 데 비해 고병간은 고등법원의 판결이 7월에 결정되었으며 미결구류일수도 형에 산입되지 않은 것을 보면 선천 지역에서의 3·1운동 처벌이 빠르게 진행되었다는 것도 알 수 있다. 또한 고병간은 공소와 상고 과정을 거쳤기 때문에 고등법원까지 재판이 진행되었고 판결문이 남아 있을 수 있었지만, 만약 고병간이 예심에서 재판을 마무리했다면 그의 활동을 명확하게 파악하기 어려웠을 것이다. 현재 북한 지역의 판결문이 남아 있지 않아 북한 지역에서 3·1운동에 참여했던 많은 사람들과 그들의 활동에 대한 정보를 파악할 수 없다는 것

---

162 「고등법원형사부 판결문」(1919.7.12), CJA0000490. 고병간과 관련된 기존 연구에서 고병간은 1년 6개월의 옥고를 치른 것으로 언급되는데 판결문상으로 최종적으로 언도받은 형은 2년이다. 다만 고병간과 같은 판결을 받은 김봉성(金鳳性: 1901-1945)의 경우 징역 2년을 받고 옥고를 치르던 중 1년으로 감형되어 1년 3개월의 옥고를 치렀다고 하는데(공훈전자사료관 공훈전자사료관 김봉성 공적조서), 고병간도 동일한 처분을 받았을 가능성이 있다.

은 아쉬운 부분이다.

고병간은 1920년 평양형무소에서 출옥했으며, 바로 신성중학교 5학년으로 복학하여 다음 해 중학교를 졸업했다. 1921년 세브란스의전에 입학하여 1925년 졸업했으며, 졸업 후에는 세브란스병원 외과조수로 근무하다가 1927년 함흥 제혜병원 외과부장 및 부원장으로 전근했다. 당시 세브란스의전에 재학 중이었던 안상철의 추천으로 제혜병원 원장이었던 선교사 머레이가 직접 찾아와 영입한 결과였다. 머레이는 고병간에 대해 다음과 같이 회상했다.

세브란스의전 재직 시절 고병간 교수(1940년)

> 혈색이 좋고 머리카락은 빳빳했는데 30대 나이에 어울리지 않게 새치가 드문드문 보였다. 그는 마음에서 우러나오는 순수한 웃음으로 사람들의 마음을 사로잡았고, 판단력이 특출난 우수한 외과의사였다. 또한 나의 진정한 친구이자 현명한 의논 상대이며 성실한 동료였다.[163]

제혜병원에서 8년여를 근무한 고병간은 1934년 5월 교토제국대학 의학부로 유학을 떠났으며, 고병간이 떠난 자리는 1936년 최명학이 채웠다. 유학에서 돌아온 고병간은 1938년 4월 세브란스의전에서

163 플로렌스 J. 머레이, 『내가 사랑한 조선』, 두란노, 2009, 170쪽.

외과강사로 취임했고, 1939년 12월 교토제대 의학부에 제출한 학위 논문(「고환조직의 항체산출에 대하여」)으로 박사학위를 받았다.[164] 이후 1941년 제혜병원의 3대 병원장으로 함흥으로 다시 복귀하기도 했다.

해방 즈음, 고병간은 남쪽으로 내려온 듯하며, 미군정청 보건후생부에 있던 이용설의 천거로 대구의학전문학교의 교장으로 발탁되었다.[165] 대구의전은 고병간이 교장으로 취임한 후 1달 만인 1945년 9월 대구의과대학으로 승격했다. 고병간은 결핵 완치를 위해 1947년 한국 최초의 개흉술을 시행하여 성공했으며, 폐결핵환자에게 흉부성형술을 처음 시행함으로써 한국흉부외과의 창시자가 되었다. 1954년, 고병간은 결핵퇴치 사업의 공로자로서 정부 표창을 받았으며, 1955년 제2대 대한결핵협회 회장을 역임했다.

1949년, 고병간은 대한적십자사 경북지사장을 지냈으며, 1951년에는 백낙준 문교부 장관에 의해 문교부 차관으로 발탁되어 1년 2개월간 차관직을 수행하다가 1952년 9월 경북대학교의 초대 총장으로 취임했다. 1959년, 그는 제2대 경북대학교 총장으로 재선되었으나 다음해 4·19혁명으로 사임하고 1960년 9월 연세대학교 총장으로 취임하여 다음 해 9월까지 재직했다. 총장 사임 후, 고병간은 세브란스병원장이 되어 병원 발전을 위해 힘쓰다가 1964년 5월 숭실대학교 학장

---

164 「고병간씨의 博, 경대서 논문 통과」, 『동아일보』 1939년 12월 13일자; 「新醫博-世專 高秉幹氏」, 『매일신보』 1939년 12월 13일자.

165 해방 이후 행적은 연세대학교 의과대학, 『제중원·세브란스인의 사회공헌』, 역사공간, 2016, 107-108쪽을 참고했다.

으로 자리를 옮겼다. 1966년 12월 9일, 고병간은 전국대학총장 회의 석상에서 회의 도중 뇌출혈로 쓰러져 곧 세브란스병원으로 이송되었으나 이틀 후인 11일 67세를 일기로 사망했다.

함경남도 함흥

함흥에서 만세시위는 기독교계와 학생들이 주도했다.[166] 평양 숭실중학교 교사 강봉우姜鳳羽는 함경도와 간도 지방을 순회하면서 1919년 2월 26일 함흥을 방문했다. 그는 신창리 교회에서 목사와 장로들을 모아놓고 국제정세 및 한국의 상황, 독립운동 계획 등을 설명했다. 한편, 중하리 교회는 원산으로부터 3월 1일 거사에 함께하자는 연락을 받았다. 이에 기독교 관계자들은 2월 28일 중하리 교회에 모여 서울에서 있을 독립선언에 호응하여 함흥에서도 만세시위를 일으킬 것을 결정하고 거사일을 장날인 3월 3일로 정했다.

함흥고등보통학교·함흥농업학교·영생중학교의 3-4년 학생들로 구성된 함산咸山 학우회에서도 은밀히 항일투쟁 계획을 진행하고 있었다. 이들은 2월 28일 보성전문학교 학생대표 강기덕이 보낸 독립선언서를 받고 시위를 구체적으로 준비하기 시작했다. 이들은 3월 1일 간부회의를 열어 그 자리에 참석한 12인의 간부로 결사대를 조직하고

---

166 함흥의 3·1운동 전개 과정은 독립운동사편찬위원회, 『독립운동사 2: 삼일운동사(상)』, 독립유공자사업기금운용위원회, 1971, 693-695쪽; 김정인, 『국내 3·1운동 1-중부·북부』 한국독립운동사연구소, 2009, 289-291쪽을 참고하여 작성했다.

끝까지 운동을 이행하기로 다짐했다. 이들은 영생중학교의 등사판을 한 학생의 하숙집 골방으로 옮겨 선언서를 등사했으며, 영생중학교에 연락하여 기숙사 학생들에게는 태극기를 그리게 했다. 학우회 간부들은 2일에 다시 모여 3일 새벽 4시 30분 서함흥 역전에 집결하여 만세 시위를 전개하기로 결정했다.

이렇게 기독교 측과 학생들 모두 3월 3일을 거사일로 정하고 준비를 진행했으나, 이에 앞서 3월 2일 시민들의 자발적인 시위가 일어났다. 미리 계획된 시위는 아니었으나 의외로 많은 군중이 호응하여 큰 시위가 일어났고, 일본 경찰은 곧바로 300여 명을 체포했다. 또한 예상치 못한 시위에 놀란 경찰은 3일 새벽 함흥 전 시내에서 대규모의 예비검속을 실시했고 그 결과 기독교계 지도자와 함산학우회 간부들이 대다수 체포되었다. 그러나 지도자들이 대거 검거되었음에도 3일 오후 영생중학교·함흥농업학교·함남고등보통학교·영생여학교 학생과 시민들 1,000여 명이 모여 독립만세를 부르며 행진했고, 경찰은 다시 많은 학생과 시민을 검거했다.

이러한 함흥의 만세시위를 조직하다가 3월 2일 검거된 기독교계 인사들 중에 박성호와 최명학이 있었다. 먼저 박성호朴聖浩(1892-?)는 함흥 출신으로 함흥 영생학교를 졸업하고 세브란스의전에 진학해 1918년 졸업했다. 졸업 후 다시 함흥으로 돌아와 제혜병원에서 의사로 근무하던 중 3·1운동을 겪게 된다.[167] 박성호는 나중에 신창리 교

167 판결문에는 박성호가 근무하던 병원의 이름은 언급되지 않고 '의사'라고만 기록되어 있다.

회 집사로 선임될 정도로 신창리 교회와 관련이 깊었고 기독교 측 인사들이 중하리 교회에 모여 만세시위를 논의할 때 그 자리에 함께하고 있었다. 같은 함흥 출신이자 함흥영생학교 졸업 후 제혜병원의 서기로 근무하고 있던 최명학崔明鶴(1898-1961) 역시 그 자리에 있었다. 두 사람 모두 보안법 위반, 출판법 위반으로 1919년 4월 21일 함흥지방법원에서 징역 10개월을 선고받았으며, 공소를 제기하여 1919년 7월 3일 경성복심법원에서 징역 8개월로 감형되었다. 다시 상고했으나 1919년 9월 1일 고등법원 형사부에서 기각되었다.[168]

이후 박성호는 다시 제혜병원으로 복귀했으며, 1922년 3월 1일 제혜병원의 설립자이자 원장이었던 케이트 맥밀란Kate McMillan·孟美蘭(1868-1922)이 사망하자 병원 운영 전면에 나섰다. 그는 피병실을 건축하고 새로운 여의사를 초빙하는 동시에 간호사도 고용했으나 그의 노력에도 사정은 나아지지 않았고 결국 1924년 1월 제혜병원은 휴업 상태에 접어들었다.[169] 1925년경 박성호는 함북 경성鏡城에서 제중의원을 운영했고, 함흥에서와 마찬가지로 경성에서도 기독교청년회 활

그러나 당시 『신한민보』 기사에서는 장로교 선교회 부속 병원의사라고 언급되고 있어, 제혜의원에 근무 중이었던 것으로 짐작되며 머레이의 회고록에도 "1921년 당시 이 병원 의사로는 맥밀란 외에 근래에 창립된 의학교를 졸업한 닥터 박(朴)이라는 젊은 조선인 의사가 있었다"고 언급되었다. 「캐나다 병원 의사가 피착」, 『신한민보』 1919년 5월 22일자; 플로렌스 J. 머레이, 『내가 사랑한 조선』, 두란노, 2009, 50쪽.

168 「咸興騷擾公判, 사십여 명 판결」, 『매일신보』 1919년 4월 25일자; 「경성복심법원 판결문」(1919.7.3), CJA0000139; 「고등법원형사부 판결문」(1919.9.1), CJA0000495.

169 「孟女醫逝去와 事業」, 『동아일보』 1922년 3월 7일자; 「咸興濟惠病院休業」, 『동아일보』 1924년 1월 20일자.

동에 열심히 참여하여 회장을 맡기도 했다.[170] 박성호는 1930년대에도 여전히 청진과 경성을 오가며 계속 병원을 운영했는데,[171] 해방 전후 월남하여 1952년 부산교통병원 의무관으로 근무했다.[172]

최명학은 출옥 후 함흥에서 기독교청년회 활동을 계속하다가 1922년 세브란스의전 별과에 입학했다.[173] 세브란스의전에서 의학 공부를 하는 동안 그는 줄곧 경제적인 어려움을 겪었다.[174] 1926년 졸업 후 세브란스병원에서 일하게 되었으나 그 뒤에도 사정이 바로 좋아지지는 않았다.[175] 해부학 교실 조수로 2년간 근무하던 최명학은 세브란스의전의 대비생貸費生으로 선발되어 1927년 4월 일본 교토제국대학京都帝大 의학부 해부학교실 연구과로 유학을 떠났다. 4년 후인 1931년 1월 귀국하여 세브란스 강사로 취임했고, 7월에는 조교수로 승진

---

170 「基督青年定期會」, 『동아일보』 1925년 6월 16일자; 「基督青年講演」, 『동아일보』 1925년 7월 8일자; 「순회탐방 225」, 『동아일보』 1927년 2월 12일자.

171 『세브란스연합의학전문학교일람』 1931, 71쪽; 『세브란스연합의학전문학교일람』 1934, 113쪽; 『세브란스연합의학전문학교일람』 1936, 116쪽; 『세브란스교우회보』 제25호(1936.2.1), 70쪽; 『세브란스연합의학전문학교일람』 1939, 120쪽; 『세브란스연합의학전문학교일람』 1940, 125쪽.

172 허윤정·조영수, 「일제 하 캐나다 장로회의 선교의료와 조선인 의사: 성진과 함흥을 중심으로」, 『의사학』 24-3, 2015, 647쪽.

173 「基督青年會音樂會」, 『동아일보』 1920년 6월 26일자; 「엡웟青年會討論會」, 『동아일보』 1920년 8월 1일자; 「勉勵青年會紀念式」, 『동아일보』 1921년 3월 26일자

174 최명학은 1925년 4월 4일 맥래(D. McRae·馬具禮) 목사에게 보낸 편지에서 참고서를 살 돈도 부족한 상황을 밝히고, 참고서 살 돈을 빌려줄 것을 부탁하면서 졸업 후 반드시 갚겠다고 언급하고 있다(재한선교사보고문건, 독립기념관 한국독립운동정보시스템).

175 친애하는 목사님, 제가 자립하여 작게나마 개업이라도 할 때까지 제발 몇 달만 상황을 중지할 수 있게 허락해주십시오. 그때가 되면 목사님께 매달 20엔이나 10엔씩 갚아나가겠습니다. 하지만 매달 20엔을 꼬박꼬박 갚을 수는 없을 것입니다. 「최명학이 맥래에게 보낸 편지」(1926.5.21), 재한선교사보고문건.

해부학 강의를 하는 최명학

했다. 1932년 4월 교토제대 의학부에서 박사학위논문이 통과되어 최명학은 한국 최초의 해부학박사가 되었으며, 이는 세브란스의전 출신으로서 일본에서 받은 최초의 의학박사학위였다.[176]

1931년, 최명학은 세브란스의전 학생감으로 선임되었으며, 교우회 간사, 조선의사협회 간사 등을 거쳐, 세브란스 후원회 이사, 세브란스의전 이사 등을 역임하는 등 다방면으로 활약했다.[177] 그러나

---

176 「世醫專出身 最初의 博士」, 『매일신보』 1932년 4월 20일자; 「世醫專門教授 崔明鶴氏醫博」, 『동아일보』 1932년 6월 1일자; 「世專崔明鶴氏 博士學位授與」, 『매일신보』 1932년 6월 1일자.

177 「學監에 具氏 學生監은 崔氏 世醫校 人事異動」, 『동아일보』 1931년 3월 2일자; 「世醫專學監으로 具永淑氏就任」, 『매일신보』 1931년 3월 2일자.

1936년 7월 세브란스에서 학생 입학과 관련된 부정 사실이 드러나고 이와 관련하여 최명학이 본정 경찰서에 비공식으로 소환되어 조사를 받은 것이 알려지자, 7월 24일 이사회에서는 협동적 정신이 없다는 이유로 최명학에게 권고사직을 선언했다. 이를 계기로 최명학을 지지하는 측과 학교 당국의 주장이 충돌하는 등 한동안 분규가 일어났고, 잠시 서울을 떠나 있던 최명학도 이사회의 결정에 불복할 뜻을 밝히기도 했다.[178] 그러나 1937년 6월 함흥 제혜병원에서 최명학이 근무할 예정이라는 기사로 보아 결국은 이사회에서 물러나 함흥으로 귀향한 듯하다.[179] 최명학은 함흥 제혜병원에서 근무하면서 외과의사로 이름을 날렸으며, 함흥 기독청년회 회장을 맡기도 했다.[180]

이후로도 계속 함흥에서 생활한 최명학은 해방과 분단 모두 함흥에서 맞이했으며, 해방 초기부터 함경남도 지역의 행정과 치안 등에 관여하여 함경남도 인민인원회 부위원장 겸 보건국장으로 활동했다. 1945년 11월, 최명학은 함흥의학전문학교 교장에 임명되었으며, 1948년 8월 함흥의과대학 초대학장이 되었다. 1952년, 최명학은 과학원 창립 시 의학 분야 유일의 원사이자 농학 및 의학 부문 의원장

---

178 「不美한 風說中心으로 世醫專教授等紛糾」, 『조선중앙일보』 1936년 7월 29일자; 「母校教授間紛糾로 世專同窓會도 蹶起」, 『조선중앙일보』 1936년 7월 30일자; 「최박사 유임진정을 오교장이 단연 一蹴」, 『조선중앙일보』 1936년 7월 31일자; 「紛糾의 渦中에서 問題의 崔博士失踪」, 『조선중앙일보』 1936년 8월 1일자; 「辭職勸告의 通告를 崔博士는 憤然一蹴」, 『조선중앙일보』 1936년 8월 6일자.

179 「咸興濟惠病院 三萬圓드려 增築」, 『동아일보』 1937년 6월 15일자.

180 「關北醫療界元祖 新醫療法의嚆矢 咸興濟惠病院偉觀」, 『동아일보』 1937년 10월 31일자; 「關北의 奉仕道場 咸興基督青年會」, 『동아일보』 1937년 10월 31일자.

이 되었으며, 전쟁 이후 1953년 11월에는 과학원 대표단장으로 베를린에서 열린 국제과학자협회 광학분과회에 참석했다. 1956년, 최명학은 과학원 중앙위원회 상무위원과 의학연구소의 소장을 역임하는 등 북한 의료계에서 핵심적 인물로 활동하다가 1961년 12월 사망했다.[181]

---

181 해방 후 최명학의 생애는 박형우·여인석, 「해부학자 최명학」, 『의사학』 1-1, 1992; 신규환, 「해방 이후 남북 의학교육체계의 성립과 발전-이용설과 최명학의 생애와 의학인식을 중심으로」, 『인문논총』 74-1, 2017을 참고했다.

함흥 제혜병원과 세브란스

함흥에서 의료 선교를 펼쳤던 캐나다 장로회는 개신교 선교활동의 후발 주자로 규모도 비교적 작았지만 이 장로회 소속의 선교사들은 비교적 일관되게 반일 태도를 지녔고, 한국인들에게는 우호·동정적 태도를 보였다. 캐나다 장로회 소속 선교사로 이러한 특징을 명확히 보여주는 대표적인 인물이 앞서 소개한 프랭크 스코필드다. 함흥의 선교부는 1905년 반룡산 중턱 신창리 망덕 기지에 자리 잡은 뒤에 신창리 교회와 영생학교·제혜병원을 세웠다. 이들이 세운 영생여학교는 관북지방 최초의 여성교육기관이었다.

세브란스의전에서 공부한 함흥 출신들은 대체로 영생학교를 나왔으며, 신창리 교회를 다니며 신앙을 키웠고, 이후 제혜병원에서 근무하는 경로를 밟았다. 박성호·최명학·안상철이 그러했으며, 간호사였던 탁명숙은 영생여학교를 나와 세브란스 간호부양성소를 졸업하고 원산 구세병원을 거쳐 세브란스병원에서 근무했다. 함흥 출신은 아니더라도 함흥 제혜병원에서 근무한 세브란스의전 출신 인물들은 더욱 많아 제혜병원에서 근무했던 한국인 의사 중 절반 이상이 세브란스 출신이었다. 제혜병원에 근무했던 세브란스 출신 의사들은 총 8명으로 다음과 같다.[1]

이들은 대체로 제혜병원 근무 이후에도 함흥에 자리를 잡는 경우가 많았는데, 유칠석·박성호·안상철·최명학은 함흥 출신이었고, 이준철·이택선 등도 함흥 출신일 가능성이 있다. 또한 이들 중 박성호·고병

※ 이 글은 허윤정·조영수, 「일제 하 캐나다 장로회의 선교의료와 조선인 의사: 성진과 함흥을 중심으로」, 『의사학』 24-3, 2015의 연구를 참고하여 작성했다.

1 허윤정·조영수(2015), 위의 논문, 〈표 2〉(637·638쪽)를 토대로 재작성함.

함흥 선교부 전경

제혜병원 조선인 직원

이름(졸업 연도)	근무 기간과 직위	주요 이력(1945년 이전)
유칠석劉七石 (1916 졸)	?-1913 조수 1917-1921 의사	1916-1917 타이완 맥케이 기념병원 1921 함흥 삼성의원 개원 1930 함흥부 학교평의원
박성호朴聖浩 (1918 졸)	1913 약제사, 조수 1918-1922 의사	1919 3·1운동(함흥, 징역 8월) 1923 함흥 개업
고병간高秉幹 (1925 졸)	1927-1935 외과 1941- 원장	1919 3·1운동(선천, 징역 2년) 1934 교토제대 박사 1936 세브란스의전 교수
안상철安尙哲 (1926 졸)	1929-1936 내과, 소아과	1919 3·1운동(서울, 징역 6월) 1936 함흥 황금정 개업
이준철李俊喆 (1931 졸)	1931 소아과	1931 흥남 제혜의원 분원 1940 흥남 중앙의원
최명학崔明鶴 (1926 졸)	1917 약제사, 서기 1936-1937 외과	1919 3·1운동(함흥, 징역 8월) 1928-1930 교토제대 1931-1936 세브란스의전 강사, 교수 1937 함흥 개업
서형수徐炯洙 (1939 졸)		경기도립 안성의원 충북 무극광산 의무실 1944 충주 동인산부인과
이택선李宅善 (1938 졸)	1938 이비과	1943 함흥 개업

간·안상철·최명학은 각각 자신이 있던 지역의 3·1운동에 적극적으로 참여하여 옥고를 치렀으며, 조선의 독립에 많은 관심을 가졌던 인물들이었다.

북간도 룽징춘 3·13만세운동과 마틴

국내에서 2월 중순부터 독립선언을 위한 준비가 진행되고 있을 때, 북간도 지역에서도 만세시위를 위한 준비가 진행되고 있었다.[1]

북간도 지역 민족운동가 33인은 2월 18일과 20일에 옌지 샤창리下場里에 비밀리에 모여 이후의 독립운동의 방향을 결정했다. 이때 협의된 내용은 ① 북간도 내 각 교회와 모든 단체는 단결 협력하여 조국 독립운동에 전력할 것, ② 모든 간도 내 단체는 머지않아 연해주에서 협의된 한민족독립선언서의 공포와 동시에 시위운동을 개시하여 독립을 선언하고 일제히 독립만세를 외칠 것, ③ 독립선언서가 발표되면 간도 내에 있는 각 단체의 유력자는 룽징에 모여 독립선언을 거행하여 민족의 기세를 고취할 것 등이었다. 룽징이 집결장소로 선택된 이유는 이곳이 북간도의 중심지일 뿐만 아니라 일본 총영사관이 자리 잡고 있어 독립선언과 만세시위를 진행하기에 최적지라고 생각했기 때문이었다.

북간도에서 룽징과 옌지를 중심으로 조직적인 시위운동을 준비하던 중 3월 7일 국내의 독립선언과 만세시위 소식이 전해졌으며, 이로써 북간도에서 운동 추진은 더욱 활기를 띠게 되었다. 3월 13일에 룽징춘 북쪽의 서전 들판에서 '조선독립축하회'라는 이름으로 독립선언식을 거행하기로 결정하고, 대회장 김영학, 부회장 배형식 등을 비롯한 주요 임원을 선출하여 준비에 착수했다. 독립선언서와 대회개최 통지서 등의 문건은 은진중학교 지하실에서 등사한 후 북간도 전역과 둔화현 일대에 비밀

---

1 북간도 룽징춘에서 전개된 만세시위에 대해서는 김병기·반병률, 『국외 3·1운동』, 독립기념관 한국독립운동사연구소, 2009, 49-57쪽을 참고하여 작성했다.

룽징 3·13만세시위

리에 전달했다. 또한 거사 당일에는 북간도 각 지역의 학교 교사와 책임자를 중심으로 태극기를 만들어 지참하도록 하는 등 수 일 동안 모든 준비를 끝냈다.

마침내 1919년 3월 13일 차가운 광풍이 몰아치는 날씨였음에도 북간도 각지의 한인들이 서전 들판으로 모여들었다. 70-80리 거리에 있는 학교의 학생들은 하루 전부터 도보로 출발했으며, 수백 리 떨어진 벽촌에서도 소식을 들은 한인들이 서전 들판을 찾았다. 헤아릴 수 없을 만큼 많은 군중들이 모인 가운데 정오에 시내 교회에서 울린 종소리를 신호로 '조선독립축하회'가 시작되었다. 부회장 배형식 목사의 개회선언에 이어 대회장 김영학이 '독립선언 포고문'을 낭독했다. 포고문 낭독이 끝난 후 회장에 모인 군중들은 태극기를 흔들며 독립만세를 외치기 시작했다.

명동학교와 정동학교의 학생들로 조직된 320여 명의 충렬대忠烈隊가 앞장섰으며, 그 뒤를 따라 군중들이 태극기를 흔들고 조선독립만세를 외치며 룽징 시내를 행진했다. 당시 옌지도윤은 상급 기관의 지령과 일본 영사관 측의 압력으로 한인들의 독립운동에 탄압책으로 대응했으며, 중국 지방당국은 이미 한인들이 시위운동을 준비한다는 정보를 입수하고 3월 11일 집회를 금지하는 포고를 발표했다. 3월 13일 모든 시가지와 골목을 엄중하게 경계하고 있던 중국 군경은 밀려오는 시위대를 보자 그 자리에서 발포했다. 결국 중국 군대의 무차별 사격으로 현장에서 13명의 시위대원이 희생되었으며 부상자도 30여 명이 넘게 발생했다. 부상자들은 즉시 시위군중과 적십자대가 제창병원濟昌病院으로 옮겨 응급치료를 받았다. 치명상을 입은 4명이 치료를 받다가 사망하면서 결국 이날 시위운동으로 17명이 사망했다.

룽징 3·13만세시위에서 부상당한 사람들을 치료했던 제창병원의 병원장이 바로 스탠리 마틴Stanly H. Martin·閔山海(1890-1941)이다.[2] 마틴은 1890년 7월 캐나다 뉴펀들랜드Newfoundland 세인트존스Saint John's 시에서 태어났다. 1916년 6월 퀸대학교 의과대학을 졸업한 후, 같은 해 11월에 캐나다장로교 선교사로 한국에 파송되었다. 첫 파송지인 북간도 룽징에서 제창병원의 건립과 운영을 맡아 10여 년 동안 북간도의 의료선교를 책임졌다. 1919년 룽징의 3·13만세시위가 일어났을 때 제창병원으로 다수의 부상자가 실려왔고 마틴은 이들을 치료해주었다. 그뿐만 아니라 희생자들을 위해 장례를 치러주었으며, 경찰에 쫓기는 한인들을 자신의 집과 병원에 숨겨주었다. 제창병원은 독립운동가들의 숙박 장소이자, 독립운동 선전물을 인쇄하는 장소이기도 했다.[3]

---

2 스탠리 마틴의 생애와 활동에 관해서는 신규환, 「한국 호흡기내과의 개척자, 스탠리 마틴」, 『세브란스병원 웹진』(2016.2), http://blog.iseverance.com/sev/1839과 국가보훈처 공훈전자사료관 스탠리 마틴 공훈록을 참고하여 작성했다.

3 플로렌스 J. 머레이, 『내가 사랑한 조선』, 두란노, 2009, 54쪽.

1920년대 제창병원 전경

제창병원 이관 기념 사진

마틴 박사의 역할은 여기서 그치지 않았다. 1919년 4월 수원 제암리에서 자행된 학살과 똑같은 일이 1920년 10월 30일 룽징 주둔 일본군에 의해 장암리 노루바윗골(동명촌)에서 발생했다. 청산리 대첩에서 참패한 일본군이 노루바윗골의 주민들을 집합시키고 청장년 30여 명을 교회당에 가둬놓고 불을 질렀던 것이다. 이러한 사건을 알게 된 마틴은 피해현장을 방문하여 피해 상황을 조사·촬영했으며, 희생자들을 위로하는 예배를 열고 조의금을 전달했다. 또한 이러한 피해 상황을 캐나다장로교 전도본부에 전달하여 일본군의 잔인한 학살 행위가 국제사회에 널리 알려지도록 했다.

이렇게 마틴은 룽징의 3·13만세시위를 도왔을 뿐 아니라 룽징을 찾는 독립운동가들의 든든한 조력자였다. 이후 마틴은 1927년 세브란스 의전에 파송되어 내과 과목을 담당했으며, 당시 조선 사회에서 큰 문제가 되고 있었던 결핵 퇴치에도 관심을 가졌다. 마틴은 결핵 치료를 위해 인공기흉술을 적극 도입했으며, 세브란스결핵병방지회 회장을 맡아 결핵예방에 힘썼다. 1939년 제2차 세계대전이 발발하자 1940년 가을 영국과 미국의 영사관들은 선교사들의 철수를 권고했다. 결국 1940년 11월 미국 정부가 보낸 마리포사호를 타고 마틴은 한국을 떠나 캐나다로 돌아갔다.

3부

3·1운동 직후 독립운동과 세브란스인들의 활약

1

대한민국임시정부의 수립과 활동

3·1운동을 통해 한국인들의 독립에 대한 의지가 확인되면서 독립운동의 거점이 될 정부 수립 움직임이 가속화되었다. 만세운동이 일어나고 있던 동안에도 여러 가지 형식의 임시정부 수립안이 전단으로 유포되었으며, 연해주 지역과 상하이에서는 실제 임시정부 성격의 조직이 수립되었다. 1919년 당시 러시아 연해주 지역에서는 한인 약 20만 명이 거주하고 있었다. 이들은 1918년 6월 니콜리스크(현 우수리스크)에서 전로한족대표회의를 개최하고 한인 자치기관으로 '전로한족회 중앙총회'를 구성했다. 전로한족회 중앙총회는 1919년 2월 25일 니콜리스크에서 독립운동단체 대표회의를 열었고, 이 회의에는 러시아령 각지와 서·북간도, 국내 등에서 온 대표자 약 130명이 참석했다. 회의 결과 이들은 '임시정부와 같은 중앙기관'으로서 '대한국민의회'를 조직하기로 결정했다. 그리하여 3월 17일, 의장 문창범, 부의장 김철훈, 서기 오창환의 명의로 독립선언서를 발표하면서 대한국민의회의 성립을 대외적으로 선포했으며 이는 3·1운동 이후 선포된 최초의 임

대한민국임시정부 청사(상하이)

시정부 성격의 기관이었다.

상하이에서도 1918년 11월 상하이의 한인 청년들이 조직한 신한청년당을 중심으로 임시정부 수립운동이 진행되고 있었다. 국내의 만세운동 소식이 언론을 통해 국외에 알려지자 많은 독립운동가들이 상하이로 모여들었으며, 이에 상하이 프랑스조계 내 독립임시사무소가 개설되었고, 4월 9일부터 정부 수립을 위한 회의가 진행되었다. 4월 11일 회의에서는 각 지방 대표들로 의회를 구성하기로 하고, 그 이름을 '임시의정원'이라 했으며, '대한민국'이라는 국호와 '민국'이라는 연호를 제정했다.

임시의정원은 이승만을 국무총리로 선출하고 각부 총장과 차장으로 내무총장 안창호, 차장 신익희, 외무총장 김규식, 차장 현순, 재무총장 최재형, 차장 이춘숙, 군무총장 이동휘, 차장 조성환, 법무총장 이시영, 차장 남형우, 교통총장 문창범, 차장 선우혁 등을 선출했다. 같은 날 「대한민국임시헌장」도 선포되었다.

4월 25일, 임시의정원에서는 임시의정원법을 제정했다. 임시의정원은 각 지방 인민의 대표위원으로 조직하며 위원 자격은 대한국민으로서 중등교육을 받은 만 23세 이상 남녀에 한정하도록 했다. 경기·충청·경상·함경·평안도는 각 6인, 전라·강원·황해도는 각 3인, 중국·러시아·미국 지역에서 각 3인을 선출하여 총원은 48인이 되도록 했고, 임기는 2년으로 했다. 임시의정원은 8월 30일부터 안창호가 제출한 임시헌법 8장 57조의 심의를 시작하여 9월 6일 헌법 검토를 마무리하고 최종 확정된 안을 7일 국무원으로 넘겼다. 국무원은 11일 「대한민국임시헌법」을 공포했다. 그중 가장 중요한 제1장 '강령'의 내용은 다음과 같다.[1]

제1조 대한민국은 대한 인민으로 조직함.

제2조 대한민국의 주권은 대한 인민 전체에 있음.

제3조 대한민국의 강토는 구한국 제국의 판도로 함.

제4조 대한민국의 인민은 일체 평등함.

제5조 대한민국의 입법권은 의정원이, 행정권은 국무원이, 사법권은 법원이 행사함.

---

1 박찬승, 『한국독립운동사』, 역사비평사, 2014, 123쪽.

제6조　대한민국의 주권 행사는 헌법 범위 내에서 임시 대통령에게 맡김.

제7조　대한민국은 구황실을 우대함.

임시헌법 제2장 '인민의 권리 의무'는 인민의 자유, 인민의 권리, 인민의 의무 등으로 구성되었다. 제3장 '임시대통령' 부분은 대통령의 선출과 자격·직권 등을, 제4장 '임시의정원'에서는 의원의 자격과 선출, 임시의정원의 직권, 회의 등을 규정했다. 제5장 '국무원' 부분에서는 국무원의 구성·책임·직권을, 제6장 '법원' 부분은 법원의 구성·직권, 사법관 등을 규정했다. 제7장 '재정'에서는 조세·세입·세출·예산·결산 등을 다루었다. 그러나 9월의 임시헌법에서는 독립운동과 관련된 내용이 거의 없었다. 이 헌법이 당시 중국의 헌법문서들을 주로 참고하여 만들어졌기 때문이었다. 그러나 독립운동을 주된 임무로 해야 하는 임시정부의 상황과는 동떨어진 내용이었기 때문에 결국 1925년에 대대적으로 개정되었다.

이처럼 상하이 임시의정원은 4월 11일 정부 구성 이후 체제를 정비해나갔으며 러시아 지역의 대한국민의회와의 통합도 추진해나갔다. 통합 과정은 순탄치 않았으나 우여곡절 끝에 1919년 11월 3일 이동휘가 국무총리에 취임하고, 내무총장 이동녕, 재무총장 이시영, 법무총장 신규식 등이 함께 취임식을 거행하면서 불완전하나마 통합 정부의 모습을 갖춘 임시정부가 출범했다.

임시정부의 국내 정책

제2차 시위 추진

중국 영토인 상하이에서 수립된 임시정부가 지리적 한계를 극복하고 독립운동 최고 통수기관으로서 자리 잡기 위해서는 국내와의 긴밀한 연계가 필요했다. 또한 제반활동에 필요한 인적·물적 자원을 충당하기 위해서라도 임시정부의 국내 사업은 중요했다. 때문에 임시정부는 수립 초부터 한반도 내 국민을 아우르는 여러 방안을 강구했다.

우선 국내에 행정망과 연락망을 구축하기 위해 각각 연통제와 교통국을 설치했다. 국내의 실정을 파악하기 위해 최신 정보를 갖고 있는 사람을 국내조사원으로 임명하는 한편, 특수임무를 부여한 사람들을 파견하기도 했다. 특파원들의 파견은 1919년 7월 16일부터 시작되었다. 이들에게 부여된 최초 임무는 '선전 및 시위운동'이었다. 8월 말부터는 특파 사항이 '시위운동에 관한 준비와 실행'으로 구체화되었으며, 9월부터는 시위 명칭도 '제2차 시위운동'으로 정리되었다.[2]

임시정부에서 2차 시위운동을 추진한 것은 국외적으로는 1919년 10월 워싱턴에서 개최될 예정이었던 국제연맹회의를 대비하여 국제적 여론을 환기시키기 위해서였으며, 국내적으로는 수립 초기인 임시정부가 독립운동의 최고 통수기관으로서 지니는 위상을 드러내기 위한 것

2 김은지, 「대한민국임시정부의 제2차 독립시위운동」, 『한국독립운동사연구』 44, 2013, 88·89쪽 이하 2차 시위운동에 관한 내용은 본 논문을 참고하여 작성했다.

이었다. 임시정부는 국내의 대규모 시위를 실현하기 위해 비밀결사와의 연대를 추진했으며, 그 결과 대한민족대동단朝鮮民族大同團(이하 대동단)과 철원애국단(이하 애국단), 대한독립청년단과의 연대를 성사시켰다.

대동단과 애국단과의 교섭은 2차 시위운동을 위해 국내에 파견된 인물 중 한 명인 이종욱李鍾郁(1896-1966)이 맡았다. 이종욱은 1919년 9월 경기도로 파견되었다가 10월 중순경 서울로 이동했고, 서울의 숙소에서 나창헌·신현구·송세호 등과 회동했다. 이들을 통해 대동단과 애국단의 참여가 성사되었으며, 이들은 임시정부에서 작성한 독립선언서와 인쇄물을 비밀장소에서 수령하여 사람들에게 배포하고, 천장절(10월 31일) 당일 독립선언서를 낭독한 뒤 시위운동을 전개하는 역할을 담당했다.

대동단은 1919년 3월 말 서울에서 '조선을 제국의 통치하에서 벗어나게 하여 독립국을 만들 것', '세계의 영원한 평화를 확보할 것', '사회주의를 철저히 실행할 것' 등의 3대 강령을 제창하고 최익환·전협 등이 조직한 단체였다. 1919년 4월부터 1년간 지하문서 및 『대동신보』를 제작하여 배포했으며, 임시정부 수립 이후 본부를 상하이로 옮기려 했으나 달성하지 못했고, 의친왕 이강李堈을 상하이로 탈출시키는 것을 꾀했으나 관련자가 붙잡히면서 실패로 끝났다.[3]

이때 대동단 소속으로 2차 시위운동 준비에서 중요한 역할을 담당했던 인물이 윤종석尹鍾奭(1896-1927)이었다. 윤종석은 1896년 통진

---

3 한국민족문화대백과 대동단 항목.

군通津郡(현 김포시)에서 태어났으며, 1919년 당시 세브란스연합의학전문학교(이하 세브란스의전) 3학년생으로 경성부 화천정和泉町 242번지 오한영吳翰泳 집에서 하숙했다. 이 오한영이 1923년 세브란스의전 졸업생이자 이후 세브란스의전 내과교수를 거쳐 1940년부터 1943년까지 세브란스병원장을 지낸 오한영吳漢泳과 동일인물인지는 확인하기 어렵다.[4]

윤종석은 자신과 같은 강화군 출신인 유경근劉景根(1877-1956)을 1919년 여름 종로 관철동 조선여관에서 만나 알고 지내게 되었다. 유경근은 강화군의 독립만세시위를 주도하고 대동단 조직에 참여했으며, 러시아의 이동휘에게서 군대 양성을 위한 지원자를 모집하라는 밀령을 받고 활동하다 체포된 인물이다. 유경근이 체포된 뒤로 이종욱과 명제세明濟世[5]가 조선여관에 와서 유경근을 찾자 그의 체포 사실을 전달해주면서 이들과 인연을 맺게 되었다. 이종욱은 윤종석에게 자신을 찾아올 사람들이 방문할 수 있는 조용한 곳을 소개해달라고 부탁했고, 윤종석은 민강閔橿(1883-1931)의 약방을 연결해주었다.[6] 민강은 3·1만세시위에 적극 참여했으며, 홍면희·안상덕·이규갑 등과 함께 한성임시정부의 성립과 국민대회 개최를 추진했던 인물이다. 그는 홍면희·이규갑 등과 국민대회 취지서와 임시정부의 약법約法 등

---

4 「윤종석 신문조서」(1920.2.24), 『한민족독립운동사자료집』 6.

5 명제세도 이종욱과 같이 임시정부에서 파견된 특파원으로 2차 시위운동을 위해 서울로 왔으며, 조선여관에 숙박하면서 이종욱·전필순·윤종석 등과 2차시위에 대한 사전협의를 진행했다.

6 「윤종석 신문조서」(1920.2.24), 『한민족독립운동사자료집』 6.

을 작성했으며, 자신이 경영하는 동화약방同化藥房을 연락 거점으로 삼아 자금조달활동을 펼쳤다. 이 일로 일본 경찰에 체포되어 옥고를 치르다가 8월에 보석으로 출옥한 상태였다.[7]

윤종석은 민강을 강매姜邁의 소개로 알게 되었는데, 강매와 윤종석은 사제지간이었다. 이후 민강의 약방에 '가정용 청심원'을 찾는 사람이 있으면 민강이 윤종석에게 전화하여 알리고, 윤종석이 그들과 이종욱을 연결시켜주었다.[8] 또한 2차 시위에 쓸 포고문 및 선언서는 동화약방 상품을 취급하는 공성상회共成商會라는 운송점을 이용했는데, 인쇄물은 '박춘식朴春植' 앞으로 보내졌다. 이 박춘식이 곧 윤종석이었다.[9] 이 외에도 윤종석은 1919년 10월에 이종욱의 숙소에서 전필순·나창헌·송세호 등과 모여 연통본부 설치에 관하여 논의했다.[10]

2차 시위운동을 위한 논의는 점차 진행되어, 마침내 10월 31일 서울 시내 곳곳에 자동차를 배치하고 선언서를 배포한 뒤 군중들과 함께 독립만세를 외치기로 결정했다. 그러나 시위 이전부터 일본 경찰이 대대적인 단속을 벌였고, 그 결과 2차 시위운동 당일 아침 윤종석을 비롯한 대동단 간부들이 체포되었으며, 서울 시내 자동차 전부를 압수당했다. 결국 일본 경찰의 대대적인 단속으로 서울에서 2차 시

---

7 국가보훈처 공훈전자사료관 민강 공훈록.

8 「윤종석 신문조서」(1919.11.21), 『한민족독립운동사자료집』 55.

9 「윤종석 신문조서(4회)」(1919.11.11), 『한민족독립운동사자료집』 55; 「대동단사건 예심결정서 2」, 『『매일신보』 1920년 6월 30일자.

10 「윤종석 신문조서」(1920.2.24), 『한민족독립운동사자료집』 6.

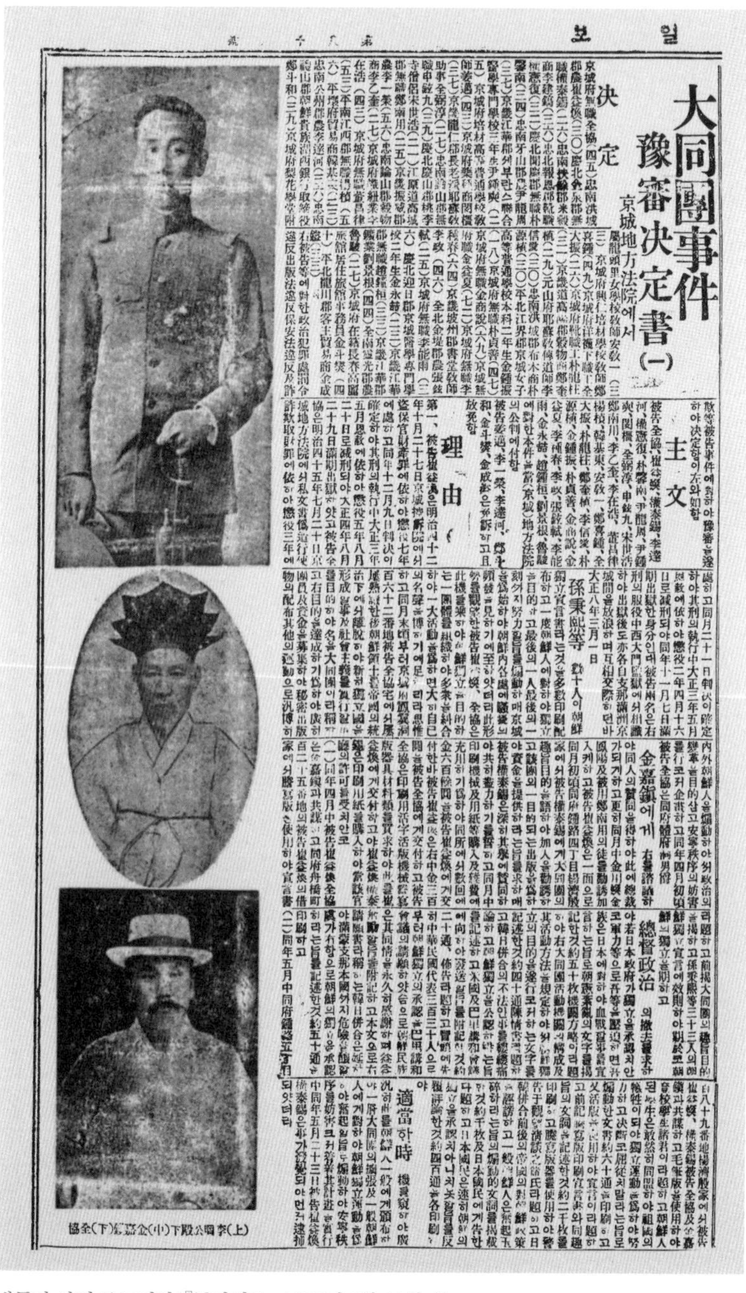

大同團事件 豫審決定書 (一)

京城地方法院에서

決定

主文

理由

(上)李堈公殿下(中)金嘉鎭(下)全協

대동단 사건 보도기사(『동아일보』 1920년 6월 29일자)

위는 더 이상 전개되지 못했고, 다만 평양을 비롯하여 평북 의주·신천·정주·영변 등지에서 산발적이나마 2차 시위가 전개되었다.

10월 31일 강매·민강 등과 함께 체포된 윤종석은 정치범 처벌령 위반, 출판법 위반, 보안법 위반, 사기 등의 혐의로 1920년 6월 말 예심에 부쳐졌으며, 1920년 12월 7일 경성지방법원에서 징역 3년(미결구류일수 200일)을 언도받았다. 윤종석은 이에 불복하고 공소하여 1921년 3월 23일 경성복심법원에서 징역 1년(미결구류일수 200일)으로 감형되었고, 이에 다시 상고했으나 1921년 5월 7일 고등법원에서 상고 기각되었다.[11]

윤종석은 주로 2차 시위운동과 관련하여 활동했으나, 2차 시위와 함께 대동단이 주도했던 의친왕 망명 계획이 크게 화제가 되면서 대동단 사건 자체에 대한 주목도가 높아졌고, 일본 경찰의 조사도 철저해졌다. 때문에 사건 조사가 길어지면서 윤종석은 10월 31일에 체포되었으나 예심이 1920년 6월 말에나 열렸고, 고등법원의 판결은 1921년 5월이 되어서야 완결되었다. 거의 1년 반 가까이 걸린 이 과정에서 윤종석의 건강은 나빠졌고, 결국 서대문감옥에서 복역 중이던 윤종석은 1922년 2월 9일 건강상의 문제로 가출옥했으며, 직장출혈병으로 세브란스병원에 입원하여 수술을 받았다.[12] 이후 1925년 세브

---

11 「李堈公殿下 逸走事件, 大同團 陰謀內容」, 『매일신보』 1920년 6월 29일자; 「대동단사건 예심결정서 2」, 『동아일보』 1920년 6월 30일자; 「경성지방법원 판결문」(1920.12.7), CJA0000414; 「경성복심법원 판결문」(1921.3.23), CJA0000098; 「고등법원형사부 판결문」(1921.5.7), CJA0000486.

12 「윤종석씨 가출옥」, 『동아일보』 1922년 2월 22일자.

란스를 졸업한 윤종석은 1926년 일본 도쿄에 있는 일본의과대학에서 연구를 한다는 근황이 전해졌지만[13] 얼마 지나지 않은 1927년 11월에 사망했다.

대한민국청년외교단과 대한민국애국부인회

대한민국청년외교단(이하 청년외교단)은 대한민국임시정부를 지원하기 위한 국내단체 중 가장 먼저 창립된 것으로, 1919년 4월 상하이에서 온 기독교 신도 연병호延炳昊와 승려인 송세호宋世浩가 국내의 이병철李秉澈과 협의하여 계획했고, 5월에 조용주趙鏞周가 합세하면서 이병철의 집에서 단체를 조직했다. 후에 안재홍이 합류하여 이병철과 안재홍을 총무로 추대하면서 조직이 정비되었다. 청년외교단의 목표는 ① 임시정부에게 국내의 독립운동에 관한 정보를 통신해주는 것, ② 독립운동자금을 모집하여 임시정부로 보내는 것, ③ 선전활동을 통하여 독립사상을 고취하는 것 등이었다.[14]

청년외교단은 총무 책임체제로 운영되었다. 2인 총무제로 안재홍은 강령 및 규칙 등 운영의 기초가 되는 문안 작성을, 이병철은 주로 자금과 조직을 맡았다. 연병호·조용주는 외교원, 조소앙·이종욱은 외교특파원으로 임명되었다. 서울에 중앙부를 두고, 대전·회령·

---

13 『세브란스교우회보』 7호(1926.6.27), 24쪽.

14 대한민국청년외교단과 대한민국애국부인회의 활동은 독립운동사편찬위원회, 『독립운동사 4: 임시정부사』, 독립유공자사업기금운용위원회, 1972, 448-450쪽; 장석홍, 「연병호의 독립운동 방략과 노선」, 『역사와 담론』 73, 2015을 참고하여 작성했다.

충주 등에 지부를 두었으며, 상하이에 해외지부를 설치했다. 대전·충주 등 충청권에 지부가 설치되었다는 것이 특징인데, 이는 충북 충주 출신인 총무 이병철과 충북 괴산 출신인 외교원 연병호의 영향이었다.

청년외교단은 임시정부의 지시로 독립운동참가단체조사표, 피해의사義士조사표, 가옥파괴조사표 등을 작성하여 보고했고, 9월 초 이병철을 비롯한 몇몇 사람이 모금한 금액 550원을 임시정부에 송금했으며, 『외교시보外交時報』를 만들어 선전하는 등 국내에서의 선전활동에도 적극적이었다. 또한 청년외교단은 국내의 비밀단체들을 하나로 통합하여 배달청년당으로 개편하려는 계획을 추진했으나, 1919년 11월 말 청년외교단 조직이 발각되고 말았다.

한편, 청년외교단은 대한애국부인회와 대한적십자회의 조직 및 활동도 지원했다. 1919년 4월 총무 이병철은 여자고등보통학교 졸업생으로서 기독교 신념이 투철한 여성을 규합한 단체인 대조선애국부인회를 결성했다. 당시 대조선애국부인회 외에 혈성단애국부인회가 있었는데, 이는 3·1만세시위로 많은 사람이 감옥에 수감되자, 1919년 3월 말 정신여학교 졸업생 오현관(황해도 재령 명신여학교), 오현주(군산 메리블텐여학교), 이정숙(세브란스병원 간호사) 등이 수감자와 그 가족들을 구제할 목적으로 조직한 단체였다. 이병철은 두 단체의 통합을 시도했고, 혈성단애국부인회와 대조선애국부인회의 두 단체가 1919년 6월 대한민국애국부인회(이하 애국부인회)로 재탄생했다.[15]

---

15 반병률, 「세브란스와 한국독립운동-3·1운동시기를 중심으로」, 『연세의사학』 18-2, 2015,

또한 적십자회는 1919년 9월 임시정부 특파원 이종욱이 계획하여 서울 수은동授恩洞 3번지 그의 집에서 이병철과 같이 시작했는데, 상하이에 있던 대한적십자회의 지부 성격을 띠고 있었다. 적십자회는 곧 애국부인회에 흡수되었으며, 이정숙이 박옥신 등과 함께 힘을 모아 전국에 지부를 결성하며 상하이에 있던 대한적십자회를 도왔다.[16]

통합 이후 애국부인회의 활동은 한동안 지지부진했다. 그러나 1919년 8월 초순 3·1운동으로 검거되었던 김마리아와 황에스더 등이 면소로 풀려난 후 애국부인회에 참여하면서 애국부인회의 활동과 성격에도 변화가 나타났다. 이를 보여주는 것이 새로이 작성된 취지서와 조직 개편 및 임원진 교체였다.

> 국가를 가정과 같이 사랑하자. 가족으로서 가족을 사랑하지 않으면 가정은 이룩되지 않는다. 국민으로서 국가를 사랑하지 않으면 국가를 보지保持하기 어렵다는 것을 우부우부愚夫愚婦도 잘 알고 있는 바이다. 슬프다! 우리 부인도 국민 중의 한 구성원이다. 국권과 인권을 회복할 것을 표준으로 하여 전진하되 후퇴하지 않는다. 국민성 있는 부인은 용기를 떨쳐 그 이상에 상통하는 목적으로써 단합을 주로하고 일제히 찬동하기를 바란다.[17]

60쪽.

16 독립운동사편찬위원회, 『독립운동사 4: 임시정부사』, 독립유공자사업기금운용위원회, 1972, 452-453쪽.

17 「대구복심법원 판결문」(1920.12.27), CJA0000757.

이러한 취지서를 통해 독립 투쟁을 위해 좀 더 적극적으로 나설 의지를 보여주었으며, 좀 더 중요했던 것은 조직 정비였다.

회장	김마리아	부회장	이혜경
총무	황에스더	서기	신의경·김영순
교제원	오현관	적십자장	이정숙·윤진수
결사장	이성완·백신영	재무원	장선희[18]

교제부는 임시정부의 인물은 물론 국외에서 밀사로 파견된 이들을 국내의 지사들과 접선해주는 일을 담당했으며, 적십자부는 애국지사로 투옥된 사람과 해외에 망명 중인 자들의 유가족들을 위한 원호 사업을 맡았다. 결사부는 그야말로 죽음을 각오하고 투쟁에 나설 전위부대를 책임지는 것이기 때문에 2명의 부장을 두었다.[19] 이러한 조직 개편은 이전보다 지휘체계가 간결해지고 실천 행동이 강화된 것이라 할 수 있으며, 특히 적십자장과 결사장을 신설하여 2명의 책임자를 선정한 것은 이 두 부서에 힘을 실어주었다는 것을 보여준다.

그러나 애국부인회는 재건된 지 얼마 지나지 않아 10월에 단서가 잡히고, 이후 내부 밀고자를 통해 조직이 드러나면서 11월 28일 서울과 대구에서 80여 명의 간부와 회원들이 일제히 검거되었다. 애국부

---

18 「대한민국애국부인회의 조직과 활동」, 『3·1운동 이후의 민족운동 1』, 국사편찬위원회, 1990(국사편찬위원회 한국사데이터베이스).

19 김숙영, 「간호부 이정숙의 독립운동」, 『의사학』 24-1, 2015, 19, 20쪽.

인회가 검거되면서 청년외교단과 적십자회까지 실체가 드러나 검거되었다. 이들은 모두 대구지방법원 검사국에 체포되어 취조를 받았는데, 이들 중진회원 가운데 52.5%가 간호원이고 13.8%가 여학교 교사였다. 취조를 받은 52명 가운데 43명은 불기소로 석방되었으며, 이정숙·김마리아·김영순·백신영·신의경·유인경·이혜경·장선희·황에스더 등 주요 임원들만 예심에 회부되었다.[20] 청년외교단과 애국부인회에 참여했던 세브란스인들이 적지 않은데 그 명단을 정리하면 〈표 5〉와 같다.[21]

참고로 이들에게 일괄적으로 적용되었던 죄목인 다이쇼 8년 제령 제7호 위반은 정확히는 '다이쇼 8년 제령 제7호 정치에 관한 범죄 처벌의 건'이었으며, 조항은 다음과 같다.

> 제1조 정치의 변혁을 목적으로 다수 공동하여 안녕 질서를 방해하거나 또는 방해하려는 자는 10년 이하의 징역 또는 금고에 처한다.
>
> 제2조 전조前條의 죄를 범한 자가 발각 전에 자수하였을 때는 그 형을 감경 또는 면제한다.
>
> 제3조 본령은 제국 밖에서 제1조의 죄를 범한 제국신민에게도 이를 적용한다.[22]

---

20 반병률, 「세브란스와 한국독립운동-3·1운동시기를 중심으로」, 『연세의사학』 18-2, 2015, 65쪽.

21 「형사사건부」(국가기록원); 독립운동사편찬위원회, 『독립운동사자료집 9: 임시정부사자료집』, 독립유공자사업기금운용위원회, 1975, 420-429쪽을 참고하여 작성.

22 장신, 「삼일운동과 조선총독부의 사법(司法) 대응」, 『역사문제연구』 18, 2007, 151쪽. 이하 제령 제7호의 제정과 성격과 대해서는 본 논문을 참고했다.

〈표 5〉 **청년외교단 및 애국부인회 내 세브란스직원 명단**

성명	연령	직업	직책	본적	주소	죄목	비고
청년외교단							
김연우 金演祐	26	병원 사무원	외교 부장	경기 고양	경성 남대문 밖 세브란스 병원	다이쇼 8년 제령 제7호 위반	증거불충분 불기소
이일선 李日宣	34	병원 방사선사	단원	경성	위와 같음		다른 사건으로 재판 진행
정태영 鄭泰榮	34		단원	충북 충주	경성 냉동 117		다른 사건으로 재판 진행
애국부인회							
강아영 姜亞英	20	간호사		전남 담양	경성 남대문 밖 세브란스 병원	다이쇼 8년 제령 제7호 위반	기소유예 불기소
곽영주 郭永珠	21	간호사		함남 원산	위와 같음	위와 같음	기소유예 불기소
김덕신 金德新	20	간호사		황해 해주	위와 같음	위와 같음	증거불충분 불기소
김복수 金福洙	19	간호사		전북 전주	위와 같음	위와 같음	증거불충분 불기소
김여운 金麗雲	20	간호사		함남 함흥	위와 같음	위와 같음	기소유예 불기소
김영순 金永順	22	간호사		충남 아산	위와 같음	위와 같음	증거불충분 불기소
김은도 金恩道	20	간호사		평남 평양	위와 같음	위와 같음	기소유예 불기소
박봉남 朴鳳南	23	간호사		함남 정평	위와 같음	위와 같음	기소유예 불기소
박옥신 朴玉信	19	간호사	평 의원	황해 재령	위와 같음	위와 같음	기소유예 불기소
박제옥 朴濟玉	23	간호사		평남 평원	위와 같음	위와 같음	증거불충분 불기소
배은경 裵恩卿	23	간호사		경북 대구	위와 같음	위와 같음	증거불충분 불기소
서수신 徐修信	20	간호사		전남 목포	위와 같음	위와 같음	증거불충분 불기소

성명	연령	직업	직책	본적	주소	죄목	비고
오화영 吳華泳	24	간호사		평남 용강	위와 같음	위와 같음	증거불충분 불기소
윤진도 尹眞道	29	간호사	적십 자원	황해 해주	위와 같음	위와 같음	증거불충분 불기소
이금전 李今全	19	간호사		전남 목포	위와 같음	위와 같음	기소유예 불기소
이성효 李聖孝	31	간호사		경남 진주	위와 같음	위와 같음	증거불충분 불기소
이약한 李約翰	29	간호사		경남 창원	위와 같음	위와 같음	증거불충분 불기소
이정숙 李貞淑	22	간호사	적십 자원	함남 북청	위와 같음	다이쇼 8년 제령 제7호 위반, 출판법 위반	징역 2년 (미결구류일수 100일)
장옥순 張玉順	21	간호사		전남 광주	위와 같음	다이쇼 8년 제령 제7호 위반	기소유예 불기소
장의숙 張義淑	24	간호사		평남 강서	위와 같음	위와 같음	기소유예 불기소
전사덕 田四德	18	간호사		평북 영변	위와 같음	위와 같음	기소유예 불기소
정종명 鄭鍾鳴	25	간호사		경성	위와 같음	위와 같음	기소유예 불기소
조은실 趙恩實	21	간호사		황해 금천	위와 같음	위와 같음	기소유예 불기소
조흥원 趙興媛	19	간호사		경성	위와 같음	위와 같음	증거불충분 불기소
지성숙 池成淑	22	간호사		황해 황주	위와 같음	위와 같음	증거불충분 불기소
최명애 崔明愛	20			경남 울산	위와 같음	위와 같음	증거불충분 불기소
최종숙 崔宗淑	22			평남 용강	위와 같음	위와 같음	기소유예 불기소
함명숙 咸明淑	27			강원 철원	위와 같음	위와 같음	증거불충분 불기소

이는 기존의 보안법의 한계를 보완하기 위해 제정된 법령으로 1919년 4월 15일 공포·시행되었다. 1907년 만들어진 보안법은 한말의 정치적 상황을 반영하여 개개인의 정치적 언설과 행동을 통제하기 위한 것이었지만, 3·1운동은 개인이 아닌 다수가 공동의 목적을 향하여 정치적 발언과 행위를 쏟아낸 행위였다. 이러한 새로운 운동 방식에 시급히 대응하기 위해 제령 제7호가 제정되었으며, 법의 제안부터 공포까지 채 1달도 걸리지 않았으니, 그 시급함을 알 수 있다. 또한, 기존의 보안법은 최고 형량이 2년이었고, 형법의 소요죄는 최고 10년을 구형할 수 있었지만, 소요죄는 '다수가 모여 폭행이나 협박을 하는' 것을 전제로 했다. 즉, 다수가 모이더라도 평화적 시위는 적용 대상이 아니었으며, 이러한 이유에서도 제령 제7호의 제정이 필요했다. 마지막으로, 제령 제7호의 제3조는 일본의 영토 밖, 곧 간도나 러시아에서 전개되던 각종 독립운동을 탄압할 수 있는 길을 열어주었다. 게다가 보안법이 조선인만을 대상으로 하던 것을 넘어서 일본인과 외국인에게도 적용되도록 했다. 이렇게 제령 제7호는 3·1운동을 계기로 국내외 독립운동 탄압이라는 뚜렷한 목표로써 제정된 법령이었다.

청년외교단 참여 인물 중 주목되는 인물이 정태영이다. 그는 청년외교단의 총무인 이병철과 같은 고향(충북 충주) 출신이자, 같은 집에서 살고 있었다. 때문에 정태영이 먼저 청년외교단에 참여하고 그를 매개로 같은 병원 직원이었던 김연우·이일선이 참여했을 가능성이 있다. 정태영은 3·1운동을 널리 알리고 참여를 독려하기 위해 보신각종을 울렸다는 이유로 1919년 11월 6일까지 재판을 받고 있었다.

집행유예로 풀려난 뒤 얼마 지나지 않아 청년외교단 사건에 연루되었으나, 11월 초에 풀려난 그가 실질적으로 활동한 내용이 명확하지 않아서인지 추가 기소되지는 않았다. 이일선은 『국민신보』를 발행하다가 1919년 10월 춘천에서 검거되었는데 1919년 12월에도 여전히 재판이 진행 중이었다. 이일선은 청년외교단에 참여한 후로 『국민신보』의 배포 과정에서 이병철의 도움을 받기도 했고, 1919년 여름에는 상하이로 가서 임시정부 인사들과 접촉하기도 했다. 이렇게 3·1운동과 그에 따른 일련의 사건들로 재판을 진행 중이거나 판결을 받았던 정태영·이일선과 달리, 김연우는 12월 초 대구지방검사국으로 송치되었으나 12월 26일 증거불충분으로 풀려났다.

애국부인회 관련자 중 세브란스병원 간호사의 비중은 28명으로, 이는 배화여학교 15명, 이화학당 24명, 동대문부인병원 20명, 성서학원 18명 등보다 높은 비중이었다.[23] 이정숙李貞淑(1896-1950)은 세브란스 간호사 28명의 대표자이자, 세브란스 간호사 중 애국부인회 사건으로 징역형을 받은 유일한 인물이다. 이정숙은 함남 북청 출신으로 정신여학교에 입학하여 1919년 3월 졸업 예정이었다. 그러나 졸업을 앞두고 3·1만세운동으로 학교는 휴교되었고 그 자신은 세브란스병원에서 만세시위로 부상당한 사람들을 돌보게 되었는데, 이러한 경험으로 간호사 교육을 받기로 결심했던 것으로 보인다.[24]

---

23 반병률, 「세브란스와 한국독립운동-3·1운동시기를 중심으로」, 『연세의사학』 18-2, 2015, 65쪽.

24 김숙영, 「간호부 이정숙의 독립운동」, 『의사학』 24-1, 2015, 12쪽.

이정숙은 정신여학교 출신들의 주도로 결성되었던 혈성애국부인회의 조직에 관여했으며, 혈성애국부인회와 대조선독립부인회가 통합하여 탄생한 애국부인회에서는 평의원으로 활동했다. 이정숙은 세브란스병원 간호사 김은도·장옥순·박봉남 등을 애국부인회에 가입시키고 이들에게서 회비를 모금했다. 또한 황희수를 비롯한 정신여학교 학생 몇 명도 가입시켰다. 1919년 7월 경, 이정숙은 여름휴가로 함남 북청으로 가는 길에 성진에서 신애균 등에게 27원, 함흥의 한일호에게서 60원을 모금하기도 했다.[25]

통합 후 한동안 지지부진했던 애국부인회의 활동은 3·1운동에 참가했다가 8월 초 면소로 풀려난 김마리아金瑪利亞(1892-1944)와 황에스더黃愛施德(1892-1971)가 합류하면서 새로운 활기를 띠었다. 김마리아와 황에스더의 출옥을 위로, 축하하는 다과회 모임을 명분으로 10월 19일 이정숙·장선희·백신영·이혜경 등이 정신여학교 교내 여선교사 데일(천신례) 집에서 모임을 가졌다. 여기 모였던 인물을 중심으로 애국부인회는 조직을 새로 개편하고, 임원진을 새로 구성했다.

이정숙은 새로 신설된 적십자부의 부장을 맡았다. 당시 임시정부에서는 항일 독립전쟁에 대비해 부상자를 치료하고 구호하는 임무를 수행할 대한적십자회를 조직했다. 이는 일본과 전쟁을 치를 경우 즉각적으로 전장에 참여할 수 있도록 준비하려는 의도였다. 이에 따라 애국부인회에서도 적십자부를 신설했으며, 세브란스 간호사였던 이

25 「대구복심법원 판결문」(1920.12.27), CJA0000757.

정숙이 적십자부를 맡았던 것이다.[26]

조선의 독립이라는 뚜렷한 목표를 가지고 좀 더 적극적인 활동을 도모하던 애국부인회는 그러나 11월 말 애국부인회의 일원이자 회장이었던 오현주의 밀고로 조직이 모두 발각되었다. 그 여파는 애국부인회뿐만 아니라 청년외교단까지 미쳐 간부 및 회원 80여 명이 일제히 검거되었다. 대부분은 불기소로 방면되었으나 이정숙을 비롯한 애국부인회 및 청년외교단의 간부들은 공판에 넘겨졌다. 이정숙은 다이쇼 8년 제령 제7호 위반 및 출판법 위반으로 1920년 6월 29일 대구지방법원에서 징역 2년을 선고받았고 이에 항소했으나 1920년 12월 27일 대구복심법원에서 공소는 기각되었고, 미결구류일수 100일이 인정되었다.

1919년 11월 말 조직이 발각되어 재판이 진행되는 동안 추운 겨울을 감옥에서 보내야 했기 때문인지 이들 중 몇몇은 건강에 이상이 생겼다. 김마리아는 신경이 쇠약해졌고 심장에 문제가 생겼으며, 귀와 코에도 병이 생겼기 때문에 병세가 매우 위중했고, 백신영은 위병으로 음식을 소화시키지 못했기 때문에 두 사람 모두 1920년 5월 말에 보석으로 출옥했다. 이정숙 역시 겨울을 보내며 발에 심한 동상이 걸려 한 걸음도 옮기지 못할 지경이었다.[27] 1920년 6월 9일에 열린 제1회 공판을 보도한 기사에서도 공판에 출석한 김마리아와 백신영 모

---

26 김숙영, 「간호부 이정숙의 독립운동」, 『의사학』 24-1, 2015, 20쪽.

27 「金瑪利亞 保釋」, 『동아일보』 1920년 5월 26일자.

두 상태가 좋지 않아 "죽은 송장같이 축 늘어진 두 피고를 떠미어 내어갈 때에 방청석의 부인네들은 모두 훌쩍훌쩍 우는 소리로 한참 동안 그 음산한 법정이 눈물 세상이 되고 말았다"고 보도했다.[28]

이렇게 공판 내용이 상세히 보도될 정도로 청년외교단 및 애국부인회 사건은 큰 주목을 받았는데, 특히 애국부인회는 여성 독립운동의 시초로 이후로도 종종 언급되었으며,[29] 이정숙이 황에스더·장선희·김영순 등과 함께 가출옥되자 이들의 인터뷰가 실리기도 했다.[30] 이들은 1922년 5월 6일 11시경 대구감옥에서 가출옥되어 즉시 서울로 올라왔는데, 이정숙은 이후 자신의 본적지인 북청으로 갈 예정이었다. 출옥 당시 이정숙은 쾌활한 얼굴로 다음과 같이 소감을 말했다.

> 나는 꿈과 같이 갔다가 꿈과 같이 왔습니다. 아직도 꿈을 꾸는 것이 아닌가 하고 생각합니다. 참말 감옥은 꿈과 같은 별세상입니다. 복역 중에는 감옥에 대한 경험을 많이 얻었으며 출옥 후에는 공부를 더 하고 싶다고 생각했습니다. 그러므로 사정이 허락하는 대로 이후 공부를 하고자 합니다.

---

28 「大韓愛國婦人團과 大韓青年外交團 第一回公判傍聽速記錄」, 『동아일보』 1920년 6월 9일자.

29 「朝鮮女性運動의 史的考察」, 『동아일보』 1928년 1월 6일자; 「十年間 朝鮮女性의 活動 2」, 『동아일보』 1929년 1월 2일자.

30 「出獄한 愛國婦人團」, 『동아일보』 1922년 5월 9일자.

"쾌활한" 표정으로 힘들었을 감옥생활에 대해서는 한 마디 언급도 없이 앞으로의 포부를 밝히는 모습에서 이정숙의 당차고 씩씩한 성격을 짐작할 수 있다. 그러나 계속 공부를 하겠다는 다짐과는 달리 이정숙은 계속하여 여성운동에 몸담은 듯하다. 1923년경에는 북청여자청년회의 회장을 역임했으며,[31] 1925년에는 여성해방동맹회 창립준비에서 발기인으로 참여하는 것이 확인된다.[32]

이정숙과 더불어 주목되는 인물은 이성완李誠完(1900-1996)이다. 그녀는 이정숙과 같은 해에 정신여학교를 졸업했으며 애국부인회에서 같이 활동했다. 함남 정평 출신인 이성완은 3·1만세운동 당시 졸업을 앞둔 정신여학교 학생들이 자원하여 세브란스병원으로 가서 부상자를 돌봤을 때 그 역시 간호사 견습생 신분으로 부상자들을 간호했다. 이성완은 함남 지역으로 가서 독립선언서와 지령문 등을 인쇄·배포하기도 했다. 원산의 상동교회上洞敎會와 함흥여고에 가서 만세시위를 독려했던 것이다.[33] 이러한 활동으로 체포되었으나 1919년 8월 4일 면소 처분을 받고 김마리아 등과 함께 풀려났다.[34]

김마리아가 풀려난 후 바로 애국부인회에 합류한 것처럼 이성완 역시 애국부인회에 합류했다. 김마리아 역시 정신여학교 출신으로 정신여학교에서 교사로 재직하기도 했으므로, 김마리아의 영향도 없지

---

31 「女子青年講習修業」, 『동아일보』 1923년 1월 17일자.

32 「女性解放同盟 創立準備」, 『동아일보』 1925년 1월 20일자.

33 국가보훈처 공훈전자사료관 이성완 공훈록.

34 「경성지방법원 판결문」(1919.8.4), CJA0000401.

는 않았겠지만 이성완에게 애국부인회 가입을 권유한 사람은 또 다른 정신여학교 출신이었던 오현주였다.[35] 애국부인회에 합류할 당시 이성완은 배화여학교 교사였으며, 자연스럽게 애국부인회 내 배화여학교 회원 15명의 대표가 되었다.[36] 김마리아 합류 후 정비된 애국부인회 조직에서 이성완은 새로 생긴 부서인 결사부를 맡았는데, 결사부는 죽음을 각오하고 투쟁에 나설 전위부대를 책임지는 부서인 만큼 그 책임이 막중했다. 그러나 이렇다 할 활동이 시작되기 전 애국부인회 회원 대다수가 체포되면서 이성완 역시 체포되었고, 1919년 12월 26일 대구지검에서 기소유예처분을 받고 풀려났다.[37]

이후 원산으로 돌아간 이성완은 1920년 7월 원산여자청년회를 조직하여 활동했으며 1921년 6월에는 원산청년회 회장이 되었다.[38] 1922년 이성완은 정평에 있는 삼광여학교三光女學校의 교사가 되었으며, 1924년에는 원산 장로교 소속의 진성여학교進誠女學校 교사로 부임했다.[39] 해방 후에는 한국전쟁이 진행 중이던 1951년 9월 마산에서 피

35 「피의자 신문조서(오현주)」(1949.3.28), 『반민족행위특별조사위원회 자료』(한국사데이터베이스); 김마리아가 합류하기 전 오현주는 애국부인회의 회장이었으나, 이후 애국부인회를 경찰에 밀고했고, 이를 계기로 애국부인회는 해체했다.

36 「대한적십자회 대한지부」, 『대한민국임시정보자료집 31: 관련단체』(한국사데이터베이스); 「大韓民國愛國婦人會 檢擧의 件」 密 第102號 其626/高警 第34497號(1919.12.5).

37 「형사사건부 대구지검」(1919.12.26), CJA0017404.

38 「元山女子青年會」, 『동아일보』 1920년 7월 16일; 「女子青年會總會」, 『동아일보』 1920년 9월 19일자; 「女子青年會定期會」. 『동아일보』 1921년 6월 3일자.

39 「三光女學校卒業式」, 『동아일보』 1922년 4월 9일자; 「三光校生修學旅行」, 『동아일보』 1922년 5월 10일자; 「進誠女校紛糾 교회 대 학교간」, 『동아일보』 1924년 9월 28일자; 「진성여교 분규, 미국인 교장의 전단으로」, 『시대일보』 1924년 10월 7일자.

난부인상조회를 조직하기도 했다.[40]

애국부인회 조직이 와해된 이후 애국부인회에 가입했던 세브란스병원 간호사들의 행적을 추적하는 것은 쉽지 않다. 애국부인회 이후 별다른 활동 없이 조용히 자신의 삶을 산 경우도 적지 않고, 자료상에서 이름만 확인되는 경우 동명이인 여부를 파악하기 어렵기 때문이다. 이러한 경우들을 제외하면 이들은 대체로 간호사로서의 경력을 살려 이후로도 의료계에서 종사하거나, 여러 가지 사회활동에 참여했던 것으로 보인다.

먼저 의료계에 종사한 인물들 중 눈에 띄는 인물로는 이금전李今金田(1900-1982)이 있다. 이금전은 이화여전을 마치고 1929년 세브란스 산파간호부양성소를 졸업했으며, 1930년에는 캐나다 토론토대학 간호과를 졸업했다. 이후 이금전은 이화여전에서 간호학과 위생학을(1932-1937), 세브란스 산파간호부양성소에서 보건간호학을 교수했으며(1936), 해방 후에는 1950년에서 1952년까지 세브란스병원 11대 간호원장으로도 일했다. 1959년, 이금전은 나이팅게일 기장記章을 받아 간호사로서 최고의 영예를 누렸다.[41] 서수신(1900-?)은 1922년까지 세브란스병원에서 계속 근무하여 간호원 감독으로 있었으며,[42] 김여

---

40 「避難婦人相助會 八日洋裁교서 結成式」, 『마산일보』 1951년 9월 7일자.

41 「이금전여사에 수요 22일 대한적십자사서 전달식」, 『동아일보』 1959년 5월 19일자; 「32년간 고난의 봉사, 한국서 두 번째 받은 이여사」, 『동아일보』 1959년 5월 31일자; 이꽃메, 「한국 지역사회간호의 선구자 이금전에 관한 역사적 고찰」, 『지역사회간호학회지』 24-1, 2013.

42 「주일학교 *母姊會*」, 『동아일보』 1922년 8월 16일자; 「주일학교 *慈母會*」, 『동아일보』 1922년 11월 10일자.

운(1900-?)은 1924년 3월 조선약학교를 졸업했다.[43] 박봉남(1897-?)은 1926년 3월 도쿄에 있는 메카明華여자치과의학전문학교(1917년 개교, 이후 동양여자치과전문학교로 개칭)를 졸업하고 조선 최초의 여성 치과 의사가 되었으며, 1927년 봄부터 세브란스병원 치과에서 근무하기도 했다.[44] 함명숙咸明淑(?-1973)은 독립선언서에 서명한 33인 중 한 명인 목사 오화영의 부인으로 알려졌는데, 이화학당을 거쳐 미국 유학까지 한 뒤 세브란스병원의 간호부장을 지내다가 비교적 늦은 나이에 오화영과 결혼했다.[45]

애국부인회 이후로도 여성운동 및 독립운동에 투신했던 대표적 인물로는 정종명이 있다. 정종명은 여자고학생상조회를 비롯하여 조선여성동우회·근우회·신간회 등에서 임원으로 활동하다가 조선공산단 재건사건에 연루되어 체포된다. 이 중에서 1922년 4월 서울에서 조직하고 정종명이 회장으로 활동했던 여자고학생상조회에서는 애국부인회에 가입했던 다른 간호사들의 이름도 찾아볼 수 있는데, 전사덕·강아영·최종숙·이성효 등이다. 전사덕田四德(1902-?)은 1922년 4월 1일 여자고학생상조회의 창립 회원이었으며,[46] 강아영은 1923년

---

43 「학생의 깃분날, 조선약학교」, 『동아일보』 1924년 3월 23일자.

44 「조선 처음의 치과 여의사」, 『동아일보』 1926년 5월 1일자; 「東京女子齒專의 朴鳳南孃」, 『매일신보』 1926년 1월 25일자; 「婦人齒科醫 박봉남씨」, 『시대일보』 1926년 1월 25일자; 『세브란스교우회보』 제9호(1928.3.15), 24쪽.

45 「3·1독립투사의 미망인 3, 菊史 선생의 함명숙 여사」, 『경향신문』 1966년 2월 26일자.

46 「여자고학생의 상조회가 생기어」, 『동아일보』 1922년 4월 1일자; 「女子苦學相助會」, 『매일신보』 1922년 4월 3일자.

7월 여자고학생상조회에서 지방순회강연대를 조직하고 함경도 지방을 돌 때 정종명과 함께 연사로 활동했다.[47] 이성효는 1929년 6월 여자고학생상조회 혁신총회에 정종명과 함께 참석했으며,[48] 최종숙은 1930년 9월에 열린 여자고학생 임시총회에서 집행위원으로 선출되었다.[49]

이후 정종명이 1927년 5월 서울에서 근우회를 창립하여 중앙집행위원장 등으로 활동했을 때, 김은도(1900-?)는 근우회 발기인 40명 중 한 사람으로 참가했으며, 이후로도 근우회 선전사업 및 해주지회 등에서 활동했다.[50] 김영순金永順(1898-?) 역시 1930년 부산근우지회 정기대회에 참여하여 집행위원으로 선출되었다.[51] 최종숙 역시 근우회 경성지회와 주을지회에서 활동했다.[52] 이러한 사실을 통해 세브란스 간호사들이 여성운동·사회운동에 참여하는 데 정종명이 중요한 연결 고리를 담당하고 있었다는 것을 알 수 있다.

박옥신朴玉信(1901-?)은 전남 순천에서 1926년경부터 순천매산여

---

47 「여자고학생 하기지방순강 함경도지방에」, 『동아일보』 1923년 7월 13일자.

48 「조선여자고학생상조회 혁신총회 개최의 건」 京鍾警高秘 제7867호(1929.6.14).

49 「女子苦學生相助臨時總會」, 『중외일보』 1930년 9월 18일자; 「여자고학생상조회 총회」, 『동아일보』 1930년 9월 19일자.

50 「朝鮮女子解放을 目標한 單一團」, 『중외일보』 1927년 4월 27일자; 「근우회발기회」, 『동아일보』 1927년 4월 27일자; 「근우회 선전일, 비오면 연기」, 『동아일보』 1927년 7월 15일자; 「근우해주지회의 제2 정기대회」, 『동아일보』 1929년 4월 21일자.

51 「부산근우대회 지난 16일에」, 『동아일보』 1930년 3월 18일자.

52 「근우회경성지회 임시집행위원회 개최에 관한 건」 京鍾警警高秘 제7669호(1929.6.10); 「朱乙槿支 定期大會盛況」, 『중외일보』 1930년 4월 12일자.

학교 교사로 근무했으며, 교사로 근무를 시작한 1926년 초부터 김마리아와 함께 여자청년회를 창립하고 위원장으로 활동했다. 1929년 6월에는 순천근우지회 창립 집행위원으로 활동하기도 했다.[53] 해방 후에는 정치에 뛰어들어 1946년 5월 31일 열린 제1회 여자국민당대의원회 겸 전국여성대회에서 전북 지역 대의원으로 참석했다.[54] 1948년 5월 10일 총선거에 애국부인회(미군정기 독립촉성애국부인회의 후신) 소속으로 순천 갑에서 입후보했고, 1949년에는 애국부인회와 서울시부인회가 통합하여 만들어진 대한부인회[55] 전라남도 본부 결성식에서 간사로 선출되기도 했다.[56] 오화영(1896-?)은 자신의 본적지인 용강군의 대동병원출장소에 근무하면서 집이 가난하여 취학하지 못한 소녀 30여 명을 모집하여 경비까지 자담하면서 야학을 열어 그들을 가르쳤는데, 의료계에 종사하면서 교육활동까지 펼친 경우라고 할 수 있다.[57]

이렇듯 애국부인회에 가입했던 세브란스병원 간호사들은 의학계에 계속 종사하거나 여성운동·사회운동에 투신했는데, 대다수가 이러한 활동을 지속해나갔다. 애국부인회에 참여했던 간호사들이 단순

---

53 「梅山校 15주년 기념」, 『동아일보』 1936년 4월 19일자; 「全南順天에 女子青年 十六日創立」, 『시대일보』 1926년 1월 24일자; 「순천근우창립」, 『동아일보』 1929년 6월 17일자.

54 1945년 창당된 대한여자국민당은 여운형 중심의 건국준비위원회의 독주에 대한 반대, 이승만에 대한 지지 및 신여성들의 정치참여를 목적으로 창당된 단체였다(한국민족문화대백과).

55 1949년 2월 24일 서울시청에서 결성된 반관반민 통합 우익여성단체(한국민족문화대백과).

56 「大韓婦女會, 전라남도본부 결성」, 『동광신문』 1949년 5월 1일자.

57 「여자야학과 오여사」, 『동아일보』 1923년 8월 7일자.

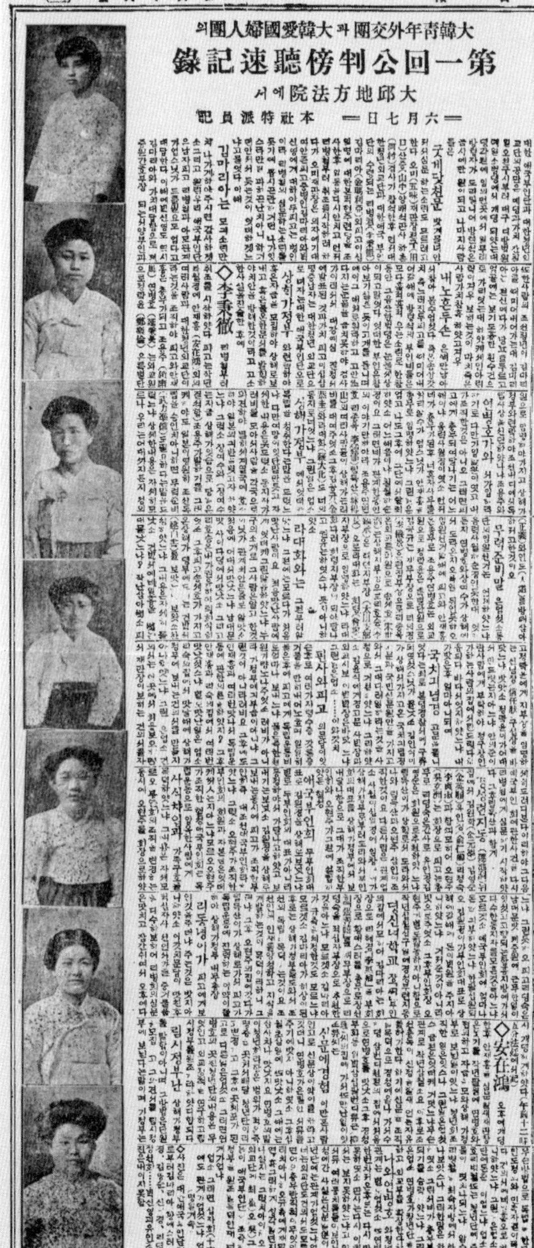

大韓青年外交團과大韓愛國婦人團의

第一回公判傍聽速記錄

大邱地方法院에서

六月七日 本社特派員記

청년외교단
애국부인회 공판 보도
(『동아일보』 1920년 6월 7일자).
위에서부터 김마리아·
황에스더·이혜경·김영순·
신의경·이정숙·장선희이다.

히 같은 병원에서 근무하기 때문에 참여했던 것이 아니라 이미 여성 운동과 사회에 대한 관심이 높았으며, 한편으로 10대 후반부터 20대 초중반의 나이에 짧게나마 겪었던 애국부인회의 활동 경험이 이후의 삶에도 적지 않은 영향을 끼쳤던 것이다.

국내의 임시정부 지원 활동

국내에서는 3·1운동 이후 독립운동의 기세를 이어갈 것을 독려하고 임시정부의 선포 및 활동을 알리는 선전활동이 진행되었다. 3·1운동이 진행되는 동안 『국민신보』를 발행하여 만세운동을 선전하고 참여를 독려했던 이일선은 7월 중국 상하이로 잠시 피신했다. 그는 상하이에서 임시정부 인사들과 접촉했으며, 귀국할 때에는 임시정부 의정원 의장 손정도孫貞道가 발행한 「국내동포에게 호소함」이라는 전단 5,000장을 서울로 가지고 들어왔다.[58]

서울로 돌아온 이일선은 가져온 전단을 배포했고, 1919년 5월경 조직된 외교청년단에도 가입하여 활동했다. 그는 임시정부가 발행했던 『외교특보』를 국내에 배포했고, 송춘근에게 임시정부의 소식을 전달해주기도 했다. 이후 경찰의 추적을 받아 도주할 때 송춘근의 도움을 받아 춘천에 은신했지만 1919년 10월 검거되었다.

경기도 양주 출신인 송춘근宋春根(1887-1971)은 15세에 서울 경신학교에 입학했다가 청년학관으로 옮겨 보통과를 졸업했다. 1913년

---

58 국가보훈처 공훈전자자료관 이일선 공훈록.

춘천에서 미국 선교사 오크바의 조선어 교사로 일하기도 했으며, 1916년 9월 연희전문학교에 입학했다가 1917년 세브란스의전에 입학했다.[59] 세브란스의전 3학년에 재학 중이던 1919년 연희전문의 김원벽과 보성전문의 강기덕 등의 연락을 받고 만세시위를 위한 학생동원의 책임을 맡았으며, 동료 학생들에게 3월 1일 정오까지 태극기와 적색 리본을 가지고 탑골공원에 집합하도록 하고 자신도 만세운동에 참여했다.[60] 또한 스코필드가 촬영한 일본군의 한국인 학살 사진을 미국 선교회와 신문사에 보낸 것도 송춘근이었다. 3·1운동 이후 다행히 체포를 면한 송춘근은 세브란스병원에서 근무했던 이일선을 교회 예배당에서 알게 되었고, 그를 통해 임시정부의 소식을 접했다.

세브란스의전을 다니면서 송춘근은 미국인 선교사 앤더슨[61]에게서 학자금을 받아오고 있었지만, 춘천기독병원에 온 힐[62] 선교사와 학

---

59 「송춘근 신문조서」(1920.2.12), 『한민족독립운동사자료집』 35.

60 국가보훈처 공훈전자사료관 송춘근 공훈록.

61 A. G. 앤더슨(Albin Garfield Anderson: 1882-1971, 安道善), 미국 시카고 출생으로 의학박사학위 취득 후 1911년 미감리회 의료선교사로 내한하여 원주 서미감병원에서 1912년부터 1921년까지 10년 동안 근무했고, 세브란스병원 및 의전에서 봉직하다가 평양 기홀병원으로 전임하여 1938년까지 근무했다. 1940년 세브란스병원 이사를 역임 중 일제에 의해 강제 귀국했다. 이후 아프리카의 남로디지아에서 5년 동안 의료선교사로 봉사했다. 왕현종, 「일제하 원주 서미감 병원의 설립과 지역사회에서의 위치」, 『역사문화연구』 42, 2012, 44쪽, 각주 23.

62 힐(Alfred W. Hill, 허일), 1881년 영국에서 태어나 1904년 사관으로 임명되었다. 힐 선교사는 1911년 충청지방관이 되어 구세군의 충청도 선교를 지휘했고, 1917년부터는 구세군사관학교 교장이 되어 사관 양성에 주력했다. 또 1919년 설립된 구세군 육아원 원장으로도 일했다. 그리고 1925년에는 한국순회선교단 8명을 인솔하여 미국과 캐나다에서 모금운동을 전개했다. 서울 정동의 구세군사관학교 건물 신축은 이 모금에 힘입은 것이다. 힐 선교사는 1927년 서인도의 바바드스섬으로 전임했는데, 1908년 결혼한 부인(Florence Riley)은 1922년 사망하여 서울 양화진외국인묘지에 묻혔다. 송현강, 「이 주일의 역사-힐

자금 문제를 상의하러 1919년 6월 말 춘천을 찾았다. 이일선은 송춘근이 춘천에 간다는 이야기를 듣고 춘천에서 3·1운동으로 입감된 학생들을 위한 구제금을 모금해줄 것을 부탁했다. 춘천에 간 송춘근은 교회에서 알게 되었던 김조길金祚吉을 찾아가 전후 사정을 설명했고, 이에 김조길은 자신도 그러한 뜻에는 찬성하지만 당장 돈이 없으므로 춘천면장 이동화를 찾아가 구제금 명목으로 20원을 모금했다. 김조길은 이를 송춘근에게 전달했고, 춘천에서 돌아온 송춘근이 이를 이일선에게 넘겨주었다.

춘천에서 돌아온 뒤에도 송춘근은 김조길과 꾸준히 연락하여 8월 말에는 『국민신문』과 『독립신문』을 춘천 내 기독교인과 유력자에게 배포하도록 하고, 11월 말에는 송동수宋東秀라는 가명을 사용하여 독립선언서와 임시정부성립축하문 및 축하가, 독립운동가獨立運動歌 등의 문서 400여 장을 김조길에게 보냈다. 김조길은 이 중 일부를 이동화 및 몇몇 인물에게 전달하고 남은 문서는 밀감상자 속에 넣어 자신의 집 온돌방에 숨겨두었는데, 춘천의 남감리파 교도를 중심으로 독립운동을 계획하여 불온문서를 배포하고 있다는 첩보를 듣고 조사 중이던 경찰에게 발각되었다.[63]

또한 송춘근은 춘천의 지달원에게 임시정부의 소식을 전해주기도 했는데, 이러한 내용을 암호로 쓰인 편지로 주고받았다. 먼저 지달

선교사」, 『기독신문』 2010년 6월 13일자.

63 독립운동사편찬위원회, 『독립운동사자료집 9: 임시정부사 자료집』, 독립유공자사업기금운용위원회, 1975, 469쪽.

원이 전한 내용은 "경성의 물가는 여하? 경성의 미가米價 및 포목布木 시가를 알려줄 것"으로 이는 실제로는 "학교 생도의 운동 및 일반 운동의 진행 상황을 통지하여줄 것"이라는 의미였다.[64] 이에 대한 송춘근의 답변은 다음과 같다.[65]

> 근일 상황은 전과 같다. 그런데 해海상회는 각각 계속하여 분업 중이다. 일본에 있는 이세군李世君을 상회에 참석하게 하려 하였으나, 사고에 의하여 참석시키지 못하였다. 공지사公之事는 이미 알고 있을 것이다.

여기서 해상회는 상하이 대한민국임시정부를 지칭한 것이며, 이세군은 도쿄에 있는 왕세자를 의미하는 것으로 이 편지의 진짜 뜻은 다음과 같다.

> 경성은 별로 변함이 없다. 상하이 임시정부는 여전히 존립하여 각지에서 활동 중이다. 또 도쿄에 거주하고 있는 이 왕세자전하를 상하이로 유인하려 했으나 사고에 의하여 뜻을 이루지 못했다. 조선독립에 대해서는 신문 기타에 이미 발표되어 있다.

송춘근은 이일선이 경찰에게 쫓기는 것을 알고 스코필드와 함께

---

64 독립운동사편찬위원회, 『독립운동사자료집 9: 임시정부사 자료집』, 독립유공자사업기금운용위원회, 1975, 472쪽.

65 「송춘근 신문조서」(1920.2.12), 『한민족독립운동사자료집』 35.

협의하여 이일선이 춘천으로 도주할 수 있도록 도와주기도 했으나,[66] 이일선은 10월 중 검거되었고 김조길의 집에서 송춘근이 보낸 문서가 발견되면서 자신도 12월 5일 학교에서 집으로 돌아오는 중에 검거되었다.[67]

이후 정치범 처벌령 위반으로 1920년 10월 8일 경성지방법원에서 1년 6개월(미결구류일수 180일)을 선고받았으며, 서대문감옥에서 복역했다. 출옥 후 세브란스의전에 복학하여 1923년 졸업했으며 다음 해인 1924년 원산 구세병원에서 근무했다. 송춘근은 원산에 있는 동안 원산기독교청년회 회장, 원산한인의사회 회장으로 활동했다. 1931년 이후 전라남도 해남으로 자리를 옮겨 고려의원을 개업했으며, 해방 이후에는 송봉해로 개명하여 1948년 제헌국회의원에 당선되었다.[68]

한편, 송춘근 외에 춘천에서 활동했던 또 다른 인물로 이병천李炳天(1898-?)이 있다. 이병천은 춘천 출신으로 1919년에 세브란스의전을 졸업했다. 1917년 세브란스의전에 입학했던 송춘근과 재학 시기가 어느 정도 겹치기는 하지만 두 사람의 관계를 직접적으로 확인할 수 있는 자료는 찾을 수 없다. 현재 확인할 수 있는 자료만으로는 개별적으로 활동한 것처럼 보이며, 시기적으로는 이병천이 송춘근보다 앞서 활동했다. 이병천은 1919년 4월 종로에서 예전부터 알고 지내던 경

---

66 「송춘근 신문조서(제3회)」(1919.12.10), 『한민족독립운동사자료집』 35.

67 「보고서」(1919.12.6), 한민족독립운동사자료집 35.

68 연세대학교 의과대학, 『제중원·세브란스인의 사회공헌』, 역사공간, 2016, 37쪽.

신학교 학생 강우열姜佑烈에게서 국민대회 취의서와 임시정부 선포문 150장을 전달받았다. 문서의 내용은 5월 15일은 파리강화회의에서 조선독립 문제를 결의하는 날이므로 조선인 관공리들은 일제히 사표를 제출하고 독립만세를 부를 것을 독려하는 한편, 민주대의제를 채택하여 임시정부를 조직하자는 것이었다.

이병천은 이 문서를 가지고 춘천으로 가서 미국인 선교사 테일러[69]의 조선어 교사였던 김흥범金興範에게 주고 다른 사람에게 널리 배포해줄 것을 부탁했다. 이병천에게서 문서를 넘겨받은 김흥범은 4월 30일경 춘천의 조선인 관리 및 기독교인들에게 문서를 배부하고 남은 것은 테일러의 집 돼지우리 밑에 숨겨두었으나 경찰에게 발각되어 바로 검거되었다. 이병천은 5월 2일 만주로 달아난다고 했으나 서울로 떠난 행적이 있어 바로 수배되었다. 얼마 지나지 않아 이병천은 검거되었으며 1919년 6월 12일 경성지방법원에서 정치범죄 처벌령 위반으로 징역 6개월을 언도받았다.[70]

사건 이후 이병천은 하얼빈으로 건너간 듯하며 1923년경에는 하

---

69 제임스 테일러(James Oliver Jelks Taylor, 1893-1952, 崔逸羅)는 1893년 4월 미국 조지아주 허킨스빌에서 태어나 에모리대학에서 공부했으며, 1918년 가을 아내 엠마(Emma Myers Taylor)와 두 아들을 데리고 미국남감리교 선교사 자격으로 한국에 왔다. 남감리회의 선교구는 주로 경기 북부와 강원도 일대로, 테일러는 춘천에 정착했다. 주로 춘천에서 목회와 선교활동을 했지만, 그의 선교 보고들의 내용을 보면 실제로는 남감리회에서 설립한 개성의 송도고등보통학교와 아이비기념병원(남성병원), 원산기독병원 등의 활동을 비롯해 여러 지역에서 이뤄진 각종 교육 및 의료선교활동에 관여했던 것으로 보인다. 정재현, 「한국 개신교 초기 선교 자료 연구의 의의」, 『인문과학』 111, 2017, 8쪽.

70 「경성지방법원 판결문」(1919.6.12), CJA0000404); 독립운동사편찬위원회, 『독립운동사 자료집 6: 삼일운동사 자료집』, 독립유공자사업기금운용위원회, 1973, 726-727쪽.

얼빈에서 고려극동병원을 운영하고 있었다. 1922년 2월 하얼빈 기독교 미국감리교회에서는 하얼빈에 거류하는 조선인 어린 자녀들의 교육을 위해 유치원을 개원했는데, 이병천은 간사 및 학무위원으로 참가했다. 이 유치원에는 이병천 외에 세브란스 출신으로 설립자 및 원감으로 이원재李元載(1914년 졸업)가, 원장 및 회계로 이병천과 동기인 박정식朴廷植(1919년 졸업)이 참여하고 있어, 하얼빈에서 미국감리교회를 중심으로 세브란스 출신들이 활동하고 있었던 것을 알 수 있다.[71] 이병천은 하얼빈에서 1926년 6월경에는 귀국한 것으로 보이며 귀국한 뒤에는 서울 정동에서 관동의원關東醫院을 개설했다. 1930년대에도 계속 서울에 거주했던 듯하지만 병원을 계속 운영하고 있었는지는 확실하지 않다.[72]

이러한 선전활동 외에도 국내에는 다양한 단체들이 조직되어 임시정부의 활동을 지원했다. 황해도 장연에서 장규섭張奎燮(1884-1944)은 1919년 10월부터 대한적십자회 운동을 전개했으며, 1920년에는 이를 의용단義勇團으로 개편하여 활동했다.[73] 장규섭은 1905년 을사조

---

71 「哈爾賓敎會幼稚園」, 『동아일보』 1922년 2월 22일자; 『세브란스연합의학전문학교일람』 1923, 42쪽.

72 *Catalogue Severance Union Medical College*, 1925-26, p.88; 『세브란스교우회보』 제6호(1926. 3), 28쪽; 『세브란스연합의학전문학교일람』의 1930년대 판(1931·1936·1939·1940)에서 시내 교남동(橋南洞) 혹은 경성부내라고 거주한 곳은 나와 있지만 병원 이름은 전혀 언급되고 있지 않다. 『세브란스연합의학전문학교일람』 1931, 71쪽; 『세브란스교우회보』 제15호(1931.11.18), 17쪽; 『세브란스연합의학전문학교일람』 1934, 113쪽; 1936, 116쪽; 1939, 120쪽; 1940, 125쪽.

73 임시정부의 국내 비밀결사단체로서 1920년 1월 안창호가 주도하여 조직한 의용단과는 별개의 단체이다. 선행 연구에 따르면 각 단체에 중복되거나 연계될 만한 인물이 없으며,

약 이후 1906년 여름 의병을 일으킬 것을 계획했으며, 1919년 3·1운동 당시에는 학생들과 함께 태극기를 만드는 등 만세시위에 앞장섰던 인물로 장연 지역에서 독립운동을 주도했던 인물 중 한 사람이었다.[74] 1920년 황해도 장연에서 장규섭을 중심으로 조직된 의용단에는 장연·송화·옹진·해주 등지에서 가입한 단원이 약 200명가량이었다. 이러한 의용단원 중 한 사람으로 황해도 장연 출신인 박헌식朴憲植(1892-1979)이 있었다.

박헌식은 장연군에서 해서제일학교海西第一學校를 졸업하고, 세브란스의전에 입학했다가 1918년 졸업했다. 졸업 후 1년간 학교에서 연구하다가 1919년 장연군으로 돌아가 개업했는데,[75] 어떤 계기로 의용단에 합류하게 되었는지 정확하지 않으나 3·1운동을 경험한 후 장연군에서 조직된 독립운동단체인 의용단에 합류하게 된 듯하다. 의용단은 소단小團·분단分團·부단部團으로 구성되었으며, 소단은 각 10명씩, 분단은 10개 소단으로, 부단은 10개 분단으로 편성되었다. 각 단원에게서 입단금으로 매달 30전씩을 징수하여 권총을 구입하고, 권총으로 형사·밀정·친일분자를 처단하는 것을 목표로 했다. 또한 임시정부와 연락을 취해 독립공채를 매매하고 『독립신문』을 구독하는 활동을 벌이기도 했다. 그러나 1921년 3월 활동이 발각되어 의용단원

활동에서도 연계한 내용이 나타나지 않는다고 한다. 김은지, 「대한민국임시정부의 국내비밀결사 義勇團의 활동」, 『한국 근현대사 연구』 47, 2008, 178쪽, 각주 1번.

74 국가보훈처 공훈전자사료관 장규섭 공훈록.

75 한국사데이터베이스 한국근현대인물자료; 「海西學校創立紀念」, 『동아일보』 1920년 9월 4일자.

80여 명이 검거되었는데, 박헌식도 이때 검거되었다. 이후 박헌식은 1921년 6월 해주지방법원에서 징역 1년에 집행유예를 언도받고 석방되었다.[76]

박헌식은 사건 이후에도 장연군에 정착하여 1923년 보구의원普救醫院[77]을 경영했으며 1928년경부터는 장연읍내에서 박헌식의원으로 병원을 운영했다.[78] 장연에서 오랫동안 개업하면서 지역의 유력자로서 여러 분야에서 활발히 활동했다. 민립대학기성준비회에 장연군의 발기인으로 참여했으며, 1923년부터 1925년까지 장연청년회 회장을 역임하면서 1925년 황해도청년대회와 해서청년연합준비회에 준비위원으로 참여했다. 1925년 장연면에 있는 사립여자청년학교의 원장을 맡았으며, 1927년에는 장연공립보통학교 증축을 위한 후원회의 회장을 맡았다가 학의평위원으로 선출되기도 했다. 이후에도 박헌식은 장연읍에 유치원 설립 인가 신청을 제출하는 일에도 앞장서는 등 청년회와 교육 방면에서 활동했다.[79]

---

76 「대한적십자사 및 의용단원의 검거」 高警 제12724호(1921.5.10); 「長淵署에 檢擧된 赤十字義勇團員」, 『동아일보』 1921년 5월 14일자; 「義勇團員의判決」, 『동아일보』 1921년 7월 3일자.

77 1919년 당시 개업했던 병원 이름을 알 수 없어 1919년부터 개업한 병원의 연장선상인지 1923년경 새로 개업한 것인지는 확실하지 않다.

78 단순히 병원 이름만 변경한 것인지 주소까지 이전했는지는 알 수 없다. 1940년까지는 병원 이름의 변경은 없었으나 다만, 1940년 1월 『매일신보』 「祝 興亞新春」란에서는 평화의원(平和醫院)으로 등장한다. 『세브란스연합의학전문학교일람』 1928, 45쪽; 1931, 70쪽; 1934, 113쪽; 1936, 116쪽; 1939, 120쪽; 1940, 125쪽; 「祝 興亞新春」, 『매일신보』 1940년 1월 6일자.

79 「發起總會는 3월말」, 『동아일보』 1923년 2월 22일자; 「民大發起總會는 3월 말일께 개회할 예정」, 『매일신보』 1923년 2월 22일자; 「長淵青年會總會」, 『동아일보』 1923년 8월 8일자;

임시정부의 초기 활동(1919–1924)

대한적십자회 조직

대한민국임시정부는 1919년 11월 5일 '대한민국임시관제'를 선포했으며, 위생과 관련한 사무는 내무부가 관장하도록 규정했다. 내무부 산하에는 비서국·지방국·경무국·농상공국의 4국이 있었으며, 위생 업무는 경무국이 관장했다. 이렇게 위생제도를 형식적으로 갖추긴 했지만 임시정부가 상하이라는 외국 영토에 존재하는 이상 국내외 인민에 대한 직접적인 위생의료정책을 시행할 수는 없었다. 또한 임시정부는 대일독립전쟁 수행의 최고기관인 만큼 위생의료정책의 주요한 방향을 독립전쟁 수행 과정에서 필요한 전시 위생의료로 제한했다.

따라서 대일독립전쟁 수행 과정에서 부상당하는 독립군을 치료할 의사와 간호사 양성이 시급한 문제였고, 이에 1919년 7월 13일 임시정부 내무부 총장 안창호의 명의로 대한적십자회의 설립이 인가되었다.[80] 설립 당시 회장은 이희경, 부회장은 김성겸, 이사는 여운형이 선임되었으며, 8월에는 안창호 등 78명의 명의로 「대한민국 적십자회

「集會와 講演」, 『시대일보』 1924년 6월 19일자; 「黃海道 道民大會 第三日」, 『동아일보』 1923년 12월 26일자; 「黃海道 青年大會」, 『동아일보』 1925년 2월 9일자; 「海西青年聯合殷栗서 準備會」, 『동아일보』 1925년 3월 17일자; 「東亞日報記者地方巡廻, 正面側面으로 觀한 長淵과 瓮津」, 『동아일보』 1925년 2월 23일자; 「長淵公普校 後援會定總」, 『동아일보』 1927년 3월 23일자; 「海西地方, 長淵學議選擧」, 『동아일보』 1927년 3월 25일자; 「長淵幼稚園認可」, 『동아일보』 1936년 4월 7일자.

80 대한적십자회의 조직 과정에 관해서는 김광재, 「1920년 전후 상해 한인사회의 위생」, 『한국민족운동사연구』 82, 2015; 신규환, 「상하이로 간 의사들과 대한민국임시정부」, 『연세의사학』 21-1, 2018을 참고하여 작성했다.

선언」과 결의문을 발표했다.

「**결의문**」

일, 일본적십자사에 대하여 관계의 단절을 선언하고 연금의 반환을 요구할 것.

이, 국제연맹에 향하여 일본적십자사의 무도무의한 죄악을 성토하는 동시에 우리의 정의적 태도와 독립적 자격을 완전히 표시함으로써 적십자연맹에 가입할 것.

삼, 신성한 독립전쟁에 대하여 생명과 신체를 희생하고, 국민의 의무를 다하는 동포를 구제함은 우리 적십자회의 제일의 요무요 급선무라. 고로 자유정신을 가지고 동포의 참상을 슬퍼하는 우리 민족이여! 성심 총력하여 본회의 목적을 달할지어다.[81]

곧이어 대한적십자회는 전문 35조로 구성된 대한적십자회 회칙을 공표했는데, 제4조에서 "전쟁 및 기타 재난 시에 부상자 및 병자를 구휼함을 목적으로 한다"고 설립목적을 명시했다. 이렇게 설립된 대한적십자회의 첫 의료사업은 콜레라 예방주사 실시였다. 1919년 여름 상하이에 콜레라가 유행하자 대한적십자회는 임시정부에서 100원을 교부받아 상하이 교민들을 대상으로 콜레라 예방주사를 시행했다. 요금은 50전씩 받기로 하고 하루에 90명 정도에게 실시할 것을 예정했

81 대한적십자사, 『대한적십자사70년사』, 78쪽; 신규환(2018), 위의 논문, 60쪽에서 재인용.

상하이 적십자간호원양성소 제1회 졸업생과 교수진.
둘째 줄 왼쪽부터 정영준·곽병규·김창세이다.

으나 실제로 예방주사를 맞으러 온 교민은 30여 명에 그쳤다.

1920년 대한적십자회는 좀 더 조직적인 위생의료사업을 전개하기 위해 1월 31일 상하이 프랑스조계에서 적십자간호원양성소를 개설했다. 간호원양성소의 목표는 독립전쟁의 현장에서 의사와 간호원의 역할을 동시에 수행해낼 수 있는 간호원 인력의 양성이었다. 교육과정은 3개월이었으며 매주 18시간 수업을 받도록 했다. 간호학 과목은 물론 의학과목도 수강하도록 했는데 전시에 의사가 부족할 경우 간호원이 그 역할을 대신할 수 있도록 하기 위해서였다. 제1기 입학생은 남자 3명, 여자 10명 등 총 13명이었으나, 1920년 4월 16일자 『신한민보』에 실린 졸업사진에는 9명의 여성간호원만 확인

연해주 대한적십자회 간호원양성소 설립 후 기념사진(1920년)

된다.

교수진은 곽병규·정영준·김창세 등 3명으로 모두 세브란스연합의학교 졸업생이었다. 이들 중 김창세가 가장 먼저 상하이로 와서 대한적십자회 창립부터 관여했고, 적십자간호원양성소의 설립에도 주도적인 역할을 담당했다.

김창세金昌世(1893-1934)는 평안남도 용강군 출신으로 그의 아버지는 제칠일안식일예수재림교회에서 초창기 출판사업을 주도했던 김승원金承元이다. 김창세는 평양 장로교 소학교, 진남포 안식일교회 소학교를 거쳐, 아버지를 따라 일본에 건너가 고베의 고베중학神戶中學 및 도쿄 간다구神田區의 정칙속성학교正則速成學校에서 공부했다. 다시 한국으로 돌아온 김창세는 서울에서 영어학교를 다녔는데 이렇게 한국과 일본의 여러 도시를 거치며 다양한 학교에서 수학했던 경험은 언어 능력을 키워주었고, 이후 그가 중국·미국 등지에서 초국가적 지식인으로 활동할 수 있는 밑바탕이 되었다.[82]

김창세는 1909년부터 1913년까지 평안남도 순안의 의명학교義明學校에서 교사로 근무했으며, 이때 순안에서 의료선교사로 활동했던 라일리 러셀Riley Russell·노설을 알게 되어 러셀의 주선으로 1913년 세브란스연합의학교에 입학했다. 1916년 세브란스연합의학교를 졸업한 그는 1918년까지 러셀이 원장으로 있는 순안병원에서 근무했다. 1918년 러셀 원장은 김창세가 중국 상하이의 홍십자병원紅十字病院에서 의학연수를 받을 수 있도록 주선해주었고, 김창세는 1918년 상하이로 건너갔다.

그가 홍십자병원에서 근무하고 있는 동안 국내에서는 3·1운동이 일어났으며, 상하이에는 대한민국임시정부가 들어섰다. 김창세는 임시정부를 실질적으로 이끌었던 안창호와는 특별한 인연이 있었다. 안창호는 김창세의 손윗동서였으며, 두 사람은 흥사단에서 함께 활동한 동지이기도 했다. 또한 상하이에 있는 동안 김창세는 안창호의 주치의이기도 했으므로, 김창세도 자연스럽게 임시정부 활동에 관여했으며 특히 임시정부의 공공위생정책에 적극적으로 참여했다.

---

82 김창세의 생애 및 활동과 관련하여 이종근, 「의술을 통한 독립운동가 김창세 박사」, 『도산학연구』 11, 12, 2006; 박윤재, 「김창세의 생애와 공중위생 활동」, 『의사학』 15-2, 2006; 신규환, 「식민지 지식인의 초상: 김창세와 상하이 코스모폴리탄의 길」, 『역사와 문화』 23, 2012를 참고하여 작성했다.

김창세는 임시정부 산하 대한적십자회 창립과 적십자간호원양성소 설립에 주도적으로 활동했다. 간호원양성소에서 수업을 받은 간호원들의 실습은 김창세의 주선으로 홍십자의원을 비롯하여 상하이 시내 각 병원에서 실시했다. 김창세가 근무하고 있던 홍십자의원은 대한적십자회와 설립 목적이 같았으므로 상호 협력이 가능할 수 있었다. 이들 병원에서 간호원들은 교민들을 대상으로 예방주사를 놓고 환자 진료를 돕기도 했다. 하지만 간호원양성소는 1기생을 배출하고 자금 부족으로 중단되고 말았으며, 1920년 11월 김창세는 미국 유학을 위해 상하이를 떠났다.

황해도 봉산 출신인 곽병규郭炳奎(1893-1965)는 평양 숭실중학교에서 수학하고 1908년 세브란스병원의학교에 입학하여 1913년 졸업했다.[83] 졸업 후 1917년 러시아로 건너간 곽병규는 1919년 블라디보스토크 신한촌新韓村에서 의사로 활동했다.[84] 1919년 임시정부가 수립된 이후 1920년 3월 곽병규는 안창호를 방문했는데,[85] 이를 계기로 간호부양성소의 교수진으로 참여했던 듯하다. 그러나 안창호를 방문했을 때도 러시아에서 자신이 해야 할 일을 문의한 것에서 알 수 있듯이 자신의 활동 거점을 러시아로 생각하고 있었던 듯하며, 간호원 1기생 배출 이후 러시아로 복귀했다.

---

83 곽병규 학적부.

84 *Catalogue Severance Union Medical College*, 1917, p.41; 국가보훈처 공훈전자사료관 곽병규 공훈록.

85 「안창호일기」(1920.3.15; 3.25; 4.4; 4.18), 독립기념관 한국독립운동정보시스템.

경기도 개성 출신인 정영준鄭永俊(?-1923)은 1915년 3월 세브란스 연합의학교를 졸업했으며 졸업 후 1917년에는 이미 베이징에 체류하고 있던 것이 확인된다.[86] 어느 시기에 상하이로 갔는지 명확하지 않으나 김창세·곽병규와 함께 1920년에는 간호원양성소에서 교육을 담당했다.

간호원양성소는 1기생 배출 이후 중단되었으며, 교수진들 역시 뿔뿔이 흩어졌으나 대한적십자회는 계속 유지되었고, 교수진들 역시 대한적십자회 회원으로 계속 활동했다. 곽병규는 1921년 2월 대한적십자회의 대표자로서 블라디보스토크 및 시베리아에서 회원을 모집하고 회비를 모금하는 책임을 맡았으며,[87] 김창세 역시 1921년 11월 대한적십자총회에서 감사로 선임되어 활동했다.[88] 1921년 11월에 열린 대한적십자 총회에서는 주현측·신현창이 상의원常議員으로 선출되었고, 1922년 4월에는 신창희가 상의원으로 선출되는 등 대한적십자회 내에서 세브란스 출신 인물들의 활동도 계속되었다.

국민대표회의 소집과 상하이 대한민국임시정부

1919년 4월 첫 회의를 소집한 임시의정원은 '대한민국'이라는 국호와 '민국'이라는 연호를 제정하고, 정부 조직 및 임원단을 구성했으며, 「대한민국임시헌장」과 「대한민국임시헌법」을 제정하는 등 중요 사항

---

86 *Catalogue Severance Union Medical College*, 1917, p.42.

87 「鮮人의 行動에 關한 件」 機密 제11호(1921.2.20).

88 국가보훈처 공훈전자사료관 김창세 공훈록.

상하이 대한민국임시정부 및 임시의정원 신년축하식 기념(1921년 1월)

들을 결정했다. 상하이 대한민국임시정부(이하 임시정부)는 러시아 지역의 대한국민의회, 한성임시정부 등 여러 세력 간의 이견을 어렵게 수습하고 봉합하여 1919년 11월 통합정부의 모습을 갖추었다. 그러나 이러한 봉합은 오래 가지 않아 독립운동 노선을 둘러싼 내부 분열과 임시대통령 이승만의 독선, 기호파와 서북파의 대립 등으로 그 한계를 드러내었다. 국무총리 이동휘와 노동국총판 안창호, 젊은 차장들을 중심으로 제도 개혁을 통해 임시정부를 개조하려는 시도가 있었으나, 이러한 노력마저 무위로 돌아갔으며, 이동휘·안창호 등이 1921년 초 임시정부를 떠나면서 임시정부는 심각한 위기에 처했다. 국민대표회의는 이러한 위기에서 독립운동 진영의 분열을 극복하고 새롭게 통일해야 할 필요성에서 제기되었다.

1921년 2월 상하이에서 박은식·원세훈·왕삼덕 등 14명이 선포한 「우리 동포에게 고함」을 계기로 베이징·만주에서도 국민대표회의

聲明書

大韓民國五年六月二日

국민대표회의 성명서

의 소집요구가 이어졌다. 1921년 5월 상하이에서도 국민대표회의 소집을 요구하는 연설회가 열렸으며, 국민대표회의기성회가 조직되었다. 그러나 1921년 11월 미국 워싱턴에서 열리는 태평양회의에 관심이 모아지면서 국민대표회의의 개최는 잠시 연기되었다.

1922년 2월 태평양회의가 아무런 성과 없이 끝나자 4월 이후로 국민대표회의 소집 추진은 다시 활기를 띠었으며 1922년 5월 베이징파와 상하이의 이르쿠츠크파는 국민대표회의주비회의 소집을 선언하고 나섰다. 이에 안창호도 회의 개최에 동의했으나, 김구와 이시영은 국민대표회의에 반대하고 임시정부 유지를 주장하면서 한국노병회를 조직했다.

결국 1923년 1월 지역대표와 단체대표로 인정된 130여 명이 상하이에 모여 국민대표회의를 주최했다. 이 회의는 독립운동사상 최대 규모의 회의로 4개월 정도 계속되었다. 그러나 대회 참석자들은 점차 창조파와 개조파로 의견이 나뉘었다. 창조파는 임시정부를 해산하고 신정부를 세우자고 주장했고, 개조파는 임시정부를 유지하면서 개혁하는 길을 주장했다. 베이징파, 이르쿠츠크파 고려공산당이 창조파의 입장이었고, 안창호파와 상하이파 고려공산당이 개조파의 입장이었다. 창조파와 개조파가 팽팽히 맞서는 동안 1923년 5월 국민대표회의 의장을 맡았던 김동삼이 만주로 돌아가고 개조파는 대회에서 탈퇴하면서 국민대표회의는 결렬되었다. 이렇게 1919년 4월 임시정부 수립 이후 1920년대 초반은 임시정부가 국민대표회의 소집 및 창조파와 개조파의 갈등으로 격랑을 겪던 시기였다. 이러한 시기 임시정부 안팎에서 활동했던 세브란스 인물로는 김창세·신창희·신현창·정영준·주현측 등이 있다.

앞서 대한적십자회 설립에 적극 참여했던 김창세는 안창호와의 인연으로 임시정부 내에서도 활동했다. 1919년 11월에 작성된 서류에서 김창세는 평안남도 용강군의 조사원을 맡고 있었다. 조사원은 국내 각 지방의 유력자·재산가·학교·종교 실태 등을 조사하여 임시정부에 보고하는 직책으로, 임시정부가 국내의 실태를 파악하기 위한 것이었다. 그러나 김창세는 1918년부터 이미 상하이에 체류하고 있었으므로, 그의 고향이 용강군인 것을 고려하여 임명되었던 듯하다. 1920년 3월 11일, 김창세는 흥사단興士團에 입단하여 단원으로서 안창호를 도왔고, 같은 해 4월 대한적십자회 간호원양성소 1기생들이 졸업한 이후 5월부터는 임시정부 임시공채관리국의 공채모집위원으로 활동했다.[89] 그러다 그는 1920년 11월 미국에서 의학을 계속 공부하기 위해 상하이를 떠났다.

정영준은 1920년 5월 상하이의 대한인거류민단의 단원으로 활동했으며, 국민대표회의 소집 요구가 등장하기 시작한 1921년 3월에는 임시정부를 옹호하기 위하여 윤기섭尹琦燮·윤보선尹潽善 등 원동遠東에 재류하는 유지 인사들과 함께 선언문을 발표했다.[90] 1921년 4월에는 제8회 임시의정원 회의에서 경기도 의원으로 선출되었으며 1922년 제10회 임시의정원 회의에서 의원직을 사임했다.[91] 1922년 7월 각 독립운동단체의 지도자들이 국민대표회의 소집 문제를 포함하여 몇 가지 현안 문제를 해결하기 위해 조직했던 시사책진회時事策進會[92]에도 가입하여 활동했다.[93]

---

89 국가보훈처 공훈전시자료관 김창세 공훈록.

90 「上海 鮮人의 行動에 관한 件 5」 機密 154호(1920.9.25); 「선언문」, 『신한민보』 1921년 4월 21일자.

91 「제八회 임시의정원 기사」, 『신한민보』 1921년 6월 9일자; 「第八回臨時議政院記事」, 『독립신문』 1921년 4월 30일자; 「第十回 臨時議政院會議記事」, 『독립신문』 1922년 3월 31일자.

92 이동녕의 주재하에 조직되었고, 안창호가 회장으로 여운형·김용철·신익희 등이 간부로 선출되었다. 독립운동전선에 현안으로 제기된 문제를 해결하기 위해 독립운동단체 지도자들이 대거 참여했으나 상호간 노선의 차이가 크고, 이해관계에 따라 대립이 심각했을 뿐만 아니라 도중에 임시의정원 의원과 이승만 옹호파들이 전원 탈퇴함으로써, 1922년 8월 11일 아무런 성과를 거두지 못하고 해체되었다(한국민족문화대백과).

93 독립운동사편찬위원회, 『독립운동사자료집 7: 임시정부사자료집』, 독립유공자사업기금운용위원회, 1973, 1337쪽; 독립운동사편찬위원회, 『독립운동사자료집 9: 임시정부자료집』, 독립유공자사업기금운용위원회, 1975, 903-904쪽.

일본 측에서는 정영준을 임시정부 내에서도 이시영(재무총장), 윤기섭 등과 함께 이동녕(내무총장 겸 국무총리대리)파에 속한다고 보았으며, 친미온화파이지만 군사행동을 주장하는 계열이라 파악했다.[94] 시사책진회 활동 및 이시영 계열로 묶이는 것으로 보아 정영준은 임시정부 옹호 혹은 개조파와 입장을 같이하고 있으며, 국민대표회의에 대해서도 다소 회의적이었던 것으로 보인다. 결국 국민대표회의가 열리는 중이었던 1923년 초, 정영준은 상하이를 떠나 난징 지역 쪽에 머물렀다. 이후 신병으로 귀향하여 개성에서 지내다가 얼마 지나지 않아 1923년 7월 15일 사망했다.[95]

신창희申昌熙(1877-1926)는 세브란스병원의학교를 1908년 졸업한 제1회 졸업생으로 김구의 손윗동서이기도 했다.[96] 졸업 후 1909년 졸업 동기였던 홍종은과 함께 의주에서 구세병원救世病院을 운영했다. 1917년에는 만주의 안둥安東에서 평산병원을 운영했는데,[97] 그가 언제쯤 안둥으로 병원을 옮겼으며, 어떤 계기로 임시정부에서 활동을 시작했는지 확실하지 않지만, 손아랫동서인 김구의 영향을 고려하지 않을 수 없다.

---

94 「國外情報: 僭稱上海假政府 幹部의 黨派別」 密 제33호 其139, 高警 제13028호(1921.5.10); 『고등경찰요사』, 경상북도경찰부, 1934, 88쪽.

95 「上海 및 南京在住 不逞鮮人의 有力者 氏名에 관한 件」 公信 제27호(1923.1.8); 「소식」, 『동아일보』 1923년 7월 22일자.

96 신창희 생애 및 활동에 대해서는 박형우·홍정완, 「세브란스병원의학교 제1회 졸업생 신창희의 생애와 활동」, 『연세의사학』 11-1, 2008과 국가보훈처 공훈전자사료관 신창희 공훈록을 참고하여 작성했다.

97 *Catalogue Severance Union Medical College*, 1917, p.30.

안둥에는 한국인들의 독립운동을 돕다가 내란죄로 체포되어 옥고를 치렀던 조지 엘 쇼George L. Shaw가 운영하는 무역회사 이륭양행怡隆洋行이 있었으며, 이륭양행에는 1919년 7월부터 임시정부 교통국 사무소가 설치되어 무기 운반, 군자금 전달, 임시정부와의 연락 등의 사무가 집행되고 있었다. 『독립신문』 통신부원으로 군자금 모집활동을 하고 있던 신창희 역시 이륭양행에서 근무하던 김문규金文奎를 통해 연락을 취했다. 1921년 7월 임시정부원 신창희·고준택이 안둥에 도착하자 김문규가 그들을 이륜양행 안에 상당한 기간 동안 머물게 했으며, 1922년 4월에도 신창희는 안둥의 이륭양행에서 3-4일 정도 체류했다.[98] 이륭양행에서 머물면서 군자금 모집 및 전달 활동을 계속했던 것이다. 1921년 10월에는 신창희의 가족 모두 이륭양행의 기선 계림호를 통해 상하이로 옮겨올 수 있었다. 이후 신창희는 1922년 임시정부 군의와 대한적십자회 상의원으로도 활동했다.

임시정부가 1921년 초부터 국민대표회의 소집과 관련하여 내홍을 치르는 동안, 1918년 11월 28일 신한청년당이 창당된 직후부터 가입하여 활동했던 신창희는 1922년 김구·장붕·이유필·안정근 등과 함께 탈당했다. 국민대표회의 소집과 관련하여 김구 등의 임시정부 옹호파의 의견에 동조했던 것이라 추측된다. 그러나 이후 1923년 1월 국민대표회의가 개최되기까지, 또한 개최 이후에도 임시정부의 존폐

---

98 독립운동사편찬위원회, 『독립운동사자료집 9: 임시정부자료집』, 독립유공자사업기금운용위원회, 1975, 841-842쪽.

를 둘러싼 갈등은 지속되었으며 이러한 와중에 정확한 시점과 계기는 알 수 없지만 신창희는 상하이를 떠나 동몽골 지역으로 이주했다. 이주 후 의사이자 종교가로서 활동을 계속하다가 1926년 2월 28일 폐렴으로 사망했다.

신현창申鉉彰(1892-1951)은 신지균申智均의 둘째 아들로, 충남 논산에서 태어났으며, 1913년에는 논산의 진광학교眞光學校에서 교사로 근무했다.[99] 1918년 세브란스의전을 졸업했고, 3·1운동 이후 1919년 5월 신현구申鉉九(1882-1930) 등이 독립운동을 목적으로 조직한 대한독립애국단에 가입하여 임시정부로 파견되었다. 신현구는 신현창의 형이기도 했는데, 형제가 대한독립애국단에서 독립운동을 함께한 셈이다.[100] 임시정부에 밀파된 신현창은 1921년 초 세브란스의전 선배인 주현측과 함께 상하이 프랑스조계 지역에서 삼일의원弎弌醫院을 개원했으며, 병원에서 얻은 수익금을 독립운동자금으로 제공하기도 했다. 같은 해에 임시정부의정원 충청도 의원으로 활동했으며, 8월에는 태평양회의 외교후원회가 조직되자 양하창梁瑕彰과 함께 간사로 임명되어 태평양회의에 제출한 선언서 준비를 도왔다.[101]

또한 신현창은 1922년 10월 조직된 한국노병회韓國勞兵會에 발기

---

99 한국사데이터베이스 한국근현대인물자료 신지균.

100 위의 자료에서 신지균의 첫째 아들 신현구, 둘째 아들이 신현창으로 나오며, 신현창 공훈록과 신현구 공훈록을 보면 두 사람의 본적지가 충청남도 논산 부적(夫赤) 안천(顔川) 166으로 일치한다.

101 독립운동사편찬위원회, 『독립운동사자료집 7: 임시정부사자료집』, 독립유공자사업기금운용위원회, 1973, 1307쪽.

인으로 참여했다.[102] 한국노병회는 국민대표회의가 한창 추진되고 있던 1922년 10월 28일 상하이에서 김구·이유필·여운형 등이 조직한 단체였다. 한국노병회의 목적은 향후 10년간 1만여 명의 노병을 양성하고 100만 원 이상의 전쟁비용을 조성하여 무장투쟁을 통한 독립을 쟁취하는 것이었다. 여기서 '노병'이란 독립생계를 영위할 수 있는 노농적 기술을 겸비한 병사를 의미했다. 이에 한국노병회는 15세 이상 40세 이하의 신체 건강하고 독립군이 될 의지와 노공勞工기술을 습득할 능력이 있는 청년들을 특별회원으로 가입시켜 6개월 이상의 군사교육과 1종 이상의 기술을 습득시켜 독립군으로서의 노병을 양성하고자 했다.[103] 신현창은 1923년 4월 2일 열린 한국노병회의 제1회 정기총회에 참석했으며, 이 자리에서는 1922년 12월 말 혹한과 식량 부족으로 곤란에 처해 있던 러시아·중국 국경 지역의 독립군 300여 명에게 지원금을 보내기로 결정하여 집행했다.[104] 신현창은 1923년까지는 상하이에 머문 것이 확인되나[105] 우여곡절 끝에 열린 국민대표회의가 임시정부 창조파와 개조파로 갈라져 갈등만 드러내고 끝나자 신현창 역시 상하이를 떠나 귀국한 것으로 보인다. 1925-1926년경 귀국한 신현창은 전주에 자리 잡고 전주의원을 경영했다.[106]

---

102 「韓國勞兵會 趣旨書 配布에 관한 件」, 公信 제8호(1923.1.5).

103 양성숙, 「한국노병회의 조직과 광복활동」, 『민족사상』 3-2, 2009, 199쪽.

104 양성숙(2009), 위의 논문, 220쪽.

105 신현창은 1923년 4월에 열린 제11회 임시의정원 회의에서 충청도 대표로 참여했다.

106 *Catalogue Severance Union Medical College*, 1925-26, p.88.

'105인 사건'으로 곤혹을 치르고 다시 선천으로 돌아가 병원을 운영하고 있었던 주현측은 선천에서 3·1운동을 맞았으며, 이후 빠르게 임시정부 측과 접촉했다. 1919년 4월 임시정부에서 재무부 참사 자리를 의뢰받았으며, 정확히 어느 시점인지는 모르나 평안북도 선천의 조사원을 맡았다.[107] 1919년 11월에 작성된 명부에서 평안북도 조사원의 이름으로 주현측이 기재되어 있는데, 대체로 국내에 있던 인사를 임명하여 조사하게 했으므로, 1919년 11월 이미 상하이에 있던 주현측의 경우 아직 국내에 체류 중이던 시절에 임명되었을 가능성이 있다.[108]

이렇게 재무부 참사 겸 평안북도 조사원에 임명된 주현측은 즉시 선천에서 독립운동자금 모집에 나섰으나, 점차 국내에서 활동이 어려워지자 신민회 시절부터 함께 활동했던 선우혁·홍성익 등과 함께 만주 안둥으로 떠났다. 안둥에서 『대한민국신보』라는 신문을 제작하여 신의주를 비롯한 평안도 지역에 신문을 배포했고, 평안도에서 건너온 여러 독립 운동가들과 함께 대한독립청년단을 조직하고 활동했다.

그는 임시정부 교통차장 겸 안동지부장을 맡고 있던 선우혁과 함께 활동하면서 수집된 독립운동자금을 임시정부에 보냈으며, 임시정부와 국내의 각종 연락 업무를 담당했다. 1919년 8월 주현측은 모집

---

107 주현측의 생애와 활동에 대해서는 홍정완·박형우, 「주현측의 생애와 활동」, 『의사학』 17-1, 2008 및 국가보훈처 공훈전자사료관 주현측 공훈록을 참고하여 작성했다.

108 독립운동사 편찬위원회, 『독립운동사 4: 임시정부사』, 독립유공자사업기금운용위원회, 1972, 299-304쪽.

한 군자금 1,200여 원을 조지 엘 쇼의 도움을 받아 임시정부에 송금하기도 했다. 그러나 얼마 지나지 않아 일본 관헌에게 안동의 활동이 발각될 위험에 처했고 10월 중순 안동에서 상하이로 떠났다.

상하이에 도착한 이후 주현측은 국내에서 독립운동자금을 모금하는 일이 어려워지자 11월 7일자로 임시정부 재무부 참사직을 사퇴했다. 이후 1921년 초에는 세브란스 후배인 신현창과 함께 삼일의원을 개원했으며, 1921년 9월에는 여운형·선우혁·안창호 등과 함께 상하이 교민단의 의사원議事員으로 선출되었고, 11월에는 김규식·김구·신현창 등과 함께 대한적십자회 상의원에 당선되었다.

임시정부에 대한 각 지역 독립운동단체들의 반발이 본격화되고 국민대표회의 소집 요구가 이어지는 가운데, 임시정부 내에서도 안창호의 주도하에 국민대표회의 소집운동이 전개되었다. 1921년 5월 '국민대표회의기성회'가 조직되었으며, 6월 6월에는 제1회 총회가 열렸다. 이때 주현측은 박은식·이동휘 등과 함께 10명의 위원으로 선임되기도 했다.

그러나 1922년부터 주현측은 국민대표회의 소집활동에서 물러나, 흥사단활동에 주력했으며 상하이를 떠나 톈진天津에서 활동했다. 주현측은 1922년 1월 27, 28일 열린 흥사단 원동대회 참석을 시작으로 2월 18일 흥사단에 입단했으며, 톈진으로 떠나 프랑스 조계에서 삼일의원을 새로 개설했다. 톈진교민회에서 활동하면서 흥사단 톈진지부의 조직을 주도했고, 총무 겸 재무를 담당했다. 1923년에는 다시 산둥山東으로 이동했는데, 선천 지역 기독교계 등이 참여하고 있던 산둥 선교활동에 합류했던 것으로 보인다.

이렇게 임시정부 초창기부터 임시정부 내에서 활동하고 있었던 세브란스인물들은 1921년 11월 미국 유학을 위해 상하이를 떠난 김창세를 제외하고는 1921년부터 시작된 국민대표회의 소집요구 및 임시정부 개조파와 창조파의 갈등을 겪으면서 대체로 1923년을 전후하여 상하이를 떠났다. 이들은 김구·안창호 등과 인연을 맺어오고 있었으며 따라서 대체로 임시정부를 지지·옹호하는 측과 의견을 같이 하고 있었는데, 국민대표회의가 결렬되고 임시정부가 타격을 입는 것을 지켜보면서 자연스레 상하이와 임시정부 활동에서 한 걸음 물러난 것으로 보인다.

제11회 임시의정원회의

1923년 1월 3일부터 국민대표회의는 정식회의를 시작하여 6월 7일 폐회했다. 이 기간 동안 참여한 단체는 135개이며, 자격심사를 거쳐 대표로 확정된 인원은 125명이었다. 국민대표회의가 열리는 동안 1923년 2월 15일 제11회 임시의정원이 개원했다. 그러나 개회에 필요한 정족수를 충족하지 못했기 때문에 보선을 통해 4월 4일에야 의원 30여 명을 확보했다.[109]

2월 말에는 임시의정원 외부 단체와 임시정부 간 교섭이 진행되었다. 임시정부 측에서는 장붕(임시의정원 의장), 조소앙(외교총장), 이시

---

109 제11회 임시의정원 회의 경과에 대해서는 박유진, 「1923년 제11회 대한민국임시의정원회의 연구」, 『사림』 60, 2017; 『신편한국사』 48, 국사편찬위원회, 2002, 153-157쪽을 참고하여 작성했다.

영(재무총장), 노백린(국무총리대리) 등이 참여했고, 외부 단체에서는 김동삼·왕삼덕·이진산·김갑·김철수가 참여했다. 이들은 국민대표회의에서 결정된 내용을 임시정부에서 수용하되, 최종 결정은 임시의정원에서 할 것을 합의했다. 이러한 가운데 의원 수를 확보한 11회 임시의정원 회의가 열렸다.

제11회 임시의정원 회의에서 다루어졌던 주요한 의제는 임시대통령 이승만 탄핵안과 헌법개정안 논의였다. 임시의정원에서는 이승만 임시대통령을 탄핵하고 나아가 임시헌법의 개정을 통해 정부 개조를 국민대표회의에 전임할 것을 결의했다. 임시의정원의 권한으로 국민대표회의에서 「대한민국임시헌법」을 개정하도록 하고 기타 중대사건을 처리하자는 긴급제의는 1923년 5월 4일 통과되었다.

그런데 헌법 개정의 권한을 법 개정도 없이 임시의정원의 의결만으로 다른 기관에 위임하려 한 것은 법리상 분명한 위헌이었고, 이는 한동안 수세에 몰려 있던 임시정부 옹호파가 반격할 기회를 제공했다. 임시정부 옹호파에 의해 임시의정원 의장과 부의장에 대한 징계안이 제출되었고, 긴급제안 통과에 대한 임시정부 옹호파의 비난과 반대가 격렬해지자 의장 윤기섭은 통과된 긴급제의의 무효를 선포했으며, 결국 11회 임시의정원 회의는 1923년 5월 19일 폐원했다.

이후 국민대표회의가 개조파와 창조파 간의 합의가 이루어지지 않은 채 결렬되었고, 개조파가 탈퇴한 상태에서 국민대표회의에 남은 창조파는 6월 2일 '조선공화국' 혹은 '한韓'이라는 새 정부를 만들기로 결의하고 해산했다. 이후 창조파는 8월 말 블라디보스토크로 갔으나 1924년 2월 러시아 정부가 이들의 국외 퇴거를 요구하면서 새로운 조선공화국 수립은 와해되었다. 상황이 이렇게 되자 임시정부 내에서 임시정부 옹호파의 목소리가 점차 커지게 되었고, 창조파에 대한 공세도 더욱 거세졌다. 1923년 6월 6일 내무총장 김구는 창조파의 행위를 반역행위로 규정하고, 「국무령포고」 3호를 발포하여 창조파의 행위를 격렬히 성토했다.

이렇게 국민대표회의의 개최 및 결렬에 이르는 과정에서 국민대표회의에 대표로 참여했으며, 이후 헌법개정위원회에 참여했던 인물로 서영완이 있었다. 3·1운동 이후 학교를 졸업하지 않고 1922년 난징으로 도항했던 서영완은 난징에서 고려공산당에 입당했으며 얼마 후 상하이로 이동했다.

1922년 6월 24일에 의정원회의장에서 유호청년임시대회留滬青年臨時大會(滬는 상하이를 지칭) 및 시국비판연설회가 열렸는데, 이 자리에는 70-80명이 참석했다.[110] 이 날의 의제는 당시 한창 논란의 중심이었던 국민대표회의에 대한 것이었다. 서영완은 이 자리에서 국민대표회가 독립적인 단체가 아니라 임시정부의 지휘명령하에서 활동하는 것이 적절하다고 자신의 의견을 밝혔다. 연설회가 끝난 후 서영완은 나창헌·정광호·윤자영 등과 함께 다음과 같은 선언을 발표하여 국민대표회의를 둘러싼 대립 및 갈등을 청년들의 힘으로 풀어낼 것을 결의했다.

---

110 「批判演說會 開催에 관한 件」 機密 제214호(1922.6.25).

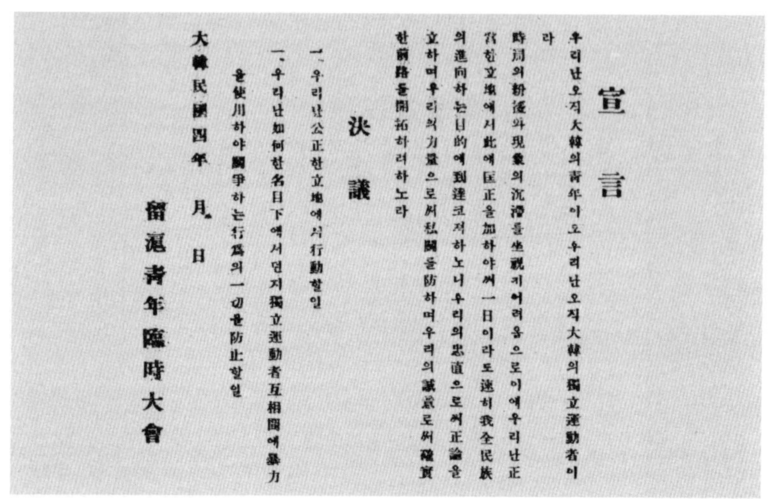

宣言

우리난오직大韓의靑年이오우리난오직大韓의獨立運動者이
라
時局의紛擾와現象의沈滯를坐視키어려움으로이에우리난正
當한立地에서此에匡正을加하야써一日이라도速히我全民族
의進向하는目的에到達코저하노니우리의忠直으로써正論을
立하며우리의力量으로써私鬪를防하며우리의誠意로써確實
한前路를開拓하려하노라

決議

一、우리난公正한立地에서行動할일
一、우리난如何한名目下에서던지獨立運動者互相間에暴力
을使用하야鬪爭하는行爲의一切을防止할일

大韓民國四年　月　日

留滬靑年臨時大會

유호청년임시대회 선언문

선언

우리는 오직 대한의 청년이오 우리는 오직 대한의 독립운동자이라.

시국의 분요紛擾와 현상의 침체를 좌시하기 어려우므로 이에 우리들은 정당한 입장에서 이에 광정匡正을 가하여 1일이라도 속히 우리 전 민족의 진향하는 목적에 도달할 것이다. 우리들의 충실로 정론을 세우며 우리들의 역량으로 사투私鬪를 막으며 우리들의 성의로 확실한 전로前路를 개척할 것이다.

결의

1. 우리들은 공정한 위치에서 행동할 것
1. 우리들은 여하한 명목하에서든지 독립운동자 호상 간에 폭력을 사용하여 투쟁하는 행위의 일체를 방지할 것

1923년 1월 우여곡절 끝에 국민대표회의가 열리자 서영완은 조선청년연합회 대표로서 이 자리에 참석했다.[111] 이렇게 국민대표회의에 참석했던 것을 계기로 1923년 7월 모집된 헌법개정위원회에 참여하기도 했는데, 당시 서영완은 왕삼덕·현정건·윤자영·김철수 등과 함께 한족공산당 소속이었으며 왕삼덕·윤자영 등과 함께 헌법개정위원회에 참여했다.[112] 그러나 헌법개정안은 제11회 임시의정원 회의 자체가 파국으로 끝나면서 시행될 수 없는 상황이었다. 따라서 헌법개정위원회 역시 제대로 기능하지 못한 채 끝났을 가능성이 높다.

1922년부터 적극적으로 참여했던 국민대표회의가 별다른 성과 없이 끝나고, 헌법개정위원회도 흐지부지되면서 서영완은 1923년 12월 돌연 미국으로 떠났다.[113] 미국에 도착한 후 로스앤젤레스 쪽으로 이동했으며, 1930년부터는 미국 중가주 지역(팔리어Parlier · 생거Sanger · 다뉴바Dinuba · 델라노Delano · 리들리 다섯 지방) 다뉴바에 자리를 잡은 것으로 보인다.[114] 이후 서영완은 1944년 12월과 1945년 12월에 중가

---

111 「不逞鮮人 國民代表會議의 近況에 관한 건」 公信 제158호(1923.2.14).

112 「上海에서의 鮮人共産黨」 高警 제1368호(1923.4.30); 「헌법개정위원회」, 『동아일보』 1923년 7월 15일자.

113 「소식」, 『동아일보』 1923년 12월 30일자; 이후 차경신·정신희와 클리버런호를 타고 1924년 1월 24일 미국에 도착한 것이 확인된다. 「남녀학생 3인이 도미」, 『신한민보』 1924년 1월 17일자.

114 「서 정 두 학생은 남방으로」, 『신한민보』 1924년 1월 24일자; 중가주 지역에 자리 잡은 이후 지역 내외의 현안에 관한 기금 모집에서 이름이 종종 등장한다. 「고 신태철씨 장비결산」, 『신한민보』 1930년 12월 25일자; 「임시정부로 일치하자!, 중가주공동회 일치로」, 『신한민보』 1931년 11월 12일자; 「김재순씨 별세와 장비」, 『신한민보』 1931년 12월 17일자; 「聯合會 謹賀新年」, 『신한민보』 1923년 12월 22일자; 「고 한석근씨 장례에 지방동포의 동정」, 『신한민보』 1943년 6월 24일자; 「고 김기수씨 장례에 대한 후문」, 『신한민보』 1943년 8월

주 지방회에서 서기를 맡았으며, 1945년 9월에는 한인구제회 설립에 힘을 보태기도 했다.[115]

12일자; 「이 윤 양의사 가족위로금」, 『신한민보』 1932년 11월 24일자.

115 「중가주지방회」, 『신한민보』 1944년 12월 28일자; 「한인구제회 직원」, 『신한민보』 1945년 9월 6일자; 「대한인국민회 제十차 대표대회 입안」, 『신한민보』 1945년 10월 25일자; 「중가주지방회」, 『신한민보』 1945년 12월 13일자.

2

중국과 러시아에서의 활동

중국에서의 독립운동

서간도 지역

서간도 지역은 일찍부터 한인 사회가 발달한 곳이었다. 조선 시대부터 인삼 채집, 수렵·벌목 등을 목적으로 서간도로 이주하는 조선인들이 존재했으며, 1860년대 말 한반도 북부지역의 자연재해가 극심해지자 서간도 이주가 본격화되었다. 이후 1910년 조선이 일본에 병합되자 이회영·이상룡·김대락 등의 독립운동가들이 독립군기지 개척을 위해 서간도에 정착하면서 서간도는 한인 사회의 중심지이자 독립운동의 근거지로 부상했다. 서간도에 세워진 신흥무관학교는 신민회의 해외 독립기지 건설과 군관학교 설치 계획에 따라 1911년 5월 유하현 삼원보에 건립되었다. 처음 개교 시에는 '신흥강습소'였으며, '신흥'이라는 이름은 신민회의 '신'자와 다시 일어나는 구국투쟁의 의미를 담은 '흥'자를 합한 것이었다. 학교 설립에 대한 중국인들의 의혹을 피하기 위해 학교보다 등급이 낮은 강습소라 했다.[116] 1912년 7월에는 처음 설립한 곳에서 동남쪽으로 90리 떨어진 통화현 하니허哈尼河에 새로운 교사를 신축하고 낙성식을 했다. 하니허에는 중국인들이 많이 살지 않아 그들과의 갈등을 피할 수 있었고, 군사훈련을 실시하기에 더 없이 좋은 요새지라는 점이 중요하게 작용했다. 하니허 신흥강습소는 중학교 과정과 군사과를 따로 두어 무관을 양성하는 데 주력했다.[117]

1919년 3·1운동을 계기로 국내외의 독립운동은 활기를 띠었으며, 독립운동을 위해 서간도를 찾아오는 사람들도 크게 증가했다. 서간도 지역에서는 고조되고 있는 독립운동 열의에 부응하기 위해 1919년 4월 초 군정부와 한족회가 조직되어 활동했다. 신흥무관학교 역시 독립운동을 위해 찾아오는 많은 사람들을 수용하기 위해 류허현 구산쯔孤山子로 학교를 옮겨 40여 간의 광대한 병영사와 수만 평의 연병장을 부설했다.[118] 구산쯔로 본교를 옮긴 후부터는 군사교육에 치중하면서 전보다 더욱 무관학교로서의 성격이 뚜렷해졌고 이에 신흥무관학교라는 이름으로 더욱 알려지게 되었다.[119] 그러나 일본 당국의 박해와 중국 지방당국의 압력이 거세지면서 1919년 11월

---

116 서중석, 『신흥무관학교와 망명자들』, 역사비평사, 2001, 105쪽.

117 김태국, 「신흥무관학교와 서간도 한인사회의 지원과 역할」, 『한국독립운동사연구』 40, 2011, 46쪽.

118 김태국(2011), 위의 논문, 47쪽.

119 서중석, 『신흥무관학교와 망명자들』, 역사비평사, 2001, 177쪽.

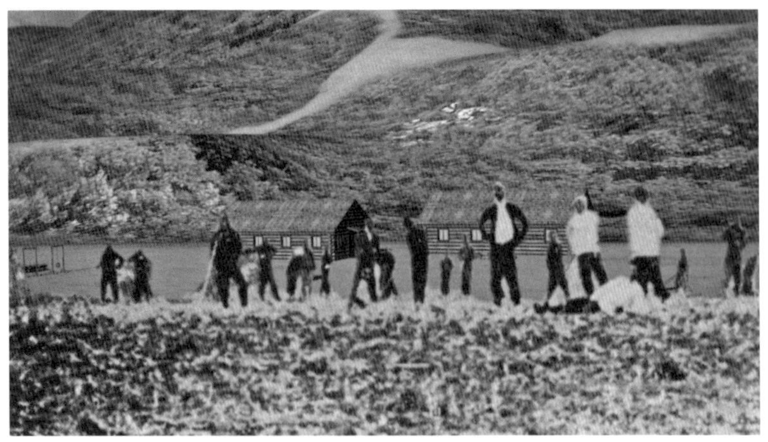

백서농장에서 일하며 군사훈련을 받은 신흥무관학교 졸업생들

신흥무관학교는 결국 폐교되었다. 1911년 제1회 졸업생부터 1919년 11월 폐교에 이르기까지 졸업생 3,500여 명을 배출했으며, 신흥무관학교의 졸업생들은 이후 만주 각지에서 독립군을 이끌며 독립전쟁을 수행해나갔다.

1919년 3·1운동 이후 서간도로 건너갔던 많은 사람들 중에 안사영安思永(1890-1969)이 있었다. 안사영은 1890년 경기도 고양군 연희면에서 독실한 기독교 신자인 안석호安奭鎬와 이경애의 9남매 중 장남으로 태어났다.[120] 공주에서 영명보통소학교와 중학교를 졸업한 안사영

120 「발굴 한국현대사인물-안기영」, 『한겨레』 1991년 5월 10일자; 이하 안사영에 관한 내용은 왕현종, 「일제하 원주 서미감 병원의 설립과 지역사회에서의 위치」, 『역사문화연구』 42, 2012, 55쪽과 신규환, 「제중원·세브란스이야기 41」, 『세브란스병원 웹진』(2016.7)을 참고하여 작성했다.

은 1912년 세브란스병원의학교에 입학하여 1917년 졸업했다. 1919년 서간도로 건너간 안사영은 1919년 4월에 조직된 한족회에 가담했고, 신흥무관학교에서 군의과장軍醫課長을 맡았으며, 신흥무관학교 산하 신제의원新濟病院의 원장을 역임했다. 안사영은 이러한 활동으로 평양에서 2년형을 받고 복역했다고 한다.[121] 그의 복역 사실을 직접적으로 확인할 수 있는 자료는 없지만, 1920년경 일본 경찰에 검거되어 안동영사관에 넘겨졌다는 사실은 확인할 수 있다.[122] 일본 경찰에 의해 신흥무관학교를 비롯하여 서간도의 독립운동이 한 차례 큰 타격을 입었을 때 안사영 역시 체포되어 한국으로 이송되었던 것이다.

톈진天津

톈진에 정착하여 독립운동을 지원했던 인물로는 김기정金基貞(1889-1940)이 있다. 김기정은 평북 의주군 출신으로 1915년 3월 세브란스연합의학교를 졸업하고 그해 4월에 가족을 데리고 중국으로 건너가 일찍부터 톈진에 자리 잡았다. 톈진에서 김기정은 박인의원博仁醫院을 운영했다.[123] 1920년 8월 안창호가 톈진을 방문했을 때, 김기정은 안

---

121 「원주소개판, 각계 인물-刀圭界 안사영씨」, 『조선일보』 1931년 11월 5일자; 독립운동사편찬위원회, 『독립운동사자료집 10: 독립군전투사자료집』, 독립유공자사업기금운용위원회, 1976, 28-29쪽.

122 「不逞鮮人狀況에 관해 보고의 건」 機密公 제25호(1920.10.6).

123 奧平康弘 編, 『昭和思想統制史資料. 24, 中國情勢篇』, 고려서림, 1996, 236쪽; 「五大學府出의 人材 언.파렛드」, 『삼천리』 4권 2호(1932.2.1).

창호를 안내하여 애스터하우스 호텔Astor House Hotel[124]에 묵게 했으며,[125] 임시정부에서 의정관·외무부원·내무차장 등의 요직을 맡았던 현순玄楯(1880-1968)은 김기정을 톈진의 주요 인사 중 한 명으로 파악하고 있었다.[126] 1940년 일본 측에서 작성된 북지北支관내 조선인 요시찰인명부(1939년 6월 현재)에서 배일친중국파 인물이자, 민족사상을 가지고 중국에 있는 불령선인들과 내통이 의심되는 자로 파악되기도 했다.[127] 이로 보아 톈진의 주요 인사로서 임시정부의 인사들과 왕래하면서 그들의 활동에 도움을 주었던 것으로 보인다. 김기정은 1939년까지는 톈진에서 박인의원을 경영하다가 1940년경에는 사망했다.[128]

한편, 김기정은 같은 해(1915년) 졸업생이자 평북 출신이었던 김병호金丙浩(생몰 미상)와 박인의원을 한동안 같이 운영하기도 했다. 적어도 1917년부터 같이 일하기 시작하여 1920년대 초반까지는 병원을 같이 운영한 듯하다.[129] 김기정은 1940년 사망 전까지 톈진에서 계속

---

124 浦江飯店, 1846년 중국 최초로 서양인이 투자 설립한 호텔이라고 하며 현재도 영업 중, 다만 톈진이 아니라 상하이에 위치하고 있다.

125 「안창호일기」(1920.8.13).

126 『현순메모들』 1923-1969(2)(독립기념관 한국독립운동정보시스템).

127 奧平康弘 編, 『昭和思想統制史資料. 24, 中國情勢篇』, 고려서림, 1996, 236쪽, 이 자료에서는 또한 그의 아들 김양호(金陽鎬)에 대해서 "난징 금릉대학교(金陵大學校)를 졸업하고, 현재 중국 귀주성(貴州省) 귀양(貴陽)에 살면서 그 지역의 불령선인과 연락하고 있다"고 파악했다. 그의 아들까지도 요시찰인물 중 하나로 보고 감시했던 듯한데, 아들 김양호에 대한 더 이상의 특별한 자료는 없다.

128 『세브란스연합의학전문학교일람』 1939, 119쪽; 1940, 124쪽.

129 *Catalogue Severance Union Medical College*, 1917, p.42.

병원을 운영한 반면, 1920년대 중반 김병호는 귀국하여 평북 용천군 용암포 지역에 자리 잡고 영천의원永川醫院을 운영하기 시작했다.[130] 용암포 지역에 정착한 김병호는 주로 의료활동에 주력했다.[131]

장자커우張家口

장자커우에는 김현국金顯國(1889-?)이 자리 잡고 있었다. 김현국은 경기 출신으로 김태상金泰相과 차태은車泰恩 사이에서 2남 2녀 중 장남으로 태어났다.[132] 그는 1916년 세브란스연합의학교를 우등으로 졸업했으며, 4월에 의사개업시험을 보고 바로 합격했다.[133] 졸업 후 거의 바로 중국으로 간 것으로 보이나, 중국으로 건너간 계기나 장자커우에 자리 잡은 이유는 명확하지 않다.[134] 1923년경부터 김현국은 십전의원十全醫院을 운영했다.[135]

독립운동가이자 역사학자이며 1910년 북간도로 망명한 뒤 러시

---

130 *Catalogue Severance Union Medical College*, 1925-26, p.37.

131 「平北醫師懇親會」, 『동아일보』 1925년 9월 16일자; 「용암포기독교구제회정총」, 『동아일보』 1929년 4월 4일자; 「龍岩浦樂友會」, 『동아일보』 1925년 3월 6일자; 「龍岩浦樂友總會」, 『동아일보』 1925년 9월 10일자.

132 「의사시험발표」, 『매일신보』 1916년 5월 11일자; 「홍사단이력서(김현택)」 1924년 2월 24일자(독립기념관 한국독립운동정보시스템).

133 「세브란시련합의학교우등졸업생」, 『매일신보』 1916년 4월 8일자.

134 *Catalogue Severance Union Medical College*, 1917, p.42.

135 *Catalogue Severance Union Medical College*, 1917년 판에서 김현국이 중국에 있다는 것은 확인되나 그 이상의 정보는 확인되지 않고, 중국 즈리성(直隷省, 현 허베이성 일대) 장자커우에서 십전병원 운영 중인 것이 가장 먼저 확인되는 것은 『세브란스연합의학전문학교일람』 1923년판이다. *Catalogue Severance Union Medical College*, 1917, p.42; 『세브란스연합의학전문학교일람』 1923, 41쪽.

계봉우

아 지역 사회주의운동의 주요 지도자였던 계봉우桂奉瑀(1880-1959)의 회고에 따르면 계봉우가 김립과 함께 베이징에서 장자커우를 거쳐 외몽골을 통과하게 되었을 때 경장(베이징-장자커우)철도를 타고 가다가 장자커우에 들려 십전의원을 운영하던 김현국을 면회했다. 당시 김현국은 외몽골 고륜庫倫에서 동의의국을 운영하는 이태준과 서로 연락을 취하면서 그 길을 지나가는 동지들을 인도하는 일에 힘쓰고 있었다. 계봉우가 장자커우에서 머문 마지막 날 아침에 김현국은 그의 아우 김현택과 계봉우 일행, 그리고 운전수 마쟈르[136]를 청하여 중국 음식점에서 한 끼를 대접하기도 했다.[137]

또한 3·1운동 이후 중국에서 대한독립단에 참여했으며, 내몽골 지역에서 중국 국민당군의 군의관으로 활동한 이자해李慈海(1894-1967) 역시 장자커우에 도착했을 때 십전병원을 방문했다는 기록을 남겼다. 김현국은 이자해를 열정적으로 맞아주었으며, 이자해는 김현국에 대해 "이곳에서 진료사업을 한 지 이미 몇 년이 되었기 때문에 의

---

136 마쟈르는 고륜에 체류하고 있던 포로 출신의 헝가리인으로 이태준과 김현국의 연락망을 통해 장자커우-고륜 간을 왕래하고 있던 애국지사들을 도와주고 있었다. 이태준은 김원봉에게 폭탄제조기술자로 마쟈르를 추천했으며, 이태준의 피살 후 마쟈르는 혼자 베이징으로 가 김원봉을 만나 폭탄을 제조했고, 마쟈르가 제작한 폭탄은 황옥경부 사건, 김시현 사건 등 의열단의 대일파괴공장에 크게 기여했다고 한다. 반병률, 「세브란스와 독립운동」, 『연세의사학』 2-2, 1998, 326쪽.

137 계봉우 자서전, 『꿈속의 꿈(下)』(독립기념관 한국독립운동정보시스템).

료설비도 아주 완벽하게 갖추었을 뿐만 아니라, 현지 사람들로부터 매우 높은 평가도 받고 있었다"고 평했다.[138]

흥사단 베이징지구 단장을 맡았던 전주한全柱漢이 1970년대 말 작성한 회고에서는 김현국·김현택 형제가 모두 흥사단 베이징지구 회원이라고 나오지만, 김현택의 경우 상하이에 있던 흥사단 원동지부 소속이었을 가능성이 높다.[139] 이렇게 장자커우에서 김현국의 활동은 주로 회고로 전해지지만, 대체로 장자커우에 들렀던 독립운동가들의 활동을 지원해주었던 것은 확실한 듯하다.

한편, 김현국과 같이 살펴봐야 할 인물로 두 사람이 있는데 동생인 김현택과 동기생 김진성이다. 먼저 동생인 김현택金顯宅(1904-1990)은 서울 배재학당에서 공부하다가 1919년 3·1운동 이후 7월경 장자커우로 건너왔다. 장자커우에서 영문통속야학교英文通俗夜學校를 약 1년 정도 다녔으며, 1920년 9월부터 장자커우 미국감리교회 배식고등학교培植高等學校를 다니다가 1922년 2월부터는 상하이의 후장대학교滬江大學校에 입학했다. 즉, 장자커우에 1919년부터 1921년까지 거의 3년 동안 있었는데, 장자커우에서 먼저 자리 잡고 있던 형 김현국의 지원으로 생활했을 것으로 보인다. 김현택은 후장대학교 재학 중인 1924년 2월 상하이 흥사단 원동지부에 입단했는데, 입단 시 필요

---

138 『해외의 독립운동사자료 32. 중국편 7: 이자해자전』, 국가보훈처, 2007.

139 전주한, 「興士團 北京地區의 活動」, 『기러기』(1979.10); 「興士團極東支部 解散에 관한 건」 上海派秘 제541호의 1(1940.7.18).

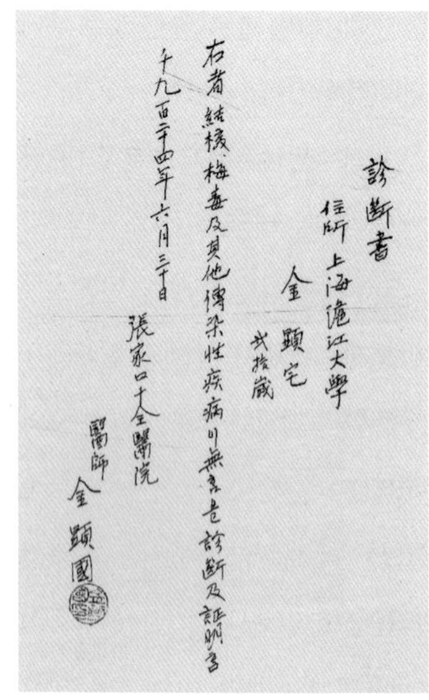

診斷書

住所 上海滬江大學

金顯宅

貳拾歲

右者 結核、梅毒及其他傳染性疾病이 無함을 診斷及証明함

千九百二十四年 六月 三十日

張家口 大全醫院

醫師 金顯國

홍사단원 건강진단서(1924년 6월 30일). 김현택의 건강진단서로 진단서를 끊어준 의사는 형 김현국이다.

한 건강진단서를 작성해준 것 역시 형인 김현국이었다.[140]

흥사단 입단이 허가된 후 김현택은 1925년 1월 흥사단 제11회 원동대회 출석을 시작으로 1940년 원동지부의 해소에 이르기까지 꾸준히 흥사단 소속으로 활동했다.[141] 또한 1930년 베이핑협화의학원北平協和醫學院에 진학했으며, 의학원을 졸업한 이후로는 베이핑협화의원에 개설된 종양과에서 주치의로 일했다. 이를 계기로 김현택은 미국과 유럽 등지에서 종양을 연구했으며 다시 중국에 돌아와서는 톈진시 인민병원 종양과에 고급 종양의사 연수반을 개설했다. 중국에서 종양학과 관련된 꾸준한 활동으로 김현택은 '중국 종양의학의 아버지'라는 칭호를 얻었으며, 톈진암센터에는 그의 동상이 세워졌고, 2004년에는 탄생

140 「흥사단이력서(김현택)」(1924.2.24); 「흥사단원 건강진단서(김현택)」(1924.6.30), 독립기념관 한국독립운동정보시스템.

141 「제11회 遠東大會 經過(1925.1.28-1.29)」 高警 제461호(1925.3.6); 「興士團極東支部解散에 관한 건」 上海派秘 제541호의 1(1940.7.18).

100주년 행사가 열리기도 했다.[142]

또한 세브란스연합의학교를 같은 해(1916) 졸업한 동기생 김진성金鎭成(1891-?)은 김현국과 같이 십전의원을 운영했던 인물이었다. 김진성은 강원도 출신으로 1917년에 이미 중국으로 간 것이 확인되며 1923년부터 1940년까지 줄곧 장자커우 십전병원에서 근무한 것으로 확인된다.[143] 그러나 그 외에 계봉우나 이자해의 회고에서 김진성은 따로 언급되지 않으며, 김진성 본인의 활동에 관한 자료도 따로 찾을 수 없어 아쉽게도 그의 구체적인 활동 내용은 더 이상 확인할 수 없다.

하얼빈哈爾濱

하얼빈에서는 이원재李元載(1886-1950)가 활동하고 있었다. 이원재의 본적은 함경남도 원산으로, 그의 아버지 이가순李可順(1867-1943)은 기독교 신자로서 다른 기독교인들과 함께 원산에서 1919년 3·1운동을 주도하여 징역 2년 6개월을 받고 옥고를 치른 인물이다. 이원재는 일찍부터 서울로 유학하여 1911년 경성중등학교를 졸업했으며 1914년 세브란스연합의학교를 졸업했다.[144] 졸업 후에는 다

---

142 「〈인물〉 한국계 '중국 암의학대부' 故 김현택 박사」, 『연합뉴스』 2004년 6월 2일자; 「'中 종양학의 아버지'는 한국인」, 『동아일보』 2009년 9월 5일자.

143 *Catalogue Severance Union Medical College*, 1917, p.42; 『세브란스연합의학전문학교일람』, 1923, 41쪽; 1928, 44쪽; 1931, 70쪽; 1934, 112쪽; 1936, 115쪽; 1939, 119쪽; 1940, 124쪽.

144 한국사데이터베이스 한국근현대인물자료 이원재. 자료에 따르면 키는 5척 4촌(약 162㎝)에 얼굴이 둥글고 피부는 까만 편이며, 보행 때에 몸을 앞으로 굽히는 버릇이 있다고 한다. 성행은 온순하다고 기록되어 있다.

시 원산으로 돌아가 구세병원救世病院에서 근무했으며, 1916년 『매일신보』에서 원산을 대표하는 인물로 언급되기도 했다.[145] 그러나 1917년 이전에 중국으로 건너가 1917년 당시 펑톈 지역의 병원에 있었다.[146]

이후 정확한 시기는 알 수 없으나 이원재는 선양에서 하얼빈으로 이동하여 1921년에는 하얼빈에서 조선인 회장이자 미국감리교회의 영향을 받아 조직된 하얼빈 엡윗청년회 회장을 맡았다.[147] 1922년 2월 하얼빈 미국감리교회에서는 하얼빈에 거류하는 조선인 자녀들을 위해 유치원을 개원했는데, 이원재는 설립자 및 원감 자격으로 참여했고, 이원재 외에도 원장 및 회계로 박정식, 간사 및 학무위원으로 이병천 등 세브란스 졸업생들이 참여했다.[148]

1920년대 초반 하얼빈에서는 이원재·박정식·이병천 등의 세브란스의전 졸업생들이 미국감리교회를 통해 연결되어 있었고, 니콜리스크에서 활동하던 나성호도 이 시기에는 하얼빈에 있었다. 이원재·나성호가 1914년에 졸업했고, 박정식·이병천이 1919년 졸업했으며, 이원재가 다오와이道外(傅家甸으로 불림) 북5도가北五道街에서 의업에 종

145 「지방통신: 원산의 대표인물」, 『매일신보』 1916년 5월 18일자.

146 *Catalogue Severance Union Medical College*, 1917, p.41, 원문은 중국의 묵덴(Mukden, 선양)지방으로 언급되어 있고, 병원 이름은 Teun Wha Hospital로 정확한 이름을 확인할 수 없다.

147 「知多 鮮人의 행동에 관한 건」 關參諜 제262호 情報 제204호(1921.5.9); 「哈爾賓 엡웟青年會」, 『동아일보』 1921년 10월 22일자.

148 「哈爾賓教會幼稚園」, 『동아일보』 1922년 2월 22일자.

사했고,[149] 나성호는 다오와이 16도가(혹은 6도가)에서 부소병원(혹은 고려병원)을 운영했으며,[150] 이병천은 다오리道裡에서 고려극동병원을 운영했다.[151]

이원재는 주로 교회를 기반으로 활동했지만, 일본 측에서는 초기 임시정부 내각의 주요 인사였던 노백린의 사위이자 원산의 3·1운동을 주도했던 아버지를 둔 이원재에 대한 감시를 소홀히 하지 않았다.[152] 하얼빈 다오와이에 있는 이원재의 집이 비밀리에 불령선인들이 회합하는 장소라고 보고되기도 했다.[153] 장인 노백린이 1923년 1월 임시정부 국무총리로 추대되면서 이원재에 대한 감시가 더 심해졌는지는 모르지만 1923년경 이원재는 귀국했으며, 아버지가 계시는 원산으로 돌아가지 않고 강원도 강릉에 자리를 잡았다.[154]

---

149 한국사데이터베이스 한국근현대인물자료 이원재.

150 「高麗共産黨員의 行動에 관한 件」 機密 제324호, 1922년 12월 8일자; 「共産黨員 行動」 關機高收 제17637호의 1(1922.12.13); 『세브란스연합의학전문학교일람』 1923, 40쪽; 1928, 42쪽; 1931, 69쪽; 1936, 114쪽; 1939, 118쪽; 1940, 123쪽. 나성호의 경우 일본 측 자료와 『세브란스연합의학전문학교일람』의 주소가 다른데, 전자에서는 6도가 고려병원으로 후자에서는 16도가 부소병원으로 나온다.

151 『세브란스연합의학전문학교일람』 1923, 42쪽.

152 한국사데이터베이스 한국근현대인물자료 이원재.

153 「知多 鮮人의 행동에 관한 건」 關參諜 제262호 情報 제204호(1921.5.9).

154 『세브란스연합전문학교일람』 1923, 40쪽.

러시아에서의 독립운동

블라디보스토크

블라디보스토크는 러시아 지역 항일운동의 중심지로, 대한제국 시기에는 『해조신문』·『대동공보』를 발행했고 1910년대에는 권업회·대한국민의회·노인동맹단 등이 조직되어 활동했다. 일본은 1917년 러시아 혁명 발발 이후 제정러시아를 원조하고 혁명군을 진압한다는 명분으로 시베리아에 군대를 출병시켰고, 러시아의 한인독립운동에도 탄압을 가했다. 결국 1920년 4월에는 4월 참변을 일으켜 수많은 독립운동가들을 체포하고 민간인들을 학살했다. 또한, 참변 직후인 1920년 4월 신한촌 지역에 조선인거류민회를 설치하고, 식량 공급, 병원 설치, 학교 재건축 등의 편의를 제공하면서 한인들을 회유하는 정책을 추진했다.[155]

이 시기 블라디보스토크 신한촌에서 활동했던 인물이 앞서 대한적십자회 간호부양성소에서 교수로 근무했던 곽병규이다. 1917년 곽병규가 러시아로 건너온 것은 러시아혁명의 영향인 듯하며 1920년 3월 곽병규가 상하이로 온 것은 두 가지 상황을 고려해볼 수 있다. 먼저 1919년 임시정부가 수립된 이후 1920년 3월 곽병규는 안창호를 방문했는데,[156] 이것이 계기가 되었던 측면이 있고 또 한 가지는 당시 신

155 박환, 「러시아혁명 이후 블라디보스토크 조선인거류민회의 조직과 활동」, 『한국민족운동사연구』 90, 2017, 122쪽.

156 「안창호일기」(1920.3.15).

신한촌 독립선언 1주년 기념행사(1920년 3월 1일)

블라디보스토크에 있는 신한촌 항일운동기념탑

한촌을 둘러싼 상황과 연관이 있었다. 1920년 초부터 시베리아에 출병했던 미군이 1920년 4월 1일 블라디보스토크를 떠날 것이며 이를 기회로 러시아와 일본 간에 충돌이 일어날 것이라는 풍설이 블라디보스토크에 떠돌았다. 조선인들 사이에는 일본이 러시아를 위협하여 경찰권을 장악할 것이라는 소식도 전해졌으며, 그리하여 1920년 3월 말경부터 블라디보스토크를 떠나는 독립운동가들이 생겨났는데 곽병규도 이러한 상황에서 블라디보스토크를 떠난 것으로 볼 수 있다.[157]

그러나 곽병규는 1920년 4월 중순 간호원양성소 1기 졸업생 배출 이후 상하이를 떠났는데, 1920년 4월 18일 마지막으로 안창호를 방문하여 안둥 지역과 본국을 왕복하겠노라고 고별인사를 전했다.[158] 이후 1920년 12월 초에는 블라디보스토크로 돌아간 것으로 보이며, 이후에는 주로 조선인기독청년회 활동에 주력했다. 곽병규는 1920년 12월 12일 블라디보스토크에서 열린 기독교청년회 총회에서 회장으로 선출된 후 다양한 활동을 벌였다.[159] 국내의 중앙청년회와 연합했으며, 미국 기독청년회에 후원을 요청하는 한편, 캐나다 선교사를 초청했고, 블라디보스토크에 있는 일본기독교청년회와도 연합을 시도했다.[160]

1921년 2월, 곽병규는 대한적십자회 대표원의 자격으로 블라디보스토크 및 시베리아 지방에서 회원을 모집하고 회비를 모금하는 책

---

157 박환, 「러시아혁명 이후 블라디보스토크 조선인거류민회의 조직과 활동」, 『한국민족운동사연구』 90, 2017, 125쪽.

158 「안창호일기」(1920.4.18).

159 「鮮人의 행동에 관한 건」 기밀 제77호(1920.12.15).

160 국가보훈처 공훈전자사료관 곽병규 공훈록; 「鮮人의 행동에 관한 건」 기밀 제4호(1921.1.20); 「鮮人의 행동에 관한 건」 기밀 제29호(1921.4.1); 「鮮人의 행동에 관한 건」 기밀 제32호(1921.4.19); 「鮮人의 행동에 관한 건」 기밀 제53호(1921.8.11).

임을 맡았으며, 같은 해 3월에는 신한촌 내 백산소학교에서 3·1만세 운동을 기념하기도 했다.[161] 1922년 2월, 곽병규는 시베리아조선인교육회 부회장에 선출된 것을 마지막으로 러시아에서의 활동은 더 이상 확인되지 않으며,[162] 1923년경에는 원산 구세병원에서 근무하는 것이 확인되어 1922-1923년 사이에 귀국한 것으로 보인다.[163]

한편, 곽병규가 블라디보스토크에 있는 동안 어떤 병원을 운영했는지 혹은 어떤 병원에서 근무했는지 확인할 수 없는데 비슷한 시기 블라디보스토크 신한촌에서 개업의로 활동했던 김인국金仁國(?-1926)을 함께 살펴볼 필요가 있다. 김인국은 경기 출신으로 곽병규와 함께 1913년 세브란스연합의학교를 졸업했다. 세브란스연합의학교 1913년 졸업생은 다섯 명뿐이므로 두 사람은 잘 알고 지냈을 가능성이 높다. 1917년 김인국 역시 러시아로 건너갔는데, 같은 시기 곽병규가 러시아로 건너간 사실만이 확인되는 것에 비해 김인국의 행방은 좀 더 구체적으로 확인되며 블라디보스토크의 공립병원 공의였다.[164] 따라서 곽병규보다는 김인국이 블라디보스토크에서 먼저 자리 잡았을 가능성이 있다.

1920년 4월 신한촌에 조선인거류민회를 설립하고 조선인 회유

---

161 「鮮人의 행동에 관한 건」 기밀 제11호(1921.2.20); 「鮮人의 행동에 관한 건」 기밀 제19호(1921.3.9).

162 「露領朝鮮人의 活動, 일주일동안 성대한 교육회」, 『동아일보』 1922년 2월 8일자.

163 『세브란스연합의학전문학교일람』 1923, 40쪽.

164 *Catalogue Severance Union Medical College*, 1917, p.41.

활동을 벌였던 일본은 그 일환으로 신한촌 중앙 민회사무소에서 조금 떨어진 곳에 시료소를 설치했다. 시료소는 군의 1명, 간호장 1명, 간호졸卒 2명, 통역 2명으로 구성되었는데, 통역 2명은 신한촌 해성의원海星醫院(안중근의 동생이 경영)에서 의사로 종사했던 인물들이었다.[165] 해성의원에서 의사로 근무했던 언급되는 인물 중 한 사람이 김인국으로, 이를 통해 김인국이 1920년 4월까지는 해성의원을 운영했던 사실을 알 수 있다. 따라서 곽병규가 1920년 3월 상하이로 떠나기 이전에 김인국과 같이 해성의원에서 근무했을 가능성이 있다. 또한 해성의원이 안중근의 동생이 경영했던 것으로 언급되는데, 1921년 2월 안공근이 상하이로 떠나기 전 곽병규에게 원동상회遠東商會의 권리를 양도한다는 말을 남겼다는 기록[166]에 비추어 보면 곽병규와 안정근·안공근 형제의 인연이 해성의원에서 비롯되었을 가능성도 있다. 즉, 해성의원에서 근무한 것을 계기로 곽병규와 안중근 형제들이 알고 지내게 되었으며, 이후 상하이로 떠나게 된 안공근이 곽병규에게 원동상회의 권리를 넘겼던 것이다.

1923년 4월, 고려공산당 혁명중앙부가 블라디보스토크 지역에 개업 중인 조선인 의사 및 의생들이 거의 무자격자라는 이유로 강제로 폐업시키고, 이를 대신하여 각 지역에 치료소를 설치하고자 할 때, 김인국은 조선뿐 아니라 러시아의 의사면허를 가지고 있었는데도 폐

165 박환, 「러시아혁명 이후 블라디보스토크 조선인거류민회의 조직과 활동」, 『한국민족운동사연구』 90, 2017, 149, 150쪽.

166 「鮮人의 행동에 관한 건」 기밀 제10호(1921.2.9).

업당할 위기에 처했다. 이때 김인국은 공산당 간부에게 자신은 의사 면허를 소지하고 있으며, 의업 종사 중에 어떠한 불미한 행동도 한 적이 없다는 점을 들어 개업 의지를 관철했다. 결국 김인국이 그동안 대체로 중립적인 입장을 취해왔다는 것이 인정되어 신한촌에서 의업을 계속하게 되었으며, 고려공산당 환자들을 진찰하면서 치료비와 약값을 반값으로 받는 등 공산당 간부의 신용을 얻게 되었다.[167] 그러나 얼마 지나지 않아 1923년 7월 김인국도 결국은 신한촌에서 퇴거하게 된 듯하며, 이후에는 블라디보스토크에 있던 일본적십자병원에서 일했던 듯하다.[168]

김인국의 경우 러시아 블라디보스토크로 건너간 뒤 독립운동단체와 직접적인 연관 관계는 없었으나, 조선인 의료기관이 충분하지 않았던 신한촌에서 개업하여 조선인들을 치료했고, 잠시나마 고려공산당 당원들의 치료도 담당했다. 김인국은 1925-1926년경에는 러시아를 떠나 귀국하여 황해도 안악에서 동아병원을 개업했다가,[169] 청진으로 이동하여 병원을 운영했다.[170] 그러나 병원을 개업한 지 얼마 지나지 않은 1926년 10월 3일 사망했다.[171]

---

167 「고려공산당 혁명중앙부에 의료기관 설치에 관한 건」 機密 제65호(1923.4.4); 「施療患者의 상황과 痘苗 송부에 관한 건」 浦潮秘 제4호(1923.4.5).

168 「신한촌 일반 상황에 관한 건」 機密 제166호(1923.7.2); 『세브란스연합의학전문학교일람』 1923, 40쪽.

169 *Catalogue Severance Union Medical College*, 1925-26, p.36.

170 『세브란스연합의학전문학교일람』, 1928, 43쪽.

171 『세브란스교우회보』 8권(1926.12.30), 35쪽, 사망 기사가 실린 후에도 세브란스연합의학전문학교 일람 1928년 판에서는 청진에서 동아병원을 운영하는 것으로 기재되어 있는데,

니콜리스크

니콜리스크는 러시아에서 중국으로 통하는 교통의 중심지로 일찍부터 다수의 한인이 살고 있었다. 1917년 6월에는 전로한족대표자회의가 개최되었으며, 1919년에는 러시아 지역에서 최초로 3·1운동이 전개되었다.[172] 1920년 3월 아무르강 하구 니콜라옙스크尼港에서 한·러 연합부대가 일본군을 섬멸하는 니항 사건(니콜라옙스크 사건)이 일어났는데, 이를 계기로 일본은 연해주에 군대를 증파했으며, 블라디보스토크·하바롭스크 기타 연해주 도시에 있는 적위군 빨치산 부대에 대한 전면공세를 준비했다. 물론 한인 부대와 한인 사회도 주요 공격 대상이 되었다. 1920년 4월 5-6일 일본 헌병대는 니콜리스크의 독립운동가 가택을 수색하고 76명을 체포했다. 그중 대부분은 방면되었으나 최재형·김이직金李稷·엄주필嚴周弼·황카피톤·이경수 등은 계속 구금되었다.[173]

이때 김이직·황카피톤 등과 체포되었다가 방면된 사람 중 나성호가 있었다. 나성호羅聖鎬(1883-?)는 경기도 부천 사람으로 1914년 세브란스연합의학교를 졸업하고 1915년 의원 개업을 목적으로 니콜리스크로 넘어왔다.[174] 나성호는 1916년 니콜리스크에서 황카피톤 등의

1928년판 작성 당시에는 사망 사실을 파악하지 못한 것으로 보인다.

172 박환, 「러시아지역 한인 민족운동과 일제의 회유정책: 니코리스크 지역 懇話會를 중심으로」, 『한국민족운동사연구』 69, 2011, 114쪽.

173 박환(2011), 위의 논문, 115-116쪽.

174 한국사데이터베이스 한국근현대인물자료 나성호.

후원으로 부상의원扶桑醫院[175]을 개업한 후 김이직·허자일許字日 등과 함께 배일운동 및 조선독립에 관한 활동에 참여했으며, 1920년 4월에 배일선인의 연루자로 체포되었다가 방면되었다. 그런데 나성호는 돌연 간화회懇話會에서 간사로 선발되는 등의 활동을 보여 일본 헌병대 사령부에서는 그의 진의를 의심하여 주시할 필요가 있다고 보았다.[176]

간화회는 1920년 4월 연해주 각지에서 한인독립단체를 몰아낸 일본군이 세웠던 친일단체 중 하나였는데, 블라디보스토크에서는 조선인거류민회가, 니콜리스크와 부근 한인촌락에는 간화회가 조직되었다.[177] 실제로 나성호는 조선인 대표 중 한 명으로 간화회 설립을 찬성하는 의견서를 제출하기도 했는데[178] 이후 간화회에서의 활동 내용이 확인되지 않으며 1922년 초부터는 고려공산당에서 활동했다. 간화회는 1922년 7월 니콜리스크에서 일본군의 철수 성명이 발표되고, 1922년 10월 러시아 볼셰비키가 입성하면서 간화회는 완전히 해산되었다.[179]

---

175 *Catalogue Severance Union Medical College*, 1917년판에서는 'Tainyun Hospital, Vladivostok, Russia'로 기재되어 있다. 또한 1923년 이후 나성호가 하얼빈에서 개업한 병원은 부소병원(扶蘇病院)으로 기재되어 부소병원일 가능성이 높다. 『세브란스연합의학전문학교일람』 1923, 40쪽; 1928, 42쪽; 1931, 69쪽.

176 「鮮人의 행동에 관한 건」 政二機密送 제61호(1920.8.26); 『해외의 한국독립운동사료 19: 日本篇 6』, 국가보훈처, 1997.

177 박환, 「러시아지역 한인 민족운동과 일제의 회유정책: 니코리스크 지역 懇話會를 중심으로」, 『한국민족운동사연구』 69, 2011, 117쪽.

178 「鮮人의 행동에 관한 건」 機密 제28호(1920.5.10).

179 박환, 「러시아지역 한인 민족운동과 일제의 회유정책: 니코리스크 지역 懇話會를 중심으로」, 『한국민족운동사연구』 69, 2011, 132-133쪽.

나성호는 1922년 2월 니콜리스크 고려공산당 선전지부의 간부를 맡았으며, 니콜리스크 고려공산당 지부장까지 되었으나 1922년 중에 니콜리스크를 떠나 하얼빈으로 이주한 것으로 보인다.[180] 1922년 12월에 고려공산당 자바이칼後貝加爾州(러시아 시베리아 남부 바이칼호의 동쪽에 있는 산악지방으로 중심도시는 울란우데와 치타) 지역의 거두 남만춘南滿春이 하얼빈에 당원 3명(박춘진·김상순·이성국)을 파견할 건에 대해 나성호와 통신했는데, 이때 나성호의 주소는 하얼빈 푸자뎬傅家甸 6도구 고려의원이었다.[181] 이를 통해 1922년 중에 니콜리스크에서 하얼빈으로 이주했으며 하얼빈에서는 고려의원을 개업했고, 하얼빈에 이주 후에도 고려공산당과 긴밀한 관계를 맺고 있었다는 것을 알 수 있다.[182]

1924년 4월, 대종교의 도사교都司敎 김교묵이 일본군의 간도 출동 이후 각지로 뿔뿔이 흩어졌던 대종교도인들과 대한독립군정서[183]의 간부들을 모아 향후 하얼빈으로 본부를 이전하고 대대적으로 활동할

---

180 「間島 및 同 接壤地方에 있어서 排日團體 및 親日團體 調査의 건」 機密受제110호-機密제93호(1922.2.28);「大倧教 設立計劃」 機密受제262호-關機高收제5452호-1(1923.4.24).

181 「高麗共産黨員의 行動에 관한 件」 機密 제324호(1922.12.8);「共産黨員 行動」 關機高收제17637호의 1(1922.12.13).

182 『세브란스연합의학전문학교일람』 1923, 40쪽; 1928, 42쪽; 1931, 69쪽; 1936, 114쪽; 1939, 118쪽; 1940, 123쪽; *Catalogue Severance Union Medical College*, 1925-26, 37쪽. 다만 병원이름이 고려의원으로 언급되었으나 『세브란스연합전문학교일람』 및 *Catalogue Severance Union Medical College*에서는 꾸준히 부소병원으로 언급되고 있다.

183 대한독립군정서는 대종교도가 중심이 되어 3·1운동 이후 조직된 단체로, 본부를 미산(密山)에 두고 북간도 일대에 걸쳐 활동을 개시하여 총지휘관 서일의 지도 아래 약 1만의 교도를 거느리고 왕성한 활동을 했으나 일본군이 간도에 출동하여 대대적으로 독립군을 토벌하면서 미산으로 도주 후 흩어졌다.

것을 계획했을 때, 나성호도 참여했다. 이들은 관헌의 눈을 피하기 위해 만몽산업회라는 명칭을 사용했다.[184] 그러나 계획 단계에서 발각되어 구체적인 활동으로 이어지지는 못한 듯하다.

이후 나성호는 하얼빈에서 치치하얼의 앙앙시昂昂溪로 이주한 것으로 보이며 1928년 10월에는 앙앙시에 거주하는 한인 동포들을 모아 한인구락부 창립총회를 개최했으며, 창립총회에서 임원으로 선출되었다.[185] 1940년까지 부소병원을 꾸준히 운영했다.[186]

---

184 「大倧敎 設立計劃」 機密受제262호-關機高收제5452호-1(1923.4.24).

185 「齊齊哈爾에서 俱樂部創立」, 『동아일보』 1928년 10월 4일자; 「黑龍江省同胞機關俱樂部組織」, 『중외일보』 1928년 10월 3일자.

186 『세브란스연합의학전문학교일람』 1923, 40쪽; 1928, 42쪽; 1931, 69쪽; 1934, 111쪽; 1936, 114쪽; 1939, 118쪽; 1940, 123쪽. 다만 1934년도판에서 주소 미상이었다가 1936년부터는 다시 하얼빈 다오리(道裡)로 기재되고 있어 앙앙시에서 다시 하얼빈으로 돌아왔을 가능성도 있다.

고려공산당과 세브란스 인물들

1917년 러시아혁명 이후 러시아 한인 사회는 비귀화 한인 세력과 귀화 한인 세력의 두 계열로 분립되었다. 비귀화 한인 세력은 국내에서 의병전쟁과 계몽운동을 전개했던 세력으로 항일 민족주의적인 색채가 강했다. 귀화 한인 세력은 1860년대 경제적 이유로 러시아 연해주에 이주했던 자들로 비귀화 한인 세력에 비해 항일 민족주의 의식은 약했다.

이동휘를 중심으로 하는 비귀화 한인들은 러시아혁명 이후 볼셰비키의 지원을 받아 항일독립운동을 추진하고자 했으며, 최재형을 중심으로 하는 귀화 한인들은 볼셰비즘을 전파하여 사회주의 혁명을 완수하는 것을 목표로 삼았다. 이동휘를 중심으로 한 비귀화 한인들은 한인사회당을 창당하고 대한민국임시정부에 참여했으며, 1921년 5월에는 모스크바 코민테른의 자금으로 상하이파 고려공산당을 창당했다. 이에 최재형 중심의 귀화 한인들 역시 1921년 5월 한인공산주의자대회를 개최하고 상하이파 고려공산당과 대립하는 또 하나의 고려공산당을 결성했다. 이를 세칭 이르쿠츠크파 고려공산당이라고 한다.[1]

상하이파 고려공산당과 이르쿠츠크파 고려공산당은 서로 정통성을 주장하면서 자금·권력·군권을 둘러싼 투쟁관계에 들어갔다. 두 세력은 러시아 안의 한인군사조직을 둘러싸고 쟁탈전을 벌였으며, 그러한 과정에서 자유시참변과 같은 참사가 발생하기도 했다. 자유시참변은 1921년 6월 28일 알렉세옙스크(일명 자유시)에서 상하이파의 지원 하에

---

1 이하 김방, 「고려공산당의 분립과 통합운동」, 『아시아문화연구』 5, 2001; 한국민족문화대백과 고려공산당 항목을 참조하여 정리했다.

있는 사할린 의용대(대한독립군단)가 러시아적군에 가담한 이르쿠츠크파에 대항하다가 러시아적군 제29연대의 포위공격을 받아 다수의 사망자 및 행방불명자, 포로가 발생한 사건이다.[2]

두 고려공산당의 분쟁의 배후에는 조선혁명의 성격과 운동론에 대한 이견이 전제되어 있었다. 이르쿠츠크파 고려공산당은 일본제국주의의 식민통치체제에서 조선을 해방시킴과 동시에 사회주의에 입각한 사회를 건설할 것을 제시했다. 상하이파 고려공산당도 사회주의 사회 건설을 궁극적 목표로 설정했으나 이르쿠츠크파와는 달리 사회주의혁명에 선행하는 민족해방혁명을 전제하고 있었다. 그렇기 때문에 상하이파 고려공산당은 임시정부 활동에도 참여할 수 있었다.

한편, 상하이파와 이르쿠츠크파의 분쟁이 심화되자 소비에트 정권과 코민테른은 1922년 10월 베르흐네우딘스크에서 고려공산당 통합대회를 열고 이 대회에서 통합 고려공산당을 결성하면 이 당을 코민테른 지부로 승인하고자 했다. 그러나 베르흐네우딘스크에서의 통합대회는 대표자 자격 문제로 결렬되었고, 1922년 11월부터 열린 코민테른 4차 대회에서 고려공산당 대표로 4명(상하이파의 이동휘·윤자영, 이르쿠츠크파 한명세·김만겸)이 참석했다. 코민테른은 고려공산당이 여전히 통일되지 않았다는 것을 확인하자, 결국 1922년 12월 상하이파와 이르쿠츠크파 모두에게 해산을 명령하고 코민테른 극동국 산하에 꼬르뷰르(고려국)를 설치하여 그 지도 아래에서 공산주의운동의 통일을 실현할 것을 지시했다.[3]

꼬르뷰르는 1923년 2월부터 블라디보스토크의 일본영사관 근처

---

2 희생자 수는 자료마다 다른데, 「재로고려혁명군대 연혁」에 따르면 사망 36명, 포로 864명, 행방불명 59명으로, 「간도지방 한국독립단의 성토문」에 따르면 사망 272명, 익사 31명, 행방불명 250명, 포로 917명이라고 한다(한국근현대사 사전 자유시참변 항목).

3 김방, 「고려공산당의 분립과 통합운동」, 『아시아문화연구』 5, 2001, 192-193쪽.

고려공산당 핵심 간부.
뒷줄 왼쪽부터 김철수·계봉우, 앞줄 두 번째부터 이동휘·박진순·김립이다.
박진순과 김립은 앞서 이태준의 코민테른 자금 운송에서도 등장한 인물들이다.

에 사무소를 설치하고 주 1회씩 정례회의를 하며 사업에 착수했다. 그러나 국내의 조선공산당 조직 문제를 놓고 상하이파와 이르쿠츠크파의 반목과 논쟁이 지속되자 코민테른은 결국 1924년 2월 꼬르뷰르의 해산을 명했으며, 해산된 꼬르뷰르를 대신해 조선공산당의 통일 조직을 성취하기 위한 새로운 기관인 오르그뷰로(조직국)를 설치했다. 오르그뷰로는 김철훈·최고려·김만겸·장건상 등 이르쿠츠크파가 주도했으며, 이들에 의해 국내의 조선공산당 창당 작업이 진행되었다.

고려공산당의 조직부터 해산까지의 과정에서 관련되었던 세브란스 인물들이 어느 쪽과 인연을 맺었는지 짐작해볼 수 있다. 고려공산당과 관련된 세브란스 인물은 서영완·김인국·나성호 세 사람이다. 먼저 서영완은 1922년 난징에서 고려공산당에 입당했는데, 1922-1923년 임시정부와 함께 국민대표회의에 참여했으며, 윤자영·김철수 등과 함께 분류된 것[4]을 보아 상하이파 고려공산당 쪽 인물들과 함께 활동했다는 것을 알 수 있다. 나성호의 경우 1922년 12월 자바이칼 지방의 거두 남만춘과의 연락을 통해 이르쿠츠크파와 가까웠을 것으로 짐작할 수 있다. 남만춘은 1920년 1월 결성된 러시아공산당 산하 이르쿠츠크위원회 한인부 회장으로 활동을 시작한 대표적인 이르쿠츠크파 고려공산당 인물이기 때문이다.[5] 마지막으로 김인국은 고려공산당에 가입하여 활동하지 않았지만 1923년 4월 블라디보스토크에 들어온 고려공산당 혁명중앙부의 승인 아래 의료에 종사했고 이들을 치료해주었다. 1923년 4월에는 이미 고려공산당이 사실상 해산되고 대신 꼬르뷰르가 1923년 2월부터 블라디보스토크 일본영사관 근처에 자리 잡고 있었는데, 자료에는 고려공산당으로 기록되어 있지만 실제로는 꼬르뷰르의 영향하에서 김인국은 이들과 관련을 맺은 것으로 보인다.

---

4 「國民代表會의 經過에 관한 건」 高警 제835호(1923.3.16).

5 국가보훈처 공훈전자사료관 남만춘 공훈록.

4부

1920년대 중반 이후 국내 독립운동과 세브란스인들의 참여

1

신간회 창립과 해소

3·1운동의 여진 속에서 1919년 8월 조선에 부임한 신임 총독 사이토는 '문화의 발달과 민력의 충실'이라는 구호를 내걸고 '문화정치'를 표방했다. 그리하여 1920년대 초반은 헌병경찰제도로 대표되던 1910년대 무단통치기에 비하여 유화적인 분위기가 조성되었고, 이러한 분위기 속에서 각종 청년회운동·교육진흥운동·물산장려운동 등 문화적·경제적 실력양성운동이 전개되었다. 문화적·경제적 실력양성운동을 주도했던 이들은 스스로 이를 '문화운동'이라 칭했고, 이러한 '문화운동'은 신문화 건설, 실력양성론, 정신개조, 민족개조론을 이론적 기초로 삼았다.

'문화운동'은 대체로 청년회운동, 교육진흥운동, 산업진흥운동의 세 갈래로 진행되었다. 청년회는 지덕체의 함양 등 인격 수양, 풍속개량, 실업 장려, 공공사업 지원 등을 설립 목적으로 했으며, 강연회·토론회·야학강습회·운동회 등의 활동을 통해 이러한 목적을 달성하고자 했다. 교육진흥운동은 1920년대 초 교육열의 고조에 힘입어 진행되었으나, 강화된 학교 설립 조건 때문에 대부분 성과를 거두지 못했으며, 1923년에 일어난 민립대학기성운동 역시 성과 없이 끝나고 말았다. '토산품 애용'을 통해 조선인들의 산업을 진흥시키고자 했던 물산장려운동은 1923년 초 상당한 기세를 올렸으나, 늘어난 수요를 감당할 만한 생산력이 부재했기 때문에 곧 열기가 식어버렸다.

이렇게 1923년 봄 대표적인 '문화운동'이었던 물산장려운동과 민립대학기성운동이 모두 기대했던 만큼의 성과를 거두지 못하고 끝나자, '정치적 측면의 실력양성운동'으로서의 자치운동이 본격적으로 거론되기 시작했다. 국내의 동아일보계와 천도교 신파의 최린 등을 중심으로 '독립을 위한 준비 단계로서의 자치권 획득'이라는 구상으로 자치론자들이 등장하자, 이러한 자치론자들에 대한 반대 세력으로서 비타협적 민족주의자들이 부상했다. 비타협적 민족주의자들은 1920년대 초반 문화운동 시기에는 문화운동론자들과 같이 활동했지만, 일부 우파가 타협적인 자치운동으로 전환하는 모습을 보이자 이에 반대하면서 독자적인 세력을 형성했다.

자치론 진영의 등장은 1920년대 중반 국내 항일운동 진영의 재편성에 영향을 끼쳤다. 이전까지 국내 항일운동 진영은 크게 민족주의 계열과 사회주의 계열로 나뉘어 있었다. 그런데 자치론이 등장하면서 민족주의 계열 내에서 자치운동에 반대하는 비타협적 민족주의자들이 갈라져 나왔고, 이미 자치론을 격렬히 반대하고 있던 사회주의 진영과 비타협적 민족주의자들 사이에 제휴할 수 있는 여건이 조성되었다. 또한 국외적으로도 중국에서 국공합작이 실현되었고, 코민테른이 조선의 민족통일전선을 지지하면서 민족협동전선을 위한 분위기가 형성되었다.

국내에서는 서울청년회 쪽의 사회주의자들과 조선물산장려회 내의 비타협적 민족주의자들이 '조선민흥회'를 결성하는 가운데, 1926년 11월 일본 유학생 출신으로 구성된 사회주의 사상단체 정우회에서 「정우회선언」을 발표했다. 「정우회선언」은 사회주의운동이 경제투쟁에서 정치투쟁으로 전환해야 하며, 사회주의 세력과 민족주의 세력이 제휴해야 한다고 주장했다. 이러한 정우회선언에 비타협적 민족주의자들이 호응하면서 양측의 협동전선 결성이 본격적으로 추진되었다. 이러한 민족협동전선 움직임의 결정체가 바로 1927년 2월 창립된 신간회였다. 신간회의 창립 준비는 1927년 1월 초부터 급속히 진전되었다. 조직의 명칭은 처음에는 '신한회新韓會'였으나, 총독부에서 '한'자가 들어갔다는 이유로 거절하자, 옛날에는 '한韓'자와 '간幹'자가 같은 뜻으로 쓰였고 또 '고목신간古木新幹'이라는 말도 있으므로 홍명희의 제안에 따라 '신간회'로 확정했다. 1927년 1월 19일 신간회 발기인대회를 개최하고 ① 정치적·경제적 각성을 촉구함, ② 단결을 공고히 함, ③ 기회주의를 일체 부인함 등과 같은 3개조의 강령을 채택했다. 여기서 기회주의란 자치운동을 지칭한다.

신간회 지회는 전국 각지는 물론 만주와 일본에도 설치되었다. 1928년 국내외에 설치된 신간회 지회는 141개에 달했으며, 회원은 4만 명에 이르렀다. 신간회는 강연단을 조직하고 순회강연을 돌면서 민족의식 고취, 조선인 본위의 교육 실시, 착취기관 철폐 등을 주장하면서 식민지통치정책을 비판했다. 신간회는 1929년 1월부터 시작된 원산 노동자 총파업을 지원했고, 같은 해 함경남도 갑산 지방의 화

新幹會創立總會

십오일밤청년회관에서개회

민흥회와신간회합동성립

民興、新幹合同完成

신간회 창립총회 기사
(『조선일보』 1927년 2월 14일자)

전민 방축사건을 항의하고 진상규명에 노력했다. 그러나 신간회의 활동이 지속될수록 신간회 각 지회의 대표가 참석하는 전체대회가 금지되는 등 신간회 활동에 대한 경찰의 간섭과 제약 역시 점점 강화되었다.

1929년 2월 2차 정기대회마저 금지되면서 신간회는 이러한 무기력한 상황을 타개하기 위해 정기대회를 대신하는 복대표대회複代表大會를 진행했다. 복대표대회 이후 전체적으로 사회주의 계열의 참여가 강화되었지만, 중앙본부의 간부직은 오히려 민족주의자들이 장악했다. 이러한 상황에서 1929년 말 민중대회 사건이 발생했다.

1929년 11월 3일 발생한 광주학생 사건의 진상을 폭로하고 이를 민중시위로 유도하기 위한 민중대회가 12월 13일로 예정된 가운데, 11일 이 사실을 미리 탐지한 경찰은 민중대회 중지를 경고했다. 그러나 신간회 측에서 이를 무시하고 예정대로 진행하려고 하자 경찰은 13일 일제 검거에 나서 집행위원장 허헌 등 20여 명을 체포했다. 허헌이 구속되자 그를 대신하여 민족주의 계열의 김병로가 중앙집행위원장 대리를 맡게 되었는데, 이후 신간회 내부에서 독립운동 노선을 둘러싼 갈등이 본격화되었다.

김병로 등이 이끄는 새 집행부는 신간회운동을 온건한 방향으로 전환하고자 했으며, 이들 중 일부는 자치론을 받아들이는 듯한 태도를 보여 사회주의자들의 반발을 불러일으켰다. 이러한 상황에서 코민테른은 1928년 12월테제를 통해 한국의 사회주의자들에게 민족주의자와의 협동전선을 포기하고 독자적인 운동을 전개할 것을 촉구했다. 이러한 12월테제에 영향을 받은 일부 사회주의자들은 신간회 해소를 주장하고 나섰다. 또한 신간회 결성 이후 운동 역량이 신간회로 집중되면서 오히려 노동·농민운동이 침체된 상황도 해소론을 뒷받침했다.

그럼에도 민족주의자들은 신간회 해소를 강력하게 반대했고, 사회주의자들도 반대하는 이들이 많았다. 그러나 결국 1931년 5월 해소 문제를 논의하기 위한 신간회 전체대회가 열렸으며, 해소안이 표결에 부쳐진 결과 찬성 43, 반대 3, 기권 30으로 해소안이 가결되었다. 민족주의 세력과 사회주의 세력의 민족협동전선으로 양 세력의 역량을 하나로 결집했던 신간회는 이렇게 신간회 회원들 스스로의 손으로 해소되는 결과로 막을 내렸다. 이렇게 많은 사람들의 기대 속에서 창립되었다가 다소 아쉬운 결과로 마무리된 신간회에도 세브란스 인물들이 참여하고 있었다. 각각의 인물들이 활동했던 신간회 지회를 중심으로 그 활동 내용을 살펴보겠다.

신간회 본부

1927년 1월 19일 열린 신간회 발기인대회에서는 신간회의 3대 강령이 결정되었으며, 발기인으로 28명이 참석했는데, 그중에 이갑성이 포함되어 있었다.[1] 이갑성은 이상재·이승훈·이동완 등과 함께 기독교계를 대표하여 참여했다.

민족대표 33인 중 한 명으로 독립선언에 참여한 이후 징역 2년 6개월을 선고받고 1922년 5월 5일 만기출옥한 이갑성은 신간회 창립 이전에는 민립대학 설립운동과 물산장려운동에 적극적으로 참여했다. 이갑성은 1922년 11월 말 서울에서 조직된 민립대학기성준비회에 힘을 보탰으며,[2] 1923년 3월에 열린 민립대학 발기총회에서 중앙부 집행위원으로 선정되었다.[3] 중앙부 집행위원으로 선정된 이후 1923년 11월부터 1924년 4월까지 각지를 돌며 그 지역 민립대학기성회 지부의 활동을 격려하거나 혹은 지부 설립을 독려했으며, 강연을

---

1 「民族主義로 發起된 新幹會綱領發表」, 『동아일보』 1927년 1월 20일자.

2 「民立大學을 建設코저 긔성쥰비회를 새로히 조직」, 『동아일보』 1922년 11월 30일자.

3 「執行委員까지 選定」, 『동아일보』 1923년 4월 1일자.

통해 민립대학의 필요성을 역설했다.[4] 또한 1923년 1월 25일 열린 물산장려회 이사회에서 선전부의 임원으로 피선된 것을 시작으로 조선물산 사용을 장려하는 강연을 하고, 회원 모집에 나섰으며, 물산장려회의 이사도 역임했다.[5]

이렇게 1920년 초 '문화운동'의 큰 축을 차지하고 있던 민립대학설립과 물산장려에 열성적으로 참여했으나, 민립대학도 물산장려도 기대했던 만큼의 성과를 거두지 못하고 그 열기가 식자 이갑성은 1924년 8월부터 동소문 내에 있는 경성공업사에 취직하여 서무주임으로 근무하고 있었다.[6] 그러다가 자치론자를 배격하고 새롭게 민족주의 협동 전선을 표방하며 창립된 신간회에 발기인으로서 이름을 올렸던 것이다.

이후 신간회 활동에 대한 경찰의 제약과 간섭이 거세지는 가운데

---

4 「民大趣旨宣傳 群山에서」, 『동아일보』 1923년 11월 16일자; 「民大 益山郡部 設立準備」, 『동아일보』 1923년 11월 18일자; 「民大 全州郡部 組織活動」, 『동아일보』 1923년 11월 18일자; 「羅州民大準備」, 『동아일보』 1923년 11월 30일자; 「民大宣傳講演」, 『동아일보』 1923년 12월 10일자; 「民大咸平郡部 盛況裏에 組織」, 『동아일보』 1923년 12월 15일자; 「民大宣傳講演」, 『동아일보』 1923년 12월 26일자; 「民大順天決議」, 『동아일보』 1923년 12월 28일자; 「民大 康津郡部 二萬圓을 擔當」, 『동아일보』 1924년 1월 9일자; 「求禮民大準備」, 『동아일보』 1924년 1월 13일자; 「民大木浦負擔」, 『동아일보』 1924년 1월 28일자; 「海州 民大活動 講演會와 委員會」, 『동아일보』 1924년 3월 31일자; 「黃州 民大活動 會員과 會金募集」, 『동아일보』 1924년 4월 8일자; 「民大中央委員 西北巡廻」, 『동아일보』 1924년 4월 11일자; 「民大中央委員 平南巡廻日字」, 『동아일보』 1924년 4월 14일자.

5 「物産獎勵大宣傳」, 『동아일보』 1923년 1월 27일자; 「大盛況의 물산講演」, 『동아일보』 1923년 2월 5일자; 「물산장려 회원모집」, 『동아일보』 1923년 2월 7일자; 「物産獎勵會總會」, 『동아일보』 1923년 5월 2일자.

6 「己未年運動과 朝鮮의 四十八人(六) 最近 消息의 片片」, 『동아일보』 1925년 10월 5일자.

이갑성은 1929년 7월에 상하이로 망명하여 약종상을 운영했다.[7] 상하이에서 활동은 자세히 알려지지 않았으며, 1937년 국내로 압송되어 1945년 해방까지 4년 가까이 감옥에서 투옥했다고 알려져 있다.[8]

해방 후에는 현실정치에 직접 참여하여 1948년까지 독립촉성회 회장과 입법위원으로, 1950년에는 국회의원으로 활동했으며, 1965년 초대 광복회장을 역임했다.

한편, 이갑성 외에도 정종명 역시 서울에 있는 신간회 본부에서 활약했는데, 정종명은 신간회의 자매 단체격인 근우회의 창립부터 관여하며 근우회에서 주로 활동했지만, 한편으로 신간회의 창립부터 함께하여 1929년 신간회복대표회의 이후 중앙집행위원을 거쳐 중앙상무위원으로 활약했다.[9]

신간회 전주지회

전주지회는 1927년 4월 1일 전국에서 가장 먼저 지회 설립준비위원회가 조직되었으며, 상하이에서 귀국하여 1925-1926년경에는 전주

7 한국사데이터베이스 한국근현대인물자료 이갑성.

8 이갑성의 자필이력서에 따르면 1937년 1년 복역, 1938년 흥업구락부 사건으로 7개월, 1941년 대구 경북경찰국에 11개월, 1942년 해주·평양·원산 등에서 각각 3개월, 1943년 함흥경찰서 4개월, 1945년 경기도 경찰국 외사과 2개월 등이라고 한다. 유준기, 「최연소 3·1운동 민족대표 이갑성」, 『한국근현대인물강의』, 국학자료원, 2007, 204쪽.

9 「規約通過 後 委員도 改選」, 『동아일보』 1929년 7월 1일자; 一瀉千里로 重要事項 決議, 『동아일보』 1929년 11월 26일자.

의원을 개원했던 신현창이 전주지회 준비위원으로 참여했다.[10] 전주지회는 1927년 5월 10일 공식적으로 설립되었고, 10월에 열린 간사회에서 신현창은 기존의 간사였던 한택韓澤을 대신하여 조사연구부 간사로 선출되었다.[11]

전주지회는 1927년 12월 정기대회를 개최하려 했으나 경찰이 집회를 금지하여 무기한 연기되었다가 1928년 2월에서야 정기대회를 개최할 수 있었다. 1928년 2월 9일 열린 간사회에서는 ① 신간회 본부의 전국대회 집회금지 해금, ② 경북 김천 금릉학원 대책 수립을 결의했으며, 1929년 1월에 열린 정기대회에서는 ① 도 협의기관 설치, ② 산업통계 조사기관 설치, ③ 신간회 발전, ④ 누에고치, 면화 지정 판매 반대, ⑤ 무보수 부역 반대, ⑥ 농민·여성·소년운동의 촉진, ⑦ 3총 해금운동 실시 등을 결의했다. 이러한 결의 사항을 보면 신간회 운영 전반에 관한 내용 외에도 전주 지역 사회 문제에 관한 내용도 다수 포함되어 있다는 것을 알 수 있다. 그러나 전주지회는 1930년 9월 2일 회장 백용희 등 간부 8명이 일제히 검속되어 서울로 압송되면서 활동에 큰 지장을 받았다.

전주에서 활동하던 신현창은 1928년 중 서울로 상경한 듯한데,[12]

---

10 「신간회지부 전주에도 창립」, 『조선일보』 1927년 4월 4일자; 이하 신간회 전주지회의 활동에 관해서는 신용하, 『신간회의 민족운동』, 독립기념관 한국독립운동사연구소, 2007, 107-108쪽을 참고하여 작성했다.

11 「전주지회 간사회」, 『조선일보』 1927년 10월 4일자.

12 1928년 4월에 열린 전주지회 간사회에서는 여전히 조사연구부 총무간사로 이름을 올리고 있다. 「全州支會 幹事會」, 『조선일보』 1928년 4월 18일자.

1928년 12월 말 갑자기 출동한 경찰들에게 가택 수색을 당하고 검거되어 종로경찰서로 송치되었다.[13] 신현창과 함께 검거된 인물은 정재달·방두파·박세범·백명천·김홍작 등인데, 정재달은 적화선전 사건으로, 백명천은 제1차 조선공산당 사건으로 옥고를 치렀으며, 박세범은 횡성 신간지회의 회장이었다.[14] 사건의 내용은 끝까지 명확하게 밝혀지지 않았으나 1928년 말에 모 우편국에서 발견된 불온문서 관련된 사건으로 짐작되었다.[15] 중간에 몇몇은 석방되기도 했으나, 정재달·양재식·신현창만은 경찰이 끝까지 풀어주지 않고 1달이 넘도록 계속 취조했다. 40여 일 만인 3월 3일에 정재달과 양재식은 석방되었으나 신현창만은 29일 구류처분으로 만기일까지 기다려야 했다.[16] 이후 풀려난 신현창은 1929년 7월 21일 천도교기념관에서 열린 신간회 경성지회 임시대회에서 집행위원으로 선정되었으나[17] 신현창이 다시 전주에서 자리를 잡은 것으로 보아 경성지회에서의 활동은 길지 않았던 것으로 보인다. 신현창은 1929년 9월 신간회 전주지회에서 회계로 선출되었다가, 11월 8일에 열린 전주지회 집행위원회에서 재정부장을 사퇴했는데[18] 사퇴의 배경은 정확히 알 수 없으나 이후 더 이상 신간

---

13 「鍾路署 突然 活動 鄭在達等 家宅 搜索」, 『동아일보』 1929년 1월 1일자.

14 「重大事件 又發覺? 社會運動者 大檢擧」, 『동아일보』 1929년 1월 13일자.

15 「昨年末 某事件 嫌疑 六名은 繼續取調」, 『동아일보』 1929년 1월 14일자.

16 「鄭在達, 楊在植 等 匝月토록 取調만 繼續」, 『동아일보』 1929년 2월 13일자; 「四十餘日만에 鄭在達 釋放」, 『동아일보』 1929년 3월 5일자.

17 「新規約 配付 委員도 改選」, 『동아일보』 1929년 7월 23일자.

18 「全州 新支書 面大會 經過 組織體 變更其他」, 『매일신보』 1929년 9월 12일자; 「全南 新幹支會 道聯合會 發議」, 『동아일보』 1929년 11월 15일자.

회에서 활동하지 않았다.

1930년 2월에는 신현창의 딸 신애덕申愛德이 전주 사립 기전紀全여학교에서 있었던 학생만세사건을 주도했다는 혐의를 받고 검거되었다가, 25일 구류처분을 받고 전주형무소에서 구류되었는데, 3월 12일 출옥하는 딸을 데리러 갔던 신현창은 간수부장이 불법으로 자신의 딸을 3시간이나 더 감금했다가 풀어주었다고 법무국장에게 탄원서를 제출하기도 했다.[19] 같은 해 7월 말에는 신현창 본인이 출동한 경찰들에게 가택 수색을 당하고 검거되었다가 8월 3일 석방되었는데, 역시 자세한 내용은 알 수 없고 전주 기독교 내 독신전도단獨身傳道團 사업과 관련된 문제였다고 보도되었다.[20]

자신과 가족이 체포와 석방을 반복하는 중에도 신현창은 전주 의원을 계속 운영하면서 전주 지역의 인사로 각종 사회활동에 참여했다.[21] 해방 후에는 삼일동지회에 전북 대표로 이름을 올렸고, 한민당을 통해 현실정치에 참여했다가 1946년 12월 탈당했다.[22]

---

19 「全州紀全校 主謀嫌疑 檢擧」, 『동아일보』 1930년 2월 15일자; 「出監하는 罪囚를 私嫌으로 監禁」, 『동아일보』 1930년 3월 27일자; 「滿期出獄된 女子를 간수가 不法拘禁」, 『매일신보』 1930년 3월 24일자.

20 「全州醫院長 被檢」, 『중외일보』 1930년 8월 3일자; 「全州醫院長 釋放」, 『중외일보』 1930년 8월 5일자; 「全北道警察大活動 醫師一名을 突檢」, 『매일신보』 1930년 8월 5일자.

21 「第五回 全州市民大運動會」, 『매일신보』 1933년 5월 18일자; 「中央勉勵青年定總」, 『조선중앙일보』 1935년 1월 11일자.

22 「完全獨立促成을 宣誓」, 『중앙신문』 1945년 12월 8일자; 「八十二名이 韓民堂 또 離脫」, 『한성일보』 1946년 12월 7일자.

신간회 원주지회

서간도 신흥무관학교에서 활동하다 체포되었던 안사영은 1923년경에는 세브란스병원에서 근무했으며, 1925년부터 1928년까지 4년여 동안 원주의 서미감병원Swedish Methodist Hospital[23]에서 근무하면서 선교사 앨빈 앤더스Albin G. Anderson·安道宣(1882-1971)의 부재 이후 위기에 직면했던 서미감병원의 중흥을 이끌었다.[24] 안사영은 원주에 있는 동안 종교 활동과 사회활동에도 적극적으로 참여했는데, 1927년 10월 설립된 신간회 원주지회에서도 그 설립 과정부터 참여했다.

신간회 원주지회는 1927년 4월부터 지회 설치 준비가 시작되어 1927년 10월 강원도 지역에서 가장 처음 신간회 지회가 설립되었다.[25] 1927년 10월 10일 열린 원주지회 설립준비위원회에서 안사영은 선전계에 소속되어 설립 준비를 도왔으며, 10월 31일 원주청년회관에서 열린 원주지회 설립대회에서 간사로 선출되었다.[26]

---

23 1910년 조선 선교 25주년을 기념하여 미국감리교 본부는 원주에 선교병원 설립을 추진했고, 그 결과 서미감병원은 1913년 4월 공사에 착수하여 11월에 개원했다. 병원의 이름은 미국 스웨디시 감리교의 이름을 따서 지었으며(Swedish Methodist Hospital), 개원 시에는 17개의 병상으로 시작했다. 1933년까지 20년 동안 원주 지역의 질병퇴치와 치료에 크게 기여했으나, 일제의 선교사 추방정책으로 1933년에 운영이 중지되었다. 연세대학교 의과대학, 『제중원·세브란스인의 사회공헌』, 역사공간 2016, 103-105쪽.

24 왕현종, 「일제하 원주 서미감 병원의 설립과 지역사회에서의 위치」, 『역사문화연구』 42, 2012.

25 신간회 원주지회 설립 및 활동 내용은 오영교·왕현종, 『원주독립운동사』, 원주시, 2005, 326-342쪽을 참고하여 작성했다.

26 「원주지회 설치」, 『조선일보』 1927년 11월 5일자.

원주보통학교

1927년 12월 22일 열린 원주지회 제2회 간사회에서는 재만동포 피축被逐사건과 관련하여 원주 지역의 16개 단체와 함께 만주 지역 조선인은 물론 조선에 거주하는 중국인을 옹호하기 위한 동맹체를 조직하기로 결정했다. 우선 원주지회의 발기로 12월 28일 16개 단체의 대표를 소집하기로 하고, 준비위원을 선임했는데, 안사영도 준비위원으로 선임되었다.[27] 이러한 준비 과정을 거쳐 재만동포옹호동맹 설립대회가 1927년 12월 28일 원주청년회관에서 열렸다. 설립대회는 경찰의 금지로 16개 참가단체 대표 1명과 준비위원만 참석했으며, 대회의 취지 설명 과정에도 임석 경관이 제지하는 등 경찰의 방해는 있었으

27 「원주에서도 옹호동맹조직계획」, 『중외일보』 1927년 12월 28일자.

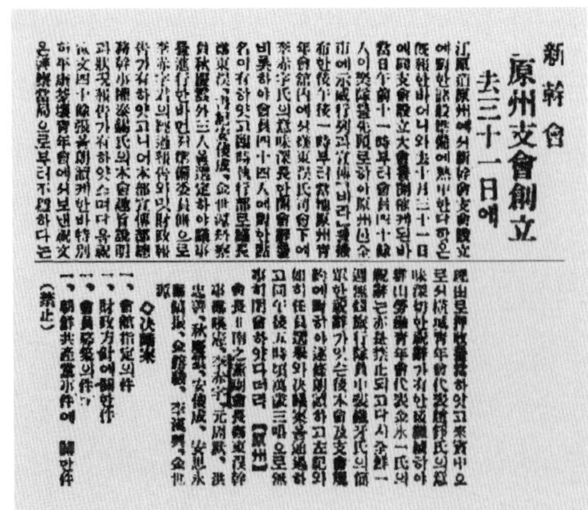

新幹會
原州支會創立
去三十一日에

◇決議案
一、會館指定의件
一、財政方針에關한件
一、會員募集의件
一、朝鮮共産黨事件에 關한件
(禁止)

신간회 원주지회 창립 기사
(『중외일보』 1927년 11월 8일자)

나 집행위원 선정 및 재만동포옹호동맹의 행동강령과 사업 계획 등이 결정되었다. 이 자리에서 안사영은 구제부 위원으로 임명되었다. 이후 재만동포옹호동맹에서는 원주 지역의 중국인들에게 단체의 취지를 설명했고, 중국인들이 참여하여 경성화상총회에 재만조선인 문제에 관한 진정서를 제출했다.[28]

이후로도 안사영은 1928년 4월 22일 열린 원주지회 제4회 간사회에 간사로 참여했는데, 이때 간사회에서는 원주 지역의 사회단체와 연합하여 메이데이 기념행사를 하기로 결정했다. 5월 1일 오전 10시부터 원주 읍내 일대에 시위행렬을 진행하는 동시에 선전 삐라를 뿌리고, 오후에는 원주 지역 사회단체를 망라하여 소금강에서 원유회를

---

28 「원주 각 단체 옹호동맹조직」, 『중외일보』 1928년 1월 4일자.

개최하며 밤에는 기념강연회를 열기로 했다. 그러나 메이데이 기념행사 중 시위행렬과 원유회는 경찰이 금지하여 밤 9시부터 원주청년회관에서 메이데이 기념강연회만 진행되었다.[29]

1928년과 1929년 동안 신간회의 정기대회는 금지되었으며, 1930년 신간회 중앙집행위원장 이하 대부분의 간부가 투옥되면서 전체대회는 무기한 연기되었다. 이 시기 원주지회의 활동 역시 침체 상태로 들어갔으며, 신간회의 해소와 함께 원주지회도 사라지게 되었다.

이후 안사영은 1933년 9월 다시 만주로 건너가 지린성 자오허시蛟河市 중양제央街에서 안동의원安東醫院을 개업했다.[30] 만주로 건너간 이후의 활동은 자세히 알 수 없으나 1940년까지 계속 자오허에 머물면서 병원을 운영한 것으로 보인다.[31]

신간회 강릉지회

강릉에서는 1927년 11월 5일 관동권업주식회사에서 신간회 강릉지회 설치준비회를 열고 준비위원을 선정했으며,[32] 12월 3일 금정예배

---

29 「원주지회 간사회」, 『조선일보』 1928년 4월 27일자; 「각지 메-데-」, 『조선일보』 1928년 5월 8일자.

30 『세브란스교우회보』 20호(1934.1.7), 16쪽.

31 『세브란스연합의학전문학교일람』 1940, 125쪽.

32 「강릉지회 준비」, 『조선일보』 1927년 11월 9일자.

강릉 금정예배당

당에서 60여 명의 회원이 모여 강릉지회 창립총회를 개최했다. 임석 경관이 장내에 붙인 표어와 강릉군청년동맹의 선전문을 압수하는 등 약간의 방해가 있었으나 창립총회를 무사히 끝내고 새로운 임원진을 구성할 수 있었다. 창립총회에서 강릉지회 회장으로 이원재가 선출되었다.[33]

이후 12월 11일에 열린 강릉지회 간사회에서 '재만동포 구축' 문제를 토의하려 했으나 임석 경관에게 금지당했고, 이에 대해 12일에

---

33 「江陵支會 設立」, 『조선일보』 1927년 12월 8일자; 「江陵新乾支會 創立大會終了」, 『매일신보』 1927년 12월 8일자.

경찰서를 찾아 그 이유를 물었으나 이 문제는 외교 당국에게 일임하라는 서장의 막연한 답변만 받고 돌아와야 했다.[34] 1928년 2월 13일에 열린 총무간사회에는 전국대회 금지에 관한 건과 재만동포옹호동맹에 관한 건, 청총靑總·노총勞總·농총農總의 3단체 동맹조직에 관한 건 등을 결의했으나, 3건 모두 금지당했다.[35] 1929년 8월 22일에는 신간회 강릉지회 강연회를 개최하려 했으나 경찰의 금지로 간담회로 변경해야 했다. 이렇듯 1928-1929년 신간회 전체에 대한 일본 경찰의 간섭과 금지가 심해지는 와중에 강릉지회 역시 설립 이후 활동에 일정한 제약이 가해졌다. 그러나 1929년 12월 강원도 신간회지회 도연합회를 강릉지회 회관에서 개최하기로 결정하고, 1930년 12월에는 강릉신간회 대회를 개최하여 전체대회 대의원을 선거하는 등의 활동을 이어나갔다.[36]

이원재는 1927년 12월 신간회 강릉지회 창립부터 회장으로 선출되어 1929년까지 회장직을 유지했으며, 1930년 12월에는 집행위원장으로 선출되는 등 신간회 강릉지회의 시작과 끝을 함께했다. 1923년경 하얼빈에서 귀국하여 강원도 강릉에서 자리 잡고 관동병원關東病院을 운영했던 이원재는, 신간회 외에도 여러 가지 사회활동에 적극적으로 참여하면서 강릉 사회의 주요 인사로 활동했다.

이원재는 강릉청년수양단과 강릉성덕소년회 등 강릉의 여러 단

---

34 「강릉지회간사회」, 『조선일보』 1927년 12월 17일자.

35 「강릉지회총무회」, 『조선일보』 1928년 2월 22일자.

36 이종철, 「일제시대 강릉지방 항일운동 연구」, 『관동문화』 5, 1994, 141-142쪽.

체에서 주최한 각종 대회에서 강연을 맡은 것은 물론, 무산농민을 위한 농민강습야학회와 부녀야학 및 무산아동을 위한 강릉동화학원東花學院에서 무보수로 강사를 맡기도 했다.[37] 종교인으로서도 감리교인들이 중심이 되어 조직된 강릉농산조합의 이사직을 맡았으며, 미국감리엡웟청년회의 회장직도 역임했다.[38] 강릉공립농업학교 맹휴사건에서는 학부형대표위원으로 학교 측과 교섭에 앞장서기도 했으며, 강릉체육협회의 고문을 맡기도 했다.[39] 또한, 1930년 12월 『동아일보』에서 「주요도시순회좌담」을 강릉에서 진행했을 때 강릉의 주요인물 9인 중 한 명으로 참여하여 교육 및 위생 등에 관한 자신의 의견을 피력했다.[40]

이렇게 1930년까지 강릉 지역에서 활발하게 활동하다가 1931년 5월, 세브란스연합의학전문학교(이하 세브란스의전) 출신 의사들을 중심으로 개원한 중앙실비진료원에 부원장 겸 외과 피부과 주임으로 부임하게 되면서 강릉을 떠났다.[41] 중앙실비진료원의 부원장에 있으면

---

37 「江陵青年의 修養機關 盛大한 發會式」, 『매일신보』 1925년 8월 25일자; 「강릉위생강연회 대성황」, 『동아일보』 1927년 8월 25일자; 「巡廻講演大會 鐵筆團主催」, 『매일신보』 1927년 11월 5일자; 「玉川洞의 農民夜學盛況」, 『중외일보』 1928년 3월 28일자; 「江陵東花學院 來十日開校」, 『동아일보』 1928년 10월 5일자; 「동화학원개원」, 『동아일보』 1928년 11월 7일자.

38 「강릉농산조합 거4일에 조직」, 『동아일보』 1929년 1월 9일자; 「강릉엡웟청년회정총」, 『동아일보』 1929년 1월 19일자.

39 「江陵農校生 盟休漸次擴大」, 『매일신보』 1930년 7월 31일자; 「江陵農業學父兄會」, 『중외일보』 1930년 8월 2일자; 「江陵体協組織」, 『매일신보』 1930년 11월 6일자.

40 「주요도시순회좌담, 제15 강릉편(1-5)」, 『동아일보』 1930년 12월 10-16일자.

41 개원 당시 각과 담임의사 및 직원의 명단은 다음과 같다. 원장 吳華英, 부원장 겸 외과 피부과 주임 이원재(1914년 졸업), 내과 소아과 주임 金重呂, 산부인과 주임 申弼浩(1914년 졸업), 안과 이비인후과 주임 劉錫昶, 기타 각과 전문촉탁의사 약간. 서무주임 金春植,

서 1931년 8월 말에는 시내 서린동[42]에 금강의원金剛醫院을 개업했고, 이후로는 주로 교회 강연 등 종교 활동에 집중했다.[43]

신간회 사리원지회

황해도 봉산 사리원에서는 1927년 12월 27일 망년회를 위해 모였던 청년들이 사리원 신간지회 설립을 결의하고 그 자리에서 바로 발기회를 구성했다. 발기회의 임시의장으로 곽병규가 천거되었으며, 창립총회 일시와 장소, 준비위원 등을 선정했다.[44] 이후 1928년 1월 5일 미국감리교회당 내에서 설립총회가 열렸으며, 임시회장인 곽병규의 취지 설명과 경과보고가 있은 뒤 임원선거를 통해 지회장으로 김석황, 부지회장으로 곽병규가 선출되었다.[45]

블라디보스토크에서 돌아온 곽병규는 원산 구세병원에서 일하다

약제사 金寶物, 간호원장 겸 산파 具敬泰, 간호부 吳信道 외 3인. 「民衆의 一大醫療機實費診療院開院」, 『동아일보』 1931년 5월 12일자; 「無産患者의 大福音 社會營實費診療」, 『매일신보』 1931년 5월 13일자.

42 『세브란스연합의학전문학교일람』에서는 병원이 공덕리에 있었던 것으로 나오는데, 1934년부터의 자료이므로 서린동에서 공덕리로 이전했을 가능성도 있다. 『세브란스연합의학전문학교일람』 1934, 111쪽; 1936, 114쪽; 1939, 118쪽; 1940, 123쪽.

43 「집회」, 『동아일보』 1931년 9월 20일자; 「일요강화」, 『동아일보』 1931년 11월 1일자; 「일요강화」, 『동아일보』 1931년 12월 6일자; 「일요강화」, 『동아일보』 1932년 1월 3일자; 「일요일의 집회」, 『중외일보』 1932년 3월 6일자; 「일요강화」, 『중앙일보』 1932년 4월 3일자.

44 「사리원신간발기」, 『동아일보』 1927년 12월 30일자; 「망년회 끝에 신간지회 발기」, 『중외일보』 1927년 12월 31일자.

45 「新幹支會 設立 沙里院에서」, 『동아일보』 1928년 1월 9일자; 「사리원신간지회 창립」, 『중외일보』 1928년 1월 9일자.

사리원 경산의원(1936년). 뒷줄 왼쪽에 안경 쓴 인물이 곽병규이다.

가 1924년 3월 25일부터 사리원에서 경산의원鏡山醫院을 개업했다.[46] 경산의원을 개업한 직후 곽병규는 사리원유치원을 설립하여 운영했고,[47] 사리원 지역의 청년회에서 주요 임원을 도맡았으며,[48] 기근구제

---

46 『세브란스연합의학전문학교일람』 1923, 40쪽; 「鏡山醫院開業」, 『동아일보』 1924년 3월 31일자.

47 「봉산군 교육기관」, 『동아일보』 1929년 1월 2일자.

48 「동아일보 기자 지방순회 정면측면로 觀한 鳳山과 安岳」, 『동아일보』 1925년 2월 4일자; 「鳳山靑年會總會」, 『동아일보』 1925년 2월 13일자.

회 후원회의 위원으로 활동하는 등 다방면에서 활동하다가[49] 사리원 신간지회의 설립에도 관여했다.

사리원 신간지회는 설립 후 특별한 활동은 없었던 듯하지만 곽병규의 경우 1928년 10월 18일 돌연 사리원경찰서 고등계 형사들에게 이문재·이근호와 함께 검거되었다가 20일에 풀려났는데, 검거된 연유는 확실히 알 수 없으나 청년동맹과 관련된 듯하다고 보도되었다.[50]

이후에도 경산의원을 운영하면서 사리원에서 재만조선동포 구제회의 집행위원을 맡거나, 이중과세 폐지 좌담회에 참여하여 토의하는 등의 활동을 계속했다.[51] 1940년 사리원을 떠나 서울에 자리 잡고 계속 경산의원을 운영하다가 1965년 10월 26일 사망했다.[52]

---

49 「기근구제회조직」, 『동아일보』 1925년 2월 16일자.

50 「3인을 돌연검거」, 『동아일보』 1928년 10월 20일자; 「忽檢忽放하는 沙里院署 活動」, 『동아일보』 1928년 10월 23일자.

51 「사리원구제회 부서 결정 활동」, 『동아일보』 1931년 11월 3일자; 「이중과세 폐지 좌담회 임신구락부 창립」, 『중앙일보』 1932년 12월 16일자.

52 『세브란스연합전문학교일람』 1940, 123쪽; 『세브란쓰』 제2권, 1955, 67쪽; 『세브란쓰』 제3권, 1956, 80쪽; 「부음」, 『동아일보』 1965년 10월 27일자.

2

근우회와 여성운동

1927년 2월 신간회가 조직되고 같은 해 5월 민족주의 여성운동계 인사들과 사회주의 여성운동계의 인사들이 주도하여 신간회의 자매단체 성격을 띠는 근우회槿友會를 조직했다.[53] 신간회에 소속되어 여성분과를 만들자는 논의도 있었으나 조선 여성의 특수한 상황을 해결하기 위해서는 독자적인 조직이 필요하다고 의견이 모여 별개의 단체로 조직되었다.

근우회는 여성의 공고한 단결과 지위 향상을 강령으로 채택했고, 봉건적 굴레에서 벗어나는 여성 해방과 일제 침략으로부터의 해방이라는 두 방향의 운동 목표를 설정했다. 조직은 서울에 본부를 두고 전국 각지와 일본 및 만주 등 해외에도 지부를 두었으며, 1930년까지 전

53 근우회의 설립과 활동과 관련해서는 한국민족문화대백과 근우회 항목과 박용옥, 『여성운동』, 독립기념관 한국독립운동사연구소, 2009, 217-234쪽을 참고하여 작성했다.

근우회 간담회 광경(『동아일보』 1927년 7월 4일자)

국에 걸쳐 60여 개의 지회가 설립되었다. 근우회 가입 자격은 만 18세 이상의 여성으로, 근우회의 강령과 규약에 찬동하며 회원 2명 이상의 추천을 받으면 입회할 수 있었다. 근우회의 각 지회에서 추진한 주요 활동들은 ① 여성 의식 향상을 위한 강연회와 토론회, ② 회원 모집 및 회원 간 친목을 위한 야유회, 체육대회 및 척사대회, ③ 여성의 기술교육을 위한 강습회, ④ 학교기부금 모집이나 어려운 동포 구제를 위한 음악회, ⑤ 문맹 퇴치를 위한 부인 야학 등이었다.

이렇듯 식민지 조선 사회에서 여성운동의 새로운 지향을 제시했던 근우회였지만, 운동 추진 과정에서 이념의 차이가 점점 부각되었으며, 시간이 흐를수록 사회주의자들이 근우회를 거의 장악하게 되었다. 이에 민족주의 계열의 여성들이 근우회를 떠나기 시작했고, 위기에 처한 근우회는 1929년 7월 25일 집행위원회를 열어 근우회의 재

근우회 전국대회
(1928년 7월 16일)

정비를 도모했다.

그러나 근우회 내부적으로도 자금난과 각 지회 간의 연계가 점차 무너져가고 있었으며, 1931년 초부터 신간회 해소론이 대두하면서 근우회 지회에서도 근우회 해소론이 제기되었다. 1931년 2월 주을지회에서 처음으로 해소론이 제기된 이래, 부산·북청·신의주 등지에서도 해소 논의가 계속되었다. 또한 1928년부터 근우회에 대한 경찰의 탄압도 거세져 전국대회가 제대로 열리지 못하는 상황에서 결국 근우회는 정식 해산 발표도 못 한 채 해체되었다.

이러한 근우회의 창립을 주도했던 인물이 정종명鄭鍾鳴(1896-?)이었다.[54] 정종명은 1927년 4월 26일에 40여 명의 발기인단을 중심

---

54 정종명의 생애와 활동에 대해서는 이꽃메, 「일제강점기 산파 정종명의 삶과 대중운동」,

으로 열린 발기총회에 40인 중 한 명으로 참가했으며, 얼마 후 5월 27일 YMCA강당에서 열린 창립총회에서는 중앙집행위원 21명 중 한 명으로 선출되어 선전조직부를 담당했다. 이후 1927년 9월에는 상무집행위원이 되었고, 11월에는 전남 목포에 가서 근우회 지회에 관하여 조사활동을 벌였으며, 1928년 종로서에서 근우회 전국대회를 금지했을 때 준비위원으로서 경찰과 직접 교섭하기도 했다. 이러한 적극적인 활동의 결과 1928년 7월에는 근우회 중앙집행위원장으로 선출되었다. 근우회의 설립과 활동은 정종명이 꾸준히 참여해온 여성운동의 정점이었다. 일생 동안 독립운동에 투신했던 정종명의 활동은 크게 여성운동과 사회주의운동으로 나누어 살펴볼 수 있는데, 여기서는 우선 근우회까지 이어져온 정종명의 여성운동에 대해 살펴보겠다.

서울에서 태어난 정종명은 11살에 배화학당에 입학하여 비교적 어린 나이부터 서양식 근대 교육을 받을 수 있었으나 17살에 집안의 결정에 따라 결혼을 했고 19살에는 아들 박홍제朴弘濟를 낳았다. 아들이 태어난 지 얼마 지나지 않아 남편이 사망했고, 정종명은 아들을 데리고 친정으로 돌아왔다. 스스로의 생계를 책임져야 했기 때문에 정종명은 1917년 세브란스병원 간호부양성소에 입학했다. 간호부양성소에 다니던 중 3·1운동을 겪었는데, 3·1운동 당시 세브란스병원 간호사들은 부상자들을 치료하기 위해 현장으로 나갔다가 체포

『의사학』 21-3, 2012을 참고하여 작성했다.

되었다. 정종명은 세브란스병원에 입원했던 강기덕이 외부와 연락할 수 있도록 도왔고, 이갑성의 중대 서류를 맡아두었다는 혐의로 경찰서에 잡혀 고생하기도 했다. 게다가 정종명의 어머니 박정선朴貞善은 항일독립운동단체인 대동단에 가입하고, 1919년 11월 28일 서울 안국동 광장에서 태극기를 들고 만세시위를 벌이다가 경찰에 붙잡혀 1920년 12월 경성지방법원에서 징역 1년을 선고받고 옥고를 치렀다.[55] 이렇게 3·1운동을 현장에서 생생하게 겪고, 자신과 가족이 그로 인한 고초를 치른 후 정종명의 독립에 대한 의지와 열망은 더욱 강해졌으며 이는 이후 정종명의 삶의 궤적을 통해서도 확인할 수 있다.

정종명은 3·1운동 직후 조직된 애국부인회에 가입했다가 체포되었으나, 애국부인회가 활동을 본격적으로 시작하기 전에 발각되었기 때문인지 기소되지는 않았다. 애국부인회 사건 이후 1920년 정종명은 세브란스병원 간호부양성소의 10회 졸업생이 되었으나, 산파 면허를 취득하기 위해 다시 조선총독부의원 산파강습소에 입학했다. 산파강습소 과정을 무사히 마친 정종명은 산파 면허를 취득했고, 안국동에 자신의 조산원을 개원했다. 이후 조선공산당 재건사건으로 옥고를 치렀을 때를 제외하고는 정종명은 종로 근처에서 산파로 활동했다.

이렇게 조산원을 개원하면서 어느 정도 경제적 기반을 마련한 정종명은 본격적으로 여성운동을 시작했으며, 그 시작은 '여자고학생 상

55 국가보훈처 공훈전자사료관 박정선 공훈록.

학비 마련을 위해 삯바느질을 하고 있는 여자고학생 상조회 회원들 (『조선일보』 1924년 12월 20일자)

조회'였다. 1920년 서울에서 남자 고학생들이 상조단체인 '갈돕회'를 조직하고 운영하다가 1922년 여자부를 두었는데 이를 정종명이 주도하여 '여자고학생 상조회'로 독립시켰던 것이다. 1922년 4월 중앙예배당에서 여자고학생 상조회를 조직한 후, 1922년 6월 22일 종로 중앙청년회관에서 발회식을 개최했다. 정종명은 회장으로 이 자리에 참석했으며, 발회식에서는 300원의 기부금을 모금할 수 있었다. 여자고학생 상조회에서는 가난한 고학생들이 경제적 자활을 할 수 있도록 공동생활을 하면서 수익사업을 벌였으나, 학생들이 짬을 내어 하는 일로 학비와 생활비를 충당하는 것은 쉽지 않았다. 이런 상황에서 정종명은 자신의 산파 수임료, 독지가들에게서 받은 기부금, 전국 각지의 순회강연에서 벌어들인 입장료와 기부금 등을 통해 여자고학생 상조회를 경제적으로 지원했다.

여자고학생 상조회가 어느 정도 자리를 잡자 정종명은 1924년 1월 조선간호부협회를 창립했다. 조선간호부협회는 간호사의 자조 조

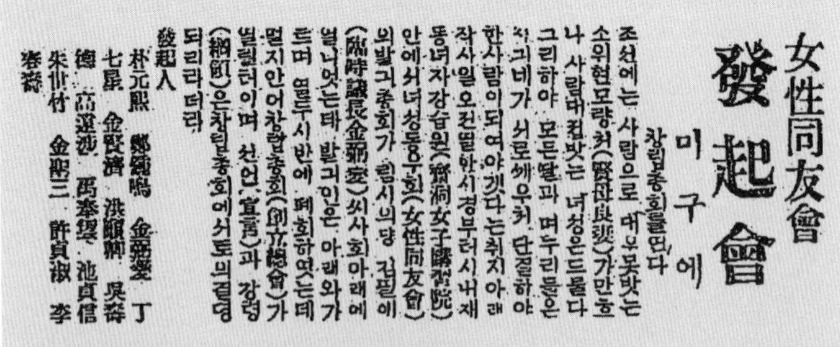

女性同友會
發起會
미구에 창립총회를 연다

조선에는 사람으로 대우못밧는 소위현모량처(賢母良妻)가만흐나 사람대접밧는 녀성은드물다 그리하야 모든딸과 며누리들은 자긔네가 서로깨우쳐 단결하야 한사람이되여야겟다는취지아래 작사일오전팔시경부터시내재동녀자강습원(齋洞女子講習院)안에서녀성동우회(女性同友會)의발긔총회가 림시의댱 김필애(臨時議長金弼愛)씨사회아래에 열니엇는데 발긔인은 아래와가트며 열두시반에 폐회하엿는데 멀지안어창립총회(創立總會)가 열릴터이며 선언(宣言)과 강령(綱領)은창립총회에서토의결뎡되리라더라

發起人
朴元熙 鄭鍾鳴 金弼愛 丁七星 金賢濟 洪順福 吳淑德 高運涉 禹奉錫 池貞信 朱世竹 金明三 許貞淑 李春裕

여성동우회 발기회(『동아일보』 1924년 5월 5일자).
두 번째 발기인으로 정종명의 이름이 보인다.

직이자 대중들과의 접촉을 통해 간호사의 사회적 역할을 확대하고자 한 조직이었다. 이를 위해 조선간호부협회는 회원들에게는 일자리를 알선했고, 대중에게는 보건교육을 실시하고 수해 등의 재난 상황에는 다른 사회단체와 연합하여 구호를 제공했다. 정종명은 조선간호부협회 간부로서 1926년 12월 세브란스병원에서 파업이 발생했을 때 진상 파악과 중재에 나서기도 했다. 이 일은 세브란스병원 간호학생과 간호사들이 처우 개선 등을 병원에 요구하면서 파업에 돌입한 것이었는데, 병원에서 간호사들의 요구 조건과는 별개로 주동자 간호사 3명을 해직하자 간호사들은 이에 대항하여 파업을 장기전으로 끌고 갔다. 사건이 장기화하고 사회적 이슈가 되면서 조선간호부협회에서는 진상조사에 나섰고, 이때 정종명은 "형편에 따라서는 사회적 문제를 일으키는 동시에 조선의 직업부인을 위하여 세브란스 병원 간호사의 내면생활을 세상에 폭로하여 적극적으로 대항"할 것이라고 밝히며 강력

하게 대응했다.[56]

1924년 5월 정종명은 여성동우회의 설립에도 관여했다. 여성동우회는 '부인의 해방'을 기치로 사회주의 여성운동을 지도하는 사상단체였다. 일찍부터 사회주의 사상을 접했던 정종명은 1923년 6월 코민테른 극동총국 산하 꼬르뷰로 국내부 공산청년회의 유일한 여성 회원이기도 했다. 때문에 사회주의 여성운동가의 모임이었던 여성동우회의 창립에도 적극적이었다. 1924년 5월 10일 개최된 여성동우회 발기총회에서 정종명은 집행위원으로 선출되었으며, 이후 여성동우회의 활동에 적극적으로 참여했다. 여성동우회는 국내 사상운동 단체 중 유일한 여성조직으로 자리 잡으며 회원이 70여 명까지 늘어났는데, 이들 중에는 학생과 간호사의 비중이 높았다. 여성동우회 내에 여자고학생 상조회원 및 간호사들의 참여가 높았다는 것은 정종명이 여자고학생 상조회의 학생들과 간호사들에게 끼친 영향력을 짐작하게 한다.

이후 신간회 창립의 영향으로 1927년 여성단일단체인 근우회가 조직되면서 사회주의 여성운동도 근우회를 통해 전개되었으며, 정종명은 근우회의 창립에도 적극적으로 참여했다. 이렇듯 정종명의 여성운동은 여자고학생 상조회, 조선간호부협회, 여성동우회, 근우회로 이어지면서 꾸준히 전개되었다.

---

56 「간호부 보모 간 난투 후 동맹파업」, 『매일신보』 1927년 1월 3일자.

3

조선공산당 재건운동

1920년대 초부터 국내에서도 사회주의를 기반으로 하는 사상단체들이 만들어지기 시작했다. 서울청년회(1921. 1), 무산자동지회(1922. 1), 신사상연구회(1923. 7), 화요회(1924. 11), 북풍회(1924. 11) 등이 이 시기에 조직된 대표적인 사상단체다. 이러한 단체들은 토론회·강연회·좌담회·독서회·강습회·야학·민중강좌·프로문고 등을 통해 사회주의 사상을 연구하고 선전하는 활동을 펼쳤다. 그러나 초기 사회주의 운동은 대중들보다는 지식 청년들을 중심으로 전개되었고, 이들 내부에서는 파벌 다툼(대표적으로 서울청년회계와 화요회계)이 벌어지기도 했다.

한편, 코민테른은 상하이파와 이르쿠츠크파 고려공산당을 해체하고 1922년 12월 블라디보스토크에 코민테른 산하 꼬르뷰로를 설치했다. 꼬르뷰로에서는 국내에 공산당을 조직하기 위하여 공작원을 파견했고, 1923년 6월경 조선공산당의 준비기관으로서 꼬르뷰로 국내부 청년회가 조직되었다. 여기에는 주로 화요회계와 북풍회계 청년들이 참여하고 있었다.

화요회계와 경쟁 관계에 있었던 서울청년회계에서는 별도의 공산당 결성을 추진하여 1924년 5월 고려공산동맹을 조직했다. 이렇게 꼬르뷰로 국내부와 서울청년회계가 경쟁적으로 조직 구성에 나서는 가운데, 꼬르뷰로 국내부에서 선수를 치고 나왔으며 그 결과 1925년 4월 17일 중국음식점 아서원에서 조선공산당 창당대회가 비밀리에 열렸다. 제1차 조선공산당이라고 불리는 이들은 화요회계를 중심으로 북풍회와 그 밖의 일부 그룹이 참여했으며, 서울청년회계는 한 명도 참여하지 못했다. 조선공산당은 코민테른 측에 창당 사실을 보고했으나, 조선공산당이 정식 지부로 인정된 것은 창당 후 거의 1년 만인 1926년 3월 말이었다. 이렇게 코민테른의 승인이 늦어진 것은 조선공산당이 화요회계만으로 창당되었기 때문이었다.

이러한 가운데 조선총독부는 1925년 5월 조선에서도 치안유지법을 실시한다고 공포했는데, 치안유지법의 실시는 일본과 조선의 공산주의운동가들을 탄압하기 위한 것이었다. 그런데 치안유지법이 공포된 바로 그해 11월 신의주에서 일어난 경찰 폭행 사건 과정에서 조선공산당에서 코민테른으로 보내는 문서가 경찰에 발각되었다. 조선공산당의 실체와 조직이 노출되었고 대대적인 검거선풍에 휘말리고 말았다. 220여 명이 검거되었으며, 이 중 101명이 재판에 회부되었고 83명이 유죄를 받은 큰 사건이었으나, 사건 자체는 총독부의 언론 통제로 1927년 3월 31일 예심이 종결되는 날까지 전혀 보도되지 못했다.

그러나 제1차 조선공산당은 주요 인물들이 검거되기 전 후계당 조직 준비에 들어간 상태였으며 그리하여 1925년 12월 말에서 1926년

1월 초 사이에 강달영을 책임비서로 하고, 이준태·이봉수·김철수·홍남표·권오설 등을 중앙집행위원으로 하는 제2차 공산당이 구성되었다. 제2차 공산당은 6·10만세운동을 주도했고, 성공적으로 만세시위를 이끌었으나 준비 단계에서 조직이 발각되면서 결정적인 타격을 입었다. 강달영을 비롯한 총 100여 명의 관련자가 체포되었던 것이다. 이렇게 제1·2차 조선공산당 모두 일제의 검거 선풍에 휘말리면서 화요회계 간부들은 대부분 검거되거나 해외로 망명했다.

1926년 9월경 제2차 조선공산당 중앙위원이었던 김철수를 중심으로 제3차 조선공산당이 결성되었다. 화요회계 대부분이 검거되었기 때문에 이번에는 서울청년회계와도 손잡지 않을 수 없었다. 그러나 서울청년회계 내에서도 구파는 참여를 거부하여 신파만이 제3차 조선공산당에 합류하게 되었다. 제3차 공산당은 서울청년회계 신파, 일월회계, 만주 고려공산청년회의 3파가 연합한 형태였으며, 이들 그룹을 세간에서는 'ML'파라 지칭했다. 제3차 공산당의 가장 두드러진 활동은 비타협적 민족주의 세력과 함께 신간회와 근우회를 조직한 일이었다. 이들은 신간회 내에서 노동자·농민층에 대한 무산계급적 교양 훈련을 도모했으나, 1928년 초 경찰에 발각되면서 제3차 조선공산당도 와해되었다. 1928년 초 제3차 조선공산당 주요 간부가 검거당한 직후 2월에 바로 제4차 조선공산당이 조직되었으나, 조직 후 5개월도 지나지 않아 대규모 검거로 사실상 해체되었다.

이렇게 1928년 일본 경찰의 강력한 탄압으로 해산되었던 조선공산당은 1928년 코민테른에서 제시한 「12월테제」의 지침에 따라 당을 재건해야 했다. 「12월테제」는 종래의 당이 부르주아 및 지식계급을 중심으로 운영되었기 때문에 심각한 파벌투쟁과 연속적인 대량 검거가 초래되었다고 보고, 노동자와 농민을 기초로 하는 당으로 재조직하라고 지시했다. 국내에서는 '서울-상하이파', 'ML파', '화요파' 등이 각각 자기 세력을 기반으로 당과 공산청년회를 조직하고자 했으나 각 정파의 활동은 일본 경찰에 노출되어 좌절되었다.

서울-상하이파는 이동휘와 김규열의 주도로 각 분파의 인물들을 모아 1929년 3월 상하이에서 당 재건 방침을 협의하고 당 재건을 위한 조직으로 '조선공산당재건설준비위원회'를 조직했으며, 기관지로 『볼셰비키』와 『노력자신문』을 발간했다.[57] 1930년 2월 이동휘와 김규열은 코민테른에 보고서를 제출했으나 코민테른의 반응은 냉담했으며, 6월에는 조선공산당 재건설준비위원회를 해체하라는 지시를 내렸다. 이에 서울-상하이파는 당분간 조직을 유지하면서 코민테른의 의중을 알아보려 했다. 코민테른 측은 조선공산당 재건에 관한 모든 책임을 중국공산당(당내 조선국내공작위원회)에 맡겼다고 통보했다. 결국 서울-상하이파는 1931년 3월 재건설준비위원회를 해산했으며, 대신 '좌익노동조합전국평의회준비회'를 만들었다.

1931년 3월 21일 김일순·윤자영·오산세·강문수·홍달수·조덕진 등은 재건설준비위원회를 해산하고 다음 날부터 좌익노동조합전국평의회준비회를 열어 여러 가지 사항을 결정했다. 결정된 사항을

---

57 서울-상하이파의 조선공산당 재건활동에 관해서는 최규진, 『조선공산당 재건운동』, 독립기념관 한국독립운동사연구소, 2009, 55-67쪽을 참고하여 작성했다.

살펴보면, ① 좌익노동조합전국평의회의 이름으로 중국공산당 내 조선국내공작위원회에 김종철을 파견, ② 좌익노동조합전국평의회 대표 대회는 메이데이 이후 상황을 보아 개최, ③ 메이데이 공동투쟁위원회를 조직하고 삐라를 뿌려 군중집회 개최, ④ 프로핀테른 「9월테제」[58]를 좌익노동조합전국평의회의 테제로 삼아 산업별 좌익노동조합을 조직하고 각 지방의 좌익노동조합이나 각 단체와 연락하기 위해 지방협의회를 열어 긴밀한 연락을 유지, ⑤ 선언은 윤자영이, 행동강령은 오산세가 일본노동조합전국협의회의 행동을 참고하여 작성 등의 내용이었다.

그 밖에도 전국을 경의선·경부선·중부선·호남선·함경선 등 5개 구역으로 나누어 세포조직을 통제할 '선線 위원회'를 두기로 했다. 그들의 구상은 공장노동자 3명으로 먼저 세포조직(야체이카)을 만들고, 같은 공장 안에 2개의 야체이카가 만들어지면 이를 '공장분회'로 조직하며, 한 지역 안에 공장분회가 2개 이상이 되면 '지방평의회'를 구성하고, 2개 이상의 지방평의회로 '전국평의회'를 조직한다는 것이었다.

좌익노동조합전국평의회의 서울 지역 책임자였던 오산세·이적

---

58 1930년 9월, 프로핀테른 제5차 대회에서 채택한 「조선의 혁명적 노동조합운동의 임무에 관한 결의」. 통칭 「9월테제」라고 한다. 1930년대 노동운동 전반에 큰 영향을 미쳤으며 내용은 세계경제공황의 여파로 조선노동자들의 상태가 더욱 악화되었으나 그간의 노동운동은 개량주의적이고 소시민적인 지도 때문에 취약했으므로 혁명적 노동조합 운동으로 전환해야 하며, 조선노동운동의 당면 임무는 혁명적 노조 건설과 적색노조로의 전환이고, 그 비합법 운동을 합법활동과 결합시켜야 한다는 것이다. 「9월테제」의 영향과 일제의 강화된 탄압으로 1930년대 노동운동은 비합법적인 적색노조운동 중심으로 바뀌었다. 『한국근현대사사전』, 가람기획, 2005.

朝共國內工作 公判 分離

傍聽禁止裡審理

異彩의女性 鄭鍾鳴等十七名

結社四年間極秘活動

職業別勞働者網羅

朝共黨再建劃策

咸興에서 全朝鮮全體大會開催

鐵道線따라責任者配置

表面共

地下

조선공산당 재건사건 보도(『동아일보』 1934년 4월 24일자).
왼쪽 줄 첫번째가 정종명이다.

효·정종명 등은 1931년 2월에서 3월 사이 8명 남짓한 사람들로 2개의 야체이카를 조직하고, 25명 정도의 노동자와 지식인의 협조를 얻을 수 있었다. 이를 바탕으로 오산세 등은 4월 25일 무렵부터 메이데이 투쟁을 준비했다. 4월 30일 저녁 신설동 종영방적공장, 서대문 대창직물공장, 철도국 용산공장, 인의동 전매국공장, 동대문 전차승무원 휴게실 등에 실제 전단을 뿌리거나 뿌릴 것을 계획했다. 이에 경찰은 1931년 4월 30일부터 이들을 검거하기 시작하여 6월까지 45명을 구속 기소했다. 이렇게 서울-상하이파의 조선공산당 재건활동은 좌절되었다.

서울-상하이파의 조선공산당 재건활동에서 오산세吳祘世 혹은 오성세吳省世와 함께 서울 지역 좌익노동조합전국평의회에 참여했던 인물이 정종명이었다. 정종명이 언제부터 사회주의 사상을 접하게 되었는지 명확하지 않으나 본인의 회고록에서는 남편을 잃고 기독교에 뛰어들었다가 차츰 사회주의 사상을 접한 후 전도부인이 되기보다는 스스로의 경제적 독립을 위해 간호사가 되고자 세브란스병원 간호부양성소에 입학했다고 밝혔다.[59] 이에 따르면 3·1운동 이후 국내에 본격적으로 사회주의 사상이 수용되기 이전 비교적 이른 시기부터 사회주의 사상을 접했다는 것을 알 수 있다.

이후 정종명은 1923년 6월 코민테른 극동총국 산하 꼬르뷰로 국내부 공산청년회에서 유일한 여성회원이 되었으며, 1924년 4월에는 사회주의자 여성운동가 모임인 여성동우회를 창립했다. 같은 해 11월에는 사회주의 사상단체인 북풍회에 참여하여 월간 사상잡지 『해방운동』의 기자로 활동했다. 또한 화요회·북풍회·조선노동당·무산자동맹회의 4단체합동위원회가 1926년 4월 정우회로 재조직되었을 때 정종명도 이에 가담하여 상무집행위원으로 선출되기도 했다.

정종명은 사회주의운동가와 독립운동가들의 장례에도 발 벗고 나섰다. 일본 유학생으로 국내 강연회 도중 사망한 정우영의 사망 1주기에 여성으로는 유일하게 참석했고, 1925년 8월에는 서울 송파에서 익사한 사회주의운동가 전일의 장례를 주도했다. 1928년 1월 여성운동가 박원희의 사회단체장에도 준비위원으로 참가했으며, 1929년 이정수의 장의와 1930년 남강 이승훈의 사회장 준비도 어김없이 도왔다. 러시아 국적의 사회주의운동가인 채그레고리(채성룡)의 경우, 이

59 정종명, 「貧窮, 鬪爭, 孤獨의 半生」, 『삼천리』 2(1929.9.1).

전부터 알고 있던 사람도 아니었지만 그가 조선에서 활동하다가 경찰에 붙잡혀 서대문형무소에서 수감생활을 하는 동안 여러 차례 면회를 했으며, 결핵으로 병원에 입원했을 때도 수차례 병문안을 갔다. 결국 1930년 4월 채그레고리가 사망하자 국내에 친인척이 없는 그를 위하여 앞장서서 장례를 치러주기도 했다.

주로 간도 룽징에서 활동하던 오산세는 1930년 10월을 전후하여 조선공산당 재건을 목적으로 서울로 들어오는데, 11월 중순 서울에서 정종명을 만나 조선공산당재건설준비위원회 가입을 권유했다. 1930년 이전 오산세와 정종명은 활동지역이 겹치지 않으므로, 아마도 10월 서울로 들어온 오산세가 여성사회주의운동에서 이미 어느 정도 명성이 있던 정종명과 접촉했던 것으로 보인다. 정종명은 오산세의 권유를 받아들이는 한편, 이석기李錫基를 그에게 소개해 세 사람이 당 건설준비위원회에서 함께 활동했다. 이후 1931년 4월 21일에는 오산세가 '세계혁명자 후원회'를 준비하면서 그 발기회에서 부인부를 맡아줄 것을 부탁하자 정종명은 후원회 조직을 준비했으나 조직이 성립되기도 전에 체포되었다.[60]

정종명은 8월 15일 서대문형무소에 수감되었으며, 조선공산당에 대한 일본 경찰의 철저한 수사로 인해 1932년 10월에 가서야 본격적인 취조가 시작되었고, 1933년 4월에 들어서야 예심이 종결되고 공판에 회부되었다. 그러나 공판은 또 다시 해를 넘긴 1934년 4월 진행되

---

60 「朝鮮內工作委員會 豫審決定書全文(12)」, 『동아일보』 1933년 5월 15일자.

기 시작했고, 공판의 방청도 금지된 채 삼엄한 분위기에서 판결이 진행되었다. 정종명은 징역 4년을 구형받았으나, 최종적으로 6월 25일 징역 3년을 언도받았다. 1936년 7월 26일 만기 출옥한 정종명은 건강 회복을 위해 동래로 내려가서 지내다가 다시 서울로 돌아왔으며, 다소 어려운 생활 속에서 산파로서의 삶을 이어나갔다.

해방 이후 북한 지역으로 넘어간 정종명은 1947년 함흥에서 부인운동을 펼치고, 1948년 북조선민주여성동맹 간부로 활동했다. 이후 정종명의 행적은 명확히 확인되지 않으나, 1919년 3·1운동 이후 해방까지, 그리고 해방 이후까지도 사회운동과 여성운동으로 점철된 삶을 살았다는 것을 알 수 있다.

4

수양동우회와 동우회 사건

수양동우회修養同友會는 안창호가 1913년 미국에서 결성한 흥사단의 한국지부 성격을 띤 단체였다.[61] 1919년 4월 임시정부 내무총장이 된 안창호는 상하이에서 만난 이광수 등에게 조선에 흥사단 한국지부를 결성할 것을 지시했고, 이에 이광수는 1922년 2월 서울에서 청년들의 수양 기관을 표방한 수양동맹회를 조직했다. 한편, 1922년 7월 평양에서도 김동원·김성업 등이 흥사단의 규약을 따르는 동우구락부를 결성했는데, 두 단체는 모두 같은 흥사단 계열이었으므로, 1926년 1월 수양동맹회를 주축으로 통합하여 수양동우회로 재탄생했다. 통합 당시 이 단체를 정치적 결사로 발전시키자는 의견도 있었으나 관철되지 않았다. 1929년 11월에는 동우회로 개칭했다.

61 이하 동우회 및 동우회 사건과 관련해서는 김정형, 『20세기 이야기(1930년대)』, 답다, 2015, 410-415쪽을 참고하여 작성했다.

『동광』 창간호 표지.
목차의 첫 번째 글이 김창세가 쓴 글이다.

수양동우회의 주요 구성원들은 변호사·의사·교육자·목사·저술가·상공인 등으로 지식인·자본가 계층이 주축이 되었다. 이들은 혁명적 항일투쟁이나 정치적 독립운동과는 다소 거리를 두었으며, 민족성 개조, 민족의식 함양, 실력 양성 등을 내세운 개량적 민족주의운동을 벌였다. 수양동우회는 이러한 이념을 확산하기 위하여 기관지 『동광』을 발행했다. 1926년 5월 잡지 『동광』의 창간호에는 김창세가 「민족적 육체개조운동」이라는 제목의 글을 싣기도 했다.

그러나 1931년 만주사변 이후 전시체제에 접어들자 일제는 조선인 단체들을 더욱 거세게 압박했다. 합법단체도 자진 해산을 권고하고 이를 시행하지 않을 경우 항일단체로 규정하겠다고 경고하기까지 했다. 이 때문에 수양동우회의 활동은 더욱 위축되었고, 1935년부터는 사실상 활동이 중단되었다. 그럼에도 1937년 일본 경찰은 '동우회 사건'을 통해 이들 세력을 아예 뿌리 뽑고자 했다.

동우회 사건의 발단이 된 것은 1937년 5월 기독교청년회 간부들이 금주운동을 위해 수양동우회 산하 35개 지부에 인쇄물을 발송한 일이었다. 이 인쇄물의 내용이 불온하다고 판단한 경찰은 곧 인쇄물 제작 관련자들을 체포했고, 이들에게서 조선독립을 최종 목적으로 하는 실력 양성 기관인 수양동우회가 배후에 있고, 수양동우회는 흥사단의 한국지부라는 자백을 받아냈다. 경찰은 순차적으로 1937년 5월과 6월 사이 서울지회 55명, 11월에 평양·선천지회 93명, 1938년 3월 안악지회 33명 등 총 181명을 체포했다. 이 가운데 49명이 기소되었고, 57명은 기소유예, 75명이 기소중지 처분을 받았다.

기소된 49명 중에서도 42명이 재판에 회부되었으나 1938년 3월 안창호가 사망하면서 최종적으로 41명만이 재판에 넘겨졌다. 1939년 12월 경성지법에서는 전원 무죄를 선고했으나, 경성복심법원에서는 이광수·김종덕·김동원·조병옥 등 주요 인물에게 징역형을 선고하고, 나머지에게는 징역 2년 집행유예 3년을 선고했다. 1941년 11월 경성고법의 상고심에서는 결국 전원 무죄가 확정되면서 사건 자체가 일본 경찰에 의해 무리하게 진행되었던 것이 확인되었다.

그러나 1937년부터 시작된 체포부터 1941년 상고심이 내려지기까지 4년이 넘게 진행된 취조와 재판 과정에서 안창호가 사망했고, 그 밖에도 최윤세·이기윤은 옥사했으며, 김성업은 불구가 되는 등 큰 상처를 입었다. 또한 이 사건은 이후 개량적 민족주의운동을 벌였던 부르주아 민족주의자들이 대거 전향하는 결과를 낳기도 했다.

이 동우회 사건에 연루되었던 세브란스 인물로는 이용설과 주현측이 있다. 동우회 사건으로 재판에 넘겨진 41명 중 평안도와 황해도 출신이 36명이나 될 정도로, 동우회는 서북지역 출신 인사들 중심의 단체였는데 이용설은 평안북도 희천, 주현측은 황해도 선천 출신이었다.

이용설은 1925년 10월 미국 유학 당시 황창하의 권유를 받아 흥사단에 가입했으며, 1926년 9월 귀국하여 그 직후인 10월에 수양동우회의 월례회에 출석하는 등 자연스레 수양동우회에 합류했던 것으로 보인다.[62] 이후 동우회의 기관지 『동광』의 간행비로 60원을 제공하고, 동우회의 진흥책에 대해 협의하는 등 활동을 지속하다가 1937년 체포되었다. 동우회 사건의 예심은 1938년 8월 15일 종료되었고, 이때 많은 사람들이 보석으로 풀려났으나 같은 해 11월 3일 열린 사상전향회의에서는 일본에 대한 충성 맹세와 국방헌금 납부 등이 종용되었다. 그러나 이용설은 예심 종료 전 미국으로 건너간 것으로 보이는데[63] 이후 1940년대 이용설의 활동으로 미루어 보아 사상전향회의 이전에 이미 전향 의사를 밝혔을 가능성이 있다. 또한 1940년 8월 21일 경성복심법원 판결에서 같은 판결을 받은 주현측은 미결구류일수 190일이 인정된 것에 비해 이용설은 미결구류일수가 따로 산정되지 않았는데, 이를 통해서도 이용설이 재판 과정에서 비교적 이른 시기부터 자유롭게 움직일 수 있었던 것을 짐작할 수 있다.

해방 이후 1945년 8월 건국의사회 위원장에 취임했으며, 9월에는 미군정청 초대 보건후생부장을 지냈다.[64] 1948년 세브란스의과대학 학장으로 취임했다가 1950년 인천에서 당선되어 제2대 민의원으

---

62 「경성복심법원판결문」(1940.8.21), CJA0000588.

63 「渡米硏究中 李容卨氏歸國」, 『동아일보』 1938년 12월 3일자. 이 기사에 따르면 1년간 뉴욕에서 연구하고 귀국했다고 했으므로 이용설이 적어도 1937년 12월에는 자유로운 상태였다고 짐작할 수 있다.

64 해방 후 이용설의 활동은 연세대학교 의과대학, 『제중원·세브란스인의 사회공헌』, 역사공간, 2016, 33쪽을 참고하여 작성했다.

로 활동하기도 했다. 이후 1956년부터 1961년까지 세브란스병원장을 지냈다. 그 외에도 동명학회 이사장(1948-1991), YMCA 이사장(1961-1963), 흥사단 이사장(1972) 등을 역임하는 등 다양한 사회활동을 하다가 1993년 사망했다.

6년여의 망명생활을 끝내고 1925년 5월 귀국한 주현측은 다시 본적지인 선천으로 돌아와 동제의원同濟醫院을 개원했다.[65] 주현측은 1927년 3월경 장이욱의 권유를 받고 수양동우회에 가입했으며, 수양동우회가 동우회로 개칭된 이후에도 활동을 계속했다. 주현측 역시 『동광』을 속간하기 위해 50원을 지출했고, 1928년 11월 3일 성립한 동우회 선천지회에서 이사·간사 등의 간부로 활동했다.[66]

수양동우회에서 활동하면서도 주현측은 지역 내 각종 종교운동과 교육사업 등에도 적극적이었다. 한말에 설립되었다가 오랫동안 폐원 상태에 있던 대동고아원이 1926년 다시 개원하려고 하자 고아원 설립 부지로 5,000평을 기부하고, 이후 원장이 되어 고아원을 운영하기도 했다. 1940년에도 고등여학교 승격을 준비하고 있던 보성여학교에 자신의 토지 2,700여 평을 기부했다. 1930년부터 1935년까지는 선천 기독교청년회의 회장을 역임했다.

그러나 동우회 사건으로 주현측은 1937년 6월 16일 검거되었으며 거의 1년 후인 1938년 8월 15일에야 예심이 종료되었다. 이때 많

---

65 국내로 귀국한 후 주현측의 활동 내용에 대해서는 홍정완·박형우, 「주현측의 생애와 활동」, 『의사학』 17-1, 2008을 참고하여 작성했다.

66 「경성복심법원판결문」(1940.8.21), CJA0000588.

은 사람들을 보석으로 출소시킨 후 일본 경찰은 1938년 11월 3일 사상전향회의를 개최했다. 주현측을 비롯한 28명의 수양동우회 사건 관련자가 여기에 참석했으며, 충성 맹세와 국방헌금 납부 등이 강요되었다. 12월 8일의 공판에서 경성지방법원은 전원에게 무죄를 선고했으나 검사의 항소로 1940년 8월 21일 경성복심법원에서는 이용설 등과 함께 주현측도 징역 2년 집행유예 3년(미결구류일수 190일)을 선고받았다. 그러나 1941년 11월 17일 경성고등법원 상고심에서 증거불충분으로 전원에게 무죄를 선고하면서 동우회 사건은 4년 5개월 만에 마무리되었다. 1938년 보석으로 풀려난 주현측은 경영하던 동제의원을 다시 열었으나, 동우회 사건이 마무리된 지 얼마 지나지 않은 1942년 군자금 송출 건으로 다시 검거되었으며 이미 환갑을 넘긴 주현측의 몸은 고문의 여파를 견디지 못하고 1942년 3월 25일 사망했다.

한편, 동우회 사건에 연루되지는 않았지만, 앞서 『동광』 창간호에 「민족적 육체개조론」을 게재했으며 1920년대 중반 수양동우회에서 활동했던 인물로 김창세가 있었다.[67] 재림교 총회 극동 분과Far East Division of General Congress의 미국 내 훈련 및 수업료 지원 약속을 받고 중국을 떠났던 김창세는 1920년 11월 미국에 도착했다. 김창세는 재

67 김창세의 생애 및 활동과 관련하여 이종근, 「의술을 통한 독립운동가 김창세 박사」, 『도산학연구』 11·12, 2006; 박윤재, 「김창세의 생애와 공중위생 활동」, 『의사학』 15-2, 2006; 신규환, 「식민지 지식인의 초상: 김창세와 상하이 코스모폴리탄의 길」, 『역사와 문화』 23, 2012를 참고하여 작성했다.

림교 소속 로마린다 의과대학Loma Linda Medical School에서 연수하고자 했지만 교육 경력이 부족하다는 이유로 요청이 받아들여지지 않았다. 이에 김창세는 1922년 제퍼슨 의과대학Jefferson Medical College of Philadelphia에 인턴external intern으로 지원했다. 여기서 김창세는 록펠러 재단Rockfeller Foundation의 공중보건 분야 권위자인 빅토르 하이저Dr. Victor Heiser 박사를 만나게 되었고, 자연스레 공중보건학에 관심을 가지게 되었다. 또한 김창세는 하이저 박사의 도움으로 1923년 당시 그 분야의 최고 대학인 존스홉킨스대학교 보건대학원School of Hygiene and Public Health에 입학했고, 공중보건학으로 1925년 1월 박사학위Doctor of Public Health를 취득했다.

박사학위를 마친 김창세는 1925년 4월 30일 귀국 길에 여러 나라의 공중보건 상황을 시찰하기 위해 남아메리카와 중동, 유럽 등을 방문했다. 귀국 후 모교인 세브란스의전의 조교수로 부임하여 위생학교실을 창설하고, 위생학과 세균학을 강의했다. 국내에서 그는 그동안 경험과 연구를 통해 정립한 자신의 위생론을 본격적으로 펼치기 시작했는데, 그것이 바로 '민족적 육체개조론'으로 『동광』 창간호에 실린 글 제목이기도 하다. 김창세는 역사상 세계를 정복한 위대한 민족은 모두 기력과 체력이 건장한 민족이었으며, 그들이 몰락한 것은 정복자로서 안일한 생활 때문에 체력과 정신력이 퇴화했기 때문이라고 보았다. 서양 각국이 우월한 지위에 있는 것은 그들이 체력적으로 우월한 상태에 있기 때문이며, 그들이 체력적으로 건장한 것은 근본적으로 위생법칙을 따르는 습관 때문이라고 생각했다. 최근에 일본인들의 건강상태가 크게 개선된 것은 영양과 운동, 위생의 결과이며, 반면 조선 민족의 체력은 날로 쇠퇴하고 있다고 보았다. 따라서 조선 민중은 육체의 개조가 시급한데, 이러한 육체개조는 국가의 힘에 의존해야 하는 부분도 있지만, 아동위생, 영양위생, 성생활, 오락, 휴식, 흡연, 음주, 공중보건 등 민중보건의 문제는 어느 정도 개인이나 단체의 힘으로 도달할 수 있다는 것이다. 그의 이러한 '민족적 육체개조론'은 민족성 개조를 내세운 수양동우회의 이념과 맞닿아 있었고, 김창세는 수양동우회에서 의장 및 의사부장議事部長으로 활동하면서 무실역행과 인격배양을 강조하고 단우 모집에 애썼다.

그러나 국내에 있는 동안 김창세는 위생정책의 수립과 집행에 참여할 수 있는 가능성으로서 자치운동이 소멸하고, 독자적인 위생연구소 설립을 위한 지원 획득에 실패하는 등의 좌절을 겪으며 식민지인으로서 한계를 실감했다. 이에 국내 활동을 정리하고 좀 더 적극적인 공중위생활동을 펼칠 수 있는 상하이행을 택했다.

1927년 8월 세브란스의전 교수직을 사임한 김창세는 11월 상하이 위생교육협회Council on Health Education의 현장 책임자Field Director로 임명되었다. 김창세는 건강교육사업을 성공적으로 이끌었고, 임시정부의 청사 임대료를 지원하기도 했다. 하지만 1927년 국공합작이 결렬된 후 중국의 정치정세는 매우 불안정해졌고 김창세의 활동 기반이었던 위생교육협회의 활동마저 불가능하게 되었다. 개업의로 활동하던 김창세는 결국 1930년 1월 상하이를 떠나 미국 뉴욕으로 향했다.

1932년 4월 29일 상하이 훙커우공원에서 거행된 일제의 천장절 및 승전기념 축하식장에 윤봉길이 폭탄을 던졌고, 이 사건으로 상하이에 있던 안창호도 체포되었다. 1932년 5월 이를 알게 된 김창세는 저명한 미국인들을 움직여 안창호를 석방하고자 노력했다. 그는 대한인국민회大韓人國民會 및 서재필 등과 협력하여 미국 정부 및 미국 상원의원 윌리엄 보라William E. Borah와 필립 골드스보러그Phillips L. Goldsborough 등을 만났고, 기독교연방회의The Federal Council of Churches에 탄원서를 제출하는 등 안창호의 석방을 위해 열심히 뛰어다녔다.

김창세는 뉴욕 시장 지미 워커Jimmy Walker의 주선으로 뉴욕의 차이나타운에서 진료소를 개업하기도 했으며, 맨해튼의 보이스카우트 보건과장으로 활동하기도 했다. 또한 중국 항저우에 결핵병원 건립을 위한 모금활동을 전개했으나, 대공황이 발생하여 뜻을 이루지 못했다. 1934년 3월 15일, 김창세는 뉴욕의 아파트에서 가족과 친구에게 보내는 유서를 남기고 생을 마감했다. 중국의 병원 건축을 위한 모금활동의 좌절, 가족들의 미국 이주 불발, 정체를 알 수 없는 자가 가해오는 폭력과 위협 등으로 심한 우울증에 시달렸던 것으로 보인다.

5

학생운동

6·10만세운동과 제2차 6·10만세운동 모의

1926년 6·10만세운동은 제2차 조선공산당이 순종의 인산을 계기로 3·1운동과 같은 만세시위를 계획하면서 시작되었다. 조선공산당 측은 천도교 구파, 조선노농총동맹과 연대하여 시위 준비를 진행했으나, 천도교 쪽에서 준비하던 전단이 우연히 경찰에 발각되었고, 조선공산당 조직도 6월 6일 발각되면서 시위 진행에 큰 차질이 생겼다. 그러나 조선학생과학연구회와 같이 학생 조직이 주도가 되어 격문과 전단을 다시 인쇄하여 결국 6월 10일 종로 3가 단성사 앞과 동대문 밖 동묘를 중심으로 학생들의 만세시위가 진행되었다.

6월 10일, 시가지에서의 시위로 중앙고보생이 60명(불구속 35명), 연희전문 36명, 경성제대 예과생 1명, 신문배달부 2명 등이 체포되어 경찰의 조사를 받았으며, 최종적으로 11명의 학생이 재판에 회부되었다. 이렇게 6·10만세운동 관련자들에 대한 체포와 조사가 진행되는 가운데 6월 16일 제2의 6·10만세운동을 꾀하는 학생들이 있다는 밀고가 들어와 서대문 피어슨성경학원 기숙사에서 유재헌 외 두 학생이 검거되었고, 18일에는 다시 협성신학교 학생 한 명과 배재고등보통학교(이하 배재고보) 5학년 학생인 문창모가 검거되었다.[68] 이들은 제2차 6·10만세운동을 꾀했다는 이유로 25일 아침 제령 제7호 위반으로 등사판 등의 압수된 증거품과 함께 경성지방법원 검사국으로 넘겨졌다.[69] 그러나 이들의 계획이 실제로 실행되지는 않았기 때문인지 6월 30일 경성지방법원에서 기소유예 처분을 받고 풀려났다.

이렇게 관련자들이 기소유예 처분으로 풀려나자, 경기도 학무과에서는 "6·10만세사건"으로 기소된 학생에게는 경성제국대학 입학을 불허하고 각 중학교에 만세사건과 연루된 학생들에게 상당한 조취를 취하도록 지시했다. 더 나아가 학무과에서는 여러 사립중등학교 교장을 전부 도청으로 불러들여 만세사건 관련 학생을 전부 퇴학, 무기정학, 유기정학 등으로 처벌하도록 다시 한번 지시했다. 이에 배재고보에서는 제2 6·10만세운동 관계 학생 8명에게 모두 무기정학을 내렸다.[70]

이렇게 제2차 6·10만세운동 계획에 참여했다가 무기정학 처분을 받았던 학생 중 한 명이 문창모文昌模(1907-2002)다. 문창모는 1907년 평안북도 선천에서 태어났으며, 삼봉공립보통학교와 장로교회가 운

68 「發覺은 密告로」, 『동아일보』 1926년 6월 19일자.

69 「제2 6·10만세사건, 작일 검사국으로 송치」, 『동아일보』 1926년 6월 26일자.

70 「萬歲事件에 關係된 學生處罰을 當局이 命令」, 『동아일보』 1926년 7월 4일자.

순종의 상여를 둘러싼 군중들

순종 인산일 당일 일제 경찰의 감시 모습

영하는 영성학교를 거쳐 오산중학교에 입학했다.[71] 1921년 배재학당에 입학했다가 1924년 배재고보에 편입했고, 재학 중인 1926년 6월 제2의 6·10만세운동 계획에 참여했다. 무기정학 처분이 내려지긴 했으나 1927년 무사히 배재고보를 졸업하고 그해 3월 세브란스의전에 입학했다. 1931년 학교를 졸업하고 1932년 황해도 해주의 구세병원에서 근무를 시작했다.

1938년, 문창모는 감리교총회 대의원으로 활동하면서 윤치호·정춘수 등이 한국감리교회를 일본메소디스트교회에 종속시키려는 움직임을 보이자, 예속 반대투쟁을 전개했다. 1941년 3월 정춘수 등이 다시 일본의 교단규칙에 따라 일본기독교조선혁신단을 창립하려고 하자, 문창모는 1942년 10월 해주 대표로 총회에 참석하여 정춘수의 불신임안을 결의했다.[72] 이렇게 일본교단에 한국감리교를 예속시키려는 것을 막는 종교적 투쟁을 지속했으나, 문창모의 삶에서 빠뜨릴 수 없는 것은 크리스마스 씰 및 결핵과 관련된 활동이다. 이러한 활동은 1932년 해주 구세병원에 근무하면서부터 시작되었다.

해주 최초의 근대식 병원인 구세병원[73]은 1909년 미국북감리회 선교부 켄트Edwin W. Kent의 해주진료소 개원에서 시작되었으며,

---

71 문창모의 생애 및 활동은 김대규, 「크리스마스 씰 운동의 선구자, 문창모」, 『보건세계』 49, 2002와 연세대학교 의과대학, 『제중원·세브란스인의 사회공헌』, 역사공간, 2016, 39-40쪽, 100-102쪽을 참고하여 작성했다.

72 국가보훈처 공훈전자사료관 문창모 공훈록.

73 해주 구세병원에 관한 내용은 연세대학교 의과대학, 『제중원·세브란스인의 사회공헌』, 역사공간, 2016, 98-100쪽을 참고하여 작성했다.

1926년 7월부터 셔우드 홀Sherwood Hall이 병원장으로 근무하고 있었다. 셔우드 홀은 1893년 한국에서 활동하던 의료선교사 부부 윌리엄 홀과 로제타 홀 사이에서 태어났으며, 고향은 서울이었다. 그는 한국 최초의 여의사이자, 자신의 누이와도 같았던 박에스더를 결핵으로 잃은 뒤 결핵퇴치에 대한 관심이 깊어졌으며, 1928년 10월 한국 최초로 해주에 결핵전문병원인 해주구세요양원을 설립했다.

이러한 상황에서 해주 구세병원에서 근무하게 되었던 문창모 역시 결핵에 대한 관심이 높아질 수밖에 없었다. 또한 마침 구세요양원의 병동을 확장하기 위한 크리스마스 씰 논의가 진행되었으며, 1932년 한국 최초의 크리스마스 씰이 발행되었다. 크리스마스 씰의 선전과 판매를 위해 해주구세병원 직원, 해주 지역의 목사·약사 등 7명이 참여하여 씰 판매위원회가 조직되었으며, 문창모도 여기에 참여했다. 문창모는 평양 지역의 감리회 계통의 중등학교를 찾아가 결핵의 실상과 씰의 의미에 대해 강연했고, 강연은 성공적이었다. 문창모를 비롯한 판매위원회의 활약으로 한국 최초의 크리스마스 씰 발행은 성공적으로 마무리되었다. 문창모는 1941년 11월 강제로 추방되었던 셔우드 홀을 대신하여 해주구세병원의 운영을 담당하기도 했지만, 구세병원은 얼마 지나지 않아 총독부가 강제로 폐원시켰다.

해방 후 문창모는 세브란스병원의 원장을 지내며 크리스마스 씰의 재발행을 주도했다. 그러나 1949년의 첫 시도는 판매가 부진했고, 이윽고 터진 한국전쟁으로 다시 발행이 중단되었다. 1953년 휴전과 함께 문창모는 대한결핵협회의 창립을 주도했으며, 대한결핵협회의 이름으로 크리스마스 씰 발행을 시작했다. 처음에는 크리스마스 씰에

해주 구세요양원

대한 이해 부족으로 어려움을 겪었지만 점차 판매량이 증가하면서 자리를 잡아갔다.

1946년, 문창모는 경기도립인천병원 원장을 거쳐 1947년 국립마산결핵요양소 소장을 역임했으며, 한국전쟁을 전후하여 세브란스병원장을 지냈다. 1958년 이후, 문창모는 원주에 자리 잡고 의료활동을 계속했는데, 원주기독병원이 설립되고 5년간 원장으로 재직하면서 연세대학교 의과대학 분교(현 원주의과대학)를 설립하여 자리 잡게 했다. 그는 원주기독병원 근무를 끝으로 공직생활에서 은퇴하고, 문창모이비인후과를 개원하여 작고하기 1년 전인 95세까지 최고령 현역의사로서 진료활동을 계속했다. 또한 문창모는 1992년에 통일민국당 전국구 국회의원으로 당선되어 85세부터 제14·15대 국회의원으로 활동하기도 했는데, 제헌국회 이후 최고령 국회의원이었다. 그는 2001년 병원을 폐원하고 얼마 지나지 않은 2002년 96세를 일기로 작고했다.

1930년대 후반 학생운동과 상록회

1930년대 후반 전시체제기 학교에도 많은 변화가 있었다. 1935년 모든 중등학교에는 일본인 현역 장교가 배치되어 교련을 실시하기 시작했으며, 학생들의 농촌계몽운동도 1935년부터는 전면금지되었다. 미나미 지로南次郎가 새 총독으로 부임한 1936년 6월 이후로는 학교 이름도 일본식으로 변경되고 조선어 수업도 모두 폐지되었으며, 황국신민화 교육이 본격적으로 실시되었다. 1939년부터는 '육군특별지원병령'에 따라 학생들도 전장에 투입되기 시작했다.

이러한 분위기 속에서 학생운동의 성격도 변할 수밖에 없었다. 1930년대 전반기 학생운동에는 사회주의적 성향이 강했던 것에 비해 1930년대 후반기부터는 민족주의적 성향이 강화되었다. 학생들은 신사참배 반대, 일본어 상용 반대, 창씨개명 반대 등의 민족주의적인 이슈를 내세웠다. 다음으로 조직 규모가 축소되어 소규모 정예조직을 선호하는 경향을 보였다. 그러나 학생들의 비밀결사는 이전 시기와 크게 다르지 않아 이론학습의 독서회 성격을 띠고 있었다. 마지막으로 대규모 동맹휴학의 움직임은 사라지고 일상적 학내 문제에서 비롯된 소규모 맹휴가 다수를 차지했다.

이 시기 대표적인 학생운동 조직으로는 연희전문학교의 경제연구회, 춘천고등보통학교(이하 춘천고보)의 상록회常綠會, 평양숭인상업학교의 열혈회, 광주서중의 독서회, 함흥 각 학교의 철혈단 등이 있었다. 이 중에서도 세브란스 출신 전홍기가 활동했던 상록회에 대하여 더 자세히 살펴보겠다. 상록회는 남궁태·이찬우·문세현·용환각·백홍기·조규석 등의 춘천고보학생들이 1937년 3월 조직한 비밀결사 단체였다.[74] 상록회의 3대 강령은 ① 회원으로서 자기완성, ② 지도자로서 책임 완수, ③ 단결력 배양이었으며, 다음과 같은 회가會歌도 있었다.[75]

백두산 성맥聖脈은 곳곳에 흘러내려
그 성맥 끓는 피 우리 가슴 뛰놀려
끓는 피 얼싸안고 힘차게 부르짖어
건설의 망치 들고 행진할 때에
자유와 평화에 주린 동포들
희망과 행복의 날개 치리라.

상록회가 처음 조직되었을 때 회장은 조규석, 부회장은 남궁태였으며, 선전부장 문세현, 조직부장 이찬우, 서적부장 백홍기, 회계 용환각 등이었다. 이들은 전교 규모로 조직을 확장하기 위하여 용환각

---

74 상록회의 조직 및 활동에 관해서는 독립운동사편찬위원회, 『독립운동사 9: 학생독립운동사』, 독립유공자사업기금운용위원회, 1977, 731-734쪽을 참고하여 작성했다.

75 독립운동사편찬위원회(1977), 위의 자료, 731쪽.

(5학년), 배근석(4학년), 이찬우(3학년), 조규석(2학년), 남궁태(1학년) 등으로 각자 학년을 담당하여 회원 모집에 힘썼다. 이러한 노력 덕분에 상록회는 창립회원이 졸업하고 난 뒤에도 후배들이 후속조직으로 계승했다. 1938년 3월 졸업한 주요 임원진들은 지린으로 건너가 그곳에서 상록회를 조직하기도 했다.

상록회의 주된 활동은 월례회, 토론회, 독후감 발표회, 귀농운동 등이었으며, 주로 봉의산鳳儀山이나 소양강변에서 모임을 가졌다. 또한 상록회의 별동단체로 독서회를 만들어 회장 용환각, 부회장 남궁태, 서적계 조규석, 회계 배근석 등이 담당했다. 그러나 상록회 조직은 1938년 가을부터 1939년 초에 걸쳐 모두 발각되었으며 때문에 춘천보고 졸업생 및 재학생 137명이 검거되는 일대 검거 선풍이 일어났다. 이 중 36명이 재판에 넘겨졌고 이들 중 12명이 1939년 12월 경성지방법원에서 실형선고(집행유예 포함)를 받았다. 실형을 선고받고 옥고를 치르던 백홍기는 고문 후유증으로 옥사했다. 이때 실형이 선고된 12명 중 한 사람이 전홍기全洪基(1916-?)다.

전홍기는 본적지가 강원도 평강이지만 춘천에서 학창시절을 보냈다. 그는 1933년 춘천고보에 입학했으며 재학 중 일본인 선생의 조선 민족에 대한 모욕적 언동을 목격하고, 『단종애사』, 『조선의 현재와 장래』와 같은 책을 읽으며 배일의식과 민족주의에 눈을 떴다. 1937년 4월 3학년이었던 전홍기는 조규석과 배근석 등에게 상록회 가입을 권유받아 참여하게 되었다. 이후 독서회 회계를 맡기도 하고

춘천고등보통학교

상록회 회원들

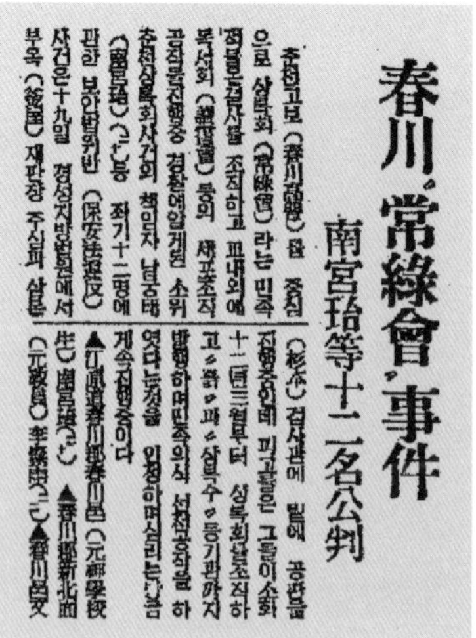

春川"常綠會"事件
南宮琣等十二名公判

춘천고보(春川高普)를 중심으로 상록회(常綠會)라는 민족적불온결사를 조직하고 교내외에 독서회(讀書會) 등의 새로운조직 공작을진행중 경찰에 압게된 소위 춘천상록회사건의 책임자 남궁태(南宮琣)(二十)등 좌기十二명에 관한 보안법위반(保安法違反) 사건은 十九일 경성지방법원에서 부옥(釜屋)재판장 주심과 삼택(三宅)검사관여 밑에 공판을 진행중인데 피고들은 그들이 소화十二년三월부터 상록회를조직하고 "[illegible]" "[illegible]" "상록수" 등기관[illegible]지 발행하며 민족의식 선전공작을 하엿다는것을 인정하며 심리는 [illegible] 계속진행중이다

▲강원도춘천군춘천읍(江原道春川郡春川邑) (元郡學校生) 남궁태(二十) ▲춘천군신북면(春川郡新北面) (元敎員) 李[illegible](二[illegible]) ▲춘천읍(春川邑)[illegible]

춘천상록회 사건 보도
(『동아일보』 1939년 12월 20일자)

독서회 월례회, 상록회 보고회 등 상록회의 각종 활동에 참여했다.[76]

1938년 3월 춘천고보를 졸업 후 바로 세브란스의전에 입학했으나, 1938년 가을 춘천에서 상록회가 발각되면서 그 역시 검거되었다. 1938년 10월 상록회 창립멤버이자 상록회 창립에 주도적인 역할을 했던 문세현이 서울로 도망쳐왔을 때, 전홍기는 다른 친구 3명과 함께 문세현이 만주로 도피하는 일을 돕기도 했다.[77] 전홍기 본인도 12월 초에는 검거된 것으로 보이는데, 전홍기는 심문과정에서 상록회의 궁극적인 목적은 "완전한 조선의 독립"이라고 말했으며, 일본인의 조선

76 「경찰신문조서 의견서」(1939.5.12), 『한민족독립운동사자료집』 58.

77 「조규석 신문조서(제2회)」(1938.12.25), 『한민족독립운동사자료집』 58.

인에 대한 차별과 조선 독립을 달성하는 수단 및 방법에 대한 자신의 견해를 거침없이 밝히기도 했다.[78]

1939년 12월 27일 경성지방법원에서 전홍기는 치안유지법 위반으로 징역 1년 6개월(미결구류일수 중 180일) 집행유예 3년을 언도받고 풀려났는데, 1938년 12월 검거 후 판결까지 거의 1년 가까이 걸린 지난한 재판이었다. 이후 전홍기는 1944년 세브란스의전을 졸업했으며, 졸업 후의 활동은 확인할 수 없다.

1940년대 전반 학생운동과 흑백당

1941년 태평양전쟁 발발 이후 일본은 학원 통제를 더욱 강화하고 전시체제로 급격히 전환했다. 1943년 총독부는 제4차 조선교육령을 발표하고 '교육에 관한 전시비상조치법'을 공포하여 학교명의 개칭, 교육내용 변경, 노력동원 등을 강제했다. 1945년 5월에는 '전시교육령'을 공포하여 식량증산·군수생산·방공방위 등 전시에 필요한 인력동원 및 교육 훈련을 실시하고, 유사시에는 교원 및 학생들로 학도대를 조직하는 것을 목표로 했다. 이른바 학생들의 군사조직화가 시행되었던 것이다.

이에 따라 중학교 이상 학생들에게 군사교련이 필수 과목이 되었고, 학생들은 교련복을 착용하고 집총훈련, 행군, 야외연습, 일본군

---

78 「전홍기 신문조서(제5회)」(1939.3.27), 『한민족독립운동사자료집』 60.

전송, 위문품 보내기 등에 동원되었다. 이러한 대대적인 전시동원체제 아래서도 학생운동은 계속되었는데, 당시 학생운동의 특징으로는 먼저 10명 내외의 소규모 비밀결사 중심으로 운동이 전개되었다는 점이다. 이는 1930년대 후반부터 나타난 특징이지만 이 시기에는 더욱 규모가 작아졌다. 그러나 오히려 학생운동 자체는 활성화되는 모습을 보였다. 학생과 관련된 사건 건수도 증가했고, 반일운동에서 학생들이 차지하는 비중도 증가했다.

또한 1940년대 전반기에는 무장투쟁을 염두에 둔 조직들도 등장하고 있었다. 학생들은 미군기 출현, 단파방송 청취 등을 통해 일본의 패망을 어느 정도 예상하고 있었으며, 학교에서 강제적으로 군사훈련을 받고 있었기 때문에 역으로 이를 무력항쟁에 이용할 수도 있다고 생각했다. 일부 학생들은 자체적으로 무장대를 조직하기도 했다. 마지막으로 학생운동은 민족통일전선을 지향하는 모습을 보여주었다.

그러나 1940년대 전반기 학생운동은 전반적으로 고립분산적인 활동에 그쳤으며, 무장투쟁과 관련해서는 본격적 실행이 아닌 계획단계에 머물렀지만, 전시체제가 강화되는 엄혹한 시기에도 당시의 정세를 파악하여 그 이후를 대비하고자 하는 의지를 보여주었다. 이 시기 대표적인 학생운동조직으로는 함남중학교의 동광회, 소화공과학원 야간부의 BKC단, 대구사범학교의 다혁당, 중앙중학의 5인 독서회, 대구상업학교의 태극단, 광주서중의 무등회, 경복중학 졸업생 중심의 흑백당黑白黨, 동래중학의 조선독립당, 이리농업학교의 화랑회 등이 있었다. 이 중에서도 세브란스 인물 남상갑南相甲(1924-2000)이

활약했던 흑백당을 중심으로 살펴보겠다.[79]

1939년 경복중학교 4학년생이었던 이현상李賢相은 항일투쟁을 통한 조국 광복을 목적으로 하는 단체를 조직하고자 뜻이 맞는 급우들을 모집했고, 중앙중학교에 재학 중이던 남상갑, 경성사범학교에 다니는 김성근·이경춘 등이 함께하기로 했다. 흑백당이 정식으로 조직된 것은 1941년으로 각각 전문학교에 진학한 이들은 봉래동(현 만리동)의 주낙원 집에서 '흑백당'이라는 단체 이름 및 선언문, 강령 규약 등을 제정했다. 흑백당이라는 이름은 '흑'은 노예적인 암흑 상태를, '백'은 희망과 자유를 의미했으며, 암흑에서 벗어나 자유를 찾을 때까지 투쟁한다는 결의를 드러낸 것이었다. 흑백당의 강령은 ① 조국 독립을 위해 목숨을 바칠 것, ② 당의 조직·이념·행동에 관한 사항 절대 비밀, ③ 자신이 맡은 책임은 전력을 다해 완수 등이었다. 이현상이 대표를 맡았으며, 남상갑은 최고崔杲와 함께 자금책을 맡았다.

흑백당을 결성한 후 이들은 일본인 고관, 거상들이 모여 살던 서울 욱정旭頂(현 남산동 일대)에 불을 지를 계획을 세우고 이를 위해 명의택이 휘발유를 준비했다. 비상상황 및 거사에 필요한 무기는 이현상과 홍검표가 경복중학교 무기고에서 교련용 38식 소총 2자루와 실탄, 총검 등을 빼내어 마련했다. 또한 이들은 일본의 패망과 민족의 해방

---

79 흑백당의 활동은 독립운동사편찬위원회, 『독립운동사 9: 학생독립운동사』, 독립유공자사업기금운용위원회, 1977, 792-793쪽; 독립운동사편찬위원회, 『독립운동사자료집 13: 학생독립운동사자료집』, 독립유공자사업기금운용위원회, 1977, 1001-1004쪽을 참고하여 작성했다.

독립이 멀지 않았다는 내용과 민족의 각성 및 학병 거부를 촉구하는 내용의 격문 전단을 만들어 살포하기로 하고 그 문안의 내용은 최고와 남상갑이 맡았다.

그러나 이러한 일들을 준비하고 진행하는 중인 1943년 10월, 흑백당의 동조자였던 보성전문학교 학생 김창흠이 우연한 일로 충북 괴산경찰서에 체포되면서 조직이 드러나게 되었다. 이러한 사실을 전해 들은 당원들은 국내 활동이 불가능하게 되었으니 광복군에 들어가 더 적극적으로 항일투쟁을 전개하기로 하고 만주의 신민新民에서 집결하기로 했다.

그리하여 1943년 11월초부터 1-2명씩 흩어져 서울을 빠져나갔으며, 남상갑은 떠나지 않고 국내에 머물러 있었다. 그러나 1944년 2월까지 경찰의 추격을 받아 선발대는 모두 체포되었고, 남상갑 역시 서울에서 체포되었다. 체포된 흑백당원들은 모두 치안유지법 위반으로 1944년 12월 6일 대전지법에서 최고 8년부터 최하 3년에 이르는 징역형을 받았다. 남상갑은 징역 5년을 선고받았으며, 옥고를 치르다가 병보석으로 풀려나 요양 중에 1945년 해방을 맞이했다. 1944년 4월, 남상갑은 세브란스의전에서 제적당했으나, 해방 후 1946년 세브란스에 복학할 수 있었으며 1950년 6월 졸업했다.

전시체제기 독립운동

중일전쟁 발발 이후 총독부는 언론을 강력히 통제하고, 조선인들에 대해서는 전쟁 수행을 독려하는 각종 강연과 홍보활동에 주력했다.

그러나 이러한 상황에서도 조선인들은 다양한 방법으로 전쟁에 대한 정보를 얻을 수 있었으며, 전쟁 상황을 파악할 수 있었다. 또한 전쟁이 장기화되면서 조선에 대한 인적·물적 자원이 본격화되자 조선인들 사이에는 반일·반전의식이 강해졌다.

전쟁에 대한 나름의 정보와 반전의식은 '유언비어'를 통해 사람들에게 퍼져나갔다. 1941년부터 1944년까지 경찰의 유언비언 단속 현황을 보면 1941년 448명, 1942년 1,002명, 1943년 983명, 1944년(9월까지) 1,060명으로 태평양전쟁 발발 직후인 1942년과 징병제가 실시된 1944년에 유언비어가 증가했다. 이러한 유언비어 내용의 대다수는 일본의 패전과 조선의 독립을 예견하는 것이었으며, 그 외에도 징용·징병, 공습 관련 등의 전황에 대한 내용도 적지 않았다.[80]

이러한 상황에서 일제의 패망을 확신하고 동료들에게 민족의식 고취를 위한 활동으로 옥고를 치렀던 인물이 김장룡金章龍(1926-2015)이다. 김장룡의 본적지는 경남 울산이며, 1943년 부산 제2공립상업학교(현 부산상고)를 졸업하고 일본인 선생의 추천으로 1944년 3월부터 경남 진해에 있는 일본 해군 제51항공창에 취직했다.[81] 1개월 정도의 군사훈련을 거친 후 진해에서 하숙하며 항공창에서 일했는데, 일본의 패망을 확신하고 민족의식을 고취시키기 위한 활동을 했다. 즉, 항공창 내에서 일하는 한국인들에게 일본의 패망을 역설하고, 시국에 대

---

80 변은진, 「유언비어를 통해 본 일제말 조선민중의 위기담론」, 『아시아문화연구』 22, 2011, 60-65쪽. 상세한 수치들 역시 이 논문에서 참고했다.

81 「일제 때 신기남 前의장 부친에 취조 김장룡씨 건국포장」, 『동아일보』 2007년 8월 14일자.

해 논의했으며, 일제 군용물자 수송에 타격을 주도록 태업을 선동했던 것이다. 1944년 7월 결국 김장룡은 진해경비대 군법회의에 회부되었으며, 치안유지법 위반으로 징역 2년을 선고받았다. 김천소년형무소에서 옥고를 치르던 김장룡은 8·15광복과 함께 출옥했다.[82]

이후 김장룡은 세브란스의대에 입학했다가 1956년 졸업했으며, 졸업 후 부산에서 순천의원을 개업하여 2004년 은퇴하기까지 의료활동에 종사했다. 이전부터 한센병 환자 치료에 관심이 많았던 김장룡은 2005년부터 두 차례씩 경남 김해의 한센병 전문병원을 찾아 의료봉사활동을 했다.[83] 2015년 11월 23일 향년 90세의 나이로 별세했다.[84]

---

82 국가보훈처 공훈전자사료관 김장룡 공훈록.

83 「62년만에 독립유공자 인정 김장룡 선생」, 『연합뉴스』 2007년 8월 13일자.

84 「애국지사 김장룡 선생 별세」, 『연합뉴스』 2015년 11월 24일자.

전시체제기 기독교 선교사에 대한 탄압과 맥라렌

전시체제기 일본은 모든 자원과 인력을 동원하기 위한 사상통제에 주력했고, 그 대표적인 정책이 신사참배였다.[1] 신사참배를 강요하면서 기독교 선교사들에 대한 압박과 통제 역시 강화되었다. 선교사들 가운데 신사참배 문제 때문에 옥고를 치르거나 재판을 받고 강제 송환된 사람들이 적지 않게 발생했다. 결국 이는 선교사 철수·송환의 계기가 되었다. 물론 선교사의 철수와 송환에는 제2차 세계대전 발발이라는 국제 정세가 결정적이었지만, 그에 앞서 국내에서 신사참배 문제가 불거지면서 총독부와 선교사 집단 간의 갈등이 야기되었다.

1940년 10월 10일, 서울 주재 미국총영사는 선교사를 비롯한 미국인들의 철수를 권고하는 안내장을 보냈다. 10월 21일, 영국총영사 역시 일본과 만주 지역의 영국인들에게 빠른 시일 안에 철수할 것을 고려하도록 권고했다. 1940년 11월 16일 미국 정부에서는 미국인들의 철수를 위해 마리포사Mariposa호를 인천항으로 보냈으며, 이 배를 타고 대부분의 선교사와 그 가족들이 귀환했다.

그러나 이러한 상황에서도 한국에 남아 의료선교를 계속하면서 일본제국주의와 한국의 식민통치에 대해 비판하고, 신사참배를 반대했던 선교사가 있었다. 호주장로교 소속의 찰스 맥라렌Charles Inglis McLaren·馬羅連(1882-1957)이다.[2]

---

1 김승태, 『한말·일제강점기 선교사 연구』, 한국기독교역사연구소, 2006, 223-239쪽.

2 맥라렌의 생애와 활동에 관해서는 민성길, 「맥라렌 교수 (1): 그의 생애와 의학철학」, 『신경정신의학』 50-3, 2011; 여인석, 「세브란스 정신과의 설립과정과 인도주의적 치료전통의 형성」, 『의사학』 17-1, 2008을 참고하여 작성했다.

신사참배

1882년 일본 도쿄에서 선교사로 사역하고 있던 아버지 사무엘 맥라렌Samuel G. McLaren 밑에서 태어난 그는 이후 아버지를 따라 호주로 이주했다. 1906년 멜버른의대를 졸업하고 1907년부터 2년간 로열멜버른병원에서 당대의 저명한 신경의학자의 지도하에 신경정신의학 수련을 받았으며 1910년 의학박사학위를 취득했다.

1911년 10월 호주장로교 선교사로 한국에 파송된 맥라렌은 호주 선교부가 진주에 설립한 배돈기념병원Margaret Whitecross Paton Memorial Hospital에서 근무했다. 진주에서 의료선교사로 활동을 이어가던 중 1913년 세브란스연합의학교 측에서 신경학과 정신의학을 강의해달라는 요청을 받아 출강을 시작했다. 맥라렌은 제1차 세계대전 참전으로 조선을 떠난 1917-1920년 기간을 제외하고는 계속 세브란스에서 정신의학을 가르쳤다. 처음에는 진주의 배돈병원과 세브란스를 오가며 강의했으나 1917년 세브란스의전에 정신과 교실이 정식으로 생기고, 1923년 정

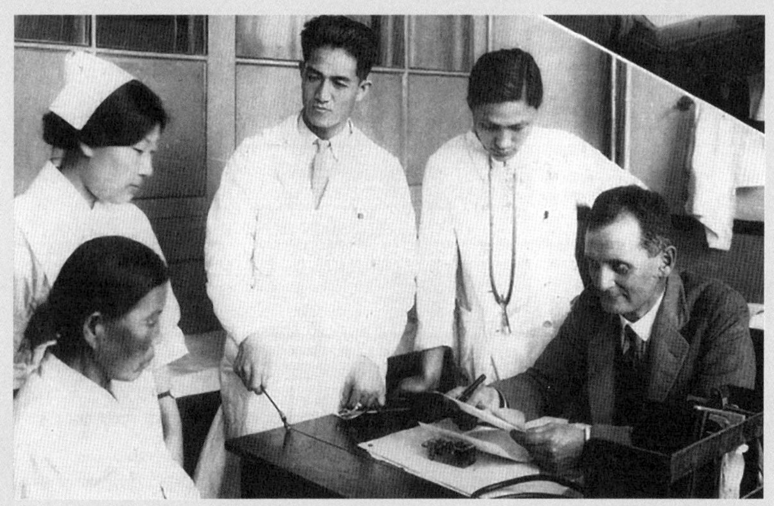

맥라렌의 진료 모습

신과 전임과장이 되면서 서울로 거처를 옮겼다. 1938년까지 맥라렌은 세브란스 교수로 재직하면서 신경학과 정신의학 강의와 진료를 병행했다.

맥라렌은 당시 조선의 정신병 환자들에 대한 사회적 책임을 통감했으며, 그들을 위한 입원시설 설립에 노력했다. 마침내 1930년 미국인 기부자들의 도움을 얻어 작은 정신병동 건물을 세울 수 있었다. 맥라렌은 정신병동을 단순한 수용시설이 아니라 환자들이 인도적으로 보호받고 치료받을 수 있는 이상적인 공간으로 만들고자 했다. 또한 맥라렌은 여러 선교부가 연합하여 만든 사회사업위원회에서 적극적으로 활동하면서 공창폐지운동과 어려움에 처한 여성들을 위한 피난처를 만드는 일 등에도 적극적으로 참여했다.

1938년 10월경 맥라렌은 세브란스를 사직하고 진주로 돌아갔다. 맥라렌의 사임은 그가 앓고 있던 조울증 때문이었지만, 외부적으로도 일본의 신사참배 강요와 선교사들에 대한 압박이 강해지고 있는 상황이

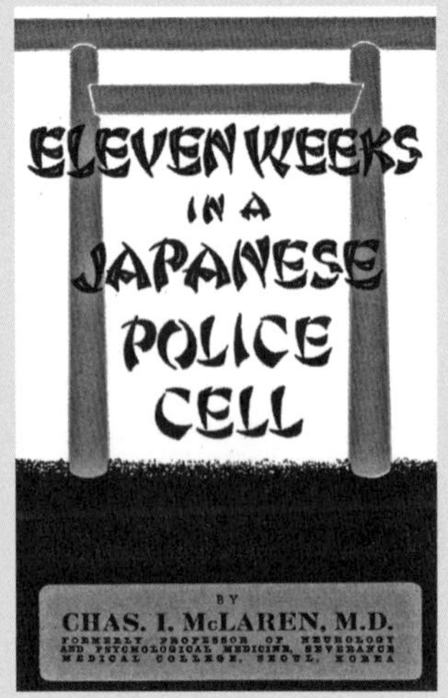

『일본 경찰서에서의 11주(*ELEVEN WEEKS IN A JAPANESE POLICE CELL*)』. 1941년 맥라렌이 감옥에 갇힌 경험을 저술한 책이다.

었다. 1938년 일본은 신사참배를 거부한 평양의 숭실학교를 비롯해 많은 기독교 학교들을 폐교했으며, 선교사들의 공적 활동을 금지하는 법령을 만들었다. 특히 1941년 12월 일본의 진주만 기습으로 미국과의 전쟁이 개시되면서, 일본은 선교사들을 전쟁포로로 취급해 선교사들에 대한 구속과 억류를 감행했다. 맥라렌 역시 진주만 공습 다음 날인 1941년 12월 8일 일본 경찰에 체포되어 11주 동안 진주감옥에 구금되었다가 1942년 2월 석방되었다. 1942년 2월 부산으로 옮겨 4개월간 가택연금 되었다가 6월 2일 부산에서 다른 추방자들과 같이 추방되었다. 맥라렌은 한국에 마지막까지 남아 있던 선교사 중 한 사람이었다.

호주로 귀국한 후에도 일반인들과 군대, 교회를 대상으로 저술과 강연을 통해 일본의 조선 식민통치, 천황의 신격화, 일본군국주의와 전쟁에 대해 비판을 지속했던 맥라렌은 1957년 10월 9일 멜버른 근교의 자택에서 숨을 거두었다.

제중원은 한국 최초의 근대식 서양병원으로서 한국 사회에서 계몽적 위치에 있었고, 제중원의학당 출신 학생과 졸업생들은 사회 각 분야에서 지도적인 역할을 수행했다. 제중원 의료선교사들 역시 의료활동과 선교활동에 만족하지 않고, 각종 사회운동과 계몽운동에 참여하여 한국인들의 문명개화와 고등교육을 선도했다. 특히 1907년 구한국 군대의 해산과 부상병 치료, 세브란스병원의학교 제1회, 제2회 졸업생들의 독립운동, 사회운동 참여 등으로 세브란스인들은 사회운동과 독립운동에서 확고한 지위를 가졌다. 더욱이 세브란스병원의학교 초기 졸업생들은 안창호·여운형·김구 등 독립운동계의 주도적 인물들과 다양하게 교류했다. 또한 의사·간호사라는 특수한 신분을 활용하여 독립운동을 재정적으로 지원할 수 있는 기반도 형성하고 있었다.

세브란스병원과 세브란스의전은 기독교 선교기관으로서 독립운동의 전진기지였다. 기독교계의 지도적 인사들은 세브란스병원을 중심으로 독립운동에 관한 논의를 본격화했으며, 세브란스의 교직원·

의학생·간호사 등은 자신들이 맡은 역할을 충실히 수행했다. 우선 이갑성 등을 비롯한 교직원들은 독립운동의 방향 설정, 정보수집 및 선전활동 등을 수행했다. 이갑성과 함태영 등은 기독교계를 대표하여 독립운동을 조직화했고, 학생들과의 연계를 통해 3·1운동의 전국화에 기여했다. 교직원들 중에서 외국인 선교사들의 역할 또한 작지 않았는데, 샤록스와 스코필드가 대표적인 인물이다. 샤록스는 1919년 당시 세브란스병원 이사회의 이사였으며, 세브란스 인물들과 인적 교류가 이루어지고 있었다. 그는 미국에서 돌아오는 길에 제1차 세계대전의 사후 처리와 윌슨의 민족자결주의 등 국제정세의 변화를 세브란스에 전해주었다. 이에 대한 대처 가운데 한국인들과 기독교계가 3·1운동을 적극적으로 준비하게 된 기폭제가 되었다. 또한 스코필드는 3·1운동의 진전 상황을 전 세계에 타전함으로써 자주 독립에 대한 한국민의 의지를 전 세계에 알리는 중요한 역할을 담당했다.

의학생들은 학생 YMCA 조직을 통해 독립선언서를 전국에 배포하고 가두시위에 참가하는 등 3·1운동을 전국으로 확대하는 데 중요한 역할을 했다. 의학생들은 자신의 고향을 중심으로 독립선언서를 배포했고, 만세운동과 관련된 정보를 지방으로 확산하는 데 중요한 기여를 했다. 3·1운동에 참여했던 의학생들의 개인적인 경험은 서영완처럼 의학을 포기하고 독립전선에 직접 나서게 되는 계기가 되기도 했고, 배동석처럼 고문으로 짧은 생애를 마쳐야 했던 경우도 있었고, 김병수·송춘근처럼 사회운동에 투신하는 경우도 있었으며, 고병간·최명학처럼 의학자의 길을 택한 경우도 있었다. 간호사들은 가두시위 참가 이외에도 수감자 지원, 독립운동자금 모집 등의 역할을 수행했다. 정신여학교 출신들은 견습간호사로 활동하면서 3·1운동에 참여했는데, 간호사들의 독자적인 만세시위와 독립운동자금 모집은 동원이나 조직에 의한 것이 아니라 자발적인 참여였다는 점에서 세브란스인들의 독립운동의 분위기를 짐작케 한다.

독립운동을 향한 세브란스인들의 열기는 상하이 대한민국임시정부의 수립과 활동으로 이어졌다. 임시정부에서 활약했던 대부분의 의사들이 세브란스 출신이었다는 점은 더 이상 놀랄 일도 아니다. 주현측·신창희·신현창 등은 임시정부와 임시의정원 등에서 활약했으며, 곽병규·정영준·김창세 등은 독립전쟁을 준비하기 위한 대한적십자사 간호부양성소에서 간호교육을 담당하기도 했다. 이렇게 세브란스병원이나 의학교는 독립운동을 위해 설립된 기관이 아니었음에도, 군대 강제해산 이래로 일제의 강제병합과 식민통치하에서 독립운동의 산실로서 기능했다.

2019년 2월 현재까지 정부로부터 독립운동 유공자로 포상을 받은 세브란스인들 중에서 의사 출신은 김필순 등 20명, 간호사 출신은 이정숙 등 7명, 교직원은 스코필드 등 6명으로 총 33명이다. 이들을 포함하여 독립운동에 참여한 세브란스인들은 60여 명을 상회한다.[1]

---

1 2018년 8월 15일 제73회 광복절 기념으로 국가보훈처는 세브란스 출신 고병간(1925년 졸업, 애족장), 송영록(1927년 졸업, 대통령 표창), 정종명(1920년 졸업, 애국장) 등 3인을 새롭게 포상했다. 이로써 정부로부터 독립운동 유공자로 포상을 받은 사람은 세브란스 출신 의사로는 김필순·주현측·신창희·박서양(이상 1908년 졸업)·이태준(1911)·곽병규(1913)·정영준(1915)·김창세(1916)·신현창(1918)·김병수(1921)·송춘근(1923)배동석(2008년 명예졸업)·고병간(1925)·윤종석(1925)·송영록(1927)·안상철(1929)·문창모(1931)·곽권응(1933)·남상갑(1950)·김장룡(1956) 등 20명, 간호사로

세브란스인들이 대거 독립운동에 참여하게 된 데에는 3·1운동이 기폭제가 되었음은 분명하다. 특히 3·1운동에는 교수·학생·간호사·직원 등 세브란스의 다양한 직군들이 참여했는데, 의료기관 종사자들이 대거 독립운동에 참여한 것은 역사상 그 유례를 찾아보기 힘든 사례이다.

제중원 창립 이래로 제중원·세브란스인들은 사회적 리더로서의 역할을 충실히 수행했으며, 기독교를 바탕으로 한 고등교육의 수혜자로서 일신의 안일을 내던지고 구국운동에 뛰어들었다. 세브란스는 일제강점하의 핍박 속에서도 독립운동의 산실이 되었을 뿐만 아니라 해방 이후 전재민구호병원, 전시구호병원, 4·19혁명, 유신반대운동, 6월 항쟁 등 전시구호와 민주화운동의 거점이 되기도 했다. 이처럼 세브란스인들은 언제나 시대의 아픔을 공유하고 시대적 사명을 회피하지 않았으며, 선각자로서의 역할을 묵묵히 수행해나갔다.

정종명·이정숙·이성완·김효순·이도신·노순경·탁명숙 등 7명, 교직원으로 프랭크 스코필드, 에비슨, 이갑성·이일선·정태영·스탠리 마틴 등 6명 등 총 33명이다. 신규환, 「3·1운동과 세브란스의 독립운동」, 『동방학지』 184, 2018, 29-53쪽을 참고함.

부록

세브란스 독립운동가 목록

세브란스 독립운동가 인명별 공훈 정보

서훈자 자료

부록 1

세브란스 독립운동가 목록

이름	생몰연도	세브란스와의 관계
고병간 (高秉幹)	1899 – 1966	세브란스연합의학전문학교(이하 세브란스의전으로 약칭, 1925)
곽권응 (郭權膺)	1895 – 1950	세브란스의전(1933)
곽병규 (郭柄奎)	1893 – 1965	세브란스연합의학교(1913)
김기정 (金基貞)	1889 – 1940	세브란스연합의학교(1915)
김문진 (金文軫)	1895 – 1925	세브란스의전(1921)
김병수 (金炳洙)	1898 – 1951	세브란스의전 (1921)
김봉렬 (金鳳烈)	1897 – ?	세브란스의전(1922)
김성국 (金成國)	1890 – ?	세브란스의전(1921)
김인국 (金仁國)	? – 1926	세브란스연합의학교(1913)
김장룡 (金章龍)	1926 – 2015	세브란스연합의학교(1956)
김찬두 (金瓚斗)	1897 – ?	세브란스의전(1922)
김창세 (金昌世)	1893 – 1934	세브란스연합의학교(1916)
김필순 (金弼淳)	1878 – 1919	세브란스병원의학교(1908)
김현국 (金顯國)	1889 – ?	세브란스연합의학교(1916)
김효순 (金孝順)	1902 – ?	간호사
나성호 (羅聖鎬)	1883 – ?	세브란스연합의학교(1914)
남상갑 (南相甲)	1924 – 2000	세브란스의과대학(1950)

훈격	포상연도	주요 활동
애족장	2018	1919년 3월 1일 선천의 만세운동 준비 및 참여.
대통령표창	1999	1919년 3월 1일 평양의 만세운동 주도.
대통령표창	2011	1920년 4월 상하이 대한적십자회 간호부양성소 교수 및 블라디보스토크에서 활동.
		중국 톈진에서 병원 운영하면서 독립운동 지원.
		서울의 만세운동 준비에 세브란스의전 대표로 참여.
애족장	1990	1919년 3월 5일 군산의 만세운동과 서울의 제2차 학생시위 주도.
		1919년 3월 1일과 5일의 만세운동 참여.
		독립선언서 전달 및 1919년 3월 1일 만세운동 참여.
		러시아 블라디보스토크 신한촌에서 병원을 운영하면서 독립운동 지원.
건국포장	2007	1944년 일본 해군 제51항공창에서 동료들에게 일제 패망을 역설하고 태업을 선동.
		1919년 3월 1일 만세운동 참가.
건국포장	2001	1919년 대한적십자회 창립 이후 1921년까지 활동, 임시정부에서 용강군 조사원 및 공채모집위원으로 활동.
애족장	1997	1907년 신민회 활동 및 1911년부터 중국과 몽골 지역에서 독립운동기지 개척에 힘씀.
		중국 장자커우에서 병원을 운영하면서 독립운동 지원.
대통령표창	2015	1919년 12월 서울 종묘 앞에서 만세운동 참여.
		러시아 니콜리스크 고려공산당 활동 및 하얼빈에서 활동.
애족장	1990	1941년 항일학생결사인 흑백당 당원으로 활동.

이름	생몰연도	세브란스와의 관계
노순경 (盧順敬)	1902 – 1979	간호사
마틴 (Stanly H. Martin)	1890 – 1941	교수
문창모 (文昌模)	1907 – 2002	세브란스의전(1931)
박덕혜 (朴德惠)	1899 – ?	간호사
박서양 (朴瑞陽)	1885 – 1940	세브란스병원의학교(1908)
박성호 (朴聖浩)	1892 – ?	세브란스의전(1918)
박주풍 (朴疇豊)	1892 – ?	세브란스의전(1919)
박헌식 (朴憲植)	1892 – 1979	세브란스의전(1918)
배동석 (裵東奭)	1891 – 1924	세브란스의전 (1917입학, 2008명예졸업)
서영완 (徐永琬)	1898 – ?	세브란스의전(1918입학)
송영록 (宋榮錄)	1901 – 1932	세브란스의전(1927)
송춘근 (宋春根 또는 宋鳳海)	1887 – 1971	세브란스의전(1923)
스코필드 (Frank W. Schofield)	1889 – 1970	교수
신창희 (申昌熙)	1877 – 1926	세브란스병원의학교(1908)
신현창 (申鉉彰)	1892 – 1951	세브란스의전(1918)
안사영 (安思永)	1890 – 1969	세브란스의전(1917)
안상철 (安尙哲)	1898 – 1982	세브란스의전(1929)
양재순 (梁載淳)	1901 – 1998	세브란스의전(1925)
에비슨 (Oliver R. Avison)	1860-1956	교장
윤종석 (尹鍾奭)	1896 – 1927	세브란스의전(1925)

훈격	포상연도	주요 활동
대통령표창	1995	1919년 12월 서울 종묘 앞에서 만세운동 참여.
독립장	1968	북간도 룽징춘에서 일어난 3월 13일 만세운동 지원, 1920년 간도에서 발생한 학살사건을 국제사회에 폭로.
건국포장	1995	1926년 제2의 6·10만세운동 협의, 1940년대 초 정춘수 등에 대항하는 종교투쟁을 통해 항일운동 지속.
		1919년 12월 서울 종묘 앞에서 만세운동 참여.
건국포장	2008	1917년부터 만주 쥐쯔제 지역에서 구세병원과 숭신학교를 통해 의료활동 및 민족교육사업 주도.
		1919년 3월 3일 함흥의 만세운동 준비.
		1919년 3월 1일과 5일의 만세운동 참여.
		1920년 황해도 장연에서 조직된 의용단에 가입하여 활동.
애족장	1990	1919년 3월 서울의 만세운동에 참여, 마산·함양·김해 등의 만세운동에도 관여.
		1919년 3월 1일과 5일 만세운동 참여, 중국에서 고려공산당 활동 및 1923년 국민대표회의 참석.
대통령표창	2018	1919년 3월 3일 개성의 만세운동 준비 및 참여.
애족장	1999	1919년 3월 1일 만세운동 참여, 국내에서 대한민국임시정부의 활동 홍보.
독립장	1968	1919년 3월 1일 만세운동 사진 촬영, 1919년 4월 수원 제암리와 수촌리에서 있었던 학살사건 촬영하여 전 세계에 알림, 수감자에 대한 처우 개선 촉구.
애족장	2008	1921년 임시정부 요원으로 군자금 모집, 1922년 임시정부 군의 및 신한청년당 당원으로 활동.
애국장	1990	1921년 임시정부의정원 충청도 의원으로 활동, 1922년 한국노병회 이사 역임, 1927년 신간회 전주지회 활동.
		1919년 신흥무관학교 군의과장, 1927년 신간회 원주지회 활동.
건국포장	2007	1919년 3월 5일 서울에서 학생 주도의 만세운동 참여.
		1919년 4월 1일 공주의 만세운동 참여.
독립장	1952	1919년의 3·1운동과 이에 대한 일제의 가혹한 탄압 상황을 선교사 네트워크를 통해 해외에 알림. 대한민국임시정부의 승인과 독립운동 지원을 호소
애족장	2013	1919년 10월 대동단 단원으로 제2차 만세운동 조직 및 국내 연통제 본부 조직을 위한 활동.

이름	생몰연도	세브란스와의 관계
이갑성 (李甲成)	1886 – 1981	병원 약제 주임
이굉상 (李宏祥)	1892 – 1934	세브란스의전(1924)
이도신 (李道信)	1902 – 1925	간호사
이병천 (李炳天)	1898 – ?	세브란스의전(1919)
이용설 (李容卨)	1895 – 1993	세브란스의전(1919)
이원재 (李元載)	1886 – 1950	세브란스연합의학교(1914)
이일선 (李日宣)	1896 – 1971	병원 직원
이성완 (李誠完)	1900 – 1996	간호사
이정숙 (李貞淑)	1896 – 1950	간호사
이주섭 (李周燮)	1901 – ?	세브란스의전(1930)
이태준 (李泰俊)	1883 – 1921	세브란스병원의학교(1911)
전홍기 (全洪基)	1916 – ?	세브란스의전(1944)
정영준 (鄭永俊)	? – 1923	세브란스연합의학교(1915)
정종명 (鄭鍾鳴)	1896 – ?	간호사
정태영 (鄭泰榮)	1888 – 1959	병원 직원
주현측 (朱賢則)	1882 – 1942	세브란스병원의학교(1908)
최동 (崔棟)	1896 – 1973	세브란스의전(1921)
최명학 (崔明鶴)	1898 – 1961	세브란스의전(1926)
탁명숙 (卓明淑)	1900 – 1972	간호사

훈격	포상연도	주요 활동
대통령장	1962	민족대표 33인 중의 한 사람, 1919년 2월 말 학생들이 3·1운동 계획에 참여하도록 독려, 세브란스 학생들을 통해 경상·전라 지역에 독립선언서 전달, 1927년 신간회 발기인으로 참여.
		1919년 마산에 독립선언서 전달.
대통령표창	2015	1919년 12월 서울 종묘 앞에서 만세운동 참여.
		1919년 4월 국민대회 취의서 및 임시정부 선포문 춘천에 전달.
		1919년 만세운동 준비에 참여, 『조선독립신문』 발간.
		중국 하얼빈에서 독립운동 지원, 1927년 신간회 강릉지회 활동.
애족장	1990	1919년 3–4월 『국민신보』 발간·배포, 1919년 5월 외교청년단에 가입, 임시정부 발행 『외교특보』 국내에 배포.
애족장	1990	1919년 3월 함남 지역에 독립선언서 배포, 1919년 8월 애국부인회 합류하여 결사부장을 맡음.
애족장	1990	1919년 5월 대한민국애국부인회 조직에 주도적으로 참여, 적십자부장을 담당.
		1919년 3월 17일 안동의 만세운동 참여.
애족장	1990	1914년부터 몽골 지역에서 독립운동가 및 독립운동활동 지원, 1920년 코민테른 자금 운송에 관여.
		1937년 춘천고보에서 조직된 상록회에 가입하여 활동.
애족장	2014	1920년부터 1922년까지 임시정부의정원 경기도 의원, 시사책진회 회원 등으로 활동.
애국장	2018	1922년 여자고학생상조회 조직, 1924년 여성동우회 창립, 1926년 정우회 창립, 1927년 근우회 창립, 1929년 신간회 중앙집행의원, 1931년 3월 조선공산당 재건활동에 참여.
애족장	1990	1919년 3월 1일 만세시위 이후 종로 보신각종을 울려 독립의지 알림, 청년외교단 가입하여 활동.
애족장	1990	신민회 회원으로 1911년 105인 사건에 연루됨, 1919년 임시정부 평북 조사원, 재무부 참사 등 담당, 1922년 국민대표기성회 참여, 1922년 흥사단 톈진지부에서 활동.
		1919년 3월 1일 서울의 만세운동 참여.
		1919년 3월 3일 함흥의 만세운동 준비.
건국포장	2013	1919년 3월 5일 서울의 만세운동 참여, 1919년 9월 강우규의 도주를 도움.

부록 2

세브란스 독립운동가 인명별 공훈 정보

고병간高秉幹

본적/주소 평북 의주
생몰연도 1899 – 1966

1899년 1월 24일 평북 의주에서 태어나, 1915년 미션계 신영소학교를 졸업하고 선천의 신성중학교에 입학했다. 1919년 4학년에 재학 중 일어난 3·1운동에 참여하여 1심에서 보안법 위반, 출판법 위반으로 징역 2년을 선고받았다. 이후 공소와 상고까지 기각되어 1919년 7월 2일 2년형이 확정되었다.

1920년 평양형무소에서 출소해 복학하여 다음 해 졸업했다. 1921년 세브란스연합의학전문학교(이하 세브란스의전)에 입학하여 1925년 졸업 후 세브란스병원 외과조수로 근무, 1927년 함흥 제혜병원 외과부장 및 부원장으로 전근했다. 1934년 5월 교토제국대학 의학부로 유학을 다녀와 1938년 4월 세브란스의전 외과강사로 취임했고, 1939년 12월 교토제국대학에서 의학박사학위를 받았다. 이후 1941년 함흥 제혜병원 3대 병원장으로 취임했다.

해방 즈음에는 대구의학전문학교 교장으로 발탁, 1945년 9월 대구의전이 대구의과대학으로 승격했다. 1947년 8월 미국에서 열린 만국암연구대회에 윤일선과 참석하여 미국 흉부외과계의 발전에 깊은 인상을 받았다. 결핵 완치를 위해 1947년 국내 최초로 폐결핵환자에게 흉부성형술을 시행해 성공함으로써 한국흉부외과의 창시자가 되었다. 1954년에는 결핵퇴치사업의 공로자로서 표창을 받았으며 1955년 제2대 대한결핵협회 회장을 역임했다.

1949년 대한적십자사 경북지사장을 지냈으며, 1951년에 문교부 차관으로 발탁되었고, 1952년 9월에는 경북대학교 초대 총장으로 취임했다. 1959년 제2대 경북대학교 총장으로 재선되었으나 다음해 4·19혁명으로 사임, 1960년 9월 연세대학교 총장으로 취임했다. 1961년 총장 사임 후에는 세브란스병원장으로 부임했고, 1964년 5월 숭실대학교 학장으로 자리를 옮겼다. 1966년 12월 9일 전국대학총장회의석상에서 회의 도중 뇌출혈로 쓰러져 곧 세브란스병원으로 이송되었으나 이틀 후인 11일 67세를 일기로 숨을 거두었다. 2018년 건국훈장 애족장에 추서되었다.

곽권응郭權膺

본적/주소 평남 대동군
생몰연도/포상훈격 1895 – 1950, 대통령표창(1999)

평남 대동군 출신으로 1895년 1월 7일에 출생했다. 1919년 평양 숭덕학교 교사로 재직할 때 3·1운동이 일어났다. 1919년 2월 중 안세환 등의 권유로 서울의 손병희 등과 연락을 취하고 평양에서도 3월 1일 조선독립선언식을 거행하기로 결정했다.

3월 1일 오후 1시 교회 종소리를 신호로 봉도식을 위해 숭덕학교 교정으로 1,000여 명이 넘는 사람들이 모여들었다. 그 자리에서 독립선언서가 낭독되었고, 곽권응은 애국가 제창을 인도하고, 숭덕학교 교사들과 함께 군중들에게 종이로 만든 태극기를 나누어주었다. 일본 경찰들은 즉각 해산을 요구했으나 군중이 큰 거리로 행진하고 시민들이 호응하면서 시위행렬은 점점 불어났다. 곽권응은 바로 검거되어 1919년 8월 21일 경성지방법원에서 보안법 위반으로 징역 1년(미결구류일수 120일)을 언도받았으나, 상고하여 경성복심법원에서 1919년 9월 19일 징역 8개월(미결구류일수 120일)로 감형받았다.

이후 일본에 유학하여 모지에 있는 도요쿠니중학을 마치고 1929년 30대 중반에 세브란스의전에 입학한 듯하다. 1933년 세브란스의전을 졸업하고, 회령에 중생의원을 개업했다가 1934년에는 무산으로 옮겨 삼산의원을 운영했으며, 1936년에는 다시 청진에서 포항의원을 운영했다. 1950년 6월 27일 사망했으며 1999년 대통령표창에 추서되었다.

곽병규 郭炳(秉)奎

본적/주소 황해도 봉산
생몰연도/포상훈격 1893 – 1965, 대통령표창(2011)

황해도 봉산 출신으로 1893년 2월 18일에 태어났다. 평양 숭실중학교에서 수학하고 1908년 세브란스병원의학교에 입학하여 1913년 졸업했다. 1917년 러시아로 건너가 1919년 블라디보스토크 신한촌에서 의사로 활동했고, 1920년 3월 상하이에서 안창호를 만난 이후 대한적십자회 간호부양성소에 교수진으로 참여했다. 1920년 4월 중순 간호원양성소 1기 졸업생 배출 후 상하이를 떠났고, 1920년 12월 블라디보스토크에 돌아가서는 기독교청년회 회장으로서 다양한 활동을 벌였다.

1921년 2월에는 대한적십자회 대표원으로서 블라디보스토크·시베리아 지방에서 회원을 모집하고 회비를 모금했으며, 같은 해 3월에는 신한촌 내 백산소학교에서 3·1만세운동을 기념하기도 했다. 1922년 2월 시베리아조선인교육회 부회장에 선출된 것을 마지막으로 러시아에서의 활동은 확인되지 않으며 1923년경에는 원산 구세병원에서 근무한 것으로 보아, 1922~1923년 사이에 귀국한 것으로 보인다.

1924년 3월 25일부터 사리원에서 경산의원을 개업하고, 사리원 유치원을 설립하여 운영했고, 사리원 지역의 청년회와 기근구제회 후원회 위원으로 활동했다. 1927년 12월 27일 청년들이 사리원 신간지회 설립을 결의하고 발기회를 구성했으며, 임시의장으로 천거되었다.

이후 1928년 1월 5일 미국감리교회당 내에서 설립총회가 열렸다. 사리원 신간지회는 설립 후 특별한 활동은 없었던 듯하지만 1928년 10월 18일 돌연 사리원경찰서 고등계 형사들에게 이문재·이근호와 함께 검거되었다가 20일에 풀려났는데, 검거된 연유는 확실히 알 수 없으나 청년동맹과 관련된 듯하다고 보도되었다.

이후 경산의원을 운영하면서 재만조선동포 구제회 집행위원을 맡거나, 이중과세 폐지 좌담회에 참여하는 등 활동을 계속했다. 1940년 사리원을 떠나 서울에서 경산의원을 운영하다가 1965년 10월 26일 자택에서 숨을 거두었다. 2011년 대통령표창에 추서되었다.

김기정 金基貞

본적/주소 평북 의주군 위달면
생몰연도 1889－1940

1889년생으로 본적지는 평북 의주군 위달면이다. 1915년 3월 세브란스연합의학교를 졸업하고 그해 4월에 중국 톈진으로 가서 박인의원을 운영했다. 1920년 8월 안창호가 톈진을 방문했을 때, 안창호를 안내하여 애스터하우스호텔에 묵게 했으며, 임시정부에서 의정관·외무부원·내무차장 등의 요직을 맡았던 현순은 김기정을 톈진의 주요 인사 중 한 명으로 파악하고 있었다.

1922년 당시 톈진한민회 겸 톈진교민회의 회원이었으며, 1940년 일본 측에서 작성된 북중국 관내 조선인 요시찰인명부에서 배일친중국파 인물이자, 민족사상을 가지고 중국에 있는 불령선인들과 내통이 의심되는 자로 파악되기도 했다. 그의 아들 김양호도 요시찰인물 중 하나로 보고 감시했던 듯한데, 아들 김양호에 대해서는 더 이상의 특별한 기록은 없다.

김기정은 톈진의 주요 인사로서 임시정부의 인사들과 왕래하면서 그들의 활동에 도움을 주었던 것으로 보인다. 1939년까지는 톈진에서 박인의원을 경영했으나 1940년경에는 사망한 듯하다.

김문진 金文軫(珍)

본적/주소 경북 대구
생몰연도 1895 – 1925

경북 대구 출신이며 3·1운동이 당시 세브란스의학교 3학년에 재학 중이었다. 학생들 주도로 이루어진 3·1운동 준비 과정에서 세브란스의전 대표로 참여했으며, 세브란스의전 학생으로 3·1운동에 참여했던 김병수·김봉렬·김찬두·이굉상·박주풍 등은 김문진을 통해 3월 1일 전날인 2월 28일 혹은 당일 날 3·1운동 소식을 알게 되었다고 진술했다.

특히 이굉상의 경우 김문진과 같은 하숙에서 살면서 3월 1일 독립선언서를 마산으로 건네줄 것을 부탁받고, 김문진과 함께 이갑성의 집으로 가서 독립선언서 50여 장을 건네받아 마산의 임학찬에게 전달하기도 했다. 김문진도 경상도의 연락책임을 맡은 이갑성의 부탁으로 2월 26일 대구에 파견되었다.

3월 1일에 있었던 만세시위에 참여했던 것으로 보이지만 이후의 행적은 명확하지 않은데, 신문조서나 판결문이 없는 걸로 보아 시위 참여 후에 체포는 면했고, 이후 고향인 대구에 내려가 있다가 1920년 6월경 자수한 듯하다.

이후 1921년 세브란스의전을 졸업하고, 추계의사시험을 합격하여 경북 지역 의술개업면허장을 취득했다. 대구부 본정에 대구의원을 개업하고 1922년부터는 대구사립명신여학교의 교의로서 명신여학교의 학생들에게는 무료 진료를 시행하기도 했다. 그러나 성진의 제동병원에서 근무하던 정창성이 부득이한 사정으로 북간도로 이전하면서 대구에 있던 김문진이 그를 대신해 제동병원으로 옮겨갔다.

제동병원은 함북 성진으로 진출한 캐나다장로교의 선교사 로버트 그리어슨Robert Grierson이 1907년 개설했다. 이미 대구에서 병원을 개업했던 김문진이 특별한 연고가 없는 성진으로 옮긴 이유는 명확하지 않으나, 같은 세브란스의전 출신으로서 이미 성진에 자리 잡고 있었던 김영배金榮培(1915년 졸업)가 어느 정도 역할을 했을 가능성은 있다. 그렇게 제동병원에서 근무한 지 2년도 채 되지 않아 고향인 대구에 머무르던 중 1925년 11월 7일 십이지장궤양으로 급작스레 사망했다.

김병수金炳洙

본적/주소 전북 김제
생몰연도/포상훈격 1898 – 1951, 애족장(1990)

1898년 10월 18일 전북 김제군에서 태어났으며, 10살 때 기독교에 귀의했고 17살에 군산 남장로교회 목사 김필수에게 세례를 받았다. 4년간 서당에서 공부하다가 기독교계 영명학교를 졸업하고 세브란스의전에 입학했고, 죽첨정(현재 충정로)에서 하숙했다. 2월 중순부터 3·1운동 계획을 어렴풋이 알고 있었으며, 2월 25일 이갑성에게서 군산에 독립운동 참여를 독려해달라는 부탁을 받고 다음 날 영명학교 교사 박연세를 방문하여 서울의 독립운동 계획을 알렸다. 2월 28일 이갑성에게서 건네받은 독립선언서 100장을 박연세에게 건네주고 서울로 돌아왔다.

3월 5일 남대문 정거장 앞 시위에 참가했으며 3월 20일경 이리로 돌아가, 4월 4일 만세운동에도 참여한 듯하다. 이후 체포되어 4월 22일 광주지방법원 군산지청에서 조사 받았으며, 곧 서울지방법원으로 넘겨졌다. 1919년 11월 6일 경성지방법원에서 징역 1년 2개월을 선고받고, 1920년 2월 27일 경성복심법원에서 징역 8개월(미결구류일수 180일)을 선고받았다. 서대문감옥에서 복역하다가 1920년 4월 28일에 출옥했다.

1921년 세브란스의전 졸업 후 군산 기독교병원에서 잠시 근무했으며 1922년 이리에 삼산의원을 개원했다. 1921년에 이리유치원 원장을 담당했으며, 1924년부터는 광희여숙의 운영경비를 단독으로 부담했다. 교사 신축에도 앞장서서 300원을 내놓았으며, 이리공립보통학교 증설을 위한 학급증설기성회에서도 부회장을 맡았으며, 1938년에 이리고아원의 원장으로 취임, 1939년에 이리일출소학교후원회의 회장을 맡았다. 1925년에 이리기독청년회 회장을 맡았으며, 1928년 기독면려청년회로 새로 탄생할 때 회장으로 선출되었다. 백정계급 해방운동기관인 동인회 고문, 이리인쇄공친목회 고문, 백구면 어린이모임창립총회 고문, 수산노동회 부회장, 색복장려회 부회장 등 각종 노동·사회단체에서 활동했다. 1927년에는 『동아일보』 이리지국장 배헌의 임무를 대신하는 총무 겸 기자로 이름을 올렸다. 1926년에는 삼산의원에서 익산의사회 창립총회를 열었다. 1928년 이리용공노동조합의 촉탁위로 선임되고, 자진해서 조합 회원에게 약값을 할인해주었다. 1936년에는 2층 양옥 건물로 삼산의원을 신축했다.

해방 이후에도 교육 문제에 계속 관심을 두어 농림대학기성회에서 부회장으로 활동했고, 보모 양성 보육학원 원장으로 취임했다. 1945년 익산독립촉성회 위원장으로 활동하고, 1946년 대학독립촉성회 전북지부 부위원장이, 1946년에는 전북의사회장이 되었다. 1947년 이리읍이 부로 승격되면서 초대부윤으로 임명되었다. 대한농민총연맹 전북위원장, 대한농민총연맹 전국위원회 부위원장을 역임했고, 1948년 민주국민당 이리지부장, 전북도당 최고위원까지 지냈다.

한국전쟁 발발 후 이리 비상시국 대책위원장으로 활동하다가 부산으로 피난하여 동래 제5육군병원에서 근무했다. 이후 다시 이리로 귀향하여 구국총력연맹위원장으로 활동하다가, 결핵으로 1951년 사망했다. 1990년 건국훈장 애족장에 추서되었다.

김봉렬 金鳳烈

본적/주소 평남 진남포
생몰연도 1897 - ?

1897년 8월 14일생으로 평남 진남포에서 출생했으며, 본적지는 평양이다. 세브란스의전에 들어오기 전에는 연희전문학교에 다녔으며 정동에 사는 미국인 노블에게 하루 한두 시간씩 영어 번역을 해주고 월 10원씩을 받아 학비로 충당했다.

1919년 2월 28일 학교에서 김문진을 통해 3·1운동 계획에 대해 듣고 3월 1일 당일 탑골공원에서 만세운동에 참가했으며, 3월 5일 남대문 부근에서 열린 만세운동에도 참가했다. 3월 5일 아침 독립만세를 부르며 대한문 앞까지 갔다가 체포당했다. 출판법 위반, 보안법 위반으로 1919년 11월 6일 경성지방법원에서 징역 6개월에 3년간 집행유예(미결구류일수 90일)를 받아 판결 후에는 바로 석방되었을 것으로 보인다.

1922년 세브란스의전을 졸업하고 평양연합기독병원에서 일하다가, 진남포 부근에 개업했다. 1931년에는 세브란스부속병원 외과에서 펠로우십으로 근무하고, 1932년에는 원주 기독병원으로 옮겨갔다. 1933년경 다시 평남 강서군으로 지역을 옮겨 대중의원을 개업했으며 1939년에는 평양부에서 김외과의원을 개업했다.

김성국金成國

본적/주소 부산 영주동
생몰연도 1890 – ?

1890년 3월 5일생으로 본적지는 부산 영주동이다. 김성국은 1919년 2월 26일 이갑성의 부탁을 받고 원산으로 가서 목사 정춘수를 만나 독립운동 청원서에 첨부하기 위한 서명을 받아서 돌아왔다. 2월 28일에는 다시 이갑성을 만나 조선독립선언서 약 1,000장을 받아 승동예배당으로 가서 강기덕에게 전달했다. 3월 1일 당일에는 오후 4~5시경 남대문 밖에서 만세운동에 참가하여 독립만세를 외치며 화천정까지 행진했다. 출판법 위반, 보안법 위반이라는 죄명으로 1919년 8월 30일 경성지방법원의 공판에 넘겨졌다. 11월 6일 경성지방법원에서 징역 1년(미결구류일수 120일)을 언도받았으나, 1920년 2월 27일 경성복심법원에서 증거 불충분으로 무죄를 언도받았다.

1920년 5월 9일에는 서울 정동예배당에서 학생 800여 명이 모인 가운데 열린 조선학생대회 창립총회에 김찬두와 함께 참석했다. 1921년 6월 22일 세브란스병원 구내 예배당에서 열린 졸업식에서 졸업생 대표로 졸업증서를 받았다. 1922년 8월 3일에는 제임스 게일 목사의 사택에서 정신여학교 출신으로 대한애국부인단에 참가하여 유명해진 이혜경과 결혼식을 올렸으며, 같은 해 10월에는 총독부의원에서 시행한 의사시험에 합격했다. 부산 영주동에서 김성국의원을 개업하여 가난한 사람이나 노동자에게는 무료 시료를 하는 등 좋은 평판을 얻었다.

1926년 2월에 대구로 자리를 옮겨 순천당의원을 개업한 이후에는 대구 지역사회 활동에 참여했다. 1927년 7월 대구 신간지회 설치 준비회에 준비위원으로 참여했고, 1928년 근우회 대구지회에서 위생 강연을 했으며, 1932년 제4회 전조선축구대회가 열리게 되자, 대구축구대회협회 회장을 맡기도 했다. 대구부의사회에도 참석하여 1933년 추계총회에서 평의원으로, 1935년 추계총회에서도 다시 평의원직을 맡았다. 해방 후 1948년 경상북도선거위원회 위원으로 활동했으며, 1950년에는 민주당 경북도당의 고문을 맡기도 했다.

김인국金仁國

본적/주소 경기도
생몰연도 ?-1926

경기도 출신으로 출생 연도는 알 수 없다. 세브란스연합의학교 3회 졸업생(1913년 졸업) 5명 중 한 명이다. 1917년에 러시아 블라디보스토크 공립병원에 공의로 있었다. 1920년 4월 일본은 신한촌에 조선인거류민회를 설립하고 조선인 회유활동을 벌이면서 신한촌 중앙 민회사무소에서 조금 떨어진 곳에 시료소를 설치했다. 이는 군의 1명, 간호장 1명, 간호졸 2명, 통역 2명으로 구성되었는데, 통역 2명은 신한촌 해성의원에서 의사로 일했던 인물들이며, 그중 한 명이 김인국이다.

1923년 4월 고려공산당 혁명중앙부가 블라디보스토크 지역에 개업 중인 조선인 의사와 의생들이 거의 무자격자라는 이유로 강제 폐업시키고, 대신 각 지역에 치료소를 설치하고자 할 때, 그는 조선뿐 아니라 러시아 의사면허를 가지고 있었는데도 폐업당할 위기였다. 이때 그는 공산당 간부에게 자신은 의사면허 소지자이며, 어떠한 불미한 행동도 한 것이 없다고 하며 개업 의지를 관철했다. 그렇게 그가 그동안 대체로 중립적인 입장을 취해왔다는 것이 인정되어 의업을 계속하게 됐으며, 고려공산당 환자들을 진찰하면서 치료비와 약값을 반값만 내게 하여 공산당 간부의 신용을 얻었다. 그러나 1923년 7월 결국은 신한촌에서 퇴거한 듯하며, 이후 블라디보스토크의 일본적십자병원에서 일했던 듯하다. 1925~1926년경에는 귀국하여 황해도 안악에서 동아병원을 개업했다가 청진으로 이동하여 병원을 운영했다. 그러나 개업한 지 얼마 지나지 않은 1926년 10월 3일 사망했다.

김장룡 金章龍

본적/주소	경남 울산
생몰연도/포상훈격	1926 – 2015, 건국포장(2007)

본적지는 경남 울산이며, 1826년 1월 15일 출생했다. 1943년 부산 제2공립상업학교(현 부산상고)를 졸업하고 일본인 선생의 추천으로 1944년 3월부터 경남 진해에 있는 일본 해군 제51항공창에 취직했다. 군사훈련을 1개월 정도 거친 후 진해에서 하숙하며 항공창에서 일했는데, 김장룡은 일본의 패망을 확신하고 민족의식을 고취하기 위한 활동을 했다.

즉, 항공창 내에서 일하는 한국인들에게 일본의 패망을 역설하고, 시국에 대해 논의했으며, 일제 군용물자 수송에 타격을 주도록 태업을 선동했던 것이다. 1944년 7월 결국 김장룡은 진해경비대 군법회의에 회부되었으며, 치안유지법 위반으로 징역 2년을 선고받고, 김천소년형무소에서 옥고를 치르다가 해방과 함께 출옥했다.

이후 세브란스연합의학교에 입학해 1956년 졸업했으며, 졸업 후 부산에서 순천의원을 개업하여 2004년 은퇴하기까지 의료활동에 종사했다. 이전부터 한센병 환자 치료에 관심이 많았던 그는 은퇴 후 2005년부터 두 차례씩 경남 김해의 한센병 전문병원을 찾아 의료봉사활동을 벌였다. 2015년 11월 23일 향년 90세의 나이로 별세했다. 2007년 건국포장에 서훈되었다.

김찬두金瓚斗

본적/주소 평남 대동군
생몰연도 1897 - ?

1897년 11월 11일생으로, 본적지는 평남 대동군이다. 배재고보를 졸업하고 세브란스의전에 입학했다. 1919년 3월 1일 오후 3시경 종로 1정목에서 대한독립만세를 외치는 군중들과 합류하여 우미관 앞까지 행진했다가 체포되었다. 출판법 위반, 보안법 위반으로 1919년 8월 30일 경성지방법원의 공판에 넘겨져 1919년 11월 6일 경성지방법원에서 징역 6개월에 집행유예 3년(미결구류일수 90일) 선고를 받고 바로 풀려났을 것으로 보인다.

1920년 5월 9일 조선학생대회 조직 시 김성국과 함께 참가했다가 부회장으로 당선되었으며, 여름방학에 조선학생대회 하기 순회강연에서 강사로 나서기도 했다. 같은 해 11월 정기총회에서는 사교부장으로 당선되었다. 1922년 세브란스의전을 졸업하고 같은 해 10월 의사시험에 합격했고, 이후 황해도 서흥군 신막역 앞에 순천의원을 개업했다. 1926년 11월 16일 송익주 목사의 주례하에 평안북도 창성군 대유동 공립보통학교 교사 윤인덕과 결혼했다.

이후 신막·서흥 지역의 각종 교육·사회활동에 적극 참여하면서 지역 명망가로 이름을 날렸다. 1923년 5월부터 민립대학서흥지방부설립 집행위원, 1926년 12월 9일 신막청년회창립총회에서 임시의장, 1929년에는 신막청년회 회장을 맡았다. 1926년 5월에는 청년 10여

명과 함께 조기早起운동을 시작했는데, 2개월이 지나지 않아 200여 명의 청소년이 합류했다. 1930년 교풍회창립총회 임원, 초탄교가설기성회 조직에 평의원으로 참여했다. 1931년 신막공립보통학교 교장이 입학료로 1원을 징수하기로 결정하자 학무의원회 후원회 회장으로서 입학료 취소를 이끌어내기도 했다. 신막축구단 창립에도 단장으로 참했고, 각종 이재자에 대한 의연금 모집에도 참여했다.

1918년 신막의 유지 최영창 외 몇 명이 무산아동을 위한 교육기관으로 설립한 덕성학원이 여러 사정으로 폐쇄될 지경에 이르렀는데, 1923년 그가 단독으로 인계하여 10년간 경영했다. 1931년 6월에는 최저 12세부터 최고 40세에 이르는 미취학 문맹인을 위한 야학부를 설치했으나, 1933년 12월에 총독부 측에서 덕성학원의 폐쇄를 결정하여 갑자기 문을 닫게 되었다.

김찬두는 서흥 지역의 검시관으로도 활동했다. 의사로서도 좋은 평판을 얻고 있었는데, 1932년 순천병원 개업 10주년을 맞이해서는 개업일 전후로 약 1개월간 치료비의 3할을 할인해주었다. 1934년과 1935년 두 해 연속으로 7월 1일부터 9월 말까지 극빈자를 무료로 치료하기도 했다. 병원 운영 중 위기의 순간도 있었는데, 1936년 9월 18일 병원에 강도가 들어 금품을 강요하며 김찬두 부부를 칼로 찔러 기절시킨 후 현금 4,000원을 들고 도망했다. 다행히 범인은 곧 잡혔으며, 부부의 상처도 크지 않았는지 이후 1940년까지도 순천의원을 경영했다.

김창세 金昌世

본적/주소　평남 용강군
생몰연도/포상훈격　1893 – 1934, 건국포장(2001)

평남 용강군 출신으로 1893년 2월 22일 출생했다. 아버지는 제칠일안식일예수재림교회에서 초창기 출판사업을 주도했던 김승원이다. 김창세는 평양 장로교 소학교, 진남포 안식일교회 소학교를 거쳐 아버지를 따라 일본에 건너갔다. 고베의 고베중학 및 도쿄 간다구神田区의 정칙속성학교에서 공부하다가 다시 한국으로 돌아왔다.

1909년부터 1913년까지 평안남도 순안의 의명학교에서 교사로 근무했다. 이때 순안에서 의료선교사로 활동하고 있던 라일리 러셀을 알게 되어 그의 주선으로 1913년 세브란스연합의학교에 입학했다. 1916년 세브란스연합의학교를 졸업한 김창세는 1918년까지 러셀이 원장으로 있는 순안병원에서 근무했다. 1918년 러셀 원장은 김창세가 중국 상하이의 홍십자병원에서 의학 연수를 받을 수 있도록 주선해주어 1918년 상하이로 건너갔다.

김창세가 홍십자병원에서 근무하던 1919년 국내에서는 3·1운동이 일어났으며, 상하이에는 대한민국임시정부가 들어섰다. 김창세는 임시정부 산하 대한적십자회 창립과 적십자간호원양성소 설립에 주도적으로 활동했다. 이들 병원에서 간호원들은 교민들을 대상으로 예방주사를 놓고 환자 진료를 돕기도 했다. 하지만 간호원양성소는 1기생을 배출하고 자금 부족으로 중단되고 말았으며, 1920년 9월 김창세는 미국 유학을 위해 상하이를 떠났다.

미국 유학 전까지 김창세는 임시정부 내에서도 평남 용강군의 조사원을 맡았다. 1920년 3월 11일에는 흥사단에 입단하여 단원으로서 안창호를 도왔고, 같은 해 4월 대한적십자회 간호원양성소 1기생들이 졸업한 이후 5월부터는 임시정부 임시공채관리국의 공채모집위원으로 활동했다.

재림교 총회 극동 분과의 미국 내 훈련 및 수업료 지원 약속을 받고 중국을 떠났던 김창세는 1920년 11월 미국에 도착했다. 김창세는 재림교 소속 로마린다 의과대학에서 연수하고자 했지만 교육경력이 부족하다는 이유로 요청이 받아들여지지 않았다. 이에 1922년 제퍼슨 의과대학에 인턴으로 지원했다. 여기서 그는 록펠러 재단의 공중보건 분야의 권위자인 하이저 박사를 만나게 되었고, 자연스레 공중보건학에 관심을 가지게 되었다. 또한 하이저 박사의 도움으로 1923년 당시 그 분야 최고 대학인 존스홉킨스대학교 보건대학원에 입학했고, 공중보건학으로 1925년 1월 박사학위를 취득했다.

박사학위를 마친 김창세는 1925년 4월 30일 귀국 길에 여러 나라의 공중보건 상황을 시찰하기 위해 남아메리카와 중동, 유럽 등을 방문했다. 귀국 후 모교인 세브란스의전의 조교수로 부임하여 위생학교실을 창설하고, 위생학과 세균학을 강의했다.

그러나 위생정책의 수립과 집행에 참여할 수 있는 가능성으로서 자치운동이 소멸하고, 독자적인 위생연구소 설립을 위한 지원 획득에 실패하는 등의 좌절을 겪으며 그는 식민지인으로서의 한계를 실감했다. 이에 국내 활동을 정리하고 좀 더 적극적인 공중위생활동을 펼칠 수 있는 상하이행을 택했다.

1927년 8월 세브란스의전 교수직을 사임한 김창세는 11월 상하이 위생교육협회의 현장 책임자로 임명되었다. 김창세는 건강교육 사업을 성공적으로 이끌었고, 임시정부 청사 임대료를 지원하기도 했다. 하지만 1927년 국공합작이 결렬된 후 중국의 정치정세는 매우 불안정해졌고 김창세의 활동 기반이었던 위생교육협회의 활동마저 불가능해졌다. 개업의로 활동하던 그는 결국 1930년 1월 상하이를 떠나 미국 뉴욕으로 향했다.

1932년 4월 29일 상하이 훙커우공원에서 거행된 윤봉길 의거 사건으로 상하이에 있던 안창호도 체포되었다. 이를 알게 된 김창세는 저명한 미국인들을 움직여 안창호를 석방하고자 노력했다. 그는 대한인국민회 및 서재필 등과 협력하여 미국 정부와 미국 상원의원을 만났고, 기독교연방회의에 탄원서를 제출하는 등 안창호의 석방을 위해 뛰어다녔다.

김창세는 뉴욕 시장 지미 워커의 주선으로 뉴욕의 차이나타운에 진료소를 개업하기도 했으며, 맨해튼 보이스카우트 보건과장으로 활동하기도 했다. 또한 중국 항저우에 결핵병원 건립을 위한 모금활동을 전개했으나, 대공황의 발생으로 뜻을 이루지 못했다.

1934년 3월 15일 김창세는 뉴욕의 아파트에서 가족과 친구에게 보내는 유서를 남기고 생을 마감했다. 2001년 건국포장에 추서되었다.

김필순 金弼淳(順)

본적/주소 황해도 장연
생몰연도/포상훈격 1878 – 1919, 애족장(1997)

1878년 6월 25일 황해도 장연에서 아버지 김성첨과 어머니 김몽은 사이에서 3남 3녀 중 셋째 아들로 태어났다. 1894년 기독교 신자가 되어 1895년 소래교회에서 언더우드에게서 세례를 받았다. 김필순은 고향에서 한학을 교육받았지만, 언더우드의 권유로 1895년 서울에서 신식교육을 받는 기회를 가질 수 있었다. 1895년 서울로 온 김필순은 언더우드의 집에 머물면서 배재학당에서 영어를 공부했다. 1896년 11월 30일 배재학당 학생들이 중심이 되어 조직한 협성회에 참여하면서 안창호와 친분을 쌓기 시작했으며, 이후 김필순과 안창호는 의형제를 맺을 정도로 친밀한 사이가 되었다. 김필순과 안창호는 함께 신민회와 서북학회 활동을 했으며, 안창호가 서울에 올 일이 있으면 세브란스병원 내에 있는 김필순의 집에 머무는 경우가 많았다.

4년 만에 배재학당을 마친 김필순은 1899년 제중원에서 샤록스의 통역·조수로 일하다가 1900년부터 올리버 에비슨의 통역·조수로 활동하면서 에비슨과 인연을 맺었다. 그는 의학교에 재학하면서 탁월한 영어 실력으로 선교사들이 진행하는 강의를 통역하는 일을 맡았고, 당시 에비슨이 진행하고 있던 의학교과서 번역 작업에도 참여했다.

1908년 6월 김필순은 세브란스병원의학교의 첫 번째 졸업생이 되었다. 졸업 후 세브란스병원과 의학교에서 그의 역할은 더욱 커졌다. 병원에서는 병동과 외과의 부의사로 임명되어 진료를 보았으며, 1911년에는 병원의 외래 책임자가 되었다. 의학교 교수로도 임명되어 1910년에는 의학교의 책임자가 되었다.

1907년 7월 31일 군대 강제해산으로 다음 날인 8월 1일 박승환이 자결하자, 분노한 군인들이 서울 한복판에서 일본군과 시가전을 벌였다. 당시 남대문에서도 치열한 전투가 일어나 그 근처에 있던 세브란스병원으로 부상당한 군인들이 옮겨졌다. 병원의 모든 의료진은 부상병의 치료에 매달렸으며, 당시 졸업반이었던 김필순도 동참했다. 일손이 부족하자 김필순은 여동생과 조카들까지 불러내어 부상병들을 간호하게 했다.

1907년 9월경 안창호·양기탁·신채호·이동휘 등이 비밀결사단체로 신민회를 조직하자 김필순은 신민회 일원으로 참여하고 김형제상회를 신민회의 비밀 모임 장소로 제공했다. 1911년 7월부터 신민회의 주요 인사를 포함하여 독립운동가들에 대한 대대적인 체포가 시작되었다. 김필순은 일본 경찰의 검거가 멀지 않았음을 감지하고 1911년 12월 31일 중국 망명길에 올랐다. 그는 중국으로 가서 신해혁명에 동참할 계획이었으나, 현지에서 일본의 탄압을 피해 망명한 한국인들이 겪는 어려움을 보면서 결심을 바꾸었다. 김필순은 자신의 전공을 살려 통화에서 적십자병원을 개원했고, 병원에서 발생한 수익을 독립군 군자금으로 기부하는 방식으로 독립운동을 지원했다. 김필순은 부상당한 독립운동가들을 치료했으며, 1913년 이회영의 부인 이은숙이 마적떼의 습격을 받아 어깨 관통상을 당했을 때도 밤새 60킬로미터가 넘는 거리를 달려가 치료했다.

김필순의 동생·어머니·아내·아들도 통화현으로 건너왔다. 형 김윤오는 병원의 감독을 맡았고, 어머니도 흙벽돌을 직접 만들면서 이상촌 건설에 참여했다. 그러나 통화에서도 일본의 압박은 점차 심해졌다. 결국 김필순은 안창호의 권유를 받아 간도를 떠나 몽골 치치하얼로 이주했다. 만주 지역에 독립운동기지를 건설하려는 계획을 가지고 있었던 안창호는 헤이룽장성 치치하얼 부근과 미산 지역을 후보지로 정한 후, 김필순에게 치치하얼에서 활동할 것을 권유했다.

치치하얼에서 그는 '북쪽에 있는 제중원'이라는 의미로 '북제진료소'를 개원했다. 이곳에서는 현지인들과 한인들은 물론 부상당한 독립군들을 돌보았을 뿐 아니라 독립운동가들의 연락 거점으로 활용되도록 했다. 또한 독립운동기지 건설을 위해 대규모 농장을 꾸렸는데, 일명 '김필순 농장'이라고 불렀다. 한국인 이광범, 중국인 조좌향과 함께 농장을 꾸렸으며, 농장 경영에 매진하기 위해 매제 최영욱을 불러 병원 일을 맡기고 자신은 농장에 더 많은 노력을 쏟았다.

1919년 4월 상하이에는 마침내 대한민국임시정부가 수립되었지만, 1919년 9월 그는 갑자기 세상을 뜨고 말았다. 42세의 한창 나이였던 그의 죽음은 당시 동아시아를 휩쓸었던 콜레라가 원인인 것으로 짐작되지만, 한편으로는 다른 의혹이 제기되었다. 이웃의 일본인 의사가 전해준 우유를 마시고 갑자기 건강이 악화되어 숨을 거두었는데, 이 일본인 의사는 일본의 특무요원으로 추정된다는 것이다. 지금 시점에서 사실 여부를 확인하기는 어렵지만, 이후 독립운동에서 더 많은 역할이 기대되었던 김필순의 죽음에 대한 아쉬움이 크다. 김필순은 1997년 건국훈장 애족장에 추서되었다.

김현국金顯國

본적/주소 경기도
생몰연도 1889 – ?

1889년 8월 김태상과 차태은 사이에서 2남 2녀 중 장남으로 태어났다. 1916년 세브란스연합의학교를 우등으로 졸업했으며, 4월에 의사개업시험을 보고 바로 합격했다. 졸업 후 거의 바로 중국으로 간 것으로 보이며, 건너간 계기나 장자커우에 자리 잡은 이유는 명확하지 않다. 1923년부터 1940년까지 줄곧 장자커우에서 십전의원을 운영했다.

계봉우의 회고에 따르면, 계봉우가 김립과 함께 베이징에서 장자커우를 거쳐 외몽골을 통과하게 되었을 때 경장(베이징 – 장자커우)철도를 타고 가다가 장자커우에 들러 십전의원을 운영하던 김현국을 면회했다. 당시 김현국은 외몽골 고륜에서 동의의국을 운영하는 이태준과 서로 연락을 취하면서 그 길을 지나가는 동지들을 인도하는 일에 힘쓰고 있었다.

이자해 역시 장자커우에 도착했을 때 십전병원을 방문했다. 김현국은 이자해를 열정적으로 맞아주었으며, 이자해는 십전의원의 의료설비가 완벽하게 갖추어져 있었으며, 현지 사람들에게 높은 평가를 받았다고 회고했다.

이렇게 장자커우에서 김현국의 활동은 주로 회고로써 전해지며, 장자커우에 들렀던 독립운동가들의 활동을 지원해주었던 것으로 보인다.

김효순金孝順·金淳好

본적/주소 황해도 재령
생몰연도/포상훈격 1902 – ?, 대통령표창(2015)

황해도 재령에서 1902년 7월 23일에 태어났다. 1919년 당시 18세의 나이로 세브란스병원 간호부로 근무하면서 병원 내 간호부기숙사에서 지냈다. 1919년 12월 2일 훈정동 대묘 앞에서 독립만세운동이 있다는 소식을 듣고, 동료 간호사 노순경·박덕혜·이도신 등과 함께 참여했다. 저녁 7시경 김효순은 붉은 글씨로 '조선독립만세'라고 쓴 기를 휘저으며, 시위 군중 20여 명과 함께 만세를 불렀다. 1919년 12월 18일 경성지방법원에서 보안법 위반으로 징역 6개월을 선고받았다. 1920년 4월 28일 노순경·이도신 등과 함께 서대문형무소에서 출옥했다. 이후 1929년 근우회 재령지회 집행위원장으로 활동했다.

나성호 羅聖鎬

본적/주소 경기도 부천
생몰연도 1883 – ?

경기도 부천 사람으로 1914년 세브란스연합의학교를 졸업하고 1915년 의원 개업을 목적으로 니콜리스크로 넘어왔다. 나성호는 1916년 니콜리스크에서 황카피톤 등에게 후원을 받아 부상의원을 개업했다. 이후 김이직·허자일 등과 함께 배일운동 및 조선독립에 관한 활동에 참여했으며, 1920년 4월에 배일선인의 연루자로 체포되었다가 방면되었다.

나성호는 1922년 2월 니콜리스크 고려공산당 선전지부의 간부를 맡았으며, 니콜리스크 고려공산당 지부장까지 되었으나 1922년 중에 하얼빈으로 이주한 것으로 보인다. 하얼빈에서는 고려의원을 개업했고, 이주 후에도 고려공산당과 긴밀한 관계를 맺고 있었다.

1924년 4월, 대종교 도사교 김교묵이 일본군의 간도 출동 이후 각지로 뿔뿔이 흩어졌던 대종교도인들과 대한독립군정서 간부들을 모아 하얼빈으로 본부를 이전하고 대대적으로 활동할 것을 계획했을 때, 나성호도 여기에 참여했다. 이들은 관헌의 눈을 피하기 위해 만몽산업회라는 명칭을 사용했다. 그러나 계획 단계에서 발각되어 구체적인 활동으로 이어지지는 못한 듯하다.

이후 나성호는 치치하얼의 앙앙시로 이주했으며, 1928년 10월에는 앙앙시에 거주하는 한인 동포들을 위한 한인구락부 창립총회에서 임원으로 선출되었다. 1940년까지 부소병원을 꾸준히 운영했다.

남상갑南相甲

본적/주소 경기도 양주
생몰연도/포상훈격 1924 – 2000, 애족장(1990)

1924년 2월 15일 태어났으며, 경기도 양주 출신이다. 중앙중학교에 재학 중 1941년 이현상 등 경북중학교 출신 학생들이 주도하여 조직한 항일 학생결사인 흑백당에서 활동했다. 남상갑은 흑백당이 결성되기 전 이현상과 1939년부터 동지가 되어 항일투쟁을 통한 조국 광복을 목적으로 하는 단체를 결성하자는 데 뜻을 같이했다. 1941년 세브란스의전에 진학했으며, 다른 동지들도 각각 전문학교에 진학하자, 그해 가을에 봉래동(현 만리동) 주낙원 집에서 '흑백당'이라는 단체 이름 및 선언문, 강령 규약 등을 제정했다. 이현상이 대표를 맡았으며, 남상갑은 최고와 함께 자금책을 맡았다.

흑백당을 결성한 후 이들은 일본인 고관과 거상들이 모여 살던 서울 욱정(현 남산동 일대)에 불을 지를 계획을 세웠고, 이를 위해 명의택이 휘발유를 준비했다. 비상 상황 및 거사에 필요한 무기는 이현상과 홍검표가 경복중학교 무기고에서 소총 2자루와 실탄, 총검 등을 빼내어 마련했다. 또한 이들은 일본의 패망과 민족의 해방·독립이 멀지 않았다는 내용과 민족의 각성 및 학병 거부를 촉구하는 내용의 격문 전단을 만들어 살포하기로 하고 그 문안의 내용은 최고와 남상갑이 맡았다.

그러나 1943년 10월, 흑백당의 동조자였던 보성전문학교 학생 김창흡이 우연한 일로 충북 괴산 경찰서에 체포되면서 관련 문서가 발각되어 흑백당의 조직이 드러났다. 이에 국내 활동이 불가능해진 당원들은 광복군에 들어가 더 적극적으로 항일투쟁을 전개하기로 하고 1943년 11월 초부터 1~2명씩 흩어져 서울을 빠져나갔다. 남상갑은 떠나지 않고 국내에 머물러 있었다.

그러나 1944년 2월까지는 경찰의 추격을 받아 선발대가 모두 체포되었고, 남상갑 역시 서울에서 체포되었다. 체포된 흑백당원들은 모두 치안유지법 위반으로 1944년 12월 6일 대전지법에서 최고 8년부터 최하 3년에 이르는 징역형을 받았다. 남상갑은 징역 5년을 선고받았으며, 옥고를 치르다가 병보석으로 풀려나 요양 중에 1945년 해방을 맞이했다.

1944년 4월 세브란스의전에서 제적당했으나, 해방 후 1946년에 복학할 수 있었으며 1950년 6월 졸업했다. 2000년 10월 26일 사망하였으며, 1990년 건국훈장 애족장(1977년 대통령표창)에 서훈되었다.

노순경 盧順敬

본적/주소 황해도 송화
생몰연도/포상훈격 1902 – 1979, 대통령표창(1995)

1902년 11월 25일 황해도 송화에서 태어났으며, 노백린의 둘째 딸이다. 1919년 당시 18살로 세브란스병원 간호사 견습생으로 있으면서 병원 내 간호부기숙사에 거주했다. 1919년 12월 2일 훈정동 대묘 앞에서 독립만세운동이 있다는 소식을 듣고, 동료 간호사 김효순·박덕혜·이도신 등과 함께 참여했다. 노순경은 태극기를 흔들며 시위 군중 20여 명과 함께 만세를 불렀다. 현장에서 바로 체포된 듯하며 1919년 12월 18일 경성지방법원에서 제령 제7호 위반으로 징역 6개월을 선고받았다.

노순경이 서대문형무소에서 옥고를 치르고 있을 때, 당시 세브란스의전 세균학 교수로 있던 프랭크 스코필드가 수감된 노순경을 찾아와 위로해주었으며, 이후 그는 죄수에 대한 대우와 감옥 내 생활 조건의 개선을 촉구하는 글을 기고하기도 했다. 1920년 4월 28일 김효순·이도신 등과 함께 서대문형무소에서 출옥했다. 1979년 3월 5일 사망했으며, 1995년 대통령표창에 추서되었다.

마틴 Stanley H. Martin·閔山海

본적/주소 캐나다 뉴펀들랜드 세인트존스시
생몰연도 1890 – 1941, 독립장(1968)

1890년 캐나다 뉴펀들랜드 세인트존스시에서 출생했다. 1916년 6월 온타리오주에 위치한 퀸즈 의과대학을 졸업하고, 같은 해 11월 미국인 간호사 라절스와 결혼한 후 곧바로 캐나다 장로교회의 해외 선교사를 지원해 한국으로 파송되었다.

한국에 온 마틴이 파견된 지역은 북간도에서 한인이 가장 많이 모여 사는 룽징이었다. 마틴은 룽징춘에 세워질 병원의 건설 책임자로 파견되었고, 1916년부터 바커와 함께 룽징에 파견되어 의료사업에 착수했다. 이 병원은 후에 30개의 병상을 수용하는 입원실과 X선 촬영시설, 수술실을 갖춘 병원으로 성장했는데, 이 병원이 바로 제창병원이다.

1919년 룽징에서 3·13만세시위가 일어났을 때 제창병원으로 다수의 부상자가 실려왔고 마틴은 이들을 치료해주었다. 그뿐만 아니라 희생자들을 위해 장례를 치러주었으며, 경찰에 쫓기는 한인들을 자신의 집과 병원에 숨겨주었다. 제창병원은 독립운동가들의 숙박 장소이자 독립운동 선전물을 인쇄하는 장소이기도 했다.

또한 마틴은 1920년 10월 30일 청산리 대첩에서 참패한 일본군이 룽징 장암리에서 자행한 학살 소식을 듣고 피해 현장을 방문하여 피해 상황을 조사·촬영했으며, 희생자들을 위로하는 예배를 열고 조의금을 전달했다. 마틴은 이러한 피해 상황을 캐나다장로교 전도본부에 전달하여 일본군의 잔인한 학살 행위가 국제사회에 널리 알려지도록 했다.

1927년 3월까지 제창병원 원장으로 재직한 마틴은 세브란스의전 교수로 임용되었다. 세브란스로 전임한 후 그는 호흡기내과에 특히 관심을 갖고 결핵환자의 진료와 흉곽내과의 강의를 담당했으며, 학생들에게는 폐결핵의 기흉요법을 지도했다. 1928년 최동·이용설 교수와 함께 한국 최초의 항결핵회를 조직해 회장을 역임했고, 신문·잡지를 통해 결핵 기사를 발표하는 한편 결핵 계몽에도 힘썼다. 마틴은 당시 한국인들에게 세브란스의 폐결핵 전문의사로 널리 알려져 세브란스 병원 내과 외래에는 그의 진료를 받기 위해 찾아온 폐결핵 환자로 가득했다.

1939년 제2차 세계대전이 발발하자 1940년 가을 영국과 미국의 영사관들은 선교사들의 철수를 권고했다. 결국 1940년 11월 미국 정부가 보낸 마리포사호를 타고 한국을 떠나 캐나다로 돌아갔다. 그는 미국 버지니아주 리치몬드시에 정착했으나 귀국한 지 1년이 채 안 된 1941년 7월 29일에 심근경색으로 타계했다. 그의 외아들은 한국전쟁에 참가했다가 전사했고, 딸 마가렛 무어Margaret Moore는 종전 후 남편과 함께 한국에 와 1984년 귀국할 때까지 극작가이자 연출가로 선교와 계몽에 많은 공을 세웠다. 1968년 독립장에 추서되었다.

문창모 文昌模

본적/주소 평북 선천
생몰연도/포상훈격 1907－2002, 건국포장(1995)

문창모는 1907년 4월 23일 출생했으며, 본적지는 평북 선천이다. 삼봉공립보통학교와 장로교회가 운영하는 영성학교를 거쳐 오산중학교에 입학했다. 1921년 배재학당에 입학했다가 1924년 배재고보에 편입했다. 배재고보에 재학 중이던 1926년 6월 제2의 6·10만세운동 계획에 참여했다. 이 일로 무기정학 처분을 받았으나 1927년 무사히 배재고보를 졸업하고 그해 3월 세브란스의전에 입학했다. 1931년 졸업 후 1932년 황해도 해주의 구세병원에서 근무를 시작했다.

해주 최초의 근대식 병원인 구세병원은 1909년 미국북감리회 선교부 에드윈 켄트의 해주진료소 개원에서 시작되었으며, 1926년 7월부터 셔우드 홀이 병원장으로 근무했다. 셔우드 홀은 1928년 10월 한국 최초로 해주에 결핵전문병원인 해주 구세요양원을 설립했다. 해주 구세병원에서 근무했던 문창모 역시 결핵에 대한 관심이 높아질 수밖에 없었다. 또한 마침 구세요양원의 병동을 확장하기 위한 크리스마스 씰 논의가 진행되었으며, 1932년 한국 최초의 크리스마스 씰이 발행되었다. 크리스마스 씰의 선전과 판매를 위해 씰 판매위원회가 조직되었으며, 문창모도 여기에 참여했다. 문창모를 비롯한 판매위원회의 활약으로 한국 최초의 크리스마스 씰 발행은 성공적으로 마무리되었다.

1938년 감리교총회 대의원으로 활동하면서 윤치호·정춘수 등이 한국감리교회를 일본메소디스트교회에 종속시키려는 움직임을 보이자 한국감리교회의 일본 교회 예속 반대투쟁을 전개했다. 1941년 3월 정춘수 등이 다시 일본의 교단규칙에 따라 일본기독교조선혁신단을 창립하려고 하자, 1942년 10월 해주 대표로 총회에 참석하여 정춘수의 불신임안을 결의했다.

해방 후 문창모는 세브란스병원 원장을 지내며 크리스마스 씰 재발행을 주도했다. 그러나 1949년의 첫 시도는 판매가 부진했고, 한국전쟁으로 다시 발행이 중단되었다. 1953년 휴전과 함께 문창모는 대한결핵협회의 창립을 주도했으며, 대한결핵협회의 이름으로 크리스마스 씰 발행을 시작했다. 처음에는 크리스마스 씰에 대한 이해 부족으로 어려움을 겪었지만 점차 판매량이 증가하면서 자리를 잡아갔다.

1946년 경기도립인천병원 원장을 거쳐 1947년 국립마산결핵요양소 소장을 역임했으며, 한국전쟁을 전후하여 세브란스병원장을 지냈다. 1958년 이후로는 원주에 자리 잡고 의료활동을 계속했는데, 원주기독병원이 설립되고 5년간 원장으로 재직하면서 연세대학교 의과대학 분교(현 원주의과대학)를 설립하여 자리 잡게 했다. 원주기독병원 근무를 끝으로 공직생활에서 은퇴하고, 문창모이비인후과를 개원하여 작고하기 1년 전인 95세까지 최고령 현역 의사로서 진료활동을 계속했다.

1992년에 통일민국당 전국구 국회의원으로 당선되어 85세부터 제14·15대 국회의원으로 활동하기도 했는데, 그는 제헌국회 이후 최고령 국회의원이었다. 2001년 병원을 폐원하고 얼마 지나지 않은 2002년 3월 9일 96세를 일기로 작고했다. 1995년 건국포장에 서훈되었다.

박덕혜朴德惠

본적/주소 함남 이원군
생몰연도 1899 - ?

1899년 5월 14일에 태어났으며 본적지는 함남 이원군 이원면 남문리이다. 서울 정신여학교를 졸업하고 1919년 당시에는 세브란스병원 내에 거주하는 간호부였다. 1919년 12월 2일 훈정동 대묘 앞에서 독립만세운동이 있다는 소식을 듣고, 동료 간호사 김효순·노순경·이도신 등과 함께 참여했다.

1919년 12월 18일 경성지방법원에서 열린 공판에서 징역 6개월을 선고받았는데, 불복하고 공소를 제기했다. 1920년 1월 16일 경성복심법원에서는 공소를 기각했으며, 이에 다시 상고했으나, 1920년 2월 14일 열린 고등법원에서 상고마저 기각했다.

1921년 8월에는 함북 성진보신여자학교 겸 보신고등보통학교의 교원이었다. 1925년 8월 함북 나남에서 기독교 여자부 주최로 열린 여자강연에서는 독창공연을 했다. 전문학교 교수이자 기독교 목사인 채필근과 결혼했다.

박서양朴瑞陽

본적/주소 미상
생몰연도/포상훈격 1885 – 1940, 건국포장(2008)

백정이었던 아버지 박성춘과 어머니 조씨 사이에서 1885년 9월 30일 태어났으며, 1897년에야 호적에 올랐다. 1896년 백정들에게 면천이 허용되면서 비로소 호적에 오르는 것이 가능했기 때문이다.

박성춘은 장티푸스를 고쳐준 것을 계기로 에비슨과 서로 알고 지내게 되었으며, 기독교에 귀의하여 백정으로서는 최초로 교회 장로까지 되었다. 박성춘은 박서양의 결혼식에 에비슨을 초청했으며, 아들 박서양을 부탁했다. 이에 에비슨은 박서양을 제중원의학교로 데려왔고 처음에는 바닥 청소와 침대 정리 같은 허드렛일을 시켰다. 박서양은 그런 일들을 묵묵히 해냈고, 그의 됨됨이를 알아본 에비슨이 의학교 입학을 허락하여 1900년 제중원의학교에 입학했다. 아직 제중원의학교의 교육과정이 제대로 자리 잡지 않은 상황에서 여러 우여곡절이 있었으나, 1908년 6월 세브란스병원의학교 제1회 졸업생으로서 박서양은 당당하게 의사 면허를 수여받았다.

졸업 후 박서양은 1910년 세브란스병원의학교의 화학 담당 강사가 되어 2학년 화학을 한 주에 6시간씩 강의했다. 1911년 6월에 열린 2회 졸업식에서는 김필순·홍석후와 함께 후배들을 이끌고 졸업식장까지 행진했으며, 진급하는 제자들에게 진급증서를 수여했다. 1913년에는 세브란스연합의학교의 조교수로 임명되었고, 외과학 교실조교수와 부교수를 역임하면서 병원외과 환자를 진료했다. 1914–1915년에는 2학년 학생들에게 소외과를 가르쳤고, 이후 해부학을 가르치기도 했다. 이렇게 병원과 의학교에서 여러 가지 역할을 담당했던 박서양은 1917년 세브란스연합의학교가 전문학교로 승격될 즈음 갑자기 학교를 사직했다.

북간도 지역으로 건너간 박서양은 옌지현 융즈샹 쥐쯔제에 구세병원을 개업했으며, 1917년 6월 쥐쯔제 샤스창에 숭신학교를 건립하고 교장으로 취임했다. 박서양은 본인도 교육을 통해 새로운 삶을 개척했으므로, 교육에 대한 관심이 높았다. 숭신학교 건립과 동시에 박서양은 지역 사립학교 연합에도 관심을 가져 1917년 6월 말 열린 옌지현 27개 학교의 연합운동회에 적극 참여했다. 1923년 8월 21일에는 숭신학교에서 간도 지역의 한국인 학교 운영자들과 간도교육협회를 조직했다.

일본의 간도총영사 대리영사는 숭신학교를 불령선인이 건립한 배일 성향의 학교라고 보았고, 실제로 숭신학교는 수시로 폐교와 복교를 반복했다. 1919년 3월에는 숭신학교 학생들이 만세운동에 참여했다가 학교가 일시 폐교되었다. 1930년 2월에는 광주학생운동과 제2차 서울 만세운동에 호응하여 숭신학교 학생들이 옌지 시내 중심가에서 만세를 부르며 시위를 하다가 20여 명이 체포되어 연행되었다. 1932년 6월 윤봉길 의거 직후 숭신학교는 불온사상 고취를 이유로 일본영사관 경찰에 의해 임시 폐교당했다가 복교되었으나 1935년 결국 완전히 폐교당했다.

이렇게 교육과 의료에 힘쓰는 한편으로 박서양은 간도 지역의 독립운동 세력과도 연결되어 있었다. 1921년 그는 대한국민회 군사령부의 유일한 군의로 임명되어 군진의료를 담당했다. 또한, 1925년에는 박서양이 한족노동간친회에 참여한 것도 확인할 수 있는데, 같은 해 12월 개최된 총회에서 강연부장에 선임되었다. 이 단체의 성격은 명확하지 않으나, 남만청년총동맹과의 연락을 꾀하고 있어 사회주의적 성향을 띠고 있었을 것이라 추정된다.

이후 박서양은 1936년 간도에서 돌연 귀국하여 고향인 황해도 연안에서 개인의원을 열었다. 그가 다시 한국으로 돌아온 이유는 명확하지 않으나 숭신학교가 1935년 완전히 폐교당하고, 만주사변 이후 일제가 만주를 직접 지배하게 되면서 간도 지역 전체에서 조선인의 활동이 크게 위축되었던 일과 관련된 것으로 보인다. 박서양은 고국으로 돌아와 지낸 지 4년여 만인 1940년 12월 15일 경기도 고양 자택에서 55세의 나이로 세상을 떠났다. 2008년 건국포장에 추서되었다.

박성호朴聖浩

본적/주소 함남 함흥
생몰연도 1892 – ?

함남 함흥 출신으로 1892년에 태어났다. 함흥 영생학교를 졸업하고 세브란스의전에 진학했다가 1918년 졸업했다. 졸업 후 다시 함흥으로 돌아와 제혜병원에서 의사로 근무하던 중 3·1운동을 겪었다. 함흥에서 만세시위는 기독교계와 학생들이 주도했다. 평양 숭실중학교 교사 강봉우가 1919년 2월 26일 함흥을 방문하여 신창리 교회에서 목사와 장로들을 모아놓고 국제정세 및 한국의 상황, 독립운동 계획 등을 설명했다. 기독교 관계자들은 2월 28일 중하리 교회에 모여 거사 일을 장날인 3월 3일로 정했다. 박성호도 그 자리에 함께 있었다.

3월 2일 검거된 박성호는 보안법 위반, 출판법 위반으로 1919년 4월 21일 함흥지방법원에서 징역 10개월을 선고받았다. 공소를 제기하여 1919년 7월 3일 경성복심법원에서 징역 8개월로 감형되었다. 다시 상고했으나 1919년 9월 1일 고등법원 형사부에서 기각되었다. 이후 제혜병원으로 복귀했으며, 1922년 3월 1일 제혜의원의 설립자이자 원장이었던 맥밀란이 사망하자 운영 전면에 나섰다. 피병실을 건축하고 새로운 여의사를 초빙하며 간호사도 고용했다. 그러나 그 노력에도 사정이 나아지지 않아, 결국 1924년 1월 제혜병원은 휴업 상태에 접어들었다. 이후 1925년경 함북 경성에서 제중의원을 운영했고, 그곳에서도 기독교청년회 활동에 참여하여 회장을 맡았다. 1930년대에도 청진과 경성을 오가며 계속 병원을 운영했는데, 해방 전후 월남하여 1952년 부산교통병원 의무관으로 근무했다.

박주풍 朴疇(周)豊

본적/주소 함북 명천
생몰연도 1892－?

함북 명천 출신으로 경신학교 특별과를 졸업한 후, 세브란스의전에 입학하여 1919년 당시 4학년생이었다. 3월 1일 오후 2시경 탑골공원에 가서 군중과 함께 만세를 부르며 남대문을 지나 의주로까지 갔다가 돌아왔다.

3월 5일에는 세브란스병원 밖에서 들리는 소리를 듣고 나가 이에 동참했다. 남대문 바로 앞까지 갔다가 경관에게 가로막혀 돌아왔고 그날 밤 하숙집에 있다가 체포되었다. 이후 출판법 위반, 보안법 위반으로 1919년 8월 30일 경성지방법원공판에 넘겨졌으며, 1919년 11월 6일 경성지방법원에서 징역 6개월(미결구류일수 90일)에 집행유예 3년을 언도받고 풀려났다.

그는 재판이 있었던 그해 졸업을 했고 그 후 1923년 5월까지는 세브란스병원에서 근무했다. 이후에는 명천군으로 돌아가 혜창의원을 개업했으며, 명천군 공의로도 활동했다.

박헌식 朴憲植

본적/주소 황해도 장연
생몰연도 1892 – 1979

1892년에 황해도 장연군에서 태어났고, 해서제일학교를 졸업하고 세브란스의전에 입학하여 1918년 졸업했다. 졸업 후 1년간 학교에 있다가 1919년 장연군 송천리에서 병원을 개업했으며, 장연군에서 조직된 독립운동단체인 의용단에서 활동했다. 의용단은 장규섭이 조직한 단체로, 장연·송화·옹진·해주 등지에서 약 200명가량의 단원이 활동했다. 의용단은 각 단원에게서 입단금으로 매달 30전씩을 징수하여 권총을 구입하고, 권총으로 형사·밀정·친일분자를 처단하는 것을 목표로 했다. 또한 임시정부와 연락을 취해 독립공채를 매매하고 『독립신문』을 구독하는 활동도 했다. 그러나 1921년 3월 활동이 발각되어 의용단원 80여 명이 검거되었고 박헌식도 이때 검거되었다. 1921년 6월 해주지방법원에서 징역 1년에 집행유예를 언도받고 석방되었다.

사건 이후 장연군에 정착하여 1923년 보구의원을 경영했으며 1928년경부터는 장연읍내에서 박헌식의원을 운영했다. 그는 여러 분야에서 활발한 활동을 펼쳤다. 민립대학기성준비회에 장연군 발기인으로 참여했으며, 1923년부터 1925년까지 장연청년회 회장을 역임하면서 1925년 황해도청년대회와 해서청년연합준비회에 준비위원으로 참여했다. 박헌식은 1925년 사립여자청년학교 원장을 맡았으며, 1927년에는 장연공립보통학교 증축을 위한 후원회 회장을 맡았다가 학의평위원으로 선출되기도 했다. 이후 장연읍에 유치원 설립 인가 신청을 제출하는 일에 앞장서며 청년회와 교육 방면에서 활동했다.

배동석 裵東奭

본적/주소 경남 김해
생몰연도/포상훈격 1891 – 1924, 애족장(1990)

1891년 경남 김해에서 태어났다. 배동석은 대구 계성중학교 재학 시절부터 배일 혐의로 체포되어 3개월의 옥고를 치렀고, 목포에서의 교직생활 중에도 배일 혐의로 체포된 전적이 있을 만큼 세브란스의전 입학 전부터 항일사상이 투철한 인물이었다.

1917년 세브란스의전에 입학할 당시 나이가 이미 28세로, 당시 33세였던 이갑성과는 경신학교 동문이다. 배동석은 경상도 출신의 학생 모임인 교남학생친목회 회장을 맡았으며, 특히 그 회원인 윤자영과 친밀했다. 배동석은 2월 12일 세브란스병원 음악회 이후 이갑성의 집에서 열린 모임에 윤자영과 함께 참석하면서 이갑성에게서 당시의 정세 및 독립운동 움직임에 관한 이야기를 들었고, 이후 2월 24일에는 이갑성의 부탁으로 마산까지 다녀왔다.

3월 1일 배동석은 탑골공원에서 만세를 부르며 군중들과 함께 종로경찰서 앞까지 행진했다. 3월 5일의 만세시위에도 참가한 배동석은 남대문 정거장 앞에서 군중들과 함께 만세를 불렀다.

서울에서 2번의 만세시위에 참가한 것 외에도 김해·마산·함안 등지에서 일어난 3·1운동에서도 그의 역할이 중요했다. 자신이 김해 출신이며 마산에는 고향 친구가, 함안에는 처가가 있었기 때문에 경남 지역의 인사들을 독립운동에 참여시키고, 경남 지역에 시위운동을 확산하는 데 중요한 역할을 할 수 있었다. 2월 25일 이갑성의 부탁으로 마산에 내려가 임학찬이 하숙하고 있던 이상소의 집으로 찾아갔으며, 2월 26일경 창신학교에서 임학찬을 만나 독립선언서 날인을 부탁했다. 독립선언서 날인은 결국 거절당했으나, 독립선언 이후 선언서를 전달해주는 것으로 결정되었다. 3월 1일 배동석은 의신학교 교사 박순천에게 독립선언서를 전달했다.

함안의 경우 칠북 연개장터에서 3월 8일 첫 만세시위가 있었는데, 이 만세시위는 배동석의 장인인 이령리 교회 장로 김세민을 중심으로 조직되었다. 이갑성의 부탁으로 마산으로 향하던 배동석은 2월 25일 이령리 처가에 들러서 자고 다음 날 일찍 마산으로 갔다. 2월 26일에는 마산의 임학찬 집에서 묵고 일을 본 후 다시 27일에는 이령리 처가에서 묵은 다음 28일에 서울로 떠났다. 이때 김세민에게 독립운동 계획을 전하며, 기독교를 통해 그 일대에 시위운동 참여를 권유했던 것으로 보인다.

그런 다음 김해로 내려가 만세운동을 준비했다. 3월 30일 밤 10시 일부 인사들이 김해읍 중앙 거리에서 독립만세를 고창하면서 만세시위를 전개했다. 이때 주동 인물 몇 명은 검거되었으나, 검거를 면한 인사들은 다시 4월 2일 장날을 거사일로 정하고 만세시위를 준비했다. 4월 2일 오후 4시 김해읍에서 태극기를 흔들고 독립만세를 외치면서 만세시위가 전개되었다. 군과 경찰, 재향군인을 비롯하여 상인, 불량배까지 총동원되어 시위를 진압했으며, 시위를 주도했던 인물 6명이 검거되었다. 배동석도 이때 검거되었으며, 서울로 압송되었다.

배동석은 출판법 위반, 보안법 위반으로 1919년 8월 30일 공판에 넘겨져 1919년 11월 6일 경성지방법원에서 징역 1년(미결구류일수 120일)을 언도받았다. 이에 공소했으나 1920년 4월 27일 경성복심법원에서는 이를 기각하여 징역 1년이 확정되었다. 배동석이 감옥에서 심한 고문을 당한 것에 대해서는 몇몇 증언이 남아 있으며, 또한 경성복심법원의 공판에서 배동석 본인이 고문을 당한 사실을 진술했다. 이후 배동석은 서대문감옥에서 복역하던 중 고문의 후유증 때문에 병보석으로 나왔으며, 결국 결핵까지 걸려 투병하다가 1924년 8월 29일 사망했다. 1990년 건국훈장 애족장에 추서되었다.

서영완徐永琬

본적/주소 부산 영주동
생몰연도 1898 - ?

1898년 7월 7일생으로 부산 영주동에서 태어났다. 중앙학교를 졸업하고 1919년 당시 세브란스의학전문학교 1학년이었으며, 1916년경 어머니, 누이동생, 남동생들과 함께 서울로 와서 경성부 통동(현 종로구 통인동) 6번지에서 살았다. 서영완은 3월 1일 탑골공원에서 군중들과 함께 독립만세를 부르며 대한문 방향으로 향했고, 미국영사관까지 갔다가 돌아왔다. 3월 5일의 만세시위에서는 독립만세를 부르며 종로 부근까지 갔으며, 이화학당 여학생을 만나 위험을 피하기 위해 함께 돌아가는 도중 경관에게 체포되었다.

체포된 서영완은 출판법 위반, 보안법 위반으로 1919년 8월 30일 경성지방법원 공판에 넘겨졌으며, 1919년 11월 6일 경성지방법원에서 징역 6개월(미결구류일수 90일)을 선고받았다. 출옥 이후 서영완은 학교로 돌아가 학업을 마치지 않고, 세브란스의전을 졸업하지 않은 상태로 1922년 4월 난징 진링대학(현 난징대학) 유학을 명목으로 도항했다. 도항 후 고려공산당에 가입하고 임시정부 헌법개정위원으로 참여하는 등 본격적인 독립운동의 길에 들어섰다.

1923년 1월 대한민국임시정부의 국민대표회의가 소집되자, 서영완은 조선청년연합회 대표로서 참석했다. 이를 계기로 1923년 7월 모집된 헌법개정위원회에 참여했다. 당시 서영완은 한족공산당 소속으로 왕삼덕·윤자영 등과 함께 헌법개정위원회에 이름을 올렸다.

1922년부터 적극적으로 참여했던 국민대표회의가 별다른 성과 없이 끝나고, 헌법개정위원회도 흐지부지되면서 서영완은 1923년 12월 돌연 미국으로 떠났다. 미국에 도착한 후 로스앤젤레스 쪽으로 이동했으며, 1930년부터는 미국 중부 캘리포니아 다뉴바에 자리를 잡은 것으로 보인다. 이후 서영완은 1944년 12월과 1945년 12월에 중가주(중부 캘리포니아) 지방회에서 서기를 맡았으며, 1945년 9월에는 한인구제회 설립에 힘을 보태기도 했다.

송영록宋榮錄

본적/주소 강원도 이천군
생몰연도/포상훈격 1901 – 1932, 대통령표창(2018)

1901년 8월 7일 태어났으며 본적지는 강원도 이천군이다. 1919년 개성에서는 3월 3일 만세운동이 전개되었는데, 송도고등보통학교와 호수돈여학교 학생들이 주도적으로 조직했다. 송도고보에서는 3월 2일부터 만세시위를 본격적으로 추진했는데, 2학년이던 송영록도 이에 동참하여 일장기를 이용해 태극기를 만들었다. 준비를 마친 후 3월 3일 저녁에 송도고보생 200여 명이 거리로 나가 태극기를 흔들며 만세를 외쳤다. 3월 4일에도 두 학교 학생들을 중심으로 만세시위가 일어났고, 시민들도 합세하여 밤에는 시가 행진과 투석전을 전개하며 경찰 저지선을 돌파하기도 했다. 송영록은 만세시위에 참여했다가 체포되어 1919년 5월 6일 경성지방법원에서 보안법 위반 혐의로 징역 8개월을 언도받았다.

송도고보를 졸업한 이후 1922년 세브란스의전에 입학하여 1927년 졸업했다. 1926년 10월, 그가 세브란스의전 4학년에 재학 중일 때 종로 중앙기독교청년회관에서 열린 강연회에서 군중들이 청년회관을 빠져나오는 중 층계의 널빤지가 떨어지며 1명이 즉사하고 7명이 중경상을 입는 사고가 발생했고, 그도 부상을 입어 세브란스병원에서 입원 치료를 받았다. 다음 해 졸업했고 이후 평양 기홀병원에서 근무하다가 건강 악화로 1930년경 수술을 받았다. 수술 이후에도 건강을 완전히 회복하지 못하여 1931년부터는 영등포에서 휴양하다가 1932년 9월 5일 32세의 젊은 나이로 세상을 떠났다. 2018년 대통령표창에 추서되었다.

송춘근 宋春根

본적/주소　　경기도 양주
생몰연도/포상훈격　　1887 – 1971, 애족장(1999)

경기도 양주 출신으로 1887년 12월 18일 송명선의 둘째 아들로 태어났으며, 아명은 봉해이다. 송춘근은 15세에 서울 경신학교에 입학하여 다니다가 청년학관으로 옮겨 보통과를 졸업했다. 1913년 춘천에서 미국인 선교사 오크바의 조선어 교사로 일하기도 했으며, 1916년 9월 연희전문학교에 입학했다가 1917년 다시 세브란브의전에 입학했다.

세브란스의전 3학년 때인 1919년 연희전문학교생 김원벽과 보성전문학교생 강기덕 등의 연락을 받고 만세시위를 위한 학생 동원 책임을 맡았으며, 동료 학생들에게 3월 1일 정오까지 태극기와 적색 리본을 가지고 탑골공원에 집합하도록 하고 자신도 만세운동에 참여했다. 또한 스코필드가 촬영한 일본군의 한국인 학살 사진을 미국 선교회와 신문사에 보낸 것도 송춘근이었다. 3·1운동 이후 다행히 체포를 면한 송춘근은 세브란스병원에서 근무했던 이일선을 교회 예배당에서 알게 되었고, 그를 통해 임시정부의 소식을 접했다.

세브란스의전을 다니면서는 춘천기독병원에 온 힐 선교사와 학자금 문제를 상의하러 1919년 6월 말 춘천을 찾았다. 이일선은 송춘근에게 춘천에서 3·1운동으로 입감된 학생들을 위한 구제금을 모금해줄 것을 부탁했다. 그는 춘천에 가서 교회에서 알게 되었던 김조길에게 전후 사정을 설명했고, 이에 김조길은 그 뜻에는 찬성하지만 당장 돈이 없으니 춘천면장 이동화에게서 구제금 명목으로 20원을 모금해 이를 송춘근에게 전달했고, 송춘근이 이일선에게 넘겨주었다.

춘천에서 돌아온 뒤에도 김조길과 꾸준히 연락하여 8월 말에는 『국민신문』과 『독립신문』을 춘천 내 기독교인과 유력자에게 배포하도록 하고, 11월 말에는 독립선언서와 임시정부성립축하문 및 축하가, 독립운동가 등의 문서 400여 장을 김조길에게 보냈다. 김조길은 이 중 일부를 이동화 및 몇몇 인물에게 전달하고 남은 문서는 밀감상자 속에 넣어 자신의 집 온돌방에 숨겨두었는데, 춘천의 남감리파 교도를 중심으로 독립운동을 계획하여 불온문서를 배포하고 있다는 첩보를 듣고 조사 중이던 경찰에게 발각되었다. 송춘근은 춘천의 지달원에게 임시정부의 소식을 전해주기도 했는데, 암호로 쓰인 편지로 주고받았다. 송춘근은 이일선이 경찰에게 쫓기는 것을 알고 스코필드와 함께 협의하여 이일선이 춘천으로 도주할 수 있도록 도와주었으나, 이일선은 10월 중에 검거되었다. 김조길의 집에서 송춘근이 보낸 문서가 발견되면서 자신도 12월 5일 학교에서 집으로 돌아오는 중에 검거되었다.

송춘근은 정치범 처벌령 위반으로 1920년 10월 8일 경성지방법원에서 1년 6개월(미결구류일수 180일)을 선고받았으며, 서대문감옥에서 복역했다. 출옥 후 세브란스의전에 복학하여 1923년 졸업했으며 다음 해인 1924년 원산 구세병원에서 근무했다. 송춘근은 원산에 있는 동안 원산기독교청년회 회장, 원산한인의사회 회장으로 활동했다. 1931년 이후 전라남도 해남으로 자리를 옮겨 고려의원을 개업했으며, 해방 이후에는 송봉해로 개명하여 1948년 제헌국회의원에 당선되었다. 1999년 건국훈장 애족장에 서훈되었다.

스코필드 Frank William Schofield · 石虎弼

본적/주소　　영국 워릭셔주 럭비
생몰연도/포상훈격　　1889 – 1970, 독립장(1968)

1889년 3월 15일 영국 워릭셔주 럭비에서 프랜시스 W. 스코필드와 미니 호크스푸드 스코필드 사이에서 태어났다. 선교사 양성 대학에서 강의를 했던 그의 부친은 스코필드를 대학에 보낼 여력이 없었기 때문에 대학에 가기 위해서는 스스로 돈을 벌어야만 했으므로, 그는 17살의 나이로 혼자 캐나다로 건너갔다. 이민국의 중개로 농장에서 일을 시작할 수 있었으며, 일한 지 6개월 만에 대학에 진학 비용을 모았다.

토론토의 온타리오 수의과대학에 입학한 스코필드는 대학생활 내내 경제적 곤궁에 시달렸다. 그러나 궁핍한 생활 속에서도 학문에 대한 열정은 끊이지 않아 매일 밤 자정을 넘겨가며 공부했으며, 병에 걸렸을 때를 제외하고는 수업에도 빠진 적이 없었다. 그러나 소아마비 증상이 나타났을 때 제때 치료하지 않아 평생 왼팔과 오른쪽 다리가 마비되는 불운을 겪기도 했다. 1910년 학교를 졸업하고 온타리오 보건국의 조수로 임용되었으며, 1912년부터는 모교의 수의과대학 강사가 되어 1916년까지 강의했다. 1916년 세브란스연합의학교의 학장 에비슨의 요청으로 그는 한국으로 건너가기로 결심했다. 세브란스의전에서는 세균학과 위생학 강의를 했으며 한국어를 공부했다. 스코필드가 한국에 적응하는 동안 낯선 타국의 생활에 적응하지 못했던 그의 아내는 1917년 12월 캐나다로 돌아갔다.

스코필드는 1919년 3월 1일 독립선언과 만세시위가 일어나기 직전에 이 거사에 대해서 통보받고 협력을 요청받았던 유일한 외국인이었다. 거사 하루 전날인 2월 28일 저녁 세브란스병원에 근무하던 이갑성이 그를 찾아와 독립선언문을 보여주며, 다음 날 독립선언식과 만세시위가 있을 것이라고 알려주고 독립선언문의 사본을 영어로 번역하여 최대한 빨리 미국 백악관에 보내줄 것을 요청했다. 3월 1일 오전에도 그를 다시 찾아와 오후에 있을 대규모 시위 사진을 찍어달라고 부탁했다. 스코필드는 이갑성의 부탁을 듣고 기꺼이 사진기를 들고 자전거를 타고 찾아가 만세시위 현장 사진을 찍었다. 현전하는 몇 안 되는 3·1운동 초기 사진들은 모두 그가 찍은 것이다. 그는 3·1운동이 일어나자 한국인들을 적극적으로 도왔고, 이를 사진과 기록으로 남기며 일본 경찰의 비인도적 시위 탄압에 맞서 일본인 고관들을 찾아가 항의하고, 언론에 투고하면서 일제의 만행을 폭로했다.

스코필드는 1919년 4월 15일에 일어난 제암리교회 방화학살사건 현장에도 몸소 찾아가 제암리와 수촌리에서 있었던 일제의 만행에 관한 보고서를 남겼다. 4월 17일 제암리교회 사건에 대한 소식을 듣고 바로 다음 날인 18일 자신의 자전거를 가지고 9시 열차편으로 수원까지 가서 다시 자전거로 사건 현장에 도착하여 사진을 찍고 조사했으며, 같은 날 오후 수촌리도 방문하여 부상자들을 도와주었다. 이때 스코필드가 작성한 「제암리의 대학살」이라는 제목의 보고서는 중국 상하이에서 발행되던 영자신문 『상하이 가제트』 1919년 5월 27일자에 서울 주재 익명의 특별통신원이 4월 25일 보내온 기사로 실렸다. 같은 무렵 작성한 「수촌 만행 보고서」는 비밀리에 해외로 보내져 미국에서 발행되던 장로회 기관지 『프레스비테리안 위트니스』 1919년 7월 26일자에 실렸다.

1919년 5월 영자신문 『서울프레스』가 서대문형무소에 대해서 호의적으로 보도하자, 스코필드는 이를 비판하고, 직접 서대문형무소를 찾아가 세브란스병원 간호사로 옥고를 치르고 있던 노순경을 면회했다. 또한 형무소 당국에 강청하여 노순경이 수감되어 있던 여성 감방까지 돌아보고 함께 수감되어 있던 유관순·어윤희 등을 만나 위로했다. 그가 총독부 고위 당국자를 직접 찾아가 감옥 환경 개선을 요구하고, 고문과 비인도적 만행을 중단할 것을 촉구한 것도 바로 이때부터였다.

1919년 11월 무렵부터는 공창제도에 맞서 강연을 통하여 그 폐해를 역설하고, 조선 청년들이 이런 끔찍한 죄악에 맞서 싸우자고 호소했다. 1920년 2월에는 최두선을 단장으로 하는 혁청단을 조직하여 공창폐지운동을 이어가도록 했다. 이러한 그의 반일적 태도는 선교부에도 부담으로 작용하게 되어, 1920년 3월에 세브란스 근무 계약 기간이 만료되자 본국인 캐나다로 되돌아갈 수밖에 없었다.

1945년 8월 한국이 일제의 식민지배에서 해방되자 한국 친지들에게 편지를 보내 축하하고 용기를 북돋아주었다. 스코필드는 1954년 온타리오 수의과대학에서 66세로 은퇴했고, 1957년에는 부인 엘리스가 사망했다. 그동안 한국의 친구들이 수차례 한국에 돌아올 것을 권했으나, 건강과 여러 가지 사정으로 응하지 못하다가 마침내 1958년 8월 이승만 대통령의 초청을 받아 국빈으로 한국에 돌아왔다. 그 후 한국에 머물면서 서울대학교 수의과대학 수의병리학 교수로 있으면서 고아원 두 곳과 직업학교를 지속적으로 돕고, 중고등학생들의 영어성경공부반도 지도했다. 그는 기회가 생길 때마다 3·1정신을 이야기했고, 현실사회의 독재와 부정, 악과 거짓을 경계하고 비판하여 정부 당국자들이 한때 그의 서울대학교 강의를 중단시키기도 했다. 그러나 그는 이에 조금도 굴하지 않고, 한국인의 인권과 민주화를 위해 강연과 언론 기고를 통해 끊임없이 바른 소리를 했다.

1968년 3월 1일에는 정부로부터 대한민국 건국공로훈장을 받았다. 1969년 초부터 해외여행 중 심장성 천식이 발작하여 몇 차례 병원에 입원했다. 스코필드는 국립중앙의료원에 입원하여 가료를 받다가 1970년 4월 12일 81세로 서거했다. 그의 장례는 4월 16일 광복회 주최의 사회장으로 엄숙히 거행되었고 유해는 동작동 국립묘지 애국지사 묘역에 안장되었다.

신창희 申昌熙

본적/주소 서울
생몰연도/포상훈격 1877 – 1926, 애족장(2008)

1877년 5월 21일 출생했으며 본적은 서울이다. 1904년 5월 21일 제중원의학교에 입학해 1908년 제1회로 졸업했으며, 김구의 손윗동서이다. 1909년에 졸업 동기 홍종은과 함께 의주에서 구세병원을, 1917년에는 만주 안둥에서 평산병원을 운영했다. 안둥에는 독립운동을 돕다가 내란죄로 옥고를 치른 조지 엘 쇼가 운영하는 무역회사 이륭양행이 있었는데, 여기에 1919년 7월부터 임시정부 교통국 사무소가 설치되어 무기 운반, 군자금 전달, 연락 등을 담당했다. 『독립신문』 통신부원으로 군자금 모집활동을 하고 있던 신창희는 이륭양행에 근무하던 김문규를 통해 연락을 취했다. 1921년 7월 임시정부원 신창희·고준택이 상당 기간 동안 이륜양행에 머무를 수 있게 했으며, 1922년 4월에도 신창희는 그곳에 3~4일 정도 체류했다. 1921년 10월에는 신창희의 가족 모두 이륭양행의 기선 계림호를 통해 상하이로 옮겨올 수 있었다.

1922년 임시정부 군의, 대한적십자회 상의원으로 활동했다. 임시정부가 1921년 초부터 국민대표회의 소집과 관련하여 내홍을 치를 때, 1918년 11월 28일 신한청년당 창당 직후부터 가입해 활동했던 신창희는 1922년 김구·장붕·이유필·안정근 등과 함께 탈당했다. 이후 동몽골 지역으로 이주하여 의사이자 종교가로서 활동하다가 1926년 2월 28일 폐렴으로 사망했다. 2008년 건국훈장 애족장에 서훈되었다.

신현창 申鉉彰

본적/주소 충남 논산
생몰연도/포상훈격 1892 – 1951, 애국장(1990)

1892년 1월 7일에 충남 논산에서 태어났고, 신지균의 둘째 아들이다. 1913년에는 논산 진광학교에서 교사로 근무했다. 1918년 세브란스의전을 졸업했고, 3·1운동 이후 1919년 5월 형인 신현구 등이 조직한 대한독립애국단에 가입하여 임시정부로 파견되었다.

임시정부에 밀파된 그는 1921년 초 세브란스의전 선배인 주현측과 함께 상하이 프랑스조계 지역에서 삼일의원을 개원했으며, 병원에서 얻은 수익금을 독립운동자금으로 제공했다. 1921년 임시정부의정원 충청도 의원으로 활동했으며, 8월에는 태평양회의 외교후원회가 조직되자 양하창과 함께 간사로 임명되어 태평양회의에 제출한 선언서 준비를 도왔다. 또한 신현창은 1922년 10월 조직된 한국노병회에 발기인으로 참여했으며 1923년 4월 2일 열린 한국노병회의 제1회 정기총회에도 참석했다.

1925~1926년경 귀국한 신현창은 전주에 자리 잡고 전주의원을 경영했고, 1927년에는 신간회 전주지회 준비위원으로 참여했다. 전주지회는 1927년 5월 10일 공식적으로 설립되었고, 10월에 열린 간사회에서 조사연구부 간사로 선출되었다. 전주에서 활동하다가 1928년 중에 서울에 간 듯한데, 1928년 12월 말 갑자기 출동한 경찰들에게 가택 수색을 당하고 검거되어 종로경찰서로 송치되었다. 사건의 내용은 끝까지 명확하게 밝혀지지 않았으나 1928년 말에 모 우편국에서 발견된 불온문서 관련 사건으로 짐작된다. 중간에 몇몇은 석방되기도 했

으나, 정재달·양재식·신현창만은 경찰이 끝까지 풀어주지 않고 1달이 넘도록 계속 취조했다. 40여 일 만인 3월 3일에 정재달과 양재식은 석방되었으나 신현창은 29일 구류 처분을 받았다.

풀려난 신현창은 1929년 7월 21일 천도교기념관에서 열린 신간회 경성지회 임시대회에서 집행위원으로 선정되었으나, 이후 다시 전주에서 자리를 잡은 것으로 보아 경성지회 활동은 길지 않았던 듯하다. 신현창은 1929년 9월 신간회 전주지회에서 회계로 선출되었다가, 11월 8일에 열린 전주지회 집행위원회에서 재정부장을 사퇴했다.

1930년 2월에는 신현창의 딸 신애덕이 전주 사립 기전여학교 학생만세사건을 주도했다는 혐의를 받고 검거되었다. 신애덕은 25일 구류 처분을 받고 전주형무소에 구류되었는데, 3월 12일 출옥하는 딸을 데리러 갔던 신현창은 간수부장이 불법으로 자신의 딸을 3시간이나 더 감금했다가 풀어주었다고 법무국장에게 탄원서를 제출했다. 같은 해 7월 말에는 신현창 본인이 출동한 경찰들에게 가택수색을 당하고 검거되었다가 8월 3일 석방되었다. 역시 검거 배경은 자세히 알 수 없고 전주 기독교 내 독신전도단 사업 관련 문제라고 보도되었다.

자신과 가족이 계속 체포·석방을 반복하는 중에도 그는 전주 의원을 계속 운영하면서 전주 지역의 인사로 각종 사회활동에 참여했다. 해방 후에는 삼일동지회에 전북 대표로 이름을 올렸고, 한민당을 통해 현실정치에 참여했다가 1946년 12월 탈당했다. 1951년 8월 13일 사망했고, 1990년 건국훈장 애국장에 서훈되었다.

안사영安思永

본적/주소 경기도 고양군 연희면
생몰연도 1890 – 1969

1890년 경기도 고양군 연희면에서 태어났고, 독실한 기독교 신자인 안석호와 이경애의 9남매 중 장남이다. 공주에서 영명보통소학교와 중학교를 졸업하고 1912년 세브란스병원의학교에 입학하여 1917년 졸업했다. 1919년 서간도로 건너가 4월에 조직된 한족회에 가담했고, 신흥무관학교 군의과장을 맡았으며, 신흥무관학교 산하 신제의원新濟病院 원장을 역임했다. 1920년경 일본 경찰에 검거되어 안동영사관에 넘겨졌는데, 신흥무관학교를 비롯해 서간도의 독립운동이 한 차례 큰 타격을 입었을 때 안사영 역시 체포되어 한국으로 이송되었다.

안사영은 1923년경에는 세브란스병원에서 근무했으며, 1925년부터 1928년까지 4년여 동안 원주의 서미감병원에서 근무하면서 선교사 앨빈 앤더스의 부재 이후 위기에 직면했던 서미감병원의 중흥을 이끌었다. 이후 안사영은 1928년부터 원주에서 안동의원安東醫院을 운영했으며, 원주에 있는 동안에는 종교활동 및 사회활동에도 참여했다. 1927년 10월 31일 열린 신간회 원주지회 설립대회에서 간사를 맡아, 1928년 4월까지 간사로 활동하기도 했다. 이후 안사영은 1933년 9월 다시 만주로 건너가 지린성 자오허시 중앙제에서 안동의원을 개업했다. 만주로 건너간 이후의 활동은 자세히 알 수 없으나 1940년까지 계속 교하에 머물면서 병원을 운영한 것으로 보인다.

안상철 安尙哲

본적/주소 함남 함흥군 함흥면
생몰연도/포상훈격 1898 – 1982, 건국포장(2007)

1898년 3월 25일 본적지인 함남 함흥군 함흥면 신창리에서 태어났다. 함흥에서 영생학교를 졸업하고 1917년 11월 경성에 왔으며 1918년 경성공업전문학교에 입학, 1919년 3·1운동 당시 공업전문학교 건축과 1학년이었다. 그는 오전 8시경 집을 나와 남대문 근처 전차정류장으로 가서 남대문 쪽에서 만세를 부르며 다가오는 군중들에 가담했다가 근처에 있던 경찰에게 체포되었다. 안상철은 출판법 위반, 보안법 위반으로 1919년 8월 30일 경성지방법원 공판에 넘겨졌으며, 8월 16일 보석으로 풀려나 함흥에 돌아가 있었다. 1919년 11월 6일 경성지방법원에서 징역 6개월(미결구류일수 90일)을 선고받았다. 이후 그가 경성공업전문학과를 졸업했는지는 불명확하다. 1921년 9월에는 함흥 제혜병원에서 선교사 머레이의 조선어 교사로 활동했다. 1922년 머레이가 룽징 제창병원으로 갔을 때도 조선어 교사로 따라갔고, 머레이가 1923년 다시 제혜병원으로 돌아올 때 같이 돌아온 후 세브란스의전에 입학한 듯하다.

졸업 후 안상철은 다시 제혜병원으로 돌아와서 내과와 소아과를 전담했는데, 함흥 지역의 명의로 소개되기도 했다. 의술뿐 아니라 인품도 다정하고 친절하면서 종교적으로 경건한 인물이라고 평해졌다. 1936년 봄에는 함흥부 황금정黃金町에서 안상철의원을 운영했다. 1982년 4월 2일 사망했으며, 2007년 건국포장에 서훈되었다.

양재순梁載淳

본적/주소 충남 공주
생몰연도 1901 – 1998

1901년 11월생으로 본적은 충남 공주이다. 공주 영명학교에 재학 중 3·1만세운동에 참가했다. 공주에서는 영명학교를 중심으로 만세운동이 조직되었는데, 3월 말 영명학교 교사였던 김관회는 동료 교사와 영명학교 졸업생·학생들과 협의하여 4월 1일 장날에 시위운동을 전개하기로 결정했다. 당시 영명학교 3학년인 그는 독립선언서 100여 장을 가지고 시장에 가서 영명학교 학생들과 함께 만세시위에 참여했다. 양재순은 1919년 8월 29일 공주지방법원에서 보안법 위반, 출판법 위반으로 징역 6개월 집행유예 2년을 선고받았다.

영명학교를 졸업한 뒤 1922년 연희전문학교 문리과에 입학했다가 진로를 변경해 세브란스의전에 입학했으며, 1925년 졸업했다. 졸업 후 함흥 제혜병원을 거쳐 1926년 군산 구암병원에서 근무했으며, 1927년 3월 출생지인 공주에서 공제의원公濟醫院을 개업했다. 공주 지역 기독교청년회에서 활동하면서 무산아동교육기관으로 공주 금정의 공금公錦야학원 원장을 맡았다. 해방 후 1946년 충청남도 보건 후생국장을 지냈으며, 영명학교 복교 추진위원장으로 위탁되었다. 그는 이처럼 오랜 기간 동안 공주 지역에서 공제의원을 지키며 1988년 은퇴하기까지 거의 60년 넘는 세월 동안 의업에 종사했다. 은퇴 후 10년이 지난 1998년 세상을 떠났다.

에비슨Oliver R. Avison · 魚丕信

본적/주소 영국 요크셔
생몰연도/포상훈격 1860 – 1956, 독립장(1952)

1860년 6월 30일 영국 요크셔에서 태어났다. 6세 때인 1866년에 캐나다 온타리오 주로 이주했다. 1879년 오타와의 고등사범학교를 졸업하고, 1884 토론토의 온타리오 약학교를 졸업한 뒤 모교에서 교수로 활동했다. 이어서 1884년 토론토 대학교 의과대학에 편입하여 1887년 6월에 졸업했고, 졸업한 뒤에는 모교의 강사를 거쳐 교수가 되었으며 토론토 시장의 주치의로 활동하기도 했다. 감리교도이면서도 교파를 초월한 선교를 중시하여 기독교청년회YMCA 및 조선연합선교회Corean Union Mission 등에서 적극적으로 활동했다. 그러던 중 미북장로회 선교사인 호러스 언더우드Horace G. Underwood, 1859-1916를 만나, 그의 권유로 해외 의료 선교사로 자원했다. 이 과정에서 에비슨은 교파가 다른 자신을 지원해 준 미국북장로회의 태도에 감동을 받아서 그곳으로 교적을 옮기고 내한했다.

1893년 8월 서울에 도착한 뒤에는 고종의 피부병을 치료한 일을 계기로 왕실 주치의가 되었고, 이후 조선 왕실과 긴밀한 관계를 유지했다. 그는 1895년 을미사변이 일어나자 고종을 보호하기 위해 다른 선교사들과 함께 불침번을 섰으며, 1895년 11월 궁내부 관료, 반일, 친러, 친미 인사들이 함께 고종의 경복궁 탈출을 도모한 춘생문 사건에도 관여했다. 비록 고종의 탈출 계획은 성공하지 못했지만, 에비슨을 비롯한 선교사들은 일본 및 친일 관료들로부터 고종을 보호하고자 노력했다.

서울에 도착한 지 약 3개월 후인 1893년 11월에는 제3대 원장인 빈턴을 대신하여 제중원 원장에 취임했다. 빈턴이 원장으로 재임하던 시절, 조선 정부와 제중원 운영을 둘러싸고 갈등을 빚는 과정에서 제중원이 제 기능을 거의 하지 못했었는데, 에비슨은 병원의 기능을 회복시켰다. 에비슨은 1894년 조선 정부와 협상을 벌여 제중원의 운영을 선교부가 주도하게끔 했고, 병원 내에서 공식적으로 선교활동을 실시할 수 있게 되었다. 이와 함께 에비슨은 조선 정부로부터 독립적으로 운영되는 선교 병원의 설립을 도모했다. 이를 위해 그는 남대문 바깥에 병원 부지를 매입하고 미국인 실업가 루이스 세브란스Louis H. Severance, 1838-1913의 지원을 받아서 세브란스병원을 건립하고 1904년에 개원했다. 세브란스병원은 원장인 에비슨의 주도 아래 교파를 초월하여 운영되었으며, 말라리아, 결핵, 콜레라를 비롯하여 조선에 만연하던 질병의 치료와 방역에 적극적으로 관여하여 정부의 방역사업을 담당하기도 했다.

또한 에비슨은 조선인 의사를 양성하기 위해 의학 교육체계를 설립했다. 그는 1901년 제중원에 의학교를 설치하고 조선인 학생을 모집하여 본격적인 의학 교육을 실시했다. 제중원의학교의 최초 입학생들은 7년간의 수련을 거친 뒤 1908년에 졸업했으며, 이후 에비슨은 1934년 교장직에서 사임할 때까지 352명의 졸업생을 배출했다. 그동안 에비슨은 헨리 그레이Henry Gray의 해부학 교과서 등 영어로 된 의학 서적들을 한글로 번역하여 조선인 학생들을 위한 교재들을 만들었다.

아울러 그는 간호 교육에도 관여했는데, 1906년 에스더 쉴즈Esther L. Shields, 1868-1940를 도와 세브란스병원 내에 간호부양성소를 창설했고, 그곳의 학생들을 위한 한글 교재를 편찬했다.

1919년 3월 1일에 시작된 독립만세운동 때에 조선총독부가 선교사들을 만세운동의 주모자와 선동자로 몰기도 하고, 한편으로는 그들을 회유하여 시위를 중단하도록 요청하기도 했다. 이 과정에서 에비슨은 총독부가 편 식민통치의 가혹함과 비관용, 민족차별 등 폭정에 대하여 총독부 측에 답변을 요구하기도 했다. 또한 선교부 연합으로 대책회의를 마련하여 캐나다장로회 해외선교부 총무 암스트롱A. Lenora Armstrong에게 전달했고, 그는 만세운동의 상황과 이에 대한 폭압적인 탄압을 펼치는 조선총독부의 실상을 비망록의 형식을 통해 해외에 알렸다. 또한 조선총독부 관계자에게 지속적으로 현 상황을 해결하기 위해서는 한국인들에게 언론·집회·출판의 자유를 보장할 것과 의견 교환 및 정부 청원 등이 원활하게 이루어질 수 있도록 한국인들에게 기회를 부여해야 함을 주장했다.

이와 같이 조선의 보건의료계뿐만 아니라 독립운동에까지 관여했던 그는 1934년 세브란스병원장 및 의학전문학교의 교장직에서 물러났고, 1935년에 미국으로 돌아갔다. 그는 명예교장에 추대되었고, 미국으로 돌아간 이후에도 1942-1943년에 기독교인친한회The Christian Friends of Korea의 재무를 맡아 대한민국임시정부의 승인과 독립운동을 지원할 것을 호소하는 활동을 지속했고, 1956년 8월 28일 미국 플로리다에서 96세의 나이로 사망했다. 해방 후 한국전쟁이 한창인 1952년에 대한민국정부는 한국을 위해 힘쓴 그의 활동을 인정하며 독립장을 수여했다. 세브란스 출신으로 가장 먼저 서훈을 받은 인물이다.

윤종석 尹鍾奭

본적/주소 통진군(현 김포시)
생몰연도/포상훈격 1896 – 1927, 애족장(2013)

1896년 3월 4일 통진군(현 김포시)에서 출생했으며, 본적지는 경기도 강화군이다. 1919년 당시 세브란스의학전문학교 3학년생으로 경성부 화천정 242번지 오한영 집에서 하숙했다. 그는 자신과 같은 강화군 출신인 유경근을 1919년 여름 종로 관철동 조선여관에서 만나 알고 지내게 되었다. 유경근이 체포된 뒤로 이종욱과 명제세가 조선여관에 와서 유경근을 찾자 윤종석은 유경근이 체포되었다는 사실을 알려주면서 이들과 인연을 맺게 되었다. 이종욱은 대한민국임시정부가 3·1운동을 계승한 2차 시위운동을 위해 파견한 특파원이었다. 이종욱은 윤종석에게 자신을 찾아올 사람들이 방문할 수 있는 조용한 곳을 소개해달라고 부탁했고, 윤종석은 민강의 약방을 연결해주었다.

민강의 약방에 '가정용 청심원'을 찾는 사람이 있으면 민강이 윤종석에게 전화하여 알리고, 윤종석이 그들과 이종욱을 연결해주었다. 또한 2차 시위에 쓸 포고문과 선언서는 동화약방 상품을 취급하는 공성상회라는 운송점을 이용했다. 이 외에도 윤종석은 1919년 10월에 이종욱의 숙소에서 전필순·나창헌·송세호 등과 모여 연통본부 설치에 관하여 논의했다.

2차 시위운동을 위한 논의는 점차 진행되어, 마침내 10월 31일 서울 시내 곳곳에 자동차를 배치하고 선언서를 배포한 뒤 군중들과 함께 독립만세를 외치기로 결정했다. 그러나 시위 이전부터 일본 경찰이 대대적인 단속을 벌였고, 그 결과 2차 시위운동 당일 아침 윤종석을 비롯한 대동단 간부들이 체포되었으며, 서울 시내 자동차 전부를 압수당했다.

10월 31일 강매·민강 등과 함께 체포된 윤종석은 정치범 처벌령 위반, 출판법 위반, 보안법 위반, 사기 등의 혐의로 1920년 6월 말 예심에 부쳐졌으며, 1920년 12월 7일 경성지방법원에서 징역 3년(미결구류일수 200일)을 언도받았다. 윤종석은 이에 불복하고 공소하여 1921년 3월 23일 경성복심법원에서 징역 1년(미결구류일수 200일)으로 감형되었고, 이에 다시 상고했으나 1921년 5월 7일 고등법원에서 상고 기각되었다.

2차 시위와 함께 대동단이 주도했던 의친왕 망명 계획이 크게 화제가 되면서 대동단 사건 자체에 대한 주목도가 높아졌고, 일본 경찰의 조사도 철저해졌다. 이 때문에 사건 조사가 길어지면서 1919년 10월 31일 체포되었으나 예심이 1920년 6월 말에나 열렸고, 고등법원의 판결은 1921년 5월에나 완결되었다. 거의 1년 반 가까이 걸린 이 과정에서 건강이 나빠졌고, 결국 서대문감옥에서 복역 중이던 1922년 2월 9일 건강상의 문제로 가출옥했으며, 직장출혈병으로 세브란스병원에 입원하여 수술을 받았다.

1925년 세브란스를 졸업한 후에는 1926년 일본 도쿄에 있는 일본의과대학에서 연구를 한다는 근황이 전해졌지만, 얼마 지나지 않은 1927년 11월에 사망했다. 2013년 건국훈장 애족장에 추서되었다.

이갑성 李甲成

본적/주소 경북 대구

생몰연도/포상훈격 1886 – 1981, 대통령장(1962)

1886년 10월 23일 경북 대구에서 태어났고, 경신학교를 졸업했다. 1919년 세브란스의전을 중퇴하고 세브란스병원에서 제약 주임을 맡고 있었다. 1919년 2월 중순 이후 천도교계와 기독교계의 연합이 본격적으로 시도되고, 기독교계의 동참 여부를 결정하는 논의가 세브란스병원 내 이갑성과 함태영의 집에서 이루어지면서 3·1운동에 참여하게 되었다.

그는 3·1운동 조직 과정에서 크게 세 가지 역할을 담당했다. 첫째로 기독교계와 천도교계의 합동 과정에 참여하면서 회의 장소를 제공했다. 둘째로 종교계 인사들 위주로 준비되고 있던 3·1운동에 독자적인 독립운동을 준비하고 있던 학생 세력을 연결시켰다. 마지막으로는 세브란스의전 학생들을 통해 각 지역, 특히 경상도 지역에 독립선언서와 3·1운동 계획을 전달하여 그 지역에서 만세시위가 일어나는 데 기여했다.

이갑성은 독립만세운동 계획이 진행되자, 만세운동 실행에 학생들의 힘을 빌리는 것이 유리하다고 생각했다. 그는 학교에서 영향력이 있던 학생들과 자주 만나 손병희 등이 주도하는 독립운동 계획을 알리는 한편, 비밀리에 학생들의 동정을 주시했다. 1919년 2월 22일 학생들이 따로 독립선언서를 만들어 독립선언을 할 계획이 있다는 사실을 듣고는, 손병희 등이 주도하는 독립운동 계획에 참가할 것을 권유했다.

이갑성은 2월 25~26일쯤 세브란스의전 학생 김성국을 불러 3월 1일의 독립운동 계획을 알려주면서 독립청원서에 실릴 서명과 날인을 얻기 위해 김성국을 함남 원산으로 보냈다. 김성국은 원산의 감리교 목사 정춘수의 집에 가서 독립청원을 지지하는 사람들이 서명 날인한 종이를 받아 서울로 돌아왔으며, 이를 이갑성에게 건네주었다. 2월 27일에는 이갑성과 김성국이 함께 천도교 이종일의 집에서 독립선언서 인쇄물 1,500여 장을 받아와서 이를 승동예배당에서 기다리고 있던 강기덕에게 전달했다. 또한 27일 이필주의 집에 모여 최남선이 기초한 여러 가지 문서의 초안을 회람하고, 그 취지에 찬성하여 기독교 측 대표로서 서명 날인했다.

2월 28일에는 김창준에게서 독립선언서 약 600장을 받아 4~5장을 이용설에게 주었고, 3월 1일에는 세브란스의전 학생 이굉상을 자신의 집으로 불러 그에게 선언서 400장을 주면서 그중 200장은 대구의 목사 이만집에게, 나머지 200장은 마산의 학교 교사 임학찬에게 전달해줄 것을 부탁했다. 이굉상은 대구와 마산으로 가서 독립선언서를 전달했고, 이렇게 전달된 선언서는 대구와 마산의 군중들에게 배부되어 그 지역의 만세시위에 널리 이용되었다. 이갑성이 가지고 있던 나머지 200장 역시 세브란스의전 학생이었던 김병수를 통해 군산의 박연세에게 전달되었고, 선언서와 함께 서울의 독립선언 계획을 알리며 군산에서도 동참해줄 것을 요청했다.

2월 28일 밤 손병희의 집에 모인 민족대표들은 독립선언 장소로 결정했던 탑골공원은 많은 학생들이 모이기 때문에 큰 혼란이 일어날 것을 염려하여 장소를 인사동 태화관으로 옮기기로 결정했다. 또한 3월 1일 당일 이갑성이 조선총독부에 미리 의견서를 제출하기로 했는데, 이러한 결정에 따라 3월 1일 오후 2시경 민족대표들은 태화관에 모여 독립선언식을 거행했으며, 이갑성은 의견서를 제출하러 총독부에 갔다가 체포되었다.

이갑성은 1920년 10월 30일 경성복심법원에서 보안법 위반, 출판법 위반 혐의로 징역 2년 6개월(미결구류일수 360일)을 선고받았다. 미결구류일수만 1년에 달하는 긴 재판이었다. 이후 이갑성은 1922년 5월 5일 오화영과 함께 경성감옥에서 만기 출옥했다.

출옥 후 이갑성은 민립대학 설립운동과 물산장려운동에 적극적으로 참여했다. 민립대학도 물산장려도 기대했던 만큼의 성과를 거두지 못하고 그 열기가 식어들자 1924년 8월부터 동소문 내에 있는 경성공업사에 취직하여 서무 주임으로 근무하고 있었다. 그러다가 1927년 1월 민족주의협동전선을 표방하며 창립된 신간회에 발기인으로 이름을 올렸다.

신간회 활동에 대한 경찰의 제약과 간섭이 거세지는 가운데 이갑성은 1929년 7월에 상하이로 망명하여 약종상을 운영했다. 상하이에서의 활동은 자세히 알려지지 않았으며, 1937년 국내로 압송되어 1945년 해방까지 4년 가까이 감옥에서 투옥했다고 한다.

해방 후 이갑성은 현실정치에 직접 참여하여 1948년까지 독립촉성회 회장과 입법위원으로, 1950년에는 국회의원으로 활동했으며, 1965년 초대 광복회장을 역임했다. 1981년 3월 25일 별세했고, 1962년 건국훈장 대통령장에 추서되었다.

이굉상李宏祥

본적/주소 경남 창원군 웅동면
생몰연도 1892 – 1934

1892년 7월 8일 본적지인 경남 창원군 웅동면에서 태어났다. 3월 1일 이른 아침 김문진은 이굉상에게 독립선언서를 마산으로 전달해줄 것을 부탁했고, 이에 이굉상은 김문진과 함께 이갑성을 찾아갔다. 이갑성은 이굉상에게 마산으로 가서 임학찬에게 건네줄 것을 부탁하면서 독립선언서를 건네주었다. 그는 아침 8시쯤에 기차를 타고 마산으로 갔으며, 임학찬에게 독립선언서를 건네주면서 서울의 3·1운동 계획도 전달했다. 이후 임학찬의 집에서 자고 다음 날 2일 서울로 돌아왔으며, 3월 1일에는 마산에 있어 시위에 참가할 수 없었다고 한다.

1919년 4월 이굉상은 하숙집에서 은신 중 체포되었으며, 출판법 위반과 보안법 위반 혐의로 1919년 8월 30일 경성지방법원의 공판에 넘겨졌다. 1919년 11월 6일 경성지방법원에서 징역 8개월(미결구류일수 120일)을 언도받았으나, 1920년 2월 27일 경성복심법원에서 증거 불충분으로 무죄를 선고받았다. 이후 학업을 계속하여 이굉상은 1924년 세브란스의전을 졸업했다. 졸업 후 평양연합기독병원에 내과 주임으로 있다가 1928년부터는 정읍중앙의원을 개업하여 1932년 5월경까지는 운영을 계속했다. 정읍으로 자리를 옮긴 후 이굉상은 정읍유치원후원회의 이사로 활동했고, 정읍체육협회의 고문을 담당하는 등의 활동을 보였지만, 그의 이러한 활동은 오래가지 못했다. 1934년 사망한 사실이 확인되는데, 안타깝게도 정확한 사망 시기와 원인에 대해서는 알려진 바가 없다.

이도신李道信

본적/주소 평북 강계

생몰연도/포상훈격 1902 – 1925, 대통령표창(2015)

평북 강계에서 1902년 2월 21일 태어났다. 1919년 당시 19세의 나이로 세브란스병원 간호사 견습생이었으며, 병원 내 간호부기숙사에서 생활했다. 1919년 12월 2일 훈정동 대묘 앞에서 독립만세운동이 있다는 소식을 듣고, 동료 간호사 노순경·박덕혜·김효순 등과 함께 참여했다. 저녁 7시경 시위 군중 20여 명과 함께 만세를 불렀다. 1919년 12월 18일 경성지방법원에서 보안법 위반으로 징역 6월을 선고받았다.

이도신은 1920년 4월 28일 노순경·김효순 등과 함께 서대문형무소에서 출옥했으나, 1925년 9월 30일 이른 나이에 세상을 떠났다. 2015년 대통령표창에 추서되었다.

이병천李炳天

본적/주소 강원도 춘천군 춘천면
생몰연도 1898 - ?

1898년 4월 24일 태어났으며, 본적지는 강원도 춘천군 춘천면이다. 1919년 세브란스의전을 졸업했다. 1919년 4월 종로에서 예전부터 알고 지내던 경신학교 학생 강우열에게서 국민대회 취의서 및 임시정부 선포문 150장을 전달받았다. 이병천은 이러한 문서를 가지고 춘천으로 가서 미국인 선교사 테일러의 조선어 교사였던 김흥범에게 주고 다른 사람에게 널리 배포할 것을 부탁했다. 이병천에게서 문서를 넘겨받은 김흥범은 4월 30일경 춘천의 조선인 관리 및 기독교인들에게 문서를 배부하고 남은 것은 테일러의 집 돼지우리 밑에 숨겨두었으나 경찰에게 발각되어 바로 검거되었다. 이병천은 5월 2일 만주로 달아난다고 하고 서울로 도주했으나 바로 수배·검거되었다.

1919년 6월 12일 경성지방법원에서 정치범죄 처벌령 위반으로 징역 6개월을 언도받았다. 사건 이후 이병천은 하얼빈으로 건너간 듯하며 1923년경에는 하얼빈에서 고려극동병원을 운영했다. 1922년 2월 하얼빈 기독교 미감리회교회에서는 하얼빈에 거류하는 조선인 어린 자녀들의 교육을 위해 유치원을 개원했는데, 이병천은 간사 및 학무위원으로 참가했다.

하얼빈에서 1926년 6월경에는 귀국한 것으로 보이며 귀국 뒤에는 서울 정동에서 관동의원을 개설했다. 1930년대에 계속 서울에 있었던 것은 확인되나 병원을 계속 운영하고 있었는지는 확실하지 않다.

이용설李容卨

본적/주소 **평북 희천**
생몰연도 1895–1993

평북 희천에서 1895년 태어났으며 평양 장대제교회의 장로였던 아버지의 영향으로 독실한 기독교적 분위기에서 자랐다. 평양에서 선교사들이 세운 숭덕소학교와 숭덕중학교를 졸업하고 숭실전문학교에 다녔다. 숭실전문학교 2학년 재학 중인 1915년 의대 진학을 계획하고 곧바로 세브란스연합의학교에 입학했다. 1919년 당시 4학년으로 학생 주도 독립운동을 준비하는 데 참여했고, 학생들을 시위운동에 동원하는 역할을 맡았다. 이후 3월 하순부터 4월 상순까지 『조선독립신문』의 발간에 관여했다. 이용설은 17~23호까지의 원고를 담당했으나 이후 일본 경찰의 검거망을 피해 중국으로 망명했다.

이용설은 1920년 베이징협화의학원에 진학하여 수련을 했다. 1921년 경무총감과의 담판을 통해 수배자인 이용설의 무사귀환을 보장받은 에비슨 교장은 그에게 귀국을 제안했고, 한국으로 돌아온 이후 1922년 8월부터 1924년 8월까지 세브란스병원 외과에서 근무했다. 1924년 9월 시카고 노스웨스턴 의대에 편입하여 MD학위를 취득했으며 1926년 9월에는 세브란스의전 외과교수로 임용되었다. 1937년 7월 경성제국대학 의학부 약리학교실에서 의학박사학위를 받았으나 같은 해 수양동우회 사건에 연루되면서 1940년 1월 교수직을 사임했다.

해방 이후 1945년 8월 건국의사회 위원장에 취임했으며, 9월에는 미군정청 초대 보건후생부장을 지냈다. 1948년에는 세브란스의과대학 학장으로 취임했다가 1950년 인천에서 당선되어 제2대 민의원으로 활동하기도 했다. 이후 1956년부터 1961년까지 세브란스병원장을 지냈다. 그 외에도 동명학회 이사장(1948–1991), YMCA 이사장(1961–1963), 흥사단 이사장(1972) 등을 역임하는 등 다양한 사회활동을 하다가 1993년 별세했다.

이원재李元載

본적/주소 함남 원산
생몰연도 1886 - 1950

1886년 5월 8일 태어났으며 본적지는 함남 원산이다. 아버지 이가순은 기독교 신자로서 다른 기독교인들과 함께 원산에서 1919년 3·1운동을 주도하여 징역 2년 6개월을 받고 옥고를 치른 인물이었다. 일찍부터 서울로 유학하여 1911년 경성중등학교를 졸업했고 1914년에는 세브란스연합의학교를 졸업했다. 같은 해 의사시험을 보고 10월에 합격했다. 졸업 후 한동안은 본적지인 원산의 구제병원에서 근무했다. 1917년 이전에 중국으로 건너가 1917년 당시 펑톈(현 선양) 지역의 병원에 있었다.

이후 하얼빈으로 이동하여 1921년에는 하얼빈엡윗청년회 회장을 맡았다. 1922년 2월 하얼빈 미국감리교회에서 하얼빈에 거류하는 조선인 자녀들을 위해 유치원을 개원했는데, 이원재는 설립자이자 원감 자격으로 참여했고, 이원재 외에도 원장 및 회계로 박정식, 간사 겸 학무위원으로 이병천 등 세브란스의전 졸업생들이 참여했다.

이원재는 주로 교회를 기반으로 활동했지만, 일본 측에서는 초기 임시정부 내각의 주요 인사였던 노백린의 사위이자 원산의 3·1운동을 주도했던 아버지를 둔 이원재에 대한 감시를 소홀히 하지 않았다. 하얼빈 다오와이에 있는 이원재의 집이 비밀리에 불령선인들이 회합하는 장소라고 보고되기도 했다.

장인 노백린이 1923년 1월 대한민국임시정부 국무총리로 추대된

후 1923년경 귀국했으며, 아버지가 계시는 원산으로 돌아가지 않고 강원도 강릉에 자리를 잡았다. 강릉에서 관동병원을 운영하면서 여러 가지 사회활동에 적극적으로 참여하며 강릉 사회의 주요 인사로 활동했다.

이원재는 1927년 12월 신간회 강릉지회 창립부터 회장으로 선출되어 1929년까지 회장직을 유지했으며, 1930년 12월에는 집행위원장으로 선출되는 등 신간회 강릉지회의 처음부터 끝까지 함께했다. 또한 그는 강릉청년수양단과 강릉성덕소년회 등 강릉의 여러 단체에서 주최한 각종 대회에서 강연을 맡은 것은 물론, 무산농민을 위한 농민강습야학회와 부녀야학 및 무산아동을 위한 강릉동화학원에서 무보수로 강사를 맡기도 했다.

종교인으로서도 감리교인들이 중심이 되어 조직된 강릉농산조합의 이사직을 맡았으며, 미국감리엡윗청년회의 회장직도 역임했다. 이원재는 강릉공립농업학교 맹휴사건에서는 학부형대표위원으로 학교 측과 교섭에 앞장서기도 했으며, 강릉체육협회의 고문을 맡기도 했다. 1930년 12월 『동아일보』에서 「주요도시순회좌담」을 강릉에서 진행했을 때 강릉의 주요인물 9명 중 한 명으로 참여하여 교육과 위생 등에 관한 자신의 의견을 피력했다.

1930년까지 강릉 지역에서 활발하게 활동하다가 1931년 5월 세브란스의전 출신 의사들을 중심으로 개원한 중앙실비진료원에 부원장 겸 외과 피부과 주임으로 부임하게 되면서 강릉을 떠났다. 중앙실비진료원의 부원장에 있으면서 1931년 8월 말에는 시내 서린동에 금강의원을 개업했고, 이후로는 주로 교회 강연 등 종교활동에 집중했다.

이일선李日宣

본적/주소　서울 종로구 당주동
생몰연도/포상훈격　1896－1971, 애족장(1990)

1896년 11월 3일에서 태어났으며 본적지는 서울 종로구 당주동이다. 1919년 당시 세브란스병원에서 방사선사로 일하고 있었다. 이일선은 민족대표 33인의 독립선언 소식을 듣고 4월 중순부터 8월 하순에 걸쳐 자신의 집이나 근무처인 세브란스병원에서 『국민신보』를 발행했다. 특히 8월 29일에는 「국치기념특별호」를 발행했다. 『국민신보』의 배포 과정에서는 이병철의 도움을 받았는데, 이를 계기로 이후 대한적십자회 대한지부에 가입하게 되었다. 일본 경찰은 『국민신보』 및 「국치기념호」를 발행, 배포한 자의 행적을 뒤쫓았으나 이일선은 이미 도주한 상태였다.

7월에는 중국 상하이로 피신했고, 이곳에서 임시정부 인사들과 접촉했으며, 의정원 의장 손정도가 발행한 「국내동포에게 호소함」이라는 전단 5,000장을 서울로 가지고 들어와 배포했다. 1919년 5월경 조직된 외교청년단에 가입해 활동했고, 임시정부가 발행한 『외교특보』를 국내에 배포했고, 송춘근에게 임시정부의 소식을 전달하기도 했다. 이후 경찰의 추적에서 도주할 때 송춘근의 도움으로 춘천에 은신했지만 1919년 10월 검거되었다. 1919년 12월 11일 경성지방법원에서 보안법 위반으로 징역 1년 6개월을 선고받았으며, 공소했으나 1920년 1월 21일 경성복심법원에서 징역 1년 6개월이 확정되었다. 1971년 7월 14일 사망했으며, 1990년 건국훈장 애족장에 추서되었다.

이성완李誠完

본적/주소 함남 정평 부내면
생몰연도/포상훈격 1900 – 1996, 애족장(1990)

1900년 12월 10일 태어났으며 본적지는 함남 정평 부내면이다. 정신여학교 2학년에 재학 중 3·1운동을 맞았으며, 당시 졸업을 앞둔 정신여학교 학생들이 자원하여 세브란스병원으로 가서 부상자를 돌봤을 때 그 역시 간호사 견습생 신분으로 부상자들을 간호했다. 이성완은 함남 지역에서 독립선언서와 지령문 등을 인쇄해 배포하기도 했다. 원산의 상동교회와 함흥여고에서 만세시위를 독려하는 활동으로 체포되었으나 1919년 8월 4일 면소 처분을 받고 김마리아 등과 함께 풀려났다.

애국부인회에 합류할 당시 이성완은 배화여학교 교사였으며, 애국부인회 내 배화여학교 15명의 대표자이기도 했다. 김마리아 합류 후 정비된 애국부인회 조직에서 이성완은 죽음을 각오하고 투쟁에 나설 전위부대를 책임지는 결사부를 맡았다. 그러나 이렇다 할 활동이 시작되기 전 애국부인회 회원 대다수가 체포되면서 그 역시 체포되었고, 1919년 12월 26일 대구지검에서 기소유예 처분을 받고 풀려났다. 이후 원산으로 돌아가 1920년 7월 원산여자청년회를 조직하여 활동했으며 1921년 6월에는 원산청년회 회장이 되었다. 1922년 이성완은 정평에 있는 삼광여학교의 교사가 되었으며, 1924년에는 원산 장로교 소속의 진성여학교 교사로 부임했다. 해방 후에는 마산에서 전쟁 중인 1951년 9월 피난부인상조회를 조직하기도 했다. 1996년 4월 4일 사망했으며, 1990년 건국훈장 애족장에 추서되었다.

이정숙李貞淑

본적/주소 함남 북청
생몰연도/포상훈격 1896－1950, 애족장(1990)

본적지는 함남 북청으로 1896년 3월 9일 태어났다. 정신여학교에 입학하여 1919년 3월 졸업 예정이었다. 그러나 졸업을 앞두고 3·1만세운동으로 휴교되고 세브란스병원에서 만세시위로 부상당한 사람들을 돌보게 되었는데, 이러한 경험으로 간호사 교육을 받기로 결심했던 것으로 보인다.

이정숙은 정신여학교 출신들의 주도로 결성되었던 혈성애국부인회의 조직에 관여했으며, 혈성애국부인회와 대조선독립부인회가 통합하여 탄생한 애국부인회에서는 평의원으로 활동했다. 이정숙은 세브란스병원 간호사 김은도·장옥순·박봉남 등을 애국부인회에 가입시키고 이들에게서 회비를 모금했다.

3·1운동에 참가했다가 8월 초 면소로 풀려난 김마리아와 황에스더의 출옥을 위로, 축하하는 다과회 모임을 명분으로 10월 19일 이정숙·장선희·백신영·이혜경 등이 정신여학교 교내 여선교사 데일 집에서 모임을 가졌다. 이 모임에 모였던 인물을 중심으로 애국부인회는 조직을 새로 개편하고, 임원진을 새로 구성했는데 이정숙은 새로 신설된 적십자부의 부장을 맡았다.

좀 더 적극적인 활동을 도모하던 애국부인회는 11월 말 애국부인회의 일원이자 회장이었던 오현주의 밀고로 조직이 모두 발각되었다.

그 여파는 애국부인회뿐만 아니라 청년외교단까지 미쳐 간부 및 회원 80여 명이 일제히 검거되었다. 대부분은 불기소로 방면되었으나 이정숙을 비롯한 애국부인회와 청년외교단의 간부들은 공판에 넘겨졌다. 이정숙은 제령 제7호 위반 및 출판법 위반으로 1920년 6월 29일 대구지방법원에서 징역 2년을 선고받았고 이에 항소했으나 1920년 12월 27일 대구복심법원에서 공소는 기각되었고, 미결구류일수 100일이 인정되었다. 이후 이정숙은 1922년 5월 6일 11시경 대구감옥에서 가출옥으로 나와 즉시 서울로 올라왔다.

이정숙은 1923년경에는 북청여자청년회의 회장을 역임했으며, 1925년에는 여성해방동맹회 창립 준비에서 발기인으로 참여했다. 1950년 7월 22일 사망했으며, 1990년 건국훈장 애족장에 서훈되었다.

이주섭李周燮

본적/주소　경북 안동군 예안면
생몰연도　1901 – ?

본적지는 경북 안동군 예안면이며 1901년 12월 7일 태어났다. 예안공립보통학교 재학 시절 1919년 3월 17일 예안 시장에서 시작된 만세시위에 참여했다가 체포되었다. 1919년 4월 25일 대구지방법원 안동지청에서 보안법 위반으로 징역 1년에 집행유예 3년을 선고받았다. 이후 이주섭은 세브란스의전에 진학하여 1930년에 졸업했다. 이후 진주 배돈병원에서 근무했다.

이태준李泰俊

본적/주소 경남 함안
생몰연도/포상훈격 1883－1921, 애족장(1990)

1883년 11월 21일 경남 함안에서 태어났다. 어린 시절 고향에서 한학을 배우다가, 1907년 24살의 나이에 기독교 선교사를 통해 알게 된 세브란스의학교에 입학했다. 세브란스병원의학교 재학 시절 이태준은 안창호와 인연을 맺었으며, 안창호의 권유로 신민회의 표면단체인 청년학우회에 가입했다. 1911년 제2회 졸업생으로 세브란스병원의학교를 졸업하고 나서는 세브란스병원에서 근무했다. 1911년 10월 중국에서 일어난 신해혁명에 크게 감화되어 선배이자 선생인 김필순과 함께 중국 망명을 결심했으나, 105인 사건으로 김필순이 체포 위기에 처하자, 김필순이 먼저 국내를 탈출했다. 김필순의 뒤를 따라 그도 황급히 망명길에 올라 중국 난징으로 향했다. 난징에서는 여비 부족과 언어 문제로 어려움을 겪었으나 중국 기독교인의 도움을 받아 기독의원에서 일하게 되었다.

1914년 무렵에는 난징을 떠나 몽골의 고륜(현 울란바토르)에 정착했다. 이태준의 몽골행은 몽골 지방에 비밀군관학교를 설립할 계획을 갖고 있던 김규식의 권유에 따른 것으로 보인다. 이태준은 고륜에서 동의의국을 개업했는데, 동의의국은 같은 뜻을 가진 동지들의 병원이라는 것을 의미했다. 이후 김규식이 1918년 5월경 앤더슨 마이어 회사의 지점 개설을 위해 고륜으로 왔고, 이태준은 김규식을 따라 온 그의 사촌여동생 김은식과 결혼했다.

이태준은 1910년 발명된 살바르산을 사용하여 당시 몽골인의 70~80%를 괴롭히던 성병을 치료했다. 1919년 7월 몽골 국왕인 보그드 칸은 이태준에게 '귀중한 금강석'이라는 의미의 '에르데니-인 오치르'라는 국가훈장을 수여했다. 몽골에서 쌓은 두터운 신뢰를 바탕으로 이태준은 독립운동활동을 지원했다. 몽골에 있던 그의 병원은 독립운동가들의 숙박지이자 연락 거점이었다. 또한 장자커우에 십전의원을 개업한 김현국과 긴밀히 연락하면서 장자커우와 고륜을 오가는 애국지사들에게 온갖 편의를 제공했다.

이태준은 1920년 한인사회당의 주도로 소비에트 정부에게서 받은 소위 코민테른 자금 운송에 깊숙이 관여하기도 했다. 1920년 여름 모스크바의 레닌 정부는 상하이 임시정부에 200만 루블의 지원을 약속했고, 1차로 40만 루블의 금괴가 한인사회당 코민테른 파견대표 박진순과 임시정부 특사 한형권에게 지급되었다. 박진순과 한형권은 시베리아횡단열차를 이용해 베르흐네우진스크까지 금괴를 무사히 가져왔다. 40만 루블의 금괴를 무사히 운반하기 위해 2개 경로로 나누어 운반했는데, 6만 루블은 모스크바로 귀환하는 한형권에게 외교활동 자금으로 주었다. 나머지 34만 루블 가운데 김립이 12만 루블을 몽골을 통해, 박진순이 22만 루블을 만주를 통해 상하이로 운반하기로 했다. 김립이 책임진 12만 루블이 고륜에 도착하자, 당시 몽골의 혼란 상황에 대비하여 이를 다시 김립 8만 루블, 이태준이 4만 루블씩 맡아 차례로 베이징으로 운송하기로 했다. 먼저 김립이 맡은 8만 루블은 이태준의 도움을 받아 1920년 초겨울 상하이로 성공적으로 운반되었다.

그러나 이태준이 맡은 4만 루블은 운송되지 못하고 분실되었는데, 갑작스런 이태준의 죽음 때문이었다.

이태준은 러시아 백위파 운게른 스테른베르그 군대의 고륜 점령이 계기가 되어 비극적인 죽음을 맞았다. '미친 남작'이라 불릴 정도로 악명이 높았던 운게른은 철저한 반볼셰비키적인 반유태주의자이자 열렬한 군주제 옹호자였다. 운게른의 고륜 공략은 중국에 대한 반감을 가지고 있던 보고드 칸이 이끄는 몽골 정부의 호응을 얻었다. 1921년 2월 운게른 부대는 보고드 칸과 몽골 봉건귀족들의 협력을 받아 고륜을 점령하고 있던 중국 군벌들을 물리쳤다. 운게른 부대는 2월 4일 중국군이 물러난 고륜을 완전 점령했으며, 대대적인 약탈과 살육을 자행했다.

이태준은 운게른 부대의 이러한 약탈과 살육 과정에서 살해되었는데, 그 왜 살해되었는지는 명확하지 않다. 이태준이 공산주의자들과 긴밀히 협력했다는 혐의라고 하지만, 단지 그의 재산을 탈취하기 위해 이러한 혐의를 뒤집어씌웠을지도 모르며, 혹은 운게른 군대 내 일본군 장교들이 주도하여 처형했다는 설도 있다.

1990년 건국훈장 애족장에 추서되었으며, 2001년 7월 울란바토르에는 이태준 기념공원이 조성되는 등 한·몽 친선을 나타내는 상징적 인물이 되었다.

전홍기 全洪基

본적/주소 강원도 평강
생몰연도 1916 - ?

본적지는 강원도 평강이며 춘천에서 학창 시절을 보냈다. 1933년 춘천고보에 입학했으며 1938년 3월에 졸업했다. 춘천고보 재학 중에 학교에 있는 일본인 선생의 조선민족에 대한 모욕적 언동을 목격하고, 『단종애사』·「조선의 현재와 장래」와 같은 책을 읽으며 배일의식 및 민족주의에 눈을 떴다. 3학년에 재학 중이던 1937년 4월 조규석과 배근석 등에게 상록회 가입을 권유받아 참여하게 되었다. 이후 독서회의 회계를 맡기도 하고 독서회의 월례회, 상록회의 보고회 등 상록회의 각종 활동에 참여했다.

1938년 3월 춘천고보를 졸업한 후 바로 세브란스의전에 입학하여 의학 공부에 매진하던 중 1938년 가을 춘천에서 상록회가 발각되면서 검거되었다. 1939년 12월 27일 경성지방법원에서 치안유지법 위반으로 징역 1년 6개월(미결구류일수 중 180일) 집행유예 3년을 언도받고 풀려났다. 이후 1944년 세브란스의전을 졸업했다.

정영준鄭永俊

본적/주소 경기도 개성군 대성면
생몰연도/포상훈격 ? – 1923, 애족장(2014)

본적지는 경기도 개성군 대성면으로 1915년 3월 세브란스연합의학교를 졸업했으며 졸업 후 1917년에는 이미 베이징에 체류하고 있었다. 김창세·곽병규와 함께 1920년에는 간호원양성소에서 교육을 담당했다. 1920년 5월 상하이의 대한인거류민단의 단원으로 활동했으며, 국민대표회의 소집 요구가 등장하기 시작한 1921년 3월에는 임시정부를 옹호하기 위하여 윤기섭·윤보선 등 원동에 재류하는 유지 인사들과 함께 선언문을 발표했다. 1921년 4월에는 제8회 임시의정원 회의에서 경기도 의원으로 선출되었으며, 1922년 제10회 임시의정원 회의에서 의원직을 사임했다. 1922년 7월 각 독립운동단체의 지도자들이 국민대표회의 소집 문제를 포함하여 몇 가지 현안 문제를 해결하기 위해 조직했던 시사책진회에도 가입하여 활동했다.

1923년 초에는 상하이를 떠나 난징 지역 쪽에서 머물다가 이후 신병으로 귀향하여 개성에서 머물렀으며, 얼마 지나지 않아 1923년 7월 15일 사망했다. 2014년 건국훈장 애족장에 추서되었다.

정종명 鄭鍾鳴

본적/주소 서울 연지동
생몰연도/포상훈격 1896 - ?, 애국장(2018)

1896년 3월 5일 서울 연지동에서 태어난 정종명은 11살에 배화학당에 입학했다. 17살에 집안의 결정에 따라 결혼을 했고 19살에는 아들 박홍제를 낳았다. 아들이 태어난 지 얼마 지나지 않아 남편이 사망했고, 생계를 위해 1917년 세브란스병원 간호부양성소에 입학했다. 간호부양성소에 다니던 중 3·1운동을 겪었다. 정종명은 세브란스병원에 입원했던 강기덕이 외부와 연락할 수 있도록 도왔고, 이갑성의 중대 서류를 맡아두었다는 혐의로 경찰서에 잡혀 고생하기도 했다. 게다가 정종명의 어머니인 박정선은 항일독립운동단체인 대동단에 가입하고, 1919년 11월 28일 서울 안국동 광장에서 태극기를 들고 만세시위를 벌이다가 경찰에 붙잡혀 1920년 12월 경성지방법원에서 징역 1년을 선고받고 옥고를 치렀다.

정종명은 3·1운동 직후 조직된 애국부인회에 가입했다가 체포되었으나, 애국부인회가 활동을 본격적으로 시작하기 전에 발각되었기 때문인지 기소되지는 않았다. 애국부인회 사건 이후 1920년 정종명은 세브란스병원 간호부양성소의 10회 졸업생이 되었으나, 산파 면허를 취득하기 위해 다시 조선총독부의원 산파강습소에 입학했다. 산파강습소 과정을 무사히 마친 정종명은 산파 면허를 취득했고, 안국동에 자신의 조산원을 개원했다.

조산원을 개원하면서 경제적 기반을 마련한 정종명은 본격적으로 여성운동을 시작했으며, 그 시작은 '여자고학생상조회'였다. 1920년 서울에서 남자 고학생들이 상조단체인 '갈돕회'를 조직하고 운영하다가 1922년 여자부를 두었는데, 정종명이 주도하여 '여자고학생상조회'로 독립시켰다. 여자고학생 상조회가 어느 정도 자리를 잡자 정종명은 1924년 1월 조선간호부협회를 창립했다. 조선간호부협회는 간호부의 자조 조직이자 대중들과의 접촉을 통해 간호사의 사회적 역할을 확대하고자 했던 조직이었다. 이를 위해 조선간호부협회는 회원들에게는 일자리를 알선했고, 대중에게는 보건교육을 실시하고 수해 등의 재난 상황에는 다른 사회단체와 연합하여 구호를 제공하는 등 활동을 벌였다.

1924년 5월에는 여성동우회의 설립에 관여했다. 여성동우회는 '부인의 해방'을 기치로 사회주의 여성운동을 지도하는 사상단체였다. 일찍부터 사회주의 사상을 접했던 정종명은 1923년 6월 코민테른 극동총국 산하 꼬르뷰로 국내부 공산청년회의 유일한 여성 회원이기도 했다. 1924년 5월 10일 개최된 여성동우회 발기 총회에서 집행위원으로 선출되었다.

1927년 2월 신간회가 조직되고 같은 해 5월 민족주의 여성운동계의 인사들과 사회주의 여성운동계의 인사들이 주도하여 신간회의 자매단체 성격을 띠는 근우회를 조직했다. 근우회 창립총회에서 중앙집행위원으로 선출되었으며, 1927년 9월에는 상무집행위원이 되었고, 1928년 7월에는 근우회 중앙집행위원장으로 선출되었다. 또한 신간회에서도 1929년 신간회복대표회의 이후 중앙집행위원을 거쳐 중앙

상무위원으로 활약했다.

또한 1931년 '서울-상해파'가 주도했던 조선공산당 재건운동에서 오산세와 함께 서울 지역 좌익노동조합전국평의회에 참여했다. 1931년 3월 당건설준비위원회의 해체 이후 조직된 좌익노동조합전국평의회의 쟁의부의 책임자가 된 오산세는 메이데이의 대중 투쟁을 계획했는데, 이를 위해 1931년 4월 30일 공장이나 노동자들이 모이는 장소에 격문을 뿌려 메이데이 당일의 운동을 선동하기로 하고 격문 700장을 동지들에게 배부했다. 그러나 4월 22일에 용산경찰서에서 신철·정종명·신경애·이적효 등을 검거하고 취조하는 과정에서 격문 살포 계획이 드러났다.

정종명은 1931년 8월 15일 서대문 형무소에 수감되었으며, 1933년 4월에 들어서야 예심이 종결되고 공판에 회부되었다. 그러나 공판은 1934년 4월에야 진행되었다. 정종명은 징역 4년을 구형받았으나, 최종적으로 6월 25일 징역 3년을 언도받았다. 1936년 7월 26일 만기 출옥한 정종명은 건강 회복을 위해 동래로 내려가서 지내다가 다시 서울로 돌아왔으며, 다소 쪼들리는 생활 속에서 산파로서의 삶을 이어나갔다.

해방 이후 이북 지역으로 넘어간 정종명은 1947년 함흥에서 부인운동을 펼치고, 1948년 북조선민주여성동맹 간부로 활동했다. 2018년 건국훈장 애국장에 추서되었다.

정태영 鄭泰榮

본적/주소 충북 충주
생몰연도/포상훈격 1888 – 1959, 애족장(1990)

충북 충주 출신으로 1888년 10월 13일 출생했다. 9살부터 19살까지는 한문을 배웠고, 19살에는 휘문의숙에 입학했으며, 1910년 졸업했다. 졸업 후에는 집안일을 거들다가 제천군에서 교사로 근무했고, 1918년 10월부터 세브란스병원에서 사무원으로 일했다. 정태영은 냉동 170번지 같은 고향 출신인 이병철의 집에서 하숙했다. 이병철은 서울의 만세시위에 참여했으며, 이후 청년외교단의 조직 및 활동에 크게 관여하여 징역 3년형을 받았던 인물이다.

정태영은 3월 1일 만세를 부르는 군중들과 함께 남대문 밖에서 의주로 방향으로 나와 서대문우체국 앞까지 행진했으며, 그곳에서 군중들과 헤어지고 집으로 돌아갔다. 만세시위 이후 3일 밤 11시경 정태영은 종로 보신각 안으로 들어가 보신각종을 당목으로 세 번 쳤는데, 이는 나라의 큰 사건인 3·1운동을 널리 알리고 인심을 한층 독려하고자 한 목적에서였다. 바로 체포되어 출판법 위반, 보안법 위반으로 1919년 8월 30일 경성지방법원 공판으로 넘겨졌고, 1919년 11월 6일 징역 7월(미결구류일수 120일)에 집행유예 3년을 언도받아 바로 풀려났다.

이후 1919년 12월 초 다시 체포되었는데, 이병철과의 인연으로 대학독립청년외교단과 대한적십자회 대한지부에 가입했기 때문이었다. 그러나 추가 기소되지는 않았다. 1959년 5월 7일 사망했으며, 1990년 건국훈장 애족장에 추서되었다.

주현측朱賢則

본적/주소 평북 삭주군 구곡면
생몰연도/포상훈격 1882 – 1942, 애족장(1990)

1882년 7월 7일 주백영과 강득영 사이의 맏아들로 평북 삭주군 구곡면에서 태어났다. 유년시절을 삭주에서 보내면서 한문을 배웠고, 1901년 그의 집안이 선천으로 이주했으며, 아버지와 함께 선천에 최초로 설립된 선천북교회에서 초대 장로가 되었다. 또한 평안북도 최초의 선교의료기관이었던 선천 미동병원에서 일하면서 서양의 근대의학을 접했고, 이후 더욱 체계적인 의학교육을 받기 위해 서울로 가서 1905년 제중원의학교에 입학했고 1908년 제1회 졸업생으로 졸업했다.

졸업 후 주현측은 1909년 1월경 선천 읍내에 인제의원을 개업했으며, 신민회에 가입하여 평안북도 지회에서 활동했다. 105인 사건으로 1912년 3월 선천에서 50~60명과 함께 체포되었고 심한 고문을 받았다. 1912년 9월 28일 경성지방법원에서 열린 1심 재판에서 모살미수 혐의로 징역 6년을 선고받았으나, 이후의 공판에서 고문으로 인한 자백이라고 밝히면서 1913년 3월 20일 경성복심법원에서 열린 2심에서 무죄를 선고받았다. 1912년 3월 체포 이후 1913년 3월까지 1년에 걸친 재판 과정에서 모진 고문에 시달리며 옥고를 치렀다. 석방된 이후에는 다시 선천으로 돌아와 병원에서 환자를 진료했다.

주현측은 선천에서 3·1운동을 맞았으며, 이후 빠르게 임시정부측과 접촉했다. 1919년 4월 임시정부에서 재무부 참사 자리를 의뢰받았으며, 선천의 조사원을 맡았다. 그는 즉시 선천에서 독립운동자금 모집에 나섰으나, 점차 국내에서 활동이 어려워지자 신민회 시절부터 함께 활동했던 선우혁·홍성익 등과 만주 안둥으로 떠났다. 안둥에서 『대한민국신보』라는 신문을 제작하여 신의주를 비롯한 평안도 지역에 신문을 배포했고, 평안도에서 건너온 여러 독립운동가들과 함께 대한독립청년단을 조직하고 활동했다.

주현측은 임시정부 교통차장 겸 안동지부장을 맡고 있던 선우혁과 함께 활동하면서 수집된 독립운동자금을 임시정부에 보냈으며, 임시정부와 국내의 각종 연락 업무를 담당했다. 1919년 8월 모집한 군자금 1,200여 원을 조지 엘 쇼의 도움을 받아 임시정부에 송금했다. 그러나 얼마 지나지 않아 일본 관헌에게 안둥의 활동이 발각될 위험에 처했고 10월 중순 안둥에서 상하이로 떠났다.

상하이에 도착한 이후 국내에서 독립운동자금을 모금하는 일이 어려워지자 11월 7일자로 임시정부 재무부 참사직을 사퇴했다. 이후 1921년 초에는 세브란스 후배인 신현창과 함께 삼일의원을 개원했으며, 1921년 9월에는 여운형·선우혁·안창호 등과 함께 상하이 교민단 의사원으로 선출되었고, 11월에는 김규식·김구·신현창 등과 함께 대한적십자회 상의원에 당선되었다.

임시정부에 대한 각 지역 독립운동단체들의 반발이 본격화되고 국민대표회의 소집 요구가 이어지는 가운데, 임시정부 내에서도 안창호의 주도로 국민대표회의 소집운동이 전개되었다. 1921년 5월 '국민대표회기성회'가 조직되었으며, 6월 6일에는 제1회 총회가 열렸다. 이때 주현측은 박은식·이동휘 등과 함께 10명의 위원으로 선임되기도 했다.

그러나 1922년부터 국민대표회의 소집활동에서 물러나, 흥사단 활동에 주력했으며 상하이를 떠나 톈진에서 활동했다. 1922년 1월 27~28일 열린 흥사단 원동대회 참석을 시작으로 2월 18일 흥사단에 입단했으며, 톈진으로 떠나 프랑스 조계에서 삼일의원을 새로 개설했다. 톈진교민회에서 활동하면서 흥사단 톈진지부 조직을 주도했고, 총무 겸 재무를 담당했다. 1923년에는 다시 산둥으로 이동했는데, 선천 지역 기독교계가 참여하던 산둥 선교활동에 합류했던 듯하다.

6년여의 망명생활을 끝내고 1925년 5월 귀국한 주현측은 다시 본적지인 선천으로 돌아와 동제의원을 개원했다. 주현측은 1927년 3월경 장이욱의 권유를 받고 수양동우회에 가입했으며, 수양동우회가 동우회로 개칭된 이후에도 활동을 계속했다. 주현측은 『동광』의 속간을 위해 50원을 지출했고, 1928년 11월 3일 성립한 동우회 선천지회에서 이사·간사 등의 간부로 활동했다.

그는 선천 지역 내 각종 종교운동, 교육사업 등에도 적극적이었다. 한말에 설립되었다가 오랫동안 폐원 상태였던 대동고아원이 1926년 다시 개원하려고 하자 고아원 설립 부지로 5,000평을 기부하고, 이후 원장이 되어 운영하기도 했다. 1940년에도 고등여학교 승격을 준비하고 있던 보성여학교에 토지 2,700여 평을 기부했다. 1930년부터 1935년까지는 선천 기독교청년회의 회장을 역임하기도 했다.

그러나 동우회사건으로 1937년 6월 16일 검거되었으며 거의 1년 후인 1938년 8월 15일에야 예심이 종료되었다. 1938년 12월 8일의 공판에서 경성지방법원은 전원에게 무죄를 선고했으나 검사의 항소로 1940년 8월 21일 경성복심법원에서는 징역 2년 집행유예 3년(미결구류일수 190일)을 선고받았다. 그러나 1941년 11월 17일 경성고등법원 상고심에서 증거불충분으로 전원에게 무죄를 선고하면서 동우회 사건은 4년 5개월 만에 마무리되었다.

1938년 보석으로 풀려난 주현측은 경영하던 동제의원을 다시 열었으나, 동우회 사건이 마무리된 지 얼마 지나지 않은 1942년 군자금 송출 건으로 다시 검거되었으며 이미 환갑을 넘긴 주현측의 몸은 그 고문의 여파를 견디지 못하고 1942년 3월 25일 사망했다. 1990년 건국훈장 애족장에 추서되었다.

최동崔棟

본적/주소 서울
생몰연도 1896 – 1973

1896년 서울에서 출생했다. 1897년 아버지 최정익이 순천군수로 부임하면서 가족들이 순천으로 옮겼으나 얼마 지나지 않아 어머니가 세상을 떠났다. 이에 가족들은 일본 도쿄로 건너갔다. 최동은 1905년 교세이학교에 입학하여 1914년 졸업했고, 그 사이 최정익은 둘째 아들 최량만 데리고 샌프란시스코로 건너갔으며, 교세이학교를 졸업한 최동도 미국으로 건너가 1915년 캘리포니아주립대학에 입학했다.

최동은 1916년 안식년으로 미국에 와 있던 에비슨 교장의 강연을 듣고 크게 감동받아 의사가 되기로 결심하고, 1917년 세브란스의전에 입학했다. 재학 중이던 1919년 3월 1일 탑골공원에서 쏟아져 나온 군중들과 함께 만세를 부르며 행진하다가 체포되었다. 출판법 위반, 보안법 위반으로 1919년 8월 30일 경성지방법원 공판에 넘겨졌으며 1919년 11월 6일 징역 7개월(미결구류일수 120일)에 집행유예 3년을 언도받았다.

1921년 세브란스의전을 졸업하고 중국 베이징협화의학원에서 기생충학을 연구했으며, 캐나다토론토대학 병리학 연구실에서도 2년간 연구했다. 1929년부터 세브란스의전 교수로 재직했고, 1934년에는 일본 도호쿠제국대학 법의학교실에서 연구하여 1936년 의학박사 학위를 받았다.

1945년 해방 직후 제4대 세브란스의전 교장에 취임하여 대학 승격에 힘을 쏟았으며, 1948년에는 학장직을 사임하고 교수로 돌아가 1955년까지 재직했다. 이렇게 의학자로서 이름을 날리면서도 역사에도 꾸준히 관심을 쏟아 1966년 『조선상고민족사』라는 방대한 분량의 역사서를 저술했으며, 이를 계기로 1968년 연세대학교에서 명예문학박사학위를 받기도 했다. 1973년 폐질환으로 사망했다.

최명학 崔明鶴

본적/주소 함남 함흥군 함흥면
생몰연도 1898 – 1961

1898년 3월 15일 함남 함흥군 함흥면에서 태어났으며, 최봉익의 장남이다. 1913년 함흥 영신보통학교를, 1917년 함흥 영생학교를 졸업했으며, 1919년 당시 함흥 제혜의원의 서기로 근무했다. 1919년 2월 26일 평양숭실중학교 교사 강봉우가 함흥을 방문한 것을 계기로, 함흥 지역에서는 기독교 측과 학생 측에서 독립운동 준비가 진행되었다. 거사일은 함흥의 장날인 3월 3일로 정해졌으나 3월 2일 함흥 시내에서 산발적으로 군중들의 시위가 진행되었고, 이를 탄압하기 위해 출동한 경찰·헌병이 다수의 군중을 체포해갔다. 3월 3일로 추진되었던 시위는 최명학이 낙민루에 올라가 나팔을 부는 것을 신호로 일제히 궐기할 계획이었으나, 3월 2일 시위 이후 3월 3일 새벽부터 일본 경찰은 만세시위를 주동한 인물들을 예비검속하여, 기독교 측과 함산학우회 계통의 인물 다수가 구속되었다. 최명학도 이때 검거되었다.

최명학은 2월 28일 함흥군 함흥면 중하리 예배당에 모여 기독교 측 인사들과 3월 3일 시위운동을 추진한 것이 인정되어 1919년 4월 21일 함흥지방법원에서 징역 10개월을 선고받았다. 이에 불복하여 1919년 7월 경성복심법원에서 징역 8개월을 받았고, 다시 상고했으나 1919년 9월 1일 고등법원 형사부에서 상고 기각으로 징역 8개월이 확정되었다.

최명학은 1920년 5월경 출옥하여 함흥에서 기독교청년회에서 활동을 계속하다가 1922년 세브란스의전 별과에 입학했다. 세브란스의전에서 의학공부를 하는 동안 그는 줄곧 경제적인 어려움을 겪었다. 1926년 졸업 후 최명학은 세브란스병원에서 일하게 되었으나 그 뒤에도 경제적 사정이 바로 좋아지지는 않았다.

해부학 교실 조수로 2년간 근무하던 최명학은 세브란스의전의 대비생으로 선발되어 1927년 4월 일본 교토제국대학 의학부 해부학교실 연구과로 유학을 떠났다. 4년 후인 1931년 1월 귀국하여 세브란스 강사로 취임했고, 7월에는 조교수로 승진했다. 1932년 4월 교토제대 의학부에서 박사학위논문이 통과되어 한국 최초의 해부학박사가 되었으며, 이는 세브란스의전 출신으로서 일본에서 받은 최초의 의학박사학위였다.

이후 1931년 학교 학생감으로 선임되었으며, 교우회 간사, 조선의사협회 간사 등을 거쳐, 세브란스 후원회 이사, 세브란스의전 이사 등을 역임하는 등 다방면으로 활약했다. 세브란스의전 기독청년회문예부가 주최하는 통속의학강연회와 같은 활동에도 지속적으로 참여했다.

그러나 1936년 7월 세브란스에서 학생 입학과 관련된 부정 사실이 드러나고 이와 관련하여 최명학이 본정 경찰서에 비공식으로 소환되어 조사를 받은 것이 알려지자, 7월 24일 이사회에서는 협동정신이 없다는 이유로 최명학에게 권고사직을 선언했다. 이를 계기로 최명학을 지지하는 측과 학교 당국의 주장이 충돌하는 등 한동안 분규가 일어났고, 최명학은 결국 이사회에서 물러나 함흥으로 귀향했다.

1937년 6월 이후에는 함흥제혜병원에서 근무하면서 외과기술로 이름을 날렸으며, 함흥기독청년회 회장을 맡기도 했다.

해방과 분단 모두 함흥에서 맞았으며, 해방 초기부터 함경남도 지역의 행정과 치안 등에 관여하여 함경남도 인민인원회 부위원장 겸 보건국장으로 활동했다. 1945년 11월 함흥의학전문학교 교장에 임명되었으며, 1948년 8월 함흥의과대학 초대학장이 되었다. 1952년 과학원 창립 시 의학 분야 유일의 원사이자 농학·의학 부문 의원장이 되었으며, 전쟁 이후 1953년 11월에는 과학원 대표단장으로 베를린에서 열린 국제과학자협회 광학분과회에 참석했다. 1956년 최명학은 과학원 중앙위원회 상무위원과 의학연구소 소장을 역임하는 등 북한 의료계에서 핵심 인물로 활동하다가 1961년 12월 사망했다.

탁명숙 卓明淑 · 탁마리아

본적/주소	함남 함흥부 서호면
생몰연도/포상훈격	1900 – 1972, 건국포장(2013)

1900년 12월 4일 함남 함흥부 서호면에서 태어났다. 함흥에서 영생여학교를 졸업한 후 서울로 와서 세브란스 간호부양성소에 입학했다. 1917년 간호부양성소 졸업 후, 원산 구세병원에서 간호사로 일하다가 1919년 3월 5일 남대문 앞 만세 시위에 참여했다. 종로 4거리까지 행진했다가 경찰에게 체포된 탁명숙은 출판법 위반, 보안법 위반으로 1919년 8월 30일 경성지방법원의 공판에 넘겨졌으며 예심 전 보석으로 풀려났다.

그러나 1919년 9월 2일 남대문역에서 강우규가 새로 부임하는 총독 사이토의 마차에 폭탄을 던진 사건으로 다시 투옥된다. 거사 현장에서 빠져나온 강우규는 거사를 다시 계획하면서 9월 17일까지 도피 생활을 했다. 이 과정에서 탁명숙은 보석 상태임에도 강우규의 도피를 도와 9월 13일 그가 임재화의 집에서 묵을 수 있도록 했다. 이에 탁명숙은 공범 혐의로 체포되었다. 1919년 11월 6일 경성지방법원에서 판결이 선고되었는데, 징역 6개월 집행유예 3년(미결구류일수 90일)이 언도되었으며, 강우규 사건과 관련하여 가중 처벌되거나 재판이 진행되지는 않았다. 판결 후 다시 고향인 함흥으로 돌아간 탁명숙은 여성 교육을 위한 활동에 매진했으며, 이러한 활동 결과 함흥에 사립 동명여학교가 설립되기도 했다. 1972년 10월 24일 사망했으며, 2013년 건국포장에 추서되었다.

부록 3

서훈자 자료

01. 고병간 판결문	15. 신창희 일본 외무성 기록
02. 곽권응 판결문	16. 신현창 일본 외무성 기록
03. 곽병규·김창세·정영준 관련 보도기사	17. 안상철 판결문
04. 곽병규 일본 외무성 기록	18. 윤종석 판결문
05. 김병수·배동석·정태영 판결문	19. 이갑성 판결문
06. 김필순·이태준 일본 외무성 기록	20. 이도신 일제감시대상 인물카드
07. 김효순 일제감시대상 인물카드	21. 이성완 판결문
08. 노순경 일제감시대상 인물자료	22. 이일선 일제감시대상 인물카드
09. 마틴 일본 외무성 기록	23. 이정숙 판결문
10. 문창모 관련 보도기사	24. 정영준 일본 외무성 기록
11. 박서양 일본 외무성 기록	25. 정종명 일제감시대상 인물카드
12. 송영록 판결문	26. 주현측 일본 외무성 기록
13. 송춘근 일제감시대상 인물카드	27. 탁명숙 판결문
14. 스코필드 조선소요사건 관계 서류	

고병간 판결문(1919. 7. 12)

고병간 등이 제기한 상고는 기각되어, 고병간은 징역 2년이 확정되었다.

刑事判決原本 高等法院

朝鮮總督府判事 石川正
朝鮮總督府判事 楠常藏
朝鮮總督府判事 永沼直方
朝鮮總督府判事 水野正之丞
朝鮮總督府裁判所書記 [illegible]

大正八年刑上第三八四號

判決

平安北道宣川郡宣川面川北洞
私立信聖學校敎師
被告人 金志雄
二十六年

刑事判決原本 高等法院

同所生徒 桊淳事
被告人 朴贊彬
十八年
同所生徒
被告人 金鳳性
同所生徒
被告人 高東幹
二十一年
同所生徒
被告人 張日炫
二十四年

右保安法違反　被告事件ニ付大正八年
六月三日平壤覆審法院ニ於テ言渡シ
タル判決ニ對シ被告等ヨリ上告ヲ申立タリ依
テ當院ハ朝鮮總督府檢事草場林五郎ノ意見ヲ
聽キ判決スルコト左ノ如シ

主文

本件上告ハ之ヲ棄却ス

理由

被告李起東上告趣意ハ被告ハ本年三
月一日午後一時頃宣川邑内ニ於テ朝
鮮獨立宣言ノ際其團体ニ參加シテ太
極旗ヲ振リナカラ一生懸命贊成ノ意

곽권응 판결문(1919. 9. 19)

곽권응은 징역 8개월을 선고받았다.

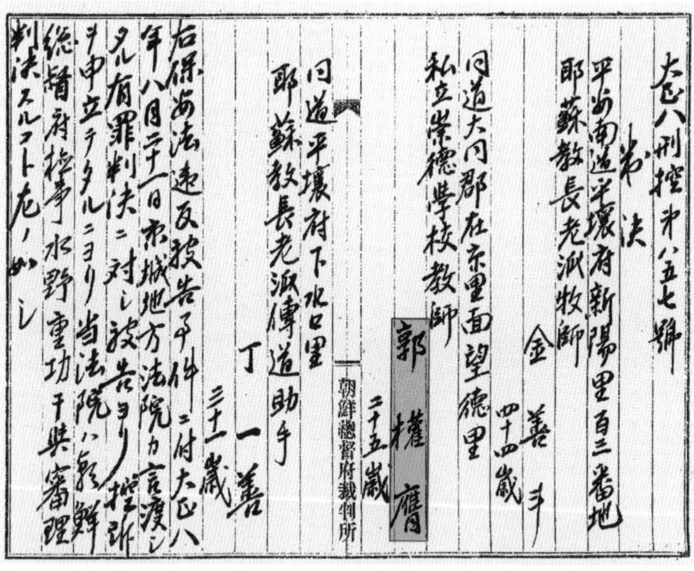

大正八刑控第八五七號

判決

平安南道平壌府新陽里百三番地
耶蘇教長老派牧師
金善斗
四十四歳

同道大同郡在京里面望德里
私立崇德學校教師
郭權膺
二十五歳

同道平壌府下水口里
耶蘇教長老派傳道助手
丁一善
三十一歳

右保安法違反被告事件ニ付大正八年八月二十一日京城地方法院カ言渡シタル有罪判決ニ對シ被告ヨリ控訴ヲ申立テタルニヨリ当法院ハ朝鮮總督府檢事水野重功干與審理判決スルコト左ノ如シ

朝鮮總督府裁判所

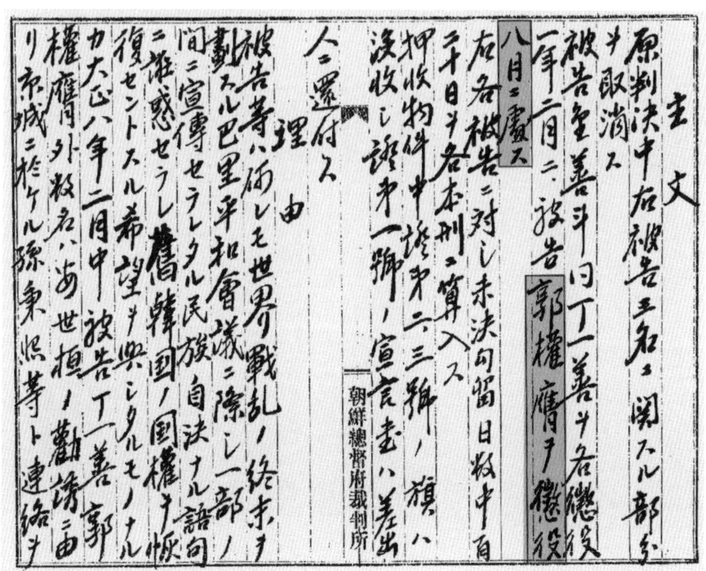

主文

原判決中右被告三名ニ關スル部分ヲ取消ス
被告金善斗同丁一善ヲ各懲役一年二月ニ被告郭權膺ヲ懲役八月ニ處ス
右各被告ニ對シ未決勾留日数中百二十日ヲ各本刑ニ算入ス
押收物件中證第二三號ノ旗ハ没收シ證第一號ノ宣言書ハ差出人ニ還付ス

理由

被告等ハ何レモ世界戰亂ノ終末ヲ劃スル巴里平和會議ニ際シ一部ノ間ニ宣傳セラレタル民族自決ナル語句ニ誑惑セラレ舊韓國ノ國權ヲ恢復セントスル希望ヲ與ニシタルモノナル力大正八年二月中被告丁一善郭權膺外数名ハ安世桓ノ勸誘ニ由リ京城ニ於ケル孫秉熙等ト連絡ヲ

朝鮮總督府裁判所

곽병규·김창세·정영준 관련 보도기사
(『신한민보』 1920. 4. 16)

新韓民報

The New Korea

中央總會공포

림시평의회 소집

五개됴안건

하와이보니 공문

구미위원부에셔 중앙총회에

한국독립운동에 무긔공급

동국에 향하는 일영법三국

일본보호하우루시아션살륙

예산표

적十자회금

독립신문위하야 여러분의게 고함

젹十자회간호부양셩소
후렬 중렬 전렬
리미리
임재호 서병호 강헌셕
한창운 차뎡신 리봉슌
차만호 김보연 김순이
안뎡국 김셩겸 오나회
김병조 김창세 리화숙
민제호 곽병규 리경신
리희경 정인쥰 김원경
김련실

곽병규 일본 외무성 기록(1920. 12. 15)

블라디보스토크에서 조선인 기독교청년회 회장으로 선출된 곽병규의 이름을 볼 수 있다.

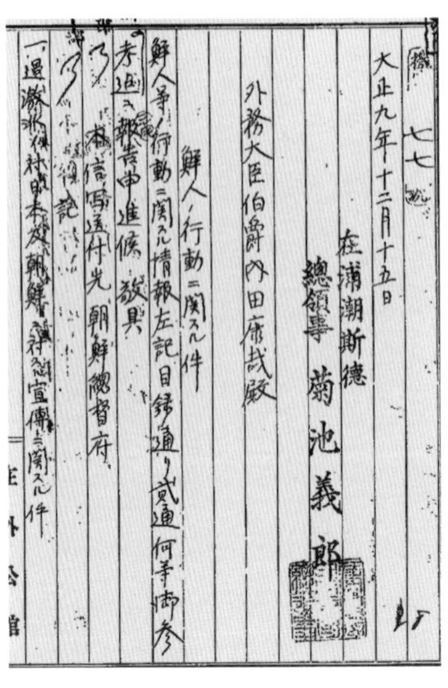

機 七七

大正九年十二月十五日

在浦潮斯徳 總領事 菊池義郎

外務大臣伯爵内田康哉殿

鮮人ノ行動ニ関スル件

鮮人等ノ行動ニ関スル情報左記目録通リ貳通何等御参考迄ニ報告申進候 敬具

本信写送付先 朝鮮總督府

記

一、過激派側朴成本及韓鮮[illegible]宣傳ニ関スル件

共ニ日本人ヲ交ヘズ京城ノ有志者トノミノ會食ノ席上一場ノ演説ヲ試ミ涙ヲ揮テ左ノ意味ノ言ヲ兼ンタリト云フ

吾人ハ従来数年間排日ノ運動ヲ継續シ来リシカ時勢今ヤ吾人ニ非ニシテ已ヲ得ズ表面柔順ナル如ク居ルモ従来「モスコウ」其他露國内地ニ向ケ委員ヲ派遣シアルニ付之等ノ方面ヨリ二三ケ月中ニハ何等カノ好報ヲ齎スモ計ラレズ乞フ決心スル勿レ云々

之ヲ見聞シタル一同ノ團員ハ趙ヲ評シテ何レノ方面ニ向テモ都合ノ好キコトヲ言フ怪シキ男ナリト言ヒ合ヘリト云フ

五、鮮人基督青年會復興ニ関スル件

十一月八日郭東奎李剛ノ両人木藤通訳官ヲ訪ヒ四月事件後尚適確ニ言ヘハ李剛逮捕朝鮮ニ護送セラレシ後中絶シ居タル基督青年會ヲ復興シ度キ希望アリ差支ナキヤ如何トノ旨ヲ伺ヒ出テタリ之ニ対シ木藤通訳官ハ基督教青年會ナルモノハ萬國基督教徒間ニ於テ通有ノモノナレハ敢テ之ヲ總領事館カ承認セヌトカセヌトカノ問題ニアラズ要ハ[illegible]ノ弊ヲ戒ルノミ就中朝鮮ニ於ケル基督教徒特ニ米國宣教師等ニ就キテハ世上既ニ定評アリ當地ニ於テモ従来ノ実験上注意スベキ点少カラサルニ付此点ヲ充分顧慮スルヲ要スベシ兎ニ角總領事ニ相談ノ上確答スベシト答ヘ置キ尚總領事ノ意見ヲ伺ヒタル上十一日李剛ニ対シ基督青年會復興ノコト總領事ニ於テハ異議ナシ但シ名実相伴ハザル場合ニハ既ニ之ヲ他ノ青年會又ハ團体ト認メ何時ニテモ之ヲ解散セシムルコトアルベキ旨ヲ言渡シ尚[illegible]注意警戒ヲ加ヘ置キタリ然ルニ同人等ハ十一月十五日ニ總會ヲ開キ新ニ役員ヲ選挙シタル旨申出タリ

會長 郭東奎　副會長 金寧鉉(牧師)

總務 李剛　名誉總務 [illegible]林 等

김병수·배동석·정태영 판결문(1919. 11. 6)

김병수는 징역 1년 2개월, 배동석은 징역 1년, 정태영은 징역 7개월을 선고받았다. 이후 경성복심법원에서 김병수는 징역 8개월로 감형되었다.

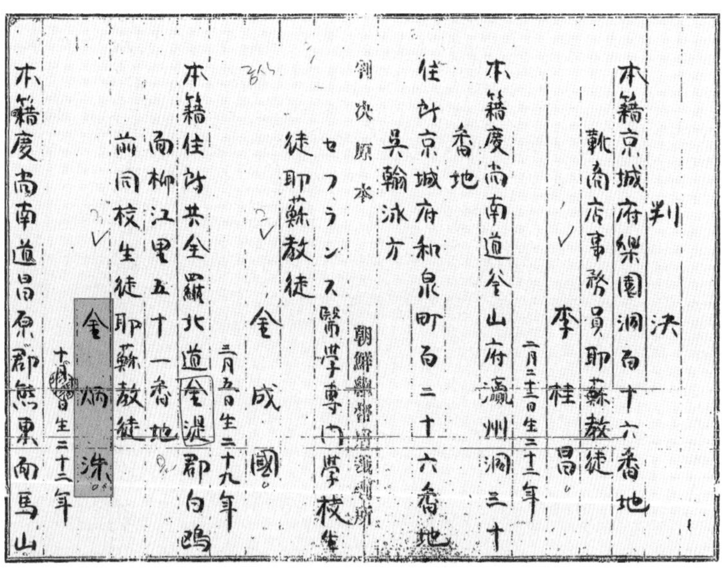

判決

本籍京城府楽園洞百十六番地
靴商店事務員耶蘇教徒
李桂昌
二月二十日生二十二年

本籍慶尚南道釜山府瀛州洞三十番地
住所京城府和泉町百二十六番地
呉輪泳方

判決原本 朝鮮総督府裁判所

セブランス医学専門学校生徒
耶蘇教徒
金成國
二月五日生二十九年

本籍住所共全羅北道金堤郡白鷗面柳江里五十一番地
前同校生徒耶蘇教徒
金炳洙
十月[illegible]日生二十二年

本籍慶尚南道昌原郡熊東面馬山

里七十四番地
住所京城府和泉町百二十六番地
呉輪泳方
前同校生徒耶蘇教徒
李容祥
七月八日生二十七年

本籍慶尚南道金海郡金海面東上洞千十一番地
住所同道馬山府俵町九番地ノ一
私立昌信学校教師耶蘇教徒

判決原本 朝鮮総督府裁判所

任學讚
十月十九日生三十年

本籍住所共慶尚南道馬山府萬町三百二番地
農耶蘇教徒
李相召
十二月二十九日生六十年

本籍慶尚南道昌原郡内西面檜原里五百二十三番地
住所同道馬山府俵町百四十四番

地穀物商
無宗教

金容煥。 三月六日生 三十五年

本籍慶尚南道金海郡金海面東上
洞九百一番地
住所京城府和泉町百二十六番地
呉翰泳方。
セブランス醫學專門學校生
徒耶蘇教徒

判決原本 朝鮮總督府裁判所

裵東奭。 三月三十日生 二十九年

本籍住所共京城府壽松洞六十番
地
普成社幹事天道教徒

印宗益。 二月二十八日生 四十九年

本籍慶尚南道梁山郡下北面芝山
里二百二十七番地
住所京城府崇一洞二番地中央學

住所京城府義州通一丁目百三十
七番地
セブランス醫學專門學校生
徒耶蘇教徒

崔棟 二月二十六日生 二十四年

本籍住所共京城府嘉會洞百五十
八番地
私立普成法律商業專門學校
生徒天道教

判決原本 朝鮮總督府裁判所

金相根 十二月三十日生 二十四年

本籍忠清南道瑞山郡高北面亭子
里四百五十番地
住所京城府嘉會洞二百七番地
天道教系禮

崔俊模 七月三十日生 四十五年

本籍平安南道江西郡花次面五里
百九十九番地

住所京城府樓下洞二百九番地
私立培花女學校教師耶蘇教
徒

尹和卿 一月十七日生 二十七年

本籍忠清北道忠州郡可金面可興
里二百五十番地
住所京城府冷洞百七十番地
李泉澈方
セブランス病院事務員耶蘇
教徒

判決原本　朝鮮總督府裁判所

鄭泰宗 一月十三日生 三十二年

本籍住所共京畿道高陽郡龍江面
東幕上里三十四番地
無職耶蘇教徒元巡査補

鄭浩錫 十二月十日生 二十四年

本籍住所共京城府麻浦洞五十三
番地

私立東幕興英學校教師耶蘇
教徒

朴性哲 一月十日生 二十九年

本籍京城府寛勲洞六十三番地
住所仝府玉川洞三十一番地
前同校教師無宗教

吳貞嬅 一月二十五日生 三十年

右ノ者ニ對スル出版法並ニ保安法
違反被告事件ニ付朝鮮總督府檢事

判決原本　朝鮮總督府裁判所

山澤佐一郎干與審理判決スルコト
左ノ如シ

主文

被告李秉周金炳浩ヲ各懲役一
年二月ニ處ス
被告李桂昌印宗益金容煥鄭浩
錫金成國裵東碗金東赫ヲ各懲
役一年ニ處ス
被告李宏祥吳興順吳澤彥高熙

後ノ各懲役八月ニ処ス
被告金鉄浩李瓌姜助遠申公良
任学贊李相召李嗇春朴祥銓
董錫琪崔棟金相根崔俊模尹和
睍鄭泰宗朴性哲吳貞嬅ヲ各懲
役七月ニ処ス
但シ各被告ニ對シ未決勾留
日數百二十日ヲ各本刑ニ算
入シ尚ホ被告金鉄浩李瓌姜
助遠申公良任学贊李相召李

判決原本　朝鮮總督府裁判所

嗇春朴祥銓董錫琪崔棟金相
根崔俊模尹和睍鄭泰宗朴性
哲吳貞嬅ノ十六名ニ對シテ
ハ何レモ三年間刑ノ執行ヲ
猶豫ス
押收物件中証劵九号宣言書二
百六十七枚証劵四十号ノ朝鮮
國民学生團發動ト題スル印刷
文書六枚証劵四十一号ノ非法
行動ニアラサル乎ト題スル印

刷文書十三枚証劵四十三号旗
一旒証劵百十二号赤布証劵百
十五号旗一旒証劵二百六十三
号手巾一枚証劵四百三号宣言
書三十八枚ハ之ヲ沒收シ其ノ
他ハ各差出人ニ還付ス

理　由

第一 被告李桂昌ハ牧師朴興道金昌
俊カ孫秉熙等ト共謀ニ朝鮮ノ
獨立ヲ劃策シ朝鮮人ハ自由ノ

判決原本　朝鮮總督府裁判所

民ナリ朝鮮ハ獨立スヘキ國ナ
ルヲ以テ最後ノ一人ニ至ルマ
テ努力シテ其ノ目的ヲ達セサ
ル可カラサル旨ヲ詳述セル煽
動的不穏ノ文書タル朝鮮獨立
宣言書ヲ全鮮民ニ配布シテ獨
立思想ヲ鼓吹スルタメ平安北
道宣川郡宣川邑内ニ送附シ宣
川ニ於テ一大示威運動ヲ起サ
セ然ルト[illegible]ルヨ旁リ其ノ趣旨

김필순·이태준 일본 외무성 기록(1914. 12. 28)

'서간도 재주 불령선인 조사'라는 제목의 표에 김필순 이태준이 이름이 나란히 실려 있다. 김필순에 대해서는 "제중원 졸업생으로서 세력 있음." 이태준에 대해서는 "제중원 졸업생으로 김필순과 동반 이주하여 목하 다른 곳으로 이전하였다고 함. 혹은 북경에 도착했다는 설이 있음"이라고 비고란에 적어두었다.

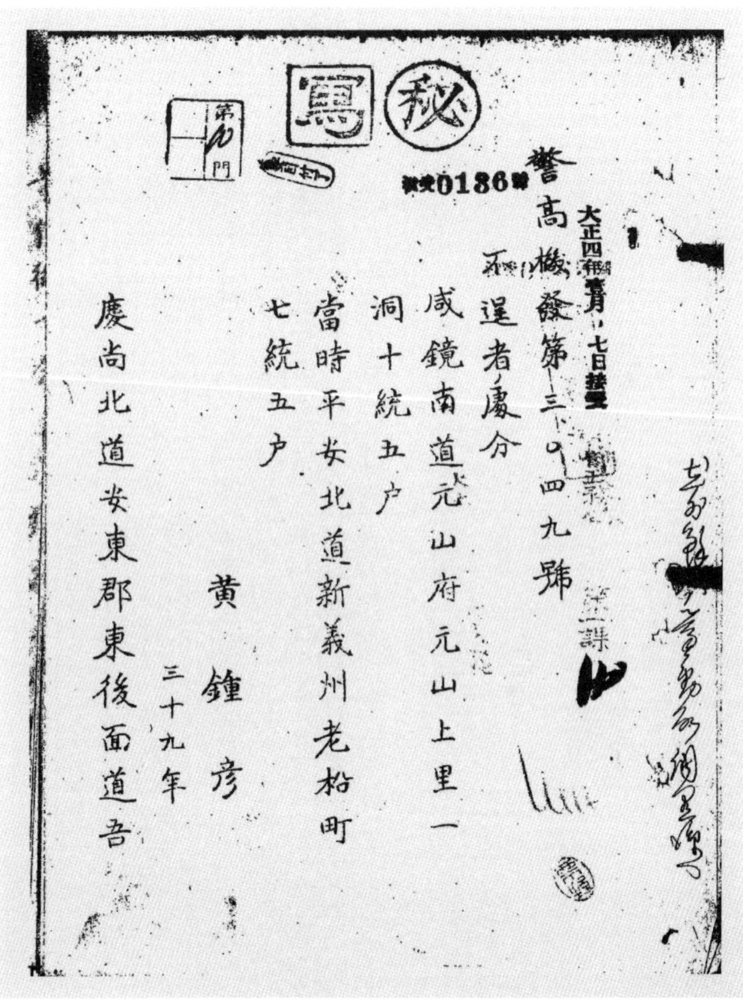

秘

寫

0186

警高機發第三〇四九號

不逞者處分

咸鏡南道元山府元山上里一
洞十統五戶
當時平安北道新義州老松町
七統五戶

黃鍾彥
三十九年

慶尚北道安東郡東後面道吾

居住地	原籍	氏名	年齡	備考
〃	京城	金鄕淳（光悦ト改名ス）	四〇	濟衆院卒業生ニシテ勢力アリ
〃	平北宣川	李義俊	三五、六	濟衆院卒業生ニシテ金鄕淳ト同伴移住目下他ニ轉シ居リト或ハ北京ニ赴キ居リトノ説アリ
〃	京畿水原	林鄕東	五〇	客主業ニシテ有力者
通化縣	平安道人	金相俊	五〇	〃
柳河縣	京城	任華東	五五、六	〃
通化縣韓家街	平安道人	方基典	六〇位	農傍ラ學校教師
〃	京城	金舜七	四〇〃	居住地學校教師
〃	平安道人	李光玉	四五、六	農業ニシテ有志者
〃	〃	金昌武	三五、六	農業ニシテ有志家

西間島在住不逞鮮人調査

在住地	原籍地	氏名	年齢（推定）	備考
奉天省通化縣哈泥河	京城	李始榮	五五 六	[illegible]
〃	〃	李會榮		李始榮ノ中兄 [illegible]常ニ往来運動ス
〃	〃	李石榮		李始榮ノ長兄 常ニ居所ニ留マリ学校及財産ヲ統理ス
〃	〃	李哲榮		仝 次兄 新興學校長
〃	〃	李時榮		仝 从弟
〃	〃	李護榮		仝 末弟
〃	〃	呂復	四五 六	新興学校教師

김효순 일제감시대상 인물카드

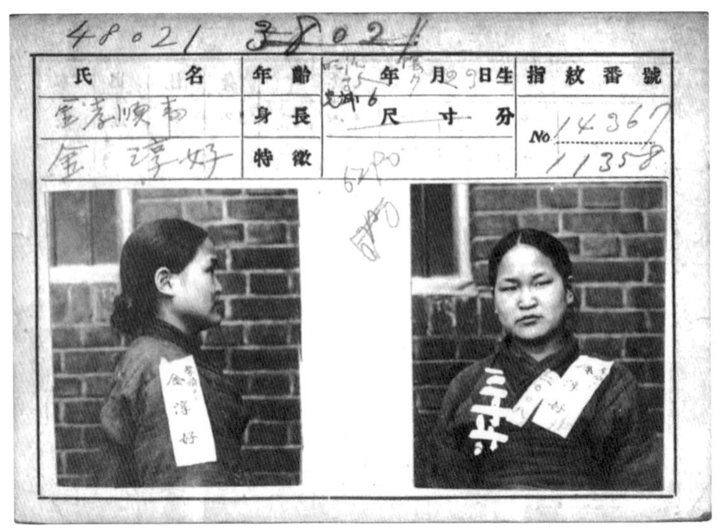

48021 38021

氏名	年齡	年 月 日生	指紋番號
金淳好	身長	尺 寸 分	No. 14367 / 11358
	特徵		

本籍	出生地	住所	身分	職業	罪名	刑名	刑期	言渡年月日	刑ノ始期	言渡裁判所	執行監獄	出獄年月日及其事由	前科
黃海道	ク	京城	平民	看護婦	保安法違反	禁錮	六月	大正八年一月十八日	大正八年一月二十九日	京城地方法院	西大門監獄	滿期 假出獄	初犯

受刑事項

備考

노순경 일제감시대상 인물카드

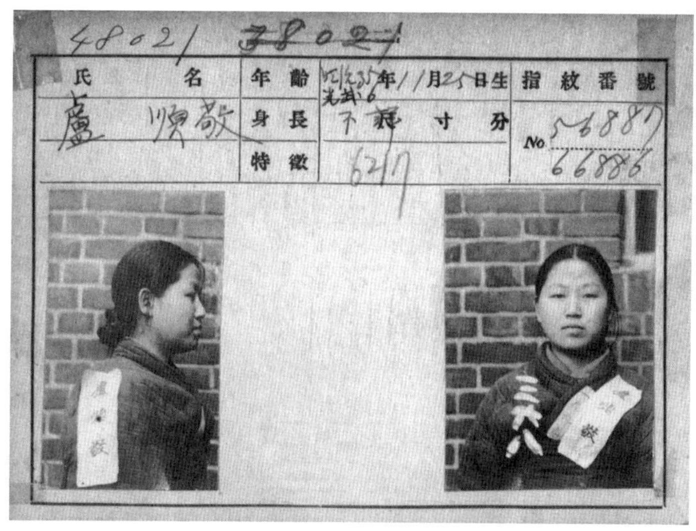

48021

氏名	年齡	光武6年 11月25日生	指紋番號
盧順敬	身長	不詳 寸 分	No. 56887 / 66886
	特徵	6217	

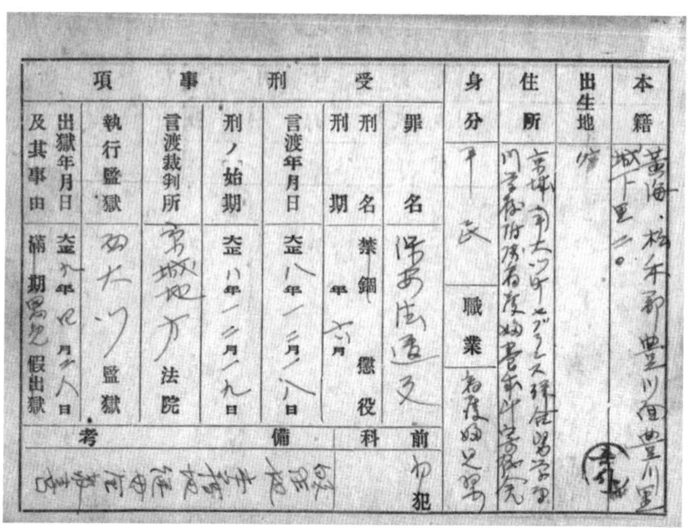

本籍	黃海 松禾郡 豊川面 豊川里 城下里 二〇
出生地	仝
住所	京城府太平町
身分	平民
職業	看護婦見習
受刑事項 罪名	保安法違反
刑名	禁錮 懲役
刑期	年 六月
言渡年月日	大正八年一月一八日
刑ノ始期	大正八年一月一九日
言渡裁判所	京城地方法院
執行監獄	西大門監獄
出獄年月日 及其事由	大正八年七月八日 滿期 假出獄
前科	初犯
備考	[illegible]

마틴 일본 외무성 기록(1921. 8. 18)

'장로파미국선교사 일행 내포(來浦, 浦는 블라디보스토크를 지칭)에 관한 건'이라는 제목 아래 마틴은 룽징춘병원 의사라고 기록되었다.

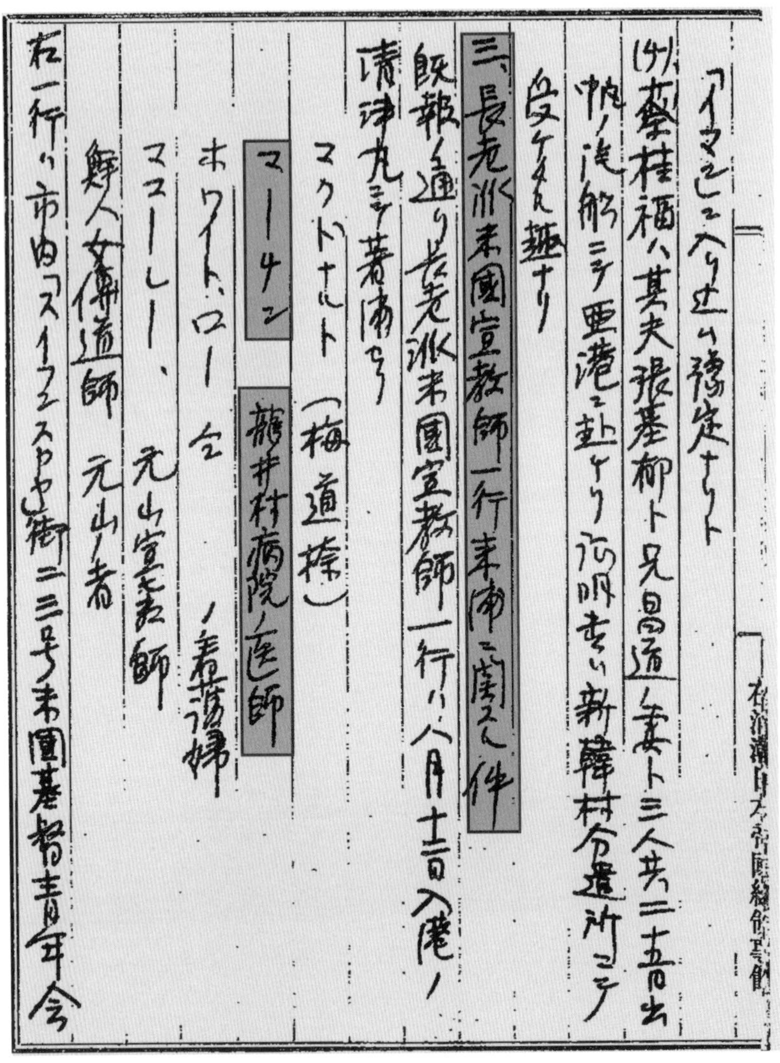

「イマン」ニ入リ止ル豫定ナリト

(外)李桂福ハ其夫張基柳ト兄昌道妻ト三人共二十五日出

帆ノ汽船ニテ亜港ニ赴ケリ而シテ新韓村分遣所ニテ

受ケタル趣ナリ

三、長老派米國宣教師一行来浦ニ関スル件

既報通リ長老派米國宣教師一行ハ八月十一日入港ノ

清津丸ニテ着浦セリ

マクドナルド（梅道捺）

マーチン 龍井村病院ノ医師

ホワイト、ロー 仝 ノ看護婦

マコーレー、 元山宣教師

婦人伝道師 元山ノ者

右一行ハ市内「スイフエンスカヤ」街二三号米國基督青年会

在浦潮日本帝國總領事館

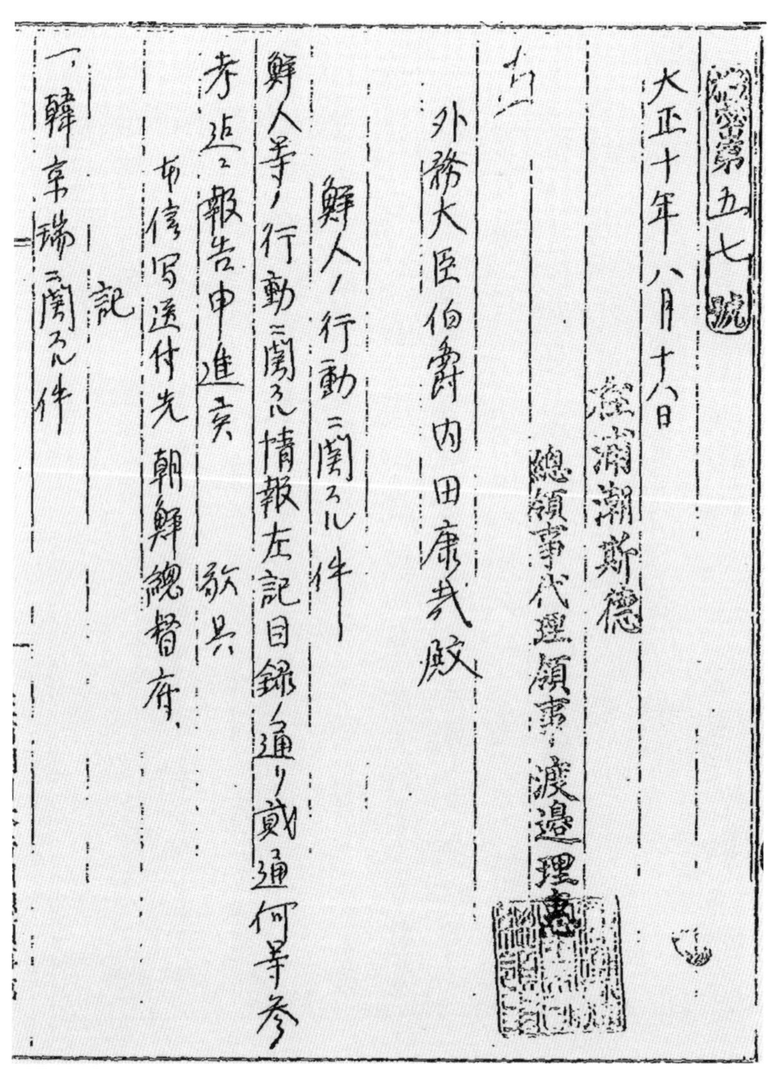

機密第五七號

大正十年八月十八日

在浦潮斯德

總領事代理領事 渡邊理惠

外務大臣伯爵内田康哉殿

鮮人ノ行動ニ關スル件

鮮人等ノ行動ニ關スル情報左記目錄ノ通リ貳通何等參考迄ニ報告申進候 敬具

本信写送付先 朝鮮總督府

記

一 韓京瑞ニ關スル件

寄宿舎ニ投シ居リ
右ノ内龍井村病院ノ看護婦「ホワイト.ロール」ナル米国婦人ハ昨
年間島討伐時代不逞鮮人ノ負傷者収容等ニ就テ尽力
少ナカラサリシ為ニ在間島有志鮮人等ヨリ紀念トシテ金指
輪弐個ヲ贈ラレタルヲ指シ居レリ
而シテ本月十四日長老派教会ニ於ケル婦人会ノ催シアリタル其
席上「ホワイト．ロール」ハ此ノ指輪ヲ会衆ニ誇示シツヽ自分
ハ鮮人ヲ愛スルコト我同胞ニ異ナラス其ノ記標ハ此ノ指輪ナリ
トテ其来歴ヲ物語リ昨年討伐時代ノ其ノ尽力ヲ自認セリト
云フ同行ノ在間島医師「マーチン」ハ性質頗ル生意気
ニシテ昨年我派遣憲兵隊ト衝突シタルコトモアリタリトテ
同人ハ一見頗ル意気悪ノ性ヲ表榜シ居レリ
八月十四日午後二時ヨリ基督青年会ノ発起ニテ一行及清津

在間島日本帝国総領事館

(辛號用紙)

문창모 관련 보도기사(『동아일보』 1926. 7. 1)

南北監理敎合倂을決定

行啓를機會삼아 攝政宮에不敬行動 山口縣大逆事件

碧昌義勇團 金泰源死刑

舊主는白玉樓로 袞龍袍는博物館에

千世鳳의公判

全部起訴猶豫

日本濱松爭議 赤露에서後援

代表的洋琴家

遊園地를建設

全部起訴猶豫

열세명이전부긔소유예로

第二次六十萬歲事件

작월십일 학생중심의 조선○○ 만세사건이래 계속하야 데이차로○○ 만세를이르키고저 시내 고등보통 학교 대표자들이 서대문뎡(西大門町)피어선긔념성경학원(皮魚鮮紀念聖經學院)에모히어등사판에격문서다수를등사하여가지고 거사하기를 계획하고 잇다가 사실이 경찰부고등계에 발각되야 지난십칠일 이래학생 십수인이검거 되야경성 디방법원검사국 으로넘어 갓다함은긔보한바어니와 이래 그들은 서대문형무소에 수용되야 검사국에서치안유지법(治安維持法)과 출판법위반(出版法違反)으로 취조를받는중이더니 지난삼십일에검사국 에서는그들을 전부긔소유예(起訴猶豫)로하야 내여보내기로 태도를 결뎡하여 가지고 그날아츰형무소로부터 그들을전부검사국으로 호출하야 리견(里見)검사로부터「주의」가잇슨후 즉석에서석방하엿는데 그 출옥된학생들은

◇中東高等普通學校生徒▲文昌模▲[illegible]▲孫[illegible]▲[illegible]▲[illegible]▲金東鎭▲金祚永▲黃[illegible]

◇皮魚鮮聖經學院生徒▲劉[illegible]▲金東石

◇協成學校生徒▲崔永植▲孫秉錫▲金永錫

박서양 일본 외무성 기록(1922. 1. 7)

'조선인경영사립학교'라는 제목의 표에서 숭신학교와 박서양의 이름을 찾을 수 있다.

二、朝鮮人經營私立學校

學校名稱	位置	校主年月	經營維持方法	宗教ノ關係	教科目	校長氏名	教師數	學級	生徒人員	學校沿革ノ概要	職員生徒ノ行動
德成學校	和龍縣 仁化社 下廣浦洞 南坪洞 太陽洞	大正五年五月	[illegible]	耶蘇教 [illegible]	朝鮮語、漢文、[illegible]	金[illegible]	一	一	男[illegible] 女[illegible]	[illegible]	不穩言動ヲ為ス[illegible]
東明學校	和龍縣 明新社 土山子 南洞	大正十年九月	同右	[illegible]教	朝鮮語、[illegible]、[illegible]學	金[illegible]浩	一	一	男一五 女一	開校以來 校勢不振	同右
德興學校	同縣 智新社 英岩村	明治四十一年五月	同右	天主教	漢文、[illegible]	李[illegible]	[illegible]	四	[illegible]	[illegible]	同右

機密第二號

大正十一年一月七日

在間島總領事 堺與三吉

要目録了

外務大臣伯爵内田康哉殿

大正十一年貳月拾九日記録係接受

間島地方日本側施設及朝鮮人經營私立學校調査ノ件

本件ニ關シ調査シタル處別紙ノ通リニ候間此段及報告候　敬具

本信寫送付先
北京公使
朝鮮總督

在間島日本帝國總領事館

光東學校	崇信學校	天道教立近吉第一學校	晋東學校
同縣 尚義郷 細鱗河 光東洞	同縣 石子街 下市場	同縣、志仁郷 西溝 廣濟村	同縣、志仁郷 臥龍洞
大正十年五月	大正六年六月	大正十年三月	明治四十一年四月
山野約五十 十月耕			
同右	同右	生徒ノ月謝及教徒ノ醵金	同右
同右	同右	天道教	耶蘇教(加奈陀長老派)
同右	同右	算術、英語、理科、歴史、[illegible]	修身、算術、國語、漢文、理科
李壹峴	朴瑞陽	朴寧重	池炳學
一	五	四	四
五	四	五	五
男二四 女一二	男二五 女一五	男六五 女一	男[illegible] 女[illegible]
設立當時ハ細鱗河ニ在リシモ本年中現所在地ニ[illegible]	不逞鮮人排日思想[illegible]ノ[illegible]コラ設立	[illegible]	[illegible]
不穏ノ言動ヲ認メズ	排日的[illegible]傾向アリ	教員ハ[illegible]不逞鮮人ノ連絡中心ト目セラル	職員ハ[illegible]アリ

송영록 판결문(1919. 5. 6)

송영록은 징역 8개월을 선고받았다.

判決

本籍地 京畿道開城郡北面梨浦里
現住所 同道同郡松都面南本町百八十五番地
傭人(無宗教)
韓宗錫
二月三日生 十九年

判決原本
朝鮮總督府裁判所

本籍地 同道同郡同面宮町五十九番地
現住所 右同所 金錢貸借仲介業(無宗教)
金益龍
八月二十五日生 四十六年

本籍地 同道同郡同面南本町八百八十番地
現住所 右同所 無職(無宗教)
金[illegible]

本籍地 江原道伊川郡伊川面香里
現住所 京畿道開城郡松都面高麗町松都
高等普通學校寄宿舍內
同校二年生 基督教徒
宋永錄
八月七日生 十九年

本籍地 同道同郡同面滿月町三百九十三番地

判決原本
朝鮮總督府裁判所

現住所 同道同郡同面高麗町四十八番地
無職 基督教徒
朴宗林
二月七日生 二十八年

本籍地 同道同郡禮成面湍川里六百四十七番地
現住所 同道同郡松都面滿月町
松都高等普通學校四年生 基督教徒

現住所 京畿道開城郡松都面高麗町五十四

番地 染物職工 耶蘇教徒

高敏龍

十月二十日生 二十六年

本籍地 忠清北道清州郡双清里三百四十七番地

現住所 京畿道開城郡松都面満月町

松都高等普通学校四年生 基督教徒

判決原本 朝鮮總督府裁判所

金鍾瑞事 金壽千

九月十五日生 二十三年

右等ニ對スル保安法違反被告事件ニ付朝鮮總督府檢事境長三郎干與審理判決ス

主文

被告韓宗錫ヲ懲役一年六月ニ處ス

被告金基龍、金昕ヲ各懲役一年ニ處ス

被告李學承、姜昌鉉、沈永植ヲ各懲役十月ニ處ス

被告宋永録ヲ懲役八月ニ處ス

被告朴宗林、沈亮龍、金貞植、金翊重ヲ各懲役七月ニ處ス

判決原本 朝鮮總督府裁判所

被告南興成、安鍾和、安治三、金壽千、高敏龍、金東轍ヲ各懲役六月ニ處ス

押收物件ハ各差出人ニ還付ス

公訴裁判費用中公判ニ於ケル證人島田五一、崔完相ニ支給シタル旅費日當ハ被告韓宗錫、金基龍

송춘근 일제감시대상 인물카드

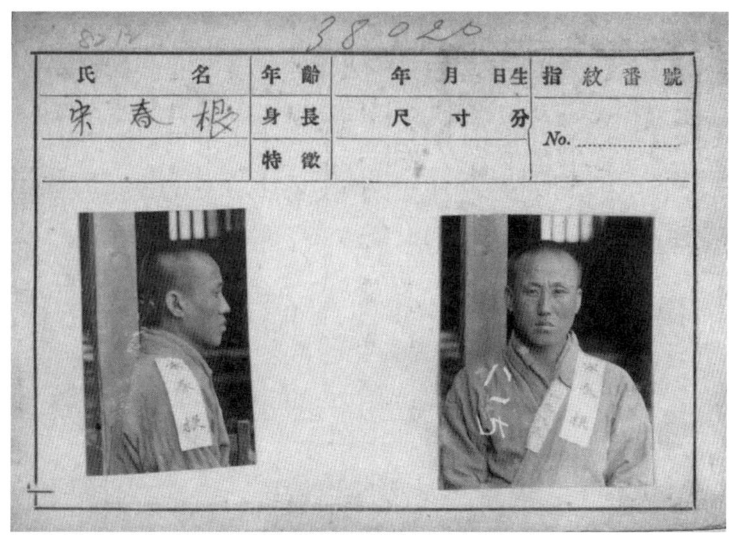

38020

氏名	年齢	年月日生	指紋番號
宋春根	身長	尺寸分	No.
	特徵		

受刑事項							身分	住所	出生地	本籍
罪名	刑名	刑期	言渡年月日	刑ノ始期	言渡裁判所	執行監獄	出獄年月日及其事由			
保安法違反	禁錮 懲役	年月	大正 年月日	大正 年月日	法院	西大門監獄	大正 年月日 滿期 假出獄			
前科		備考					職業			

스코필드 조선소요사건 관계 서류(1919. 3. 6)

세브란스병원 의사 스코필드에 대해 "배일적 언동을 하는 인물"로 평했으며, 세브란스 병원 내에는 "독립운동의 이면에서 활동한 기독교 측의 주도자 함태영 및 독립선언서 서명자인 이갑성 등의 무리를 배출", "병원의 조선인 간호부 11명은 붕대를 휴대하고 군중 중에 섞여 들어가 이를 검속하여 취조" 중이란 내용을 볼 수 있다.

例アリ
又京城南大門外耶蘇教經營セブランス病院醫師スコフヰツクハ豫テ鮮人ニ同情ヲ寄セ排日的言動アル人物ナルカ同病院内ヨリハ今回ノ獨立運動ノ裏面ニ於テ活動セシ耶蘇教側ノ首謀者咸台永及獨立宣言書署名者タル李甲成等ノ徒ヲ出シ尚去五日午前南大門停車場前廣場ニ於ケル學生等ノ紛擾ノ際同院ノ鮮人看護婦十一名ハ繃帯ヲ携帯シテ群衆中ニ混シ居タルヲ以テ検束ヲ加ヘ取調中

3
13

極秘

大正八年
三月六日　高第五九七一號

獨立運動ニ關スル件（第七報）

一、京城（三月六日午後六時迄ノ情況）
各道ニ於ケル天道教徒ハ京城ニ於ケル運動聲援ノ爲ト稱シ一日以來續々入京シツヽアルカ尚ホ多數入京スヘシトノ說アリ又不良學生等ノ煽動脅迫ハ漸次公立普通學校及下級鮮人警察官官公立學校鮮人職員ニ及ヒ更ニ各方面ニ擴大シツヽアリ嚴ニ取締中ナルカ五日夜十一時頃東京留學生及府内ニ於ケル學生等六十三名ハ府内松峴洞六十二

신창희 일본 외무성 기록(1921. 10. 21)

"불령선인 및 가족 상해 착발着發의 건"이라는 제목 아래에 신창희의 가족 5명이 1921년 10월 1일 상하이에 도착한 이륭양행 기선을 타고 도착했다는 내용이다.

任務ハ財政員元世勳、韓松溪、南亨祐、金尚學、李奎洪ノ五名ニテ引受ケタリト云フ

二 自稱大韓僑民團議事員ハ就任式

議事員改選ノ結果ハ既報ノ通ナルカ當選者金秉祚、王成彬ノ両名ハ辞退シ次点者金奎植、李裕弼ノ両名之ニ代リ十月五日當選者就任式ヲ挙ケタリ而シテ同會韓鎮教、徐丙浩ヲ民團會計検査員ニ推挙シ且ツ三回以上會議ニ出席セサル者ハ議事員ノ資格ヲ取消スコトヲ決議シテ散會セリ

今回改選ノ結果ハ西北派優勢ニシテ将来畿湖派ヲ中心トスル現政府ニ對抗セントスルノ準備完了セルモノナリト評スル者アリ

三 不逞鮮人及家族上海着発ノ件

大正拾年拾月廿五日接受 亞細亞局 第三課

朝鮮總督府 次官宛

接受12313號

大正十年十月二十一日 高警第二八四一三號

國外情報

秘

一 國民代表會ノ經過

在上海不逞鮮人中假政府反對派ヲ中堅トシテ組織セラレタル國民代表會既成委員會ニテハ十月一日會合シ曩ニ死亡セル委員尹顯振ノ補缺トシテ南亨祐ヲ推選シ尚尹ノ管掌セシ財政員ノ事務ハ李奎洪其後ヲ繼クコト、シタリ議事トシテハ北京ヨリ代表者ヲ派遣セサル旨申越シタルニ付之カ誤解ヲ一掃シ依然代表ヲ送ルヘク交渉ノタメ南亨祐ヲ北京ニ派遣スルコト及各地代表會合ノ費用總計五千円ト見積リ之ヲ折半シテ北京及上海ノ兩地在住者ニ於テ分擔スルコト、シ之カ

員ヲ復帰セシムルニアラサレハ之ニ應セストテ
引續キ休業出勤セス為ニ中ニハ生活難ニ陥リ困
窮シ居ル者アリト云フ

発送先

内閣総理大臣　各省大臣　拓殖局長官　警視総監　検事総長
関東長官　同軍司令官
朝鮮軍司令官　同両師團長　同憲兵隊司令官　同要港部司令官
各法院長　各検事長　検事正
奉天、吉林、哈爾賓、天津、上海、浦潮　間島総領事
安東、鉄嶺、長春領事
各道知事　警務局各派遣員

十月一日朝上海着怡隆洋行汽船鶏林丸ニテ在天
津不逞領袖呉仁錫及左記家族上海ニ到着セリ
牧師 金東祚（独立宣言書署名者）妻子二名
仝 趙尚燮 家族四名
申昌熙 仝 五名

本年六月米國ニ密航ノ目的ヲ以テ上海ニ赴キ在
來滯在中ナリシ平壤人呉礼鐸ナル者ハ密航ノ目
的ヲ達セサル為メ先般婦人二名ヲ同伴シ帰鮮ノ
途ニ就キタリ

四

電車公司ト従業鮮人ニ関スル件
先般来公司側ト意見合致セサルタメ同盟休業中
ナリシ鮮人従業者四十名中十七名丈ケハ公司側
ニ於テ復帰ヲ許シタルモ該鮮人等ハ全

二

신현창 일본 외무성 기록(1923. 1. 5)

1922년 10월 26일자 한국노병회취지서와 함께 발기인으로 신현창의 이름을 찾을 수 있다.

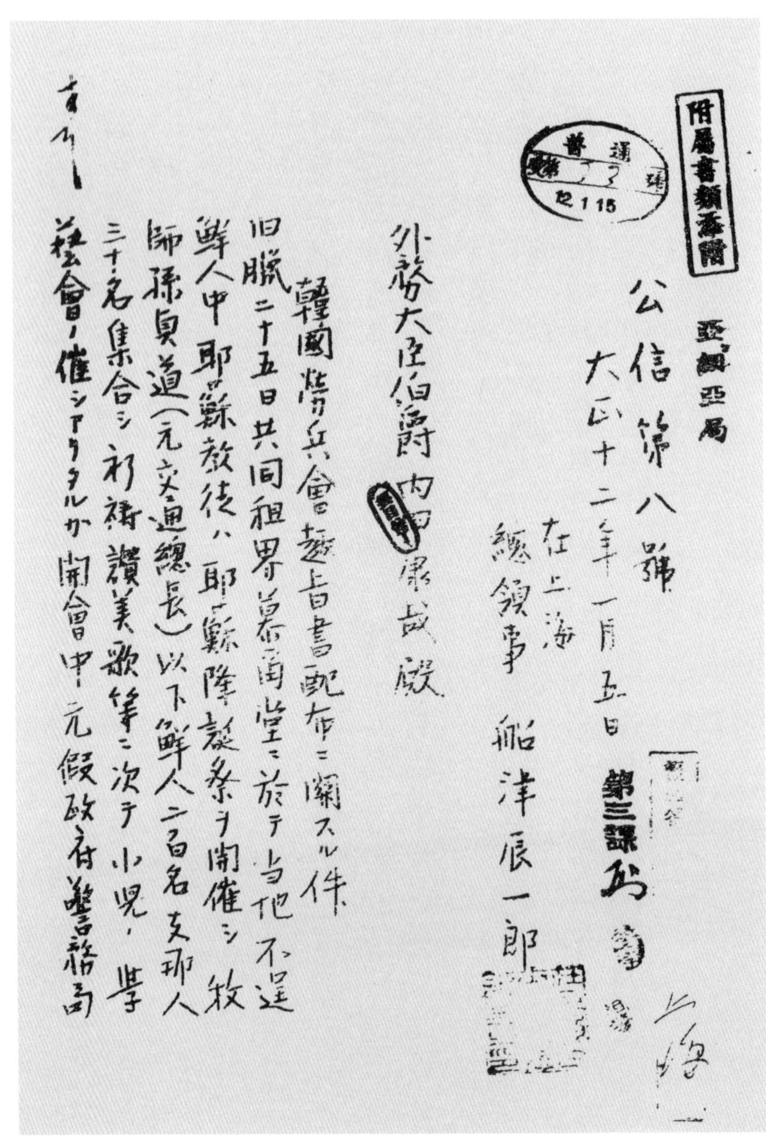

附屬書類添附

亞細亞局

公信第八號

大正十二年一月五日 第三課

在上海 總領事 船津辰一郎

外務大臣伯爵 内田康哉殿

韓國勞兵會趣旨書配布ニ關スル件

旧臘二十五日共同租界慕爾堂ニ於テ当地不逞鮮人中耶蘇教徒ハ耶蘇降誕祭ヲ開催シ牧師孫貞道(元交通總長)以下鮮人二百名支那人三十名集合シ祈祷讃美歌等ニ次テ小児ノ學藝會ノ催シアリタルカ開會中元假政府警務局

長金九以下十九名ノ發起ニヨリ朝鮮獨立ヲ達成
セン爲メ鮮人皆兵主義ヲ叫ヒ今回韓國勞兵會ナ
ルモノヲ組織セントテ別紙譯文ノ如キ印刷物（韓國
勞兵會趣旨書）ヲ配布シ運動ヲ開始シツヽ有之候
條目下其ノ行動内偵中ニ有之右御參考迄及
報告候　敬具

本信写送付先
在支公使　朝鮮總督
木下事務官ヲ
警保局長　警視總監　拓殖事務局長

要求スル處ヲ宣示シ或ハ内地ニ対シテ世界ノ趨向セ
ル處ヲ傳達シテ風餐露宿シ十死九生スル事茲ニ
數三十餘年ニナリ最公公補ハ無シト雖既ニ私ヲ忘
レタルノ久シ身臣ノ歟何日ニシテ已ミ家國ノ深、幾時
ニカ乾カン
精神一到克ノ金石ヲ可透ス、萬々一精神ヲ以
テ何事ヲ做シテ得ズ何業ヲ修メテ能ハズ惜ムラク
ハ精神ハ精神ナリ、事業ハ事業ナリ精神ノミヲ以テノ
事業ノ成就ハ期シ難シ事業ノ成就ニハ尚一層相
當ナル一定ナル物質ヲ要スルハ天演ノ公例ナリ我等
ハ之ニヨリ唯物ノ教訓ヲ吟味スルヿヲ得タリ
大韓独立ニ對シテハ其ノ物質ハ即チ武力ナリ武力
ノ事業ニ對シテノ物質ハ軍人軍費ナルカ故ニ茲ニ

韓國青兵會趣旨書　（韓文譯）

拾數年來發榮滋長セル大韓國民ノ大韓國家独立ノ精神ハ既ニ記シタルカ如ク今ヤ実際的事業ニ着イテアリ

赤手ヲ以テ白刃ヲ迎ヘ樂土ニ在リテ死地ヲ視ル、前者後者何レモ最後ノ勝捷ヲ期シテコソ如何ニ前一方ニ進々シテ不已、内地同胞等ノ善良ナル功績ハ特ニ三月一日宣言シテ以来天下ト共ニ見タル事実ニシテ其等ノ生活的欲求、正義的觀念、自由、自尊、自信自強等、等シク敬愛スル精神ハ環球列強ヲ以テ大韓独立ノ精神的承認ニ貢献スルトナスハ実ニ偶然ニハアラザルナリ

即チ吾等海外ニ棲居スル者ハ或ハ外人ニ向テ吾族ノ

發起人、

金九 趙尚燮、金仁全、李裕弼

呂運亨、孫貞道、梁基鐸、

韓泰珪、尹琦燮、趙東祐、

金玄九、崔 濬、李龍宰、

金甲萬、羅昌憲、崔錫淳

陳壽瑞、申鉉彰、

軍人軍費ヲ造成シ養兵賠金ノ目的トシテ本會ヲ
發起シタルヲ以テ諸君皆工シテ成兵トナリ蓄財シテノ
聚金セラレンコトヲ望ム

此ノ進リノ内容ニ対シテハ會規ニ載在セルカ故ニ萬人
ノ兵ト寡人ノ衆ニ百萬ノ金ヲ得タルトハ十年ノ恨ヲ
雪辱セン此ヲ以テ進リ上ノ一標的ト為スモノナリ
吾等ノ旗職ハ森嚴ニシテ高明ナリ吾等ノ度ハ
清淨ニシテ廣大ナリ吾等ノ目的ハ高遠ニシテ近易ナリ
吾等ノ事業ハ巨大ニシテ單純ナルカ故ニ苟モ其人
ヲ以テ會規ニミヲ恪守スルモノニシテ所有關係ノ一切
ヲ問ハス如何ニ變乎ニ奉迎スルモノナリ凡我同胞ハ奮
ルベシ

大韓民國四年十一月二十八日

안상철 판결문(1919. 8. 30)

이 사건을 경성지방법원의 공판에 넘긴다는 내용이며, 이후 경성지방법원에서 안상철은 징역 6개월을 선고받았다.

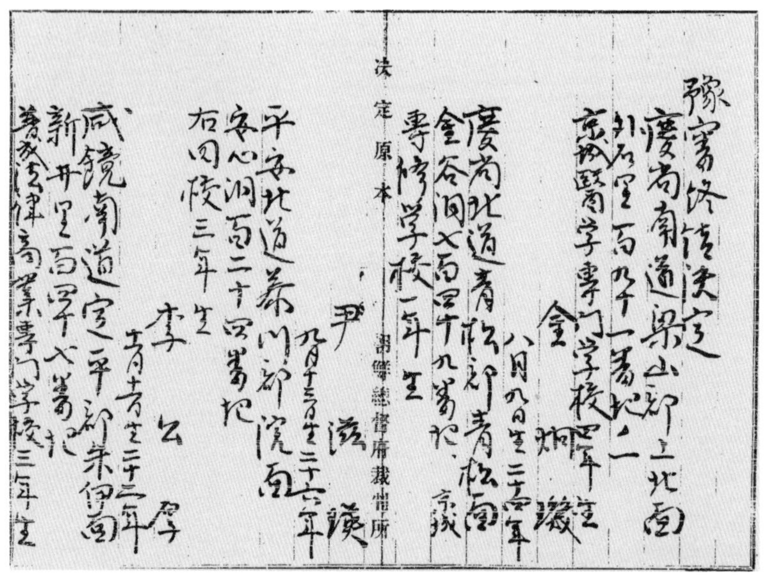

豫審終結決定

決定原本

朝鮮總督府裁判所

平安南道江西郡江西面
静水里四百四十二番地
京城工業専門学校染色科一
二年生
朴　昌　塘　十二月三日生 二十年

咸鏡南道洪原郡龍源面
雲洞里百十四番地
右同校鑛山科二年生
陳　演　根

平安北道定州郡葛山面
蒼城洞六百十八番地　九月十三日生 二十二年
右同校建築科二年生
朴　東　鎮　四月十九日生 二十一年

咸鏡南道咸興郡咸興面
新昌里二十四番地
右同校同科一年生
安　尚　哲

告事件ニ付豫審ヲ遂ケ終
結決定スル左ノ如シ

主文

右被告等ニ対スル本案被告
事件ヲ京城地方法院ノ公判ニ
付ス

理由

第一　米國及支那國北京上海等
ニ在留スル不逞鮮人等ハ歐
州戦乱ノ終熄ニ際シ米合
衆國大統領カ對敵講和ノ
一項目トシテ各民族ノ自決主
義ヲ主唱セルヲ聞キ朝鮮
民族モ亦該主義ニ基キテ帝
國ノ羈絆ヲ脱シ一獨立國ヲ
形成スルノ理アリト稱シ其ノ
實現ヲ期セントシテ先ツ朝鮮民
族ヲ糾合シ内外呼應シテ
獨立希望ノ意思ヲ表示シ
尋テ各種ノ手段ニ依リ運

윤종석 판결문(1921)

윤종석은 징역 1년 6개월을 선고받았다.

大正十年刑控第三五乃至第四〇號第四九號

判決

慶尙北道善山郡海平面松谷洞在籍
同處居住 僧侶
宋世浩
二十七年

忠淸南道扶餘郡窺岩面外里在籍
住所不定 無職
李建鎬
當三十七年

全羅北道金堤郡金溝面上新里九十番地在籍
京城府桂洞百二十九番地居住 農
張鉉軾
二十六年

京城府長沙洞二十三番地在籍
同府仁寺洞七番地李乙字方同居
無職
金商說
二十年

朝鮮總督府裁判所

忠淸南道洪城郡洪城面五官里百番地在籍
京城府安國洞七十八番地居住 布木商
朴源植
三十一年

京畿道江華郡良道面[illegible]里在籍
京城府和泉町二百四十二番地吳羅泳方居住 セブランス聯合醫學專門學校三年生
尹鍾奭
二十六年

京城府和泉町五番地在籍
同處居住 藥種商
閔[illegible]植
三十八年

京畿道江華郡府內面月華里二百三番地在籍
京城府公平洞百五十三番地居住 鑛業
劉景根
四十五年

忠淸南道瑞山郡[illegible]面[illegible]里二十七番地在籍

朝鮮總督府裁判所

同所居住 穀物商

李 乙 奎

二十七年

右被告等ニ對スル政治犯處罰令違反
等被告事件ニ付大正九年十二月七日京
城地方法院ノ言渡シタル有罪判決ニ對シ
各被告ヨリ控訴ノ申立アリタルニヨリ當
院ハ朝鮮總督府検事平山正祥干与
被告李乙奎欠席ノ侭併合審理ヲ遂ケ
判決スルコト左ノ如シ

主 文

本件被告中被告李建鎬劉杲根
李乙奎ノ各控訴ハ之ヲ棄却ス
原判決中被告宋世浩尹鍾奭閔橿
朴源植張鉉軾金商説ニ對スル部分ヲ
取消ス
被告尹鍾奭閔橿ヲ各懲役一年六月ニ
被告朴源植張鉉軾金商説ヲ各懲役
一年ニ處ス
但被告尹鍾奭閔橿朴源植金商説
ニ對シテハ未決勾留日数ニ百日ヲ右本
刑ニ算入シ尚被告張鉉軾金商説ニ
對シテハ各二年間刑ノ執行ヲ猶豫ス
被告宋世浩ヲ免訴ス
押収ニ係ル物件中大正八年領第一
三八七號ノ十ノ十一ノ旗各一旒ハ之ヲ
没收シ其他ノ物件ハ各所有者ニ還付
ス

理 由

第一 大正八年三月一日孫秉熙等三十三
名カ朝鮮獨立ノ宣言ヲ發表シ朝鮮
民族ハ日本帝国ノ覊絆ヲ脱スル為メ
最後ノ一人最後ノ一刻迄努力スヘキ旨
煽動セシ以来之ニ勢援スル示威運動
所々ニ勃發スルヤ原審被告金協權益
燦ハ此ノ機ニ乘シ朝鮮ノ獨立ヲ目的ト
スル一團体ヲ組織シ多衆ヲ併合シテ一
大活動ヲ為サンコトヲ企テ大正八年三月
下旬京城府鳳翼洞六十二番地右金協
方ニ於テ

이갑성 판결문(1920. 8. 9)

이갑성 등의 공소를 수리하지 않는다는 내용이며, 이갑성은 최종적으로 징역 2년 6개월을 선고받았다.

十月廿三日生 三十二年
京城府需昌洞八十七番地
基督教北監理派傳道師
金昌俊
五月二十三日生 三十一年
京城府貞洞三十四番地
基督教北監理派牧師
李弼柱

裁判原本
朝鮮總督府裁判所

大正九年地公刑第三九八號第三九九號

判決

京城府嘉會洞百七十番地

無職

孫秉熙

六十年

京城府齋洞六十八番地

普成高等普通學校長

崔麟

裁判原本

朝鮮總督府裁判所

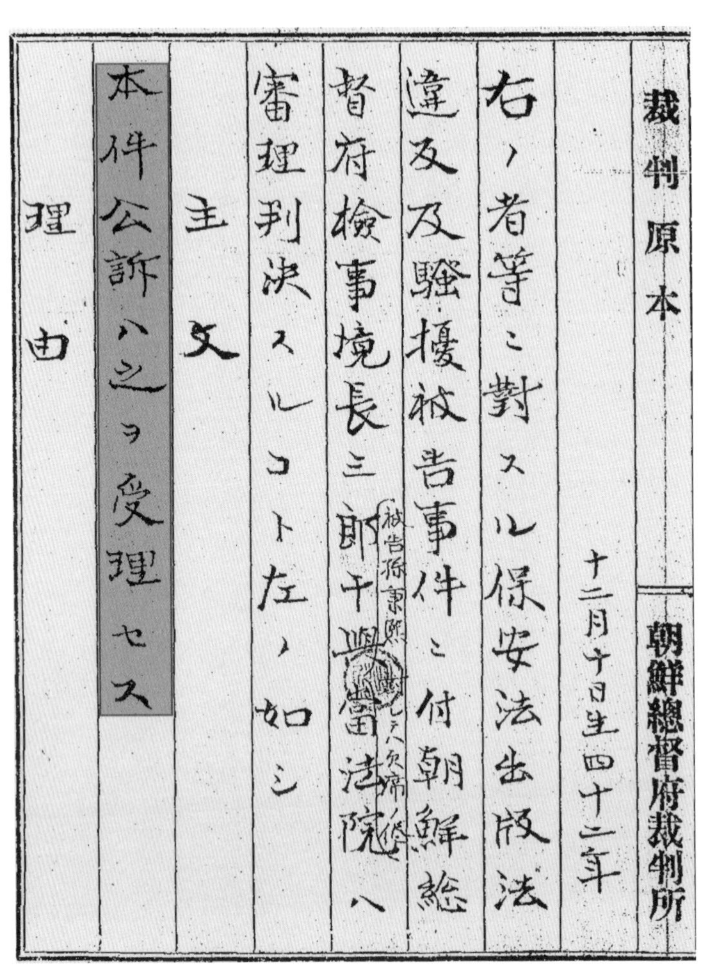

裁判原本　朝鮮總督府裁判所

十二月十日生　四十二年

右ノ者等ニ對スル保安法出版法
違反及騷擾被告事件ニ付朝鮮總
督府檢事境長三郎干與當法院ハ
審理判決スルコト左ノ如シ

主文

本件公訴ハ之ヲ受理セス

理由

裁判原本

朝鮮總督府裁判所

基督教長老派牧師

吉善宙

二月二日生五十二年

京城府南大門通五丁目十五番地

セブランス聯合醫學專門學校附屬病院事務員

李甲成

이도신 일제감시대상 인물카드

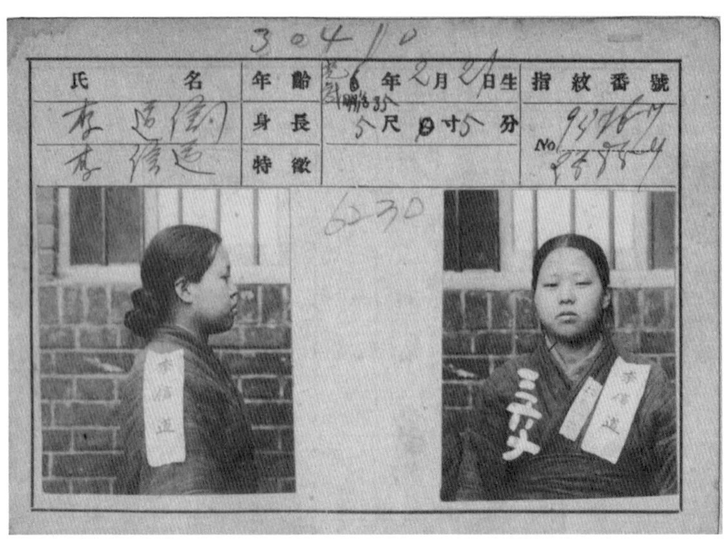

氏名	年齡	年 月 日生	指紋番號
李道信 李信道	身長	5 尺 寸 5 分	No.
	特徵		

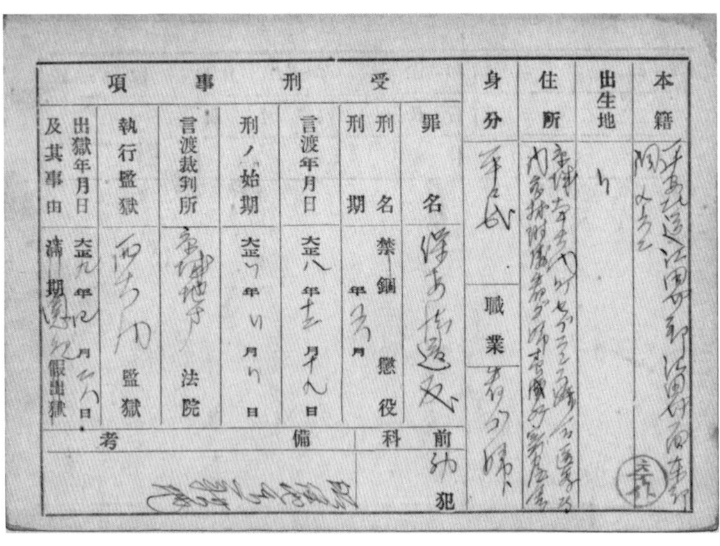

本籍	出生地	住所	身分	職業

受刑事項						
罪名	刑名刑期	言渡年月日	刑ノ始期	言渡裁判所	執行監獄	出獄年月日及其事由
保安法違反	禁錮 懲役 年 月	大正八年 月 日	大正 年 月 日	地方法院	西大門監獄	大正九年 月 日 滿期 假出獄

前科	備考

이성완 판결문(1919. 8. 4)

이성완 등의 피고들은 면소 방면되었다. 풀려난 이성완은 바로 애국부인회에 가입하여 활동했다.

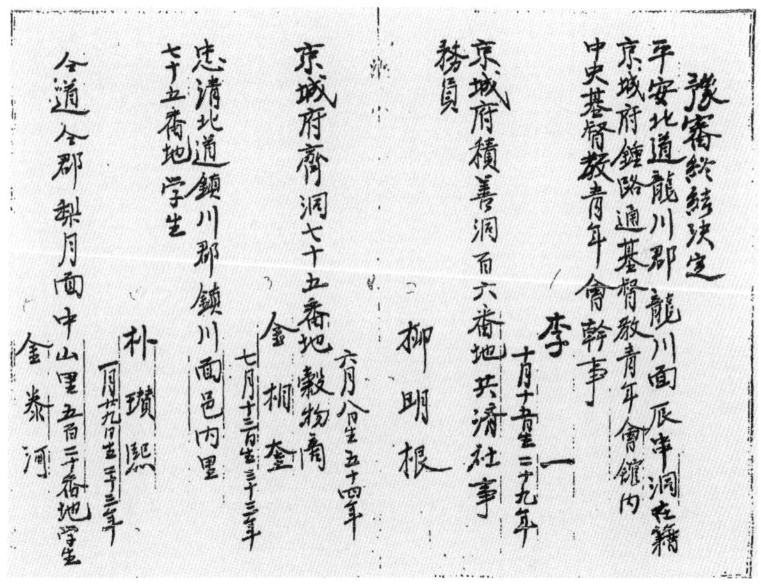

豫審終結決定

平安北道龍川郡龍川面辰串洞在籍
京城府鍾路通基督教青年會館内
中央基督教青年會幹事
李一
十月十五日生 二十九年

京城府積善洞百六番地共濟社事
務員
柳明根
六月八日生 五十四年

京城府齋洞七十五番地穀物商
金桐奎
七月十三日生 三十三年

忠清北道鎭川郡鎭川面邑内里
七十五番地學生
朴瓚熙
一月十九日生 二十三年

仝道仝郡梨月面中山里五百二十番地學生
金泰河

平壤府大寮里百五十一番地在籍
京城府鍾路五丁目二十番地方台乕方
居住東京女子醫学専門学校生徒
保釋中
11 黄愛施德
四月十九日生 二十六年

咸鏡南道定平郡府内面豊興里在
籍
京城府和泉町百六十三番地劉恩慶方
私立貞信女学校生徒
16 李誠完
十二月十五日生 二十三年

決定原本 朝鮮總督府裁判所

黄海道載寧郡載寧面柳花里
出生住所不定無職
張德秀
十二月十日生 二十六年

京畿道開城郡松都面高麗町
百二十三番地学校教師
李萬
十二月二日生 三十三年

咸鏡南道北青郡楊川面中里七百六十三

平安北道寧邊郡小林面烽山里五百二十
八番地農業
43 金東益
二十年

44 明以恒
三十六年

慶尚南道咸安郡漆北面二靈里
四百五十三番地在籍
京城府和泉町百二十六番地呉翰泳方
京城藥学校本科一年
45 金正悟
三十三年

決定原本 朝鮮總督府裁判所

右被告等ニ對スル出版法違反及ヒ保安法
違反被告事件ニ付豫審ヲ遂ケ終結決
定スルコト左ノ如シ

主文

右被告等ヲ免訴シ且ツ放免ス

理由

被告等ニ對スル公訴事實ハ被告等ハ大正八
年二月ヨリ三月ニ亘リ孫秉熙外三十二

이일선 일제감시대상 인물카드

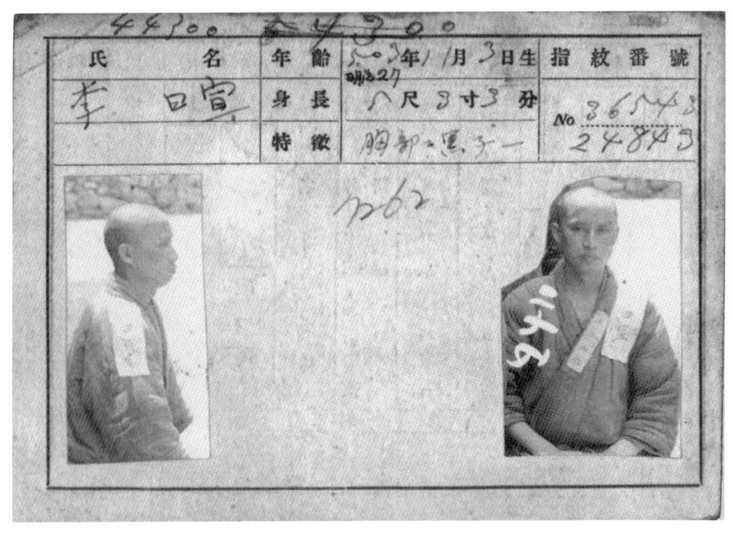

이정숙 판결문(1920. 12. 27)

이정숙 등이 제기한 공소는 기각되어 이정숙은 징역 2년이 확정되었다.

秉啟、安在鳴、宋世浩、金瑪利亜、
黄愛施徳ヲ各懲役三年、李
貞淑、張善禧、金英順ハ各仝
二年、金泰璉、兪仁卿、李恵
卿、辛義敬、白信永ヲ各仝一年
ニ処シタル原被告等ヨリ控訴ヲ
申立テタルニ依リ当院ハ朝鮮総
督府検事栗山兼吉ノ干与ヲ

裁判用紙

審理判決スルコト左ノ如シ

主 文

被告安在鳴、宋世浩、李貞
淑、張善禧、金泰璉、兪仁卿、
辛義敬、白信永ノ控訴ハ何レモ
之ヲ棄却ス
原判決中被告李秉啟
金瑪利亜、黄愛施徳、李恵卿

金英順ニ関スル部分ヲ取消ス
李秉啟、金瑪利亜、黄愛施徳
ヲ懲役三年ニ、金英順ヲ仝二
年ニ、李恵卿ヲ仝一年ニ処ス
安在鳴、宋世浩、李貞淑、張善
禧、金泰璉、兪仁卿、辛義敬、
李秉啟、黄愛施徳、李恵卿
金英順ニ対シテハ何レモ控訴中

裁判用紙

未決勾留ノ百日ヲ各
本刑ニ算入ス
押収物件中証第五、第六、第二
十八乃至三十号ノ国恥紀念警
告文、外交時報、愛国婦人会
韓国支部規則、大韓民国愛国
婦人会趣旨書、仝会本部及
支部規則ト題スル文書証第

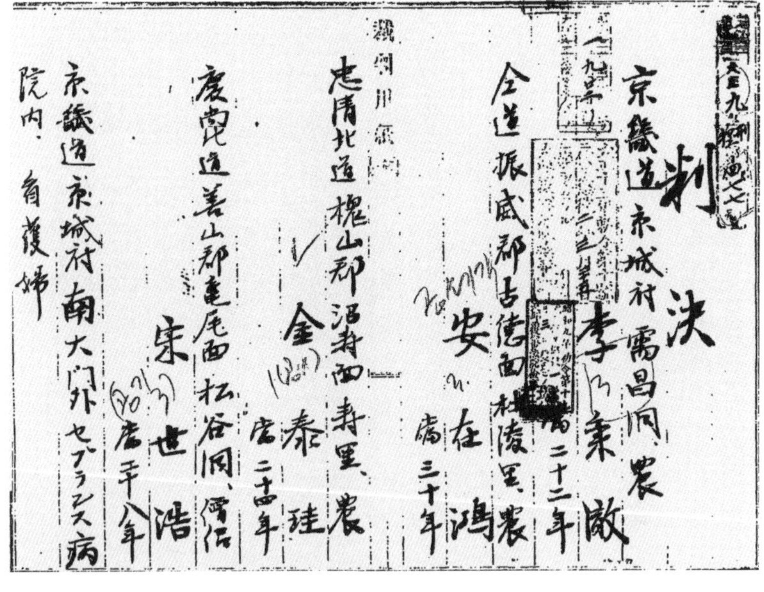

判決

京畿道京城府需昌洞、農
李秉徹
當二十二年

仝道振威郡古德面松陵里、農
安在鴻
當三十年

忠清北道槐山郡沼壽面壽里、農
金泰珪
當二十四年

慶尚北道善山郡亀尾面松谷洞、僧侶
宋世浩
當二十八年

京畿道京城府南大門外セブランス病院内、看護婦

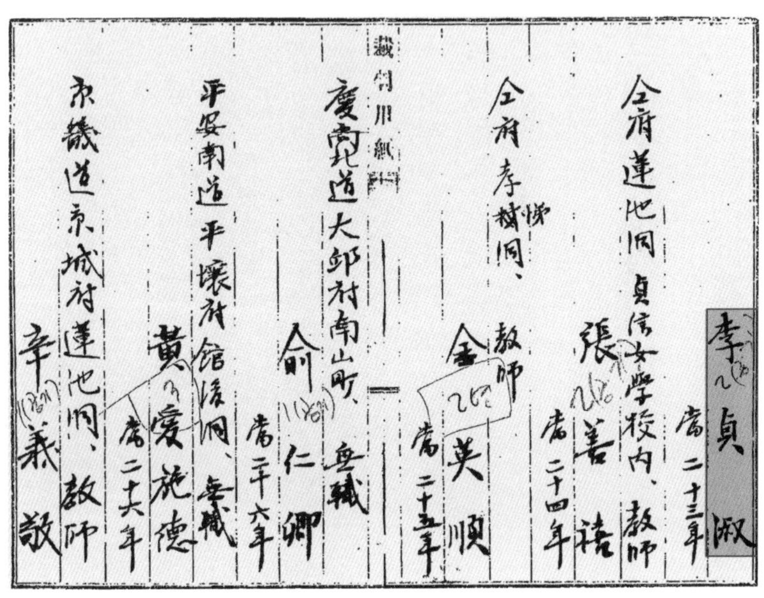

李貞淑
當二十三年

仝府蓮池洞貞信女學校内、教師
張善禧
當二十四年

仝府孝悌洞、教師
金英順
當二十五年

慶尚北道大邱府南山町、無職
俞仁卿
當二十六年

平安南道平壤府館後洞、無職
黃愛施德
當二十六年

京畿道京城府蓮池洞、教師
辛義敬

정영준 일본 외무성 기록(1921. 5. 10)

임시정부 간부의 당파를 정리한 내용에서 정영준은 내무총장 이동녕과 재무총장 이시영과 같이 친미온건파로 분류되어 있다.

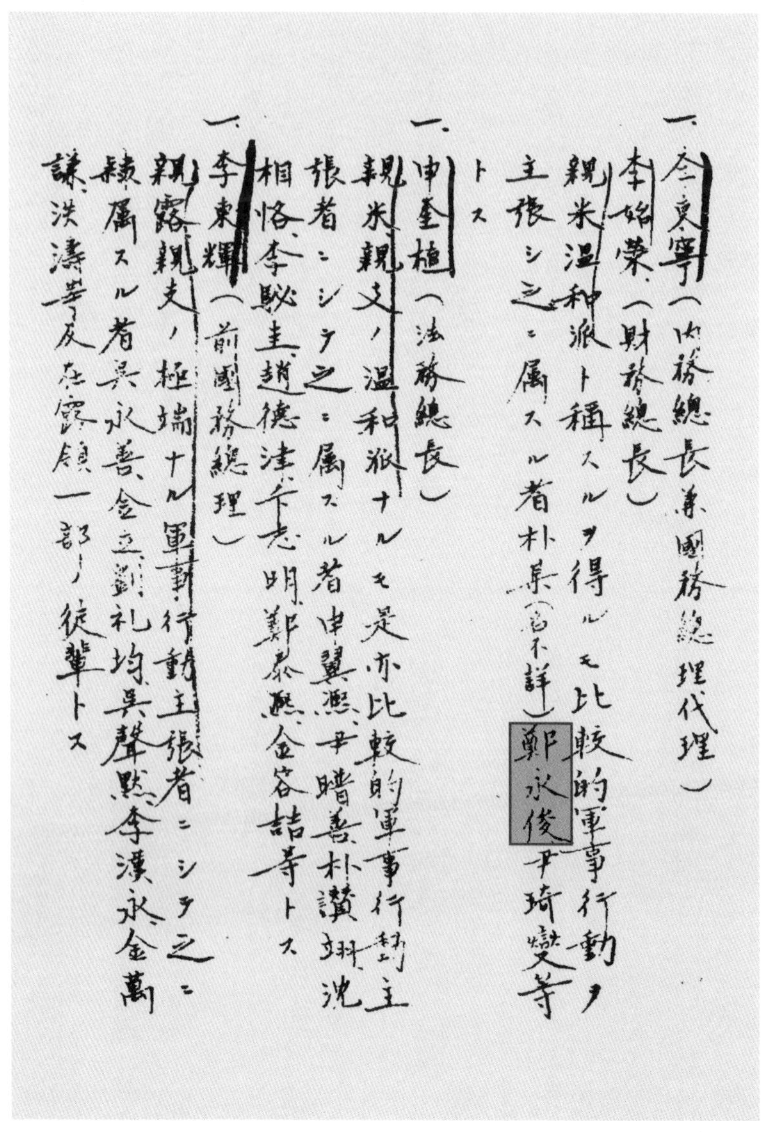

一、李東寧（内務總長兼國務總理代理）
李始榮（財務總長）
親米温和派ト稱スルヲ得ルモ比較的軍事行動ヲ
主張シ之ニ屬スル者朴某（名不詳）鄭永俊、尹琦燮等
トス

一、申奎植（法務總長）
親米親支ノ温和派ナルモ是亦比較的軍事行動主
張者ニシテ之ニ屬スル者申翼熙、尹瓚善、朴讚翊、沈
相恪、李駿圭、趙德津、千志明、鄭泰熙、金容喆等トス

一、李東輝（前國務總理）
親露親支ノ極端ナル軍事行動主張者ニシテ之ニ
隷屬スル者呉永善、金立、劉礼均、呉聲默、李漢永、金萬
謙、洪濤等及在露領一部ノ徒輩トス

大正拾年五月拾四日接受　近細第　號

朝鮮總督府警務總長ヨリ 次官宛

秘　5631

大正十年五月十日　高警第一五〇二八號

國外情報

潜稱上海假政府幹部ノ黨派別

上海在住不逞鮮人間ニ於ケル黨派ノ簇生内訌ノ熾烈ナルコトニ就テハ從來屢報セシ處ナル、最近ノ情報ニ依レバ潜稱臨時政府幹部ヲ中心トスル党派區分ナルモノ概ネ左ノ通ナリト謂フ以テ如何ニ彼等カ互ニ暗鬪嫉視シテ自己ノ勢力ヲ扶殖スルニ餘念無キヤカヲ知ルニ足ルヘシ

左記

一、李承晩（臨時大統領）

親米温和派ニシテ之ニ屬スルモノ趙琬九、崔昌植、尹琦燮、李喜儆等トス

정종명 일제감시대상 인물카드

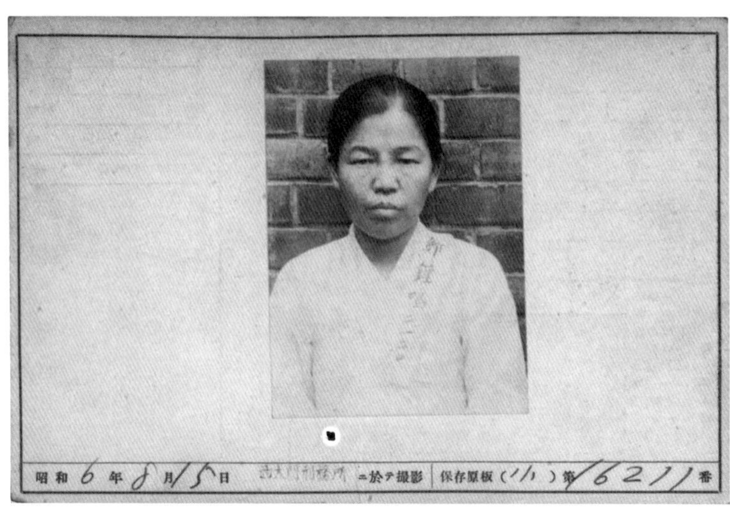

昭和 6 年 8 月 15 日 西大門刑務所 ニ於テ撮影 保存原板(1/1)第 16211 番

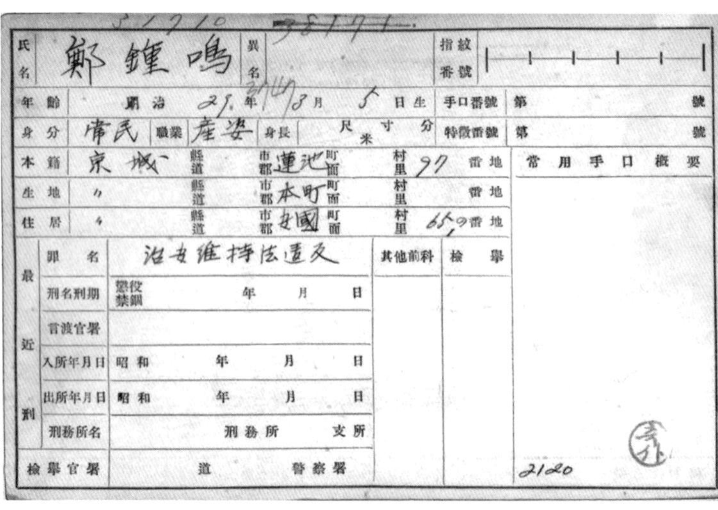

51710 ~~58171~~

氏名	鄭鐘鳴	異名		指紋番號	
年齡	明治 21 年 8 月 5 日生			手口番號	第 號
身分	常民	職業	産婆	身長	尺 寸 分 米
特徵番號	第 號				
本籍	京城	縣道	市郡 蓮池 町面	村里 97 番地	
生地	〃	縣道	市郡 本町 町面	村里 番地	
住居	〃	縣道	市郡 安國 町面	村里 65の1 番地	

常用手口概要

最近刑		其他前科	檢擧
罪名	治安維持法違反		
刑名刑期	懲役 禁錮 年 月 日		
言渡官署			
入所年月日	昭和 年 月 日		
出所年月日	昭和 年 月 日		
刑務所名	刑務所 支所		
檢擧官署	道 警察署		

2120

주현측 일본 외무성 기록(1922. 7. 12)

흥사단 톈진지부의 총무 겸 재무 담당이 주현측이라는 내용이다.

機密第八〇號

大正十一年六月二十八日

在天津

總領事 吉田茂

外務大臣

伯爵 内田康哉殿

不逞鮮人安昌浩ノ行動ニ干スル件

安昌浩ノ行動ニ付テハ視察中ノ旨曩ニ報告致置候處其後左記ノ如キ興士團天津支部ヲ組織シ尚満州西比利亜地方遊説ノ志アリシト云フモ途中官憲ニ發見逮捕セラレンコトヲ恐レ

在天津日本總領事館警察署

本月二十三日英船奉天号ニテ上海ニ向ヒ出發致
候条此段及報告候　敬具

左記

一、国民代表會期成ヲ圖ル爲ニ且ツ上海方面ニ於ケル地盤ヲ擴張スル爲ニ興士團支部組織ニ手シ當地有志ニ謀リタル結果成立セリ

興士團支部長　金偉宅、総務兼財務　朱賢則、幹事　朴一擊、

一、團ノ目的　(イ)各自本業力行、(ロ)軍人養生　(ハ)實業奨励　(ニ)教育振興　(ホ)暗殺團組織

탁명숙 판결문(1919. 11. 16)

탁명숙 등의 피고에 대해 징역 6개월에 집행유예 3년, 미결구류일수 90일을 인정한다는 내용이다.

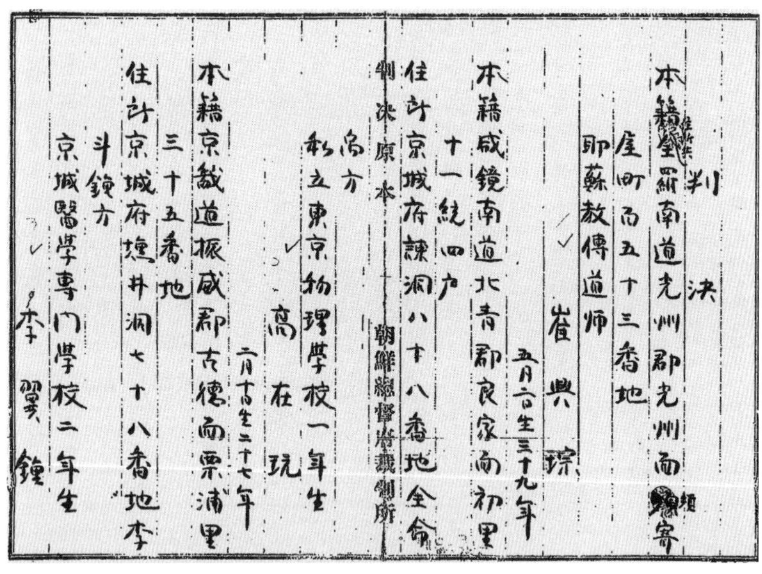

判決

本籍全羅南道光州郡光州面[illegible]寄
庄町百五十三番地
耶蘇教傳道師
崔興琮 五月六日生三十九年

本籍咸鏡南道北青郡良家面初里
十一統四戶
住所京城府諫洞八十八番地金命
為方
私立東京物理學校一年生
高在玩 二月十日生二十七年

本籍京畿道振威郡古德面栗浦里
三十五番地
住所京城府塩井洞七十八番地李
斗鎔方
京城醫學專門學校二年生
李翼鍾

判決原本 朝鮮總督府裁判所

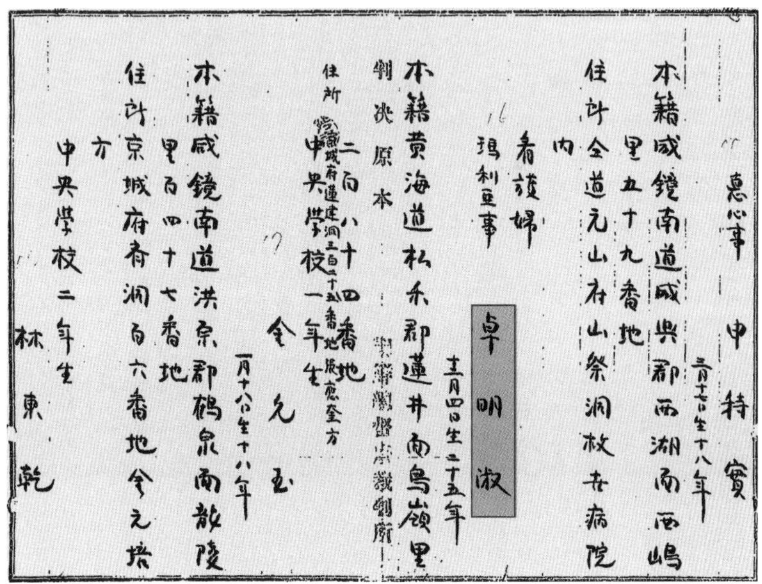

惠心事 申特實 二月十七日生十八年

本籍咸鏡南道咸興郡西湖面西嶋
里五十九番地
住所全道元山府山祭洞救世病院
內
看護婦

卓明淑 十二月四日生二十五年

本籍黃海道松禾郡蓮井面烏嶺里

住所京城府蓮建洞二百八十四番地
中央學校一年生
金允玉 一月十八日生十八年

本籍咸鏡南道洪原郡鶴泉面龍陵
里百四十七番地
住所京城府齋洞百六番地金元培
方
中央學校二年生
林東乾

判決原本 朝鮮總督府裁判所

通山里五百七番地
朝鮮藥學校一年生
鄭春和
一月五日生 二十四年
本籍 京城府北米倉町五番地
住所 仝府呂俊洞五百番地趙鉄崑
方
京城高等普通學校三年生
孫恵基
十月十二日生 二十年

判決原本　朝鮮總督府裁判所

右保安法違反被告事件ニ付朝鮮總
督府検事山澤佐一郎干與ノ上審理
判決スルコト左ノ如シ

主文

被告崔興琮高在玩ヲ各懲役
一年ニ処ス
被告李翼鍾李亨永崔康潤蔡
[illegible]金宗鉉朴勝英ヲ各懲役
十月ニ処ス
被告申特實咸周復柳近永ヲ各
懲役六月ニ処ス
但シ次上ノ各被告ニ對シ未決
勾留日數九十日ヲ各本刑ニ算入ス
其ノ他ノ各被告ヲ各懲役六月ニ
処ス
但シ未決勾留日數九十日ヲ各本刑ニ
算入ス尚三年間刑ノ執行ヲ猶豫ス
押収物件中証券百十二号ノ赤布一枚証券百
十五号獨立旗一流証券百五十四号通知書
(警告文ト表書ス)一枚ハ没収シ其ノ他ノ物件ハ各差出人ニ還付ス

判決原本　朝鮮總督府裁判所

理由

第一 被告高在玩ハ東京ニ留學中大
正八年二月中朝鮮ノ獨立ヲ運
動シタル鮮人留學生ト相前後
シテ朝鮮ニ帰リ同月下旬ヨリ
京城府諫洞全命為方ニ滞在シ
内地留學生トシテ危険思想ヲ
有セル全裕寅梁周洽其他数名
ト同窓中朝鮮ノ獨立運動ヲ為
スヘキ機會ヲ翹望セル折柄孫

참고문헌

자료

신문 및 잡지

『경향신문』, 『기독신문』, 『독립신문』, 『동광신문』, 『동아일보』, 『마산일보』, 『매일신보』, 『시대일보』, 『신한민보』, 『연합뉴스』, 『중앙신문』, 『중외일보』, 『조선일보』, 『조선중앙일보』, 『한겨레』, 『한성일보』, 『기러기』, 『삼천리』.

자료집

김승태·유진·이항 엮음, 『강한 자에는 호랑이처럼 약한 자에는 비둘기처럼: 스코필드 박사 자료집』, 서울대학교출판문화원, 2012.

독립운동사편찬위원회, 『독립운동사자료집 4: 삼일운동사자료집』, 독립유공자사업기금운용위원회, 1972.

__________, 『독립운동사자료집 5: 삼일운동 재판기록』, 독립유공자사업기금운용위원회, 1972.

__________, 『독립동사자료집 6: 삼일운동사자료집』, 독립유공자사업기금운용위원회, 1972.

__________, 『독립운동사자료집 7: 임시정부사자료집』, 독립유공자사업기금운용위원회, 1973.

__________, 『독립운동사자료집 9: 임시정부사자료집』, 독립유공자사업기금운용위원회, 1975.

__________, 『독립운동사자료집 10: 독립군전투사자료집』, 독립유공자사업기금운용위원회, 1976.
__________, 『독립운동사자료집 11: 의열투쟁사자료집』, 독립유공자사업기금운용위원회, 1976.
__________, 『독립운동사자료집 13, 학생독립운동사자료집』, 독립유공자사업기금운용위원회, 1977.
올리버 R. 에비슨 지음, 박형우 편역, 『올리버 R. 에비슨이 지켜본 근대 한국 42년 1893-1935 上·下』, 청년의사, 2010.
플로렌스 J. 머레이, 『내가 사랑한 조선』, 두란노, 2009.
奧平康弘 編, 『昭和思想統制史資料. 24, 中國情勢篇』, 고려서림, 1996.

『고등경찰요사』, 경상북도경찰부, 1934.
『대한민국임시정부자료집』 31, 국사편찬위원회, 2009.
『한민족독립운동사자료집』 1, 국사편찬위원회, 1986.
『한민족독립운동사자료집』 4, 국사편찬위원회, 1987.
『한민족독립운동사자료집』 6, 국사편찬위원회, 1988.
『한민족독립운동사자료집』 11, 국사편찬위원회, 1990.
『한민족독립운동사자료집』 12, 국사편찬위원회, 1990.
『한민족독립운동사자료집』 13, 국사편찬위원회, 1990.
『한민족독립운동사자료집』 14, 국사편찬위원회, 1991.
『한민족독립운동사자료집』 15, 국사편찬위원회, 1991.
『한민족독립운동사자료집』 16, 국사편찬위원회, 1993.
『한민족독립운동사자료집』 17, 국사편찬위원회, 1994.
『한민족독립운동사자료집』 18, 국사편찬위원회, 1994.
『한민족독립운동사자료집』 19, 국사편찬위원회, 1994.
『한민족독립운동사자료집』 35, 국사편찬위원회, 1998.
『한민족독립운동사자료집』 55, 국사편찬위원회, 2003.
『한민족독립운동사자료집』 58, 국사편찬위원회, 2004.
『한민족독립운동사자료집』 60, 국사편찬위원회, 2004.

『해외의 독립운동사자료 32. 중국편 7: 이자해자전』, 국가보훈처, 2007.
『꿈속의 꿈 下』, 독립기념관 한국독립운동사연구소, 1996.

기타 자료

『세브란스교우회보』.
『세브란스연합의학전문학교일람』 1923 · 1928 · 1931 · 1934 · 1936 · 1939 · 1940.
『세브란쓰』 제2권 1955.
『세브란쓰』 제3권 1956.

Catalogue Severance Union Medical College, 1917
Catalogue Severance Union Medical College Training School for Nurses, 1918
Catalogue Severance Union Medical College, 1925-26

「경성복심법원 판결문」(국가기록원).
「경성지방법원 판결문」(국가기록원).
「고등법원형사부 판결문」(국가기록원).
「공주지방법원 판결문」(국가기록원).
「국외 항일운동 자료 일본 외무성 기록」(한국사데이터베이스).
「대구복심법원 판결문」(국가기록원).
「독립유공자 공적조서」(국가보훈처 공훈전자사료관).
「독립유공자 공훈록」(국가보훈처 공훈전자사료관).
「반민족행위특별조사위원회 자료」(한국사데이터베이스).
「세브란스연합의학전문학교 학적부」.
「수형인명부」(국가기록원).
「안창호 일기」(독립기념관 한국독립운동정보시스템).
「일제감시대상인물카드」(한국사데이터베이스).
「재한선교사보고문건」(독립기념관 한국독립운동정보시스템).
「조선소요사건관계서류」(한국사데이터베이스).
「집행원부」(국가기록원).

「한국근현대인물자료」(한국사데이터베이스).
「현순메모들」(독립기념관 한국독립운동정보시스템).
「형사사건부」(국가기록원).
「흥사단원 건강진단서」(독립기념관 한국독립운동정보시스템).
「흥사단이력서」(독립기념관 한국독립운동정보시스템).

『한국민족문화대백과 사전』.

연구서

김병기, 반병률, 『국외 3·1운동』, 한국독립운동사연구소, 2009.
김성수·신규환, 『몸으로 세계를 보다: 동아시아 해부학의 성립과 발전』, 서울대학교 출판문화원, 2017.
김승태, 『한말·일제강점기 선교사 연구』, 한국기독교역사연구소, 2006.
김정인, 이정은, 『국내 3·1운동 1-중부·북부』, 독립기념관 한국독립운동사연구소, 2009.
김정형, 『20세기 이야기(1930년대)』, 답다, 2015.
김주용, 『역사를 따라 걷다1-내몽고·흑룡강성』, 선인, 2013.
김진호 외, 『국내 3·1운동 2-남부』, 독립기념관 한국독립운동사연구소, 2009.
도레사 E.모티모어, 양성현·전경미 번역, 『프랭크 스코필드 박사와 한국』, KIATS, 2016.
독립운동사편찬위원회, 『독립운동사 2: 삼일운동사(상)』, 독립유공자사업기금운용위원회, 1971.
________, 『독립운동사 4: 임시정부사』, 독립유공자사업기금운용위원회, 1972.
________, 『독립운동사 9: 학생독립운동사』, 독립유공자사업기금운용위원회, 1977.
박용옥, 『여성운동』, 독립기념관 한국독립운동사연구소, 2009.

박찬승, 『한국독립운동사』, 역사비평사, 2014.
박형우, 『세브란스와 한국의료의 여명』, 청년의사, 2006.
______, 『한국근대서양의학 교육사』, 청년의사, 2008.
서중석, 『신흥무관학교와 망명자들』, 역사비평사, 2001.
신규환·박윤재, 『제중원 세브란스 이야기』, 역사공간, 2015.
신용하, 『신간회의 민족운동』, 독립기념관 한국독립운동사연구소, 2007.
연세대학교 의과대학, 『제중원·세브란스인의 사회공헌: 연세의대 졸업생을 중심으로』, 역사공간, 2016.
연세대학교 의학사연구소 엮음, 『세브란스인의 스승, 스코필드』, 역사공간, 2016.
연세의료원 120년사 편찬위원회, 『인술, 봉사, 그리고 개척과 도전의 120년』, 연세의료원, 2005.
연세의발전과한국사회 편찬위원회, 『(창립120주년 기념)연세의 발전과 한국사회』, 연세대학교 출판부, 2005.
오영교·왕현종, 『원주독립운동사』, 원주시, 2005.
원동오·김은경, 『열사가 된 의사들』, 한국의사100년기념재단, 2017.
유승흠 외, 『(우리나라) 의학의 선구자, 제1집』, 한국의학원, 2007.
이장락, 『(민족대표 34인) 석호필』, KIATS, 2016.
최규진, 『조선공산당 재건운동』, 독립기념관 한국독립운동사연구소, 2009.
한국사사전편찬회, 『한국근현대사사전』, 가람기획, 2005.
한동관 외, 『한국 현대의료의 발자취 : 근대 의료건축물을 중심으로』, KMA의료정책연구소, 2012.

『3·1운동 이후의 민족운동 1』, 국사편찬위원회, 1990.
『신편한국사』 48, 국사편찬위원회, 2002.
『한국독립운동사』 2, 국사편찬위원회, 1968.
『한민족독립운동사 3. 3·1운동』, 국사편찬위원회, 1988.

권녕배, 「안동유림의 3·1운동과 파리장서 운동」, 『대동문화연구』 36, 2000.
김광재, 「1920년 전후 상해 한인사회의 위생」, 『한국민족운동사연구』 82, 2015.
김대규, 「결핵인물열전 2, 흉부외과의개척자, 고병간」, 『보건세계』 2001.
_____, 「크리스마스 씰 운동의 선구자, 문창모」, 『보건세계』 49, 2002.
김방, 「고려공산당의 분립과 통합운동」, 『아시아문화연구』 5, 2001.
김상환, 「경상남도 3·1운동의 전개양상과 특징」, 『지역과 역사』 29, 2011.
김숙영, 「간호부 이정숙의 독립운동」, 『의사학』 24-1, 2015.
김원석, 「안동지역 3·1운동의 성격」, 『안동문화』 15, 1994.
김은지, 「대한민국임시정부의 제2차 독립시위운동」, 『한국독립운동사연구』 44, 2013.
_____, 「대한민국임시정부의 국내비밀결사 義勇團의 활동」, 『한국 근현대사 연구』 47, 2008.
김주용, 「의사 김필순의 생애와 독립운동」, 『연세의사학』 21-1, 2018.
김태국, 「신흥무관학교와 서간도 한인사회의 지원과 역할」, 『한국독립운동사연구』 40, 2011.
민성길, 「맥라렌 교수(1): 그의 생애와 의학철학」, 『신경정신의학』 50-3, 2011.
박유진, 「1923년 제11회 대한민국임시의정원회의 연구」, 『사림』 60, 2017.
박윤재, 「김창세의 생애와 공중위생 활동」, 『의사학』15-2, 2006.
박형우·여인석, 「해부학자 최명학」, 『의사학』1-1, 1992.
박형우·홍정완, 「박서양의 의료활동과 독립운동」, 『의사학』 15-2, 2006.
__________, 「세브란스병원의학교 제1회 졸업생 신창희의 생애와 활동」, 『연세의사학』 11-1, 2008.
박환, 「러시아지역 한인 민족운동과 일제의 회유정책: 니코리스크 지역 懇話會를 중심으로」, 『한국민족운동사연구』 69, 2011.
___, 「러시아혁명 이후 블라디보스토크 조선인거류민회의 조직과 활동」, 『한국민족운동사연구』 90, 2017.
반병률, 「세브란스와 독립운동」, 『연세의사학』 2-2, 1998.

______, 「의사 이태준(1883-1921)의 독립운동과 몽골」, 『한국근현대사연구』 13, 2000.

______, 「세브란스와 한국독립운동-3·1운동시기를 중심으로」, 『연세의사학』 18-2, 2015.

변은진, 「유언비어를 통해 본 일제말 조선민중의 위기담론」, 『아시아문화연구』 22, 2011.

송현강, 「한말·일제강점기 군산 영명학교·멜본딘여학교의 설립과 발전」, 『역사학연구』 59, 2015.

신규환, 「식민지 지식인의 초상: 김창세와 상하이 코스모폴리탄의 길」, 『역사와 문화』 23, 2012.

______, 「한국 호흡기내과의 개척자, 스탠리 마틴」, 『세브란스병원 웹진』 2016.

______, 「일제시기 '의전체제'로의 전환과 의학교육」, 『연세의사학』 20-1, 2017.

______, 「해방 이후 남북 의학교육체계의 성립과 발전」, 『인문논총』 74-1, 2017.

______, 「3·1운동과 세브란스의 독립운동」, 『동방학지』 184, 2018.

______, 「상하이로 간 의사들과 대한민국임시정부」, 『연세의사학』 21-1, 2018.

신동환, 「세브란스 인물사 3: 한국 최초의 외과병리 및 임상병리학자 최동 박사」, 『연세의사학』 2-1, 1998.

양성숙, 「한국노병회의 조직과 광복활동」, 『민족사상』 3-2, 2009.

여인석, 「세브란스 정신과의 설립과정과 인도주의적 치료전통의 형성」, 『의사학』 17-1, 2008.

______, 「제중원과 세브란스의전의 기초의학 교육과 연구」, 『연세의사학』 12-1, 2009.

왕현종, 「일제하 원주 서미감 병원의 설립과 지역사회에서의 위치」, 『역사문화연구』 42, 2012.

유준기, 「최연소 3·1운동 민족대표 이갑성」, 『한국근현대인물강의』, 국학자료원, 2007.

이꽃메, 「일제강점기 산파 정종명의 삶과 대중운동」, 『의사학』 21-3, 2012.

______, 「한국 지역사회간호의 선구자 이금전에 관한 역사적 고찰」, 『지역사회간호학회지』 24-1, 2013.

이정은, 「경남 함안군 3·1독립운동」, 『한국독립운동사연구』 27, 2006.
이종근, 「의술을 통한 독립운동가 김창세 박사」, 『도산학연구』 11, 12, 2006.
이종철, 「일제시대 강릉지방 항일운동 연구」, 『관동문화』 5, 1994.
장규식, 「YMCA학생운동과 3·1운동의 초기 조직화」, 『한국근현대사연구』 20, 2002.
______, 「3·1운동과 세브란스」, 『연세의사학』 12-1, 2009.
장석흥, 「연병호의 독립운동 방략과 노선」,『역사와 담론』 73, 2015.
장신, 「삼일운동과 조선총독부의 사법司法 대응」, 『역사문제연구』 18, 2007.
정재현, 「한국 개신교 초기 선교 자료 연구의 의의」, 『인문과학』 111, 2017.
허윤정·조영수, 「일제 하 캐나다 장로회의 선교의료와 조선인 의사: 성진과 함흥을 중심으로」. 『의사학』 24-3, 2015.
홍정완·박형우, 「주현측의 생애와 활동」, 『의사학』 17-1, 2008.
황민호, 「『매일신보』에 나타난 평양지역의 3·1운동과 기독교계 동향」, 『숭실사학』 31, 2013.

찾아보기

ㄴ

ㄷ

사진출처

군대의 호위를 받으며 부임하는 데라우치 마사타케 통감(우리역사넷) / 105인 사건으로 끌려가는 신민회 관련 인사들(우리역사넷) / 호러스 언더우드(동은의학박물관) / 올리버 에비슨(동은의학박물관) / 『약물학 상권 무기질』 표지(동은의학박물관) / 남대문전투("LES TROUBLES DE CORÉE: Le garde japonaise aux prises avec les émeutiers à Seoul," *Le Petit journal*. Supplement illustre, 18eme annee, dimanche 4 aout 1907, no. 872, p.248) / 서간도와 북간도(EBS 중학 사이트) / 서전서숙 표석(우리역사넷) / 만민공동회(우리역사넷) / 숭신학교 폐쇄(『동아일보』, 1932) / 김필순 농장터가 있는 중국 헤이룽장성 치치하얼시 룽장현에 위치한 쑨싱촌(연세의대 의사학과) / 이태준 기념 공원(이태준 선생 기념사업회) / 세브란스 초기 졸업생들과 인연이 있는 독립운동가(안창호: 위키백과, 김규식: 위키백과, 노백린: 한국민족문화대백과사전, 김구: 위키백과) / 2·8독립선언을 발표한 조선청년독립단(우리역사넷) / 파리강화회담에 참석한 김규식과 한국대표단(우리역사넷) / 이승훈(한국민족문화대백과사전) / 함태영(위키백과) / 태화관(우리역사넷) / 승동교회(독립기념관) / 서울에서 만세시위가 일어났던 주요 시가지(서울시) / 고종황제 장례행렬(한국민족문화대백과사전) / 덕수궁 대한문 앞 만세시위(USC Digital Library) / 1919년 4월 에스텝과 간호사(동은의학박물관) / 3월 5일 만세시위(동아일보사) / 강우규(국사편찬위원회) / 스코필드가 촬영한 3·1운동 사진(국가보훈처 대표 블로그) / 제암리교회 방화 후 현장(국가보훈처 대표 블로그) / 제암리 사건 보도기사(국가보훈처 대표 블로그) / 훈장을 받는 스코필드(대통령기록관) / 송도고등보통학교(송도고등학교 홍보관) / 공주 영명학교(공주학아카이브) / 군산 구암교회(연세의대 의사학과) / 군산 영명학교(독립기념관) / 김해 배동석 생가터(연세의대 의사학과) / 연개장터 3·1운동 기념탑(연세의대 의사학과) / 고병간(동은의학박물관) / 해부학 강의를 하는 최명학(동은의학박물관) / 함홍

선교부 전경(독립기념관) ∥ 제혜병원 조선인 직원(독립기념관) ∥ 룽징 3·13만세시위(규암김약연기념사업회) ∥ 1920년대 제창병원 전경(세계한민족문화대전) ∥ 제창병원 이관 기념 사진(세계한민족문화대전) ∥ 상하이 대한민국임시정부청사(우리역사넷) ∥ 대동단 사건 보도(『동아일보』, 1920) ∥ 청년외교단 애국부인회 공판 보도(『동아일보』, 1920) ∥ 대한적십자회 간호원양성소 설립 후 기념 사진(『동아일보』, 1920) ∥ 적십자간호원양성소 제1회 졸업생과 교수진(『신한민보』) ∥ 상하이 대한민국임시정부 및 임시의정원 신년축하식 기념(국가보훈처) ∥ 국민대표회의 성명서(국가보훈처) ∥ 유호청년임시대회 선언문(국사편찬위원회) ∥ 백서농장에서 일하며 군사훈련을 받은 신흥무관학교 졸업생들(신흥무관학교기념사업회) ∥ 계봉우(국가보훈처) ∥ 흥사단원 건강진단서(독립기념관) ∥ 신한촌 독립선언1주년 기념행사(조선미디어블로그) ∥ 블라디보스토크 기념탑(연세의대 의사학과) ∥ 고려공산당 핵심 간부(독립기념관) ∥ 신간회창립총회 기사(『조선일보』, 1927) ∥ 원주보통학교(독립기념관) ∥ 신간회 원주지회 창립 기사(『중외일보』, 1927) ∥ 강릉 금정예배당(강릉교회) ∥ 사리원 경산의원(세브란스웹진) ∥ 근우회 간담회 광경(『동아일보』, 1927) ∥ 근우회 전국대회(독립기념관) ∥ 여자고학생상조회(『조선일보』, 1924) ∥ 여성동우회 발기회(『동아일보』, 1924) ∥ 조선공산당 재건사건 보도(『동아일보』, 1934) ∥ 『동광』 창간호 표지(연세의대 의사학과) ∥ 순종의 상여를 둘러싼 군중들(국사편찬위원회) ∥ 순종 인산일 당일 일제 경찰의 감시 모습(국사편찬위원회) ∥ 해주 구세의원(동은의학박물관) ∥ 춘천고등보통학교(독립기념관) ∥ 상록회 회원들(독립기념관) ∥ 춘천상록회 사건 보도(『동아일보』, 1939) ∥ 신사참배(독립기념관) ∥ 맥라렌의 진료 모습(동은의학박물관) ∥ 맥라렌이 작성한 *Eleven Weeks in a Japanese Police Cell*(연세의대 의사학과)

세브란스
독립운동사

1판 1쇄 발행 2019년 2월 21일
2판 1쇄 발행 2019년 6월 25일

엮 은 이 연세대학교 의과대학 의사학과
펴 낸 이 주혜숙

펴 낸 곳 역사공간
등 록 2003년 7월 22일 제6-510호
주 소 03996 서울시 마포구 월드컵로 100 한산빌딩 4층
전 화 02-725-8806
팩 스 02-725-8801
전자우편 jhs8807@hanmail.net

I S B N 979-11-5707-197-5 93910

• 책값은 뒤표지에 있습니다. 잘못된 책은 바꾸어 드립니다.
• 이 도서의 국립중앙도서관 출판예정도서목록(CIP)은 서지정보유통지원시스템 홈페이지 (http://seoji.nl.go.kr)와 국가자료종합목록 구축시스템(http://kolis-net.nl.go.kr)에서 이용하실 수 있습니다. (CIP제어번호 : CIP2019023058)